# Wandergewerbesteuergesetz

(WGewStG)

Vom 10. Dezember 1937

Unter besonderer Berücksichtigung der gewerbepolizeilichen Vorschriften und Entscheidungen der Länder Preußen und Bayern; in Ansehung des Landes Bayern gleichzeitig 3. Auflage.

Erläutert von

Ludwig Jacob

Oberregierungsrat beim OFP Nürnberg

1938

München und Berlin

J. Schweitzer Verlag (Arthur Sellier)

Druck von Dr. F. P. Datterer & Cie., Freising-München.

# Vorwort.

Das vorliegende Büchlein soll ein Hilfsmittel sein nicht nur für die Behörden der Reichsfinanzverwaltung und der inneren Verwaltung sowie für deren Vollzugsorgane, sondern auch für die Gerichte; gerade dem gerichtlichen Verfahren in Verwaltungsstrafsachen wurde in den nachstehenden Ausführungen ein besonderes Augenmerk zugewendet. Ich hoffe, daß das Büchlein auch in den Kreisen der Wandergewerbetreibenden selbst eine beifällige Aufnahme finden möge.

Nürnberg, Mitte März 1938.

Der Verfasser.

# Inhaltsübersicht.

# Abkürzungen.

| | |
|---|---|
| AA. | = Ausführungsanweisung zum Wandergewerbesteuergesetz (Anhang I). |
| a. a. O. | = am angegebenen Orte. |
| AB. | = Ausführungsbestimmungen. |
| Anh. | = Anhang. |
| Anm. | = Anmerkung. |
| Abs. | = Absatz. |
| AG. | = Ausführungsgesetz. |
| ABl. | = Amtsblatt. |
| Anw. | = Anweisung des bayer. Ministeriums des Innern vom 7. Februar 1898, MABl. Nr. 7, FMBl. S. 77. |
| AO. | = Reichsabgabenordnung (Anhang II). |
| Art. | = Artikel. |
| Bd. | = Band. |
| BeitrO. | = Beitreibungsordnung. |
| Bek. | = Ministerialbekanntmachung. |
| BRBek. | = Bundesratsbekanntmachung. |
| Bek. 1885 | = Ministerialbekanntmachung vom 8. Februar 1885, FMBl. S. 19. |
| BlfFinW. | = Blätter für das bayerische Finanzwesen. |
| BlfRA. | = Blätter für Rechtsanwendung (Seuffert). |
| BGB. | = Bürgerliches Gesetzbuch. |
| Breunig | = Die bayer. Staatssteuergesetze vom 14. August 1910 von Georg von Breunig. |
| d. i. | = das ist. |
| EG. | = Einführungsgesetz. |
| EStG. | = Einkommensteuergesetz. |
| Einl. | = Einleitung. |
| Erl. | = Erlaß. |
| FA. | = Finanzamt. |
| FME. | = Bayer. Finanzministerialentschließung. |
| FMBl. | = Bayer. Finanzministerialblatt. |
| GewStG. | = Gewerbesteuergesetz vom 1. Dezember 1936. |
| GS. | = Preuß. Gesetzsammlung. |
| GiU. | = Gewerbebetrieb im Umherziehen. |
| GO. | = Reichsgewerbeordnung (Anhang III). |
| GVBl. | = Gesetz- und Verordnungsblatt (bayer.). |
| HZA. | = Hauptzollamt. |
| HStG. | = Hausiersteuergesetz. |
| i. d. F. | = in der Fassung vom. |
| i. S. | = im Sinne. |
| Instr. | = Bekanntmachung vom 16. März 1879, GVBl. S. 171. |
| i. U. | = im Umherziehen. |
| KG. | = Kammergericht. |
| KSchG. | = Kinderschutzgesetz. |
| LFA. | = Landesfinanzamt. |

| | |
|---|---|
| Landmann | = Gewerbeordnung von Dr. Robert von Landmann-Rohmer, 8. Aufl. |
| Löwe | = Strafprozeßordnung von Löwe, 12. Aufl. |
| MABl. | = Amtsblatt des bayer. Staatsministeriums d. Inn. |
| MBek. | = Bayer. Ministerialbekanntmachung. |
| MErl. | = Ministerialerlaß. |
| MBliV. | = Ministerialblatt des preuß. Min. des Inn.; s. auch RMBliV. |
| OFP. | = Der Oberfinanzpräsident. |
| OBK. | = Entscheidung der bayer. Oberberufungskommission. |
| OLG. | = Entscheidung des bayer. Obersten Landesgerichts in Strafsachen. |
| OLG. München | = Entscheidung des Oberlandesgerichts München in Strafsachen. |
| OVG. | = Preuß. Oberverwaltungsgericht. |
| Oppenhoff od. Opp. | = Oppenhoff, Entscheidungen des preußischen Obertribunals in Strafsachen. |
| ObGH. | = Oberster Gerichtshof. |
| PolStGB. | = Polizeistrafgesetzbuch (bayer.). |
| RdErlRFM. | = Runderlaß des Reichsministers der Finanzen. |
| RegAnz. | = Bayerischer Regierungsanzeiger (Völk. Beobachter). |
| Reger | = Reger, Entscheidungen der Gerichts- und Verwaltungsbehörden. |
| RFBl. | = Amtsblatt der Reichsfinanzverwaltung. |
| RFH. | = Reichsfinanzhof, Entscheidungen. |
| RG. | = Reichsgericht. |
| RdF. | = Reichsminister der Finanzen. |
| RGBl. | = Reichsgesetzblatt. |
| RMBl. | = Reichsministerialblatt (früher Zentralblatt d. Deutschen Reichs). |
| RMBliV. | = Ministerialblatt des Reichs- und Preußischen Ministeriums des Innern; s. auch MBliV. |
| RZBl. | = Reichszollblatt. |
| s. | = siehe. |
| StA. | = Bayer. Staatsanzeiger. |
| StGB. | = Strafgesetzbuch. |
| StPO. | = Strafprozeßordnung. |
| StenB. | = Stenographischer Bericht der Verh. der Abgeordneten (bayer.). |
| Strutz | = Strutz, Die Besteuerung des Gewerbebetriebs i. U. |
| Vgl. | = vergleiche. |
| VZollG. | = Vereinszollgesetz vom 1. Juli 1869, Bundesgesetzblatt S. 317. |
| VGH. | = Entscheidung des bayer. Verwaltungsgerichtshofes. |
| VV. | = Vollzugsvorschrift. |
| VollzBek. | = Vollzugsbekanntmachung. |
| Vorbem. | = Vorbemerkung. |
| VO. | = Verordnung. |
| WGewStG. | = Wandergewerbesteuergesetz. |
| WGewSchein | = Wandergewerbeschein. |
| ZPO. | = Zivilprozeßordnung. |

# Einleitung.

## I.

Seit dem Gesetz über den Neuaufbau des Reichs vom 30. 1. 1934, RGBl. I S. 75, gibt es in Deutschland nur eine Staatsgewalt, nämlich die des Reichs. Die Länderregierungen sind nur noch Verwaltungsstellen des Reichs. Das Reich allein bestimmt, wer außer ihm noch Steuern erheben darf und welcher Art diese Steuern sind. Soweit den Ländern und Gemeinden das Recht zur Besteuerung noch zusteht, ist es ein von der Reichshoheit abgeleitetes Recht; vgl. auch VO. über den Neuaufbau des Reichs vom 2. 2. 1934, RGBl. I S. 81. Eine derartige Ländersteuer wird künftighin die sogenannte Gebäudeentschuldungssteuer, in Bayern Geldentwertungsabgabe, in anderen Ländern Hauszinssteuer, Mietzinssteuer usw. genannt, sein. Diese Steuer wird künftig kraft ausdrücklicher reichsgesetzlicher Ermächtigung nach wie vor den Ländern verbleiben; Ges. vom 1. 12. 1936, RGBl. I S. 992, Begründung dazu im RStBl. 1937 S. 726.

Die sonstigen seither den Ländern noch verbliebenen sogenannten Landessteuern sind inzwischen im Zuge der Vereinheitlichung der Steuergesetze außer Wirksamkeit gesetzt worden. So ist durch das Gesetz vom 1. 12. 1936, RGBl. I S. 979, die Gewerbesteuer für das Reichsgebiet vereinheitlicht worden. Das gleiche war der Fall in Ansehung der Grundsteuer, die ebenfalls durch Gesetz vom 1. 12. 1936, RGBl. I S. 986, einheitlich für das ganze Reich geregelt wurde. Beide Steuern, von dem Gesetzgeber ausdrücklich als „Realsteuern" bezeichnet (Hinweis z. B. auf § 1 Abs. 3 AO.), sind aber ausschließlich Gemeindesteuern.

Durch das im Reichsgesetzblatt 1937 Teil I S. 1348 verkündete Gesetz vom 10. 12. 1937 über die Besteuerung des Wandergewerbes (WGewStG.) ist nunmehr auch die Besteuerung des Wandergewerbes neu und einheitlich für das ganze Reichsgebiet geregelt worden. Das Gesetz ist ein Reichsgesetz, die neue Wandergewerbesteuer ist eine Reichssteuer. Das Gesetz trat mit dem 1. 1. 1938 in Kraft, gilt also erstmals für das Kalenderjahr 1938. Mit Ablauf des Kalenderjahres 1937 sind sonach die bisherigen Hausiersteuergesetze der Länder, so das preuß. Gesetz vom 3. 7. 1876, GS. 247, mit Änderungen vom 23. 12. 1896, 4. 1. 1922, 31. 7. und 24. 11. 1923, 18. 1. 1924 und 12. 6. 1930 und das bayer. Gesetz vom 27. 7. 1921/19. 12. 1924/8. 4. 1935 außer Kraft getreten.

Grundsätzlich unterliegen der Wandergewerbesteuer alle Gewerbetreibende, die nach den Vorschriften der Reichsgewerbeordnung zur Ausübung ihres Gewerbes eines Wandergewerbescheins bedürfen. Weiterhin sind wandergewerbesteuerpflichtig jene Händler, die außerhalb ihres Wohnsitzes im Umherziehen mit land- und forstwirtschaftlichen Erzeugnissen handeln, auch wenn sie nach der Reichsgewerbeordnung einen Wandergewerbeschein nicht benötigen.

Die Steuer ist eine Ertragssteuer; sie bemißt sich nach dem für das betreffende Kalenderjahr geschätzten Gewerbeertrag. Der Tarif ist gestaffelt; er beginnt mit 2 v. H. des geschätzten Ertrags und steigt bis zu 12 v. H.

Die Steuer wird von den Finanzämtern erhoben. Der Steuerpflichtige erhält seinen Wandergewerbeschein beim Finanzamt erst dann ausgehändigt, wenn er Steuer entrichtet hat.

Unternehmer, die das Wandergewerbe durch dritte Personen (Angestellte u. dgl.) ausüben lassen, haben eine Zusatzsteuer zu entrichten. Sonstige Nebensteuern sind in dem Gesetz nicht vorgesehen; insbesondere ist auch die sog. Wanderlagersteuer weggefallen; so z. B. jene nach dem preuß. Gesetz vom 27. 2. 1880, GS. 174, mit Änderungen vom 14. 4. 1925 und 12. 6. 1930.

Mit dem Inkrafttreten des Wandergewerbesteuergesetzes vom 10. 12. 1937 ist aber auch außer Wirksamkeit getreten der § 11 Abs. 4 FinAusglG., welcher bestimmt hatte, daß der Gill. einschließlich des Wanderlagerbetriebes nur in den Ländern besteuert werden darf, in deren Gebiet der Betrieb stattfindet oder stattfinden soll.

Wie schon betont, ist die WGewSt. nicht wie die Gewerbesteuer eine Real- und Gemeindesteuer, sondern eine Ertrags- und Reichssteuer, von deren Aufkommen allerdings 96 v. H. den Ländern zufließen. Ob es fernerhin bei dieser Überweisung verbleiben wird, hängt von dem künftigen Finanzausgleich ab, dessen Neuregelung für den 1. 4. 1938 in Aussicht genommen ist; s. Anm. 7 zu § 1. Wie Staatssekretär Reinhardt in der Deutschen Steuerzeitung 1936 S. 1432 ausgeführt hat, wird die Umlegung der Einnahmequellen aus dem Verfügungsbereich der Gemeinden — bekanntlich sind jetzt bezüglich der Gewerbe- und Grund- (Haus-) steuern an Stelle der Länder die Gemeinden als die einzigen Steuergläubiger getreten — auch eine entsprechende Neugestaltung der Lasten- und Aufgabenverteilung zwischen Ländern, Gemeindeverbänden und Gemeinden zur Folge haben; es wird aber nicht allein bei der Neuregelung des sog. inneren Finanzausgleichs bleiben; es ist auch damit zu rechnen, daß die Steuerüberweisungen des Reichs an die Länder vom 1. 4. 1938 an eine Neuregelung erfahren werden.

## II.

In den nachstehenden Ausführungen sind u. a. berücksichtigt die älteren bayer. Verwaltungsgesetze, Verordnungen und Ministerialbekanntmachungen, die großenteils heute noch in Geltung sind. Soweit dies nicht mehr der Fall ist, haben sie jedenfalls auch heute noch für die Gesetzesauslegung mehr als nur historische Bedeutung. Aus diesem Grunde wurden auch aufgenommen die Hinweise auf die früheren Kammerverhandlungen, insbes. auf die frühere Rechtsprechung der Obersten Preuß. und Bayer. Gerichte, des preuß. Oberverwaltungsgerichts, des bayer. Verwaltungsgerichtshofes und der bayer. Oberberufungskommission.

Es wird in absehbarer Zeit auch die Verwaltungsgesetzgebung der Länder nur noch geschichtliche Bedeutung haben. Denn, wie Staatssekretär Pfundtner am 27. 1. 1938 vor der Verwaltungsakademie in Königsberg ausführte, könne man über den Neuaufbau des Reichs und der Verwaltung nicht sprechen, ohne immer wieder die Forderung der Herstellung einer einheitlichen deutschen Verwaltung zu erheben; die gesamten weiteren Reformmaßnahmen müßten unter allen Umständen unter dem Gesichtspunkte der Einheitlichkeit der Verwaltung getroffen werden; diese müßte einfach und übersichtlich aufgebaut sein; mit möglichst geringem Aufwand müßten die ihr zukommenden Aufgaben erledigt werden können; sie müsse mit dem Volk und seinen Auffassungen aufs engste verbunden sein. — Wie man jüngst aus der Tagespresse entnehmen konnte, soll bereits demnächst ein reichseinheitlicher Wandergewerbeschein eingeführt werden. Dieser soll nur unter Einschaltung des Arbeitsamtes zur Verteilung gelangen. Außerdem sollen ungeeignete Elemente aus dem Berufsstande ferngehalten werden.

Da die Reichsgewerbeordnung sozusagen einen integrierenden Bestandteil des WGewStG. darstellt, wurden die einschlägigen Vorschriften der GO. im Wortlaut im Anhang III aufgenommen; weiterhin die einschlägigen Bestimmungen der AO., hier allerdings nur im Auszug, wenigstens soweit als das Verwaltungsstrafverfahren in Betracht kommt. Mitberücksichtigt wurden weiterhin die bezüglichen Bestimmungen der sonstigen Reichssteuergesetze, der Reichsabgabenordnung, des Vergnügungssteuergesetzes, der Paßordnung, des Vereinszollgesetzes usw.

Im übrigen benützte Literatur:

1. Staatssekretär Reinhardt in der Deutschen Steuerzeitung;
2. Landmann-Rohmer, GO., 8. Auflage (die 9. Auflage war zur Zeit der Bearbeitung noch nicht erschienen);
3. Blümich-Boyens, GewStG.;
4. Limann-Reißer, BeitrO.;
5. Jahn-Arlt-Boethke-Hepp, AO.;
6. Bauer, Die preußische Wandergewerbesteuer und Wanderlagersteuer.

# Gesetz über die Besteuerung des Wandergewerbes.
## (WGewStG.)

Vom 10. Dezember 1937.

Die Reichsregierung hat das folgende Gesetz beschlossen, das hierdurch verkündet wird:

### Artikel I.
### Besteuerung des Wandergewerbes.

#### § 1.
#### Steuerberechtigter.

Vom Gewerbebetrieb im Umherziehen (Wandergewerbe) wird für das Reich eine Wandergewerbesteuer nach Maßgabe der folgenden Vorschriften erhoben.

#### § 2.
#### Steuergegenstand.

(1) Der Wandergewerbesteuer unterliegt jedes im Inland im Umherziehen betriebene Gewerbe, wenn es dafür nach den Vorschriften der Gewerbeordnung für das Deutsche Reich und den Ausführungsbestimmungen dazu eines Wandergewerbescheins bedarf.

(2) Der Wandergewerbesteuer unterliegt der im Umherziehen außerhalb des Bezirks der Wohnsitzgemeinde betriebene Handel mit Erzeugnissen der Land- und Forstwirtschaft, des Gartenbaus, des Obstbaus, der Geflügelzucht und der Bienenzucht, die nicht selbst gewonnen sind, und das Anbieten gewerblicher Leistungen im Marktverkehr, auch wenn es dafür eines Wandergewerbescheins nicht bedarf.

## § 3.
### Befreiungen.

Von der Wandergewerbesteuer ist befreit, wer in einer Entfernung von nicht mehr als 30 Kilometer von seinem Wohnsitz Musikaufführungen darbietet.

## § 4.
### Steuerschuldner.

(1) Steuerschuldner ist die Person, auf deren Namen der Wandergewerbeschein ausgestellt worden ist. Betreibt die Person, auf deren Namen der Wandergewerbeschein ausgestellt worden ist, das Wandergewerbe für eine andere Person, so sind sie Gesamtschuldner. Im Fall des § 2 Absatz 2 ist Steuerschuldner der Unternehmer des Gewerbebetriebs.

(2) Wenn mehrere Personen ein Wandergewerbe in Gemeinschaft betreiben, so sind sie Gesamtschuldner. Die Vorschriften des Absatzes 1 Sätze 2 und 3 sind entsprechend anzuwenden.

(3) Wird ein Wandergewerbeschein entgegen den bestehenden Vorschriften nicht gelöst, so ist Steuerschuldner die Person, auf deren Namen der Wandergewerbeschein hätte ausgestellt werden müssen.

## § 5.
### Erhebungszeitraum, Besteuerungsgrundlagen und Bemessungszeitraum.

(1) Die Wandergewerbesteuer wird für das Kalenderjahr auf Grund des für dieses Kalenderjahr geschätzten Gewerbeertrags festgesetzt und erhoben.

(2) Wird der Wandergewerbeschein für einen kürzeren Zeitraum als ein Kalenderjahr ausgestellt, so sind die Vorschriften des Absatzes 1 mit der Maßgabe anzuwenden, daß an die Stelle des Kalenderjahrs der kürzere Zeitraum tritt.

(3) Wird während des Bemessungszeitraums der Gewerbebetrieb in einer Weise geändert, die vermuten läßt, daß der Gewerbeertrag für den Bemessungszeitraum höher sein wird, als bei der Steuerfestsetzung angenommen wurde, so ist die Steuerfestsetzung zu berichtigen.

## § 6.
### Tarif.

(1) Die Wandergewerbesteuer beträgt

| | |
|---|---|
| für die ersten 1200 Reichsmark des geschätzten Gewerbeertrags | 2 v. H., |
| für die weiteren 1200 Reichsmark des geschätzten Gewerbeertrags | 4 v. H., |
| für die weiteren 1200 Reichsmark des geschätzten Gewerbeertrags | 6 v. H., |
| für die weiteren 1200 Reichsmark des geschätzten Gewerbeertrags | 8 v. H., |
| für die weiteren 1200 Reichsmark des geschätzten Gewerbeertrags | 10 v. H., |
| für alle weiteren Beträge des geschätzten Gewerbeertrags . . . | 12 v. H. |

(2) Läßt ein Unternehmer das Gewerbe im Umherziehen durch andere Personen betreiben, so wird von ihm eine Zusatzsteuer erhoben. Die Zusatzsteuer ist so zu bemessen, daß sie zusammen mit der Steuer nach Absatz 1 den Betrag nicht überschreitet, der sich ergeben würde, wenn der Unternehmer auch für die Gewerbeerträge, die auf die anderen Personen entfallen, selbst zur Steuer nach Absatz 1 herangezogen würde.

§ 7.

Zusammentreffen von Wandergewerbesteuer und Gewerbesteuer.

Soweit im Rahmen eines einheitlichen Gewerbebetriebs sowohl ein stehendes Gewerbe als auch ein Wandergewerbe betrieben wird, unterliegt der nach § 5 festgestellte Gewerbeertrag nicht der Gewerbesteuer nach den Vorschriften des Gewerbesteuergesetzes vom 1. Dezember 1936 (Reichsgesetzblatt I S. 979).

§ 8.

Fälligkeit der Wandergewerbesteuer.

Die Wandergewerbesteuer wird bei Aushändigung des Wandergewerbescheins fällig. Wird ein Wandergewerbeschein nicht gelöst, so wird die Wandergewerbesteuer fällig:

1. für das Kalenderjahr, in dem der Gewerbebetrieb begonnen wird, mit dem Beginn des Gewerbebetriebs,
2. für die späteren Kalenderjahre jeweils mit dem Beginn des Kalenderjahrs.

Artikel II.

Änderung des Finanzausgleichsgesetzes.

Das Finanzausgleichsgesetz wird wie folgt geändert:

1. § 11 wird gestrichen.

2. Im § 21 wird Absatz 2 wie folgt erweitert: „Wandergewerbesteuer (§ 42 d)."

3. Hinter dem § 42 c wird unter der Überschrift „8 b. Wandergewerbesteuer" der folgende § 42 d eingefügt:

„§ 42 d.

Die Länder erhalten sechsundneunzig vom Hundert des Aufkommens an Wandergewerbesteuer (Länderanteil). Die übrigen vier vom Hundert verbleiben dem Reich für die Verwaltung der Steuer. Der Länderanteil wird nach dem Verhältnis der Bevölkerungszahl verteilt. Der hiernach auf das Saarland entfallende Anteil verbleibt dem Reich."

4. Im § 52 Satz 1 und im § 53 Absatz 3 treten an Stelle der Worte „und der Schlachtsteuer (§ 42 c)" die Worte „, der Schlachtsteuer (§ 42 c) und der Wandergewerbesteuer (§ 42 d)".

Artikel III.

Änderung der Reichsabgabenordnung.

Im § 1 Absatz 2 der Reichsabgabenordnung werden hinter dem Wort „Rennwettsteuer" die Worte „, die Wandergewerbesteuer" eingefügt.

Artikel IV.

Schlußvorschrift.

Die Wandergewerbesteuer wird erstmals für das Kalenderjahr 1938 erhoben.

Berlin, 10. Dezember 1937.

**Der Führer und Reichskanzler:**

Adolf Hitler.

Der Reichsminister der Finanzen:

Graf Schwerin von Krosigk.

# Erläuterungen

zum

# Gesetz über die Besteuerung des Wandergewerbes

## (WGewStG.)

Vom 10. Dezember 1937, RGBl. I S. 1348.

## Artikel I

## Besteuerung des Wandergewerbes

Steuerberechtigter

### § 1

Vom Gewerbebetrieb im Umherziehen (Wandergewerbe) wird für das Reich eine Wandergewerbesteuer nach Maßgabe der folgenden Vorschriften erhoben.

**1.** Zum Begriff des Wandergewerbes gehört ein Umherziehen; es muß eine der in § 55 GewO. bezeichneten Tätigkeiten darstellen; dagegen erfordert der Begriff nicht, daß das Gewerbe nacheinander an mehreren Orten außerhalb des Wohnorts ausgeübt wird; es genügt der Betrieb an einem solchen Orte; Landmann S. 676. Nicht erforderlich ist ein dauernder Gewerbebetrieb. OLG. vom 26. 4. und 28. 11. 1905; BlfFinW. 15, 63. Siehe im übrigen die Ausführungen bei §§ 55 ff. GO. im Anh. III über die Voraussetzungen der Anwendung des WGewStG.; wie schon in der Einleitung hervorgehoben, bildet die GO. gewissermaßen einen Bestandteil des WGewStG.

**2.** a) Die WGewSt. ist ausdrücklich als Reichssteuer, auf die die AO. Anwendung findet, erklärt; Art. III WGewStG. mit § 1 Abs. 2 und § 3 Abs. 1 AO.; AA. unter B I. Von dem Aufkommen verbleiben allerdings nur 4 v. H. dem Reich; die übrigen 96 v. H. erhalten die Länder; Art. II des Ges.; s. auch Einleitung.

b) Der Gewerbesteuer nach dem Gesetz vom 1. 12. 1936, RGBl. I S. 979, unterliegt der zur WGewSt. herangezogene Gewerbeertrag nicht; § 7 WGewStG.; Anm. 1 zu § 55 GO. (Anh. III).

**3.** a) Die WGewSt. ist grundsätzlich vor Aushändigung des WGew.-Scheines und des Steuerbescheids fällig, also regelmäßig im voraus für das betreffende Kalenderjahr mit ihrem ganzen Betrag zu entrichten — wie dies schon früher, z. B. für Bayern vorgeschrieben war —; Art. I § 8 WGewStG.; § 60 GO. (Anh. III Ziff. VI).

Wenn unbar eingezahlt wird, so ist dem Steuerpflichtigen eine besondere Quittung portofrei zu übersenden; AA. unter B IV, 6.

Die Bewilligung von Stundungen und die Entrichtung der Steuern in Teilzahlungen müssen die Ausnahme bilden.

Die Stundungsverfügung des FA. hat der Hausierer mit sich zu führen in gleicher Weise wie den Nachweis über die Entrichtung der Steuer (Steuerbescheid, Freistellungsbescheid). Das gleiche gilt von Erlaßverfügungen nach § 131 AO.; AA. unter B V; Anm. 2 zu Art. I § 8 WGewStG.

Auch Erlaßverfügungen können nur in seltenen Fällen in Frage kommen; nämlich nur dann, wenn es sich darum handelt, unbillige Steuerergebnisse zu mildern oder zu beseitigen. Eine Unbilligkeit ist nur dann anzunehmen, wenn die Fortführung des Gewerbes erheblich gefährdet wird oder wenn die Bestreitung des notwendigen Lebensunterhalts vorübergehend oder dauernd gefährdet wird; RdErlRFM. vom 10. 2. 1934 — O 1760 — 11/III, RStBl. 1934 S. 162. Ob diese Voraussetzungen vorliegen, muß nach nat.-soz. Weltanschauung beantwortet werden; d. h. nach dem Grundsatz: Alles ist recht, was dem Volksganzen nützt, und alles ist falsch, was dem Volksganzen abträglich ist. — Bei Steuerpflichtigen mit großem Einkommen und großem Vermögen kommt daher ein Billigkeitserlaß überhaupt nicht in Frage, soweit er nicht besonders angeordnet ist. Rücksichtnahme ist bei solchen Antragstellern geboten, die für eine große Familie zu sorgen haben oder die sich in der Kampfzeit für das Dritte Reich besonders verdient gemacht haben. Bei Juden ist strengster Maßstab anzulegen. Bei „Nachforderungen" von Steuern für frühere Jahre, z. B. wegen Nichtbeachtung der Buchführungsvorschriften oder wegen Nachveranlagungen auf Grund von Betriebsprüfungen ist ein Entgegenkommen nur dann gerechtfertigt, wenn durch die Steuernachforderung der Betrieb oder der Lebensunterhalt des Pflichtigen gefährdet ist. Steuernachforderungen, die auf unrichtiger Gesetzesanwendung durch das FA. beruhen, sind im allgemeinen zu erlassen. Bei unwirtschaftlichen oder lebensunfähigen Betrieben soll ein Erlaß versagt werden. Hinweis auf den Aufsatz von ORR. Dr. Ehlert, Deutsche Steuerzeitung 1937 S. 869. — Zurücknahme von Erlaßverfahren zulässig im Rahmen des § 96 AO.; s. dazu Deutsche Steuerzeitung 1937 S. 1078; RStBl. 1937 S. 1087. — Vgl. auch Anm. 2 zu § 3 WGewStG.

Erstattungen von bereits entrichteten Steuern kommen nur dann in Frage, wenn § 152 AO. zutrifft; also dann, wenn eine Steuer zu Unrecht beigetrieben wurde, weil der Steueranspruch erloschen oder gestundet war oder das Zwangsverfahren gegen den Hausierer nicht hätte erfolgen dürfen; ferner dann, wenn eine Steuer doppelt gezahlt war. Der Anspruch auf Erstattung erlischt, wenn er nicht bis zum Ablauf des Kalenderjahres, das auf die Entrichtung folgt, geltend gemacht wird; AA. unter B VI; Anm. 6 zu Art. I § 8 WGewStG.

b) Die Höhe der Steuer bemißt sich nach Art. I § 6; siehe auch die Steuertabelle am Ende der AA. (Anh. I).

c) Über Steuernachholungen s. bei Art. I § 2 WGewStG. Anm. 4 und 5.

d) Für den Steuerbescheid ist eine Gebühr nicht geschuldet; §§ 210 ff. AO.; AA. unter B IV 6. Muster für die Vordrucke des Steuerbescheids sowie des Berechnungsbogens sind als Anl. 3 und 4 dem RdErlRdF. vom 22. 11. 1937 beigefügt.

Gebühren werden im Steuerfestsetzungsverfahren erst fällig, wenn der Steuerbescheid im Rechtsmittelverfahren nach §§ 228 ff. AO. (Einspruch, Berufung, Rechtsbeschwerde, einfache Beschwerde, Anfechtung) angefochten wird. Wegen der Kosten und Auslagen s. §§ 307 ff. AO. mit § 8 GerichtskostenG. vom 28. 1. 1927, RGBl. I S. 53, i. d. F. des § 13 Kap. I VI. Teil der III. NotVO. vom 6. 10. 1931, RGBl. I S. 537; s. auch RStBl. 1927 S. 73; 1932 S. 29; ferner VO. vom 24. 1. 1935, RGBl. I, 69, wegen Übertragung der Zuständigkeit der Kostenfestsetzung auf die FA.

Eine Urkundensteuer ist für die Vollmacht im Steuerfestsetzungsverfahren nicht geschuldet; § 27 Abs. 6 Ziff. 1 UrkStG. vom 5. 5. 1936, RGBl. I S. 407; Deutsche Steuerzeitung 1936 S. 997 (957).

e) Die Gebührengesetze der Länder sind durch das Wandergewerbesteuergesetz nicht aufgehoben worden; die Gebühren und besonderen Abgaben werden also für die Wandergewerbescheine nach wie vor erhoben; s. Anm. 17 zu § 55 GO., Anh. III.

4. a) Außer der Wandergewerbesteuer unterliegt der Steuerpflichtige auch noch der Einkommensteuer nach dem Gesetz vom 16. 10. 1934 (EStG.), RGBl. I S. 1005. Im Sinne des Einkommensteuergesetzes versteht man bei Hausierern unter „Einkünften" den Gewinn des abgelaufenen Kalenderjahres; es ist dies der Betrag, der dem Steuerpflichtigen bei dieser Einkunftsart nach Abzug seiner Geschäftsunkosten verbleibt; §§ 2 Abs. 3 und 4, 4 f., 15—17 EStG. Da die Hausierer selten wohl eine ordnungsgemäße Buchführung besitzen, wird in der Regel ihr Gewinn nach Durchschnittssätzen zu ermitteln sein; § 29. Meist werden für die Schätzung gewisse Unterlagen vorhanden sein, z. B. das Straßensteuerheft; s. hierüber unter b.

b) Weiterhin sind die Wandergewerbetreibenden zur Umsatzsteuer nach dem Gesetz vom 16. 10. 1934, RGBl. I S. 943 (UStG.) heranzuziehen und zwar regelmäßig mit 2 v. H. der vereinnahmten Entgelte. Sie sind verpflichtet, ein Steuerheft zu führen und auf Verlangen des Finanzamts bei Beginn ihrer Tätigkeit eine Anzahlung zu leisten. Dies gilt auch für den GiU. im Grenzgebiet; s. Anm. 13 zu § 56 d GO. Ziff. IV Anh. III.

Hierzu ist auf Grund des § 17 des Gesetzes im Zusammenhalt mit § 101 AO. in §§ 83 ff. UStDB. vom 17. 10. 1934, RGBl. I S. 947, in der Fassung der VO. vom 21. 8. 1936, RGBl. I S. 643, folgendes für den „Straßenhandel" angeordnet:

§ 83.

(1) Ein Unternehmer, der ohne Begründung einer gewerblichen Niederlassung oder außerhalb seiner gewerblichen Niederlassung von Haus zu Haus oder auf öffentlichen Wegen, Straßen, Plätzen oder an anderen öffentlichen Orten (z. B. auf einem der Öffentlichkeit zugänglichen Privatgrundstück) Umsätze ausführt (Straßenhandel betreibt), hat ein Steuerheft zu führen.

(2) Das Steuerheft wird auf Antrag vom Finanzamt ausgefertigt.

(3) Ein Unternehmer, der Straßenhandel betreibt, ohne im Besitz eines ordnungsmäßigen Steuerhefts zu sein, ist § 413 der Reichsabgabenordnung gemäß strafbar.

(4) Das Finanzamt kann verlangen und die Ausfertigung des Steuerhefts davon abhängig machen, daß der Unternehmer § 17 des Gesetzes und § 101 der Reichsabgabenordnung gemäß den Eingang der Steuer durch Anzahlung sicherstellt.

§ 84.

Von den im § 83 Absätze 1 und 4 genannten Verpflichtungen ist derjenige befreit,

1. der den Handel mit Zeitungen und Zeitschriften betreibt;
2. der an einem Markt im Sinn der §§ 64 ff. der Reichsgewerbeordnung in den Grenzen der Marktordnung teilnimmt und lediglich die innerhalb seines land- und forstwirtschaftlichen Betriebs erzeugten Gegenstände (§ 46) feilbietet;
3. der innerhalb des Gemeindebezirks seiner gewerblichen Niederlassung Umsätze im Rahmen des § 83 bewirkt und Bücher nach kaufmännischen Grundsätzen oder Aufzeichnungen im Sinn des § 75 führt;
4. der außerhalb des Gemeindebezirks seiner gewerblichen Niederlassung Umsätze im Rahmen des § 83 bewirkt und Bücher nach kaufmännischen Grundsätzen führt.
5. der Mitglied eines Verbandes der Gewerbetreibenden ist, die unter § 83 fallen. Die näheren Anordnungen erläßt der Reichsminister der Finanzen.

§ 85.

Das Finanzamt kann die Führung eines Steuerheftes auch von einem Unternehmer verlangen, der Gegenstände von Haus zu Haus oder auf öffentlichen Wegen, Straßen, Plätzen oder an anderen öffentlichen Orten einkauft oder durch Angestellte einkaufen läßt.

§ 85 a.

Die näheren Bestimmungen über die Ausfertigung und Führung des Steuerhefts, über die Erteilung von Bescheinigungen bei Befreiung § 84 Ziffern 3 bis 5 gemäß, über den Veranlagungszeitraum und über die Abrechnung nach Ablauf des Veranlagungszeitraums trifft der Reichsminister der Finanzen im Verwaltungsweg.

Zu § 85 a UStDB. erging folgender Runderlaß des Reichsministers der Finanzen vom 3. Oktober 1936 S 4223 — 35 III, RStBl. 1936 S. 977:

I. Örtliche Zuständigkeit der Finanzämter.

Für die Ausfertigung des Steuerhefts ist § 73 Abs. 4 AO. gemäß dasjenige Finanzamt zuständig, von dessen Bezirk aus der Straßenhändler sein Gewerbe betreibt. Wird das Gewerbe mangels einer Betriebstätte (§ 16 Absätze 1 und 2 StAnpG.) vom Wohnsitz § 13 StAnpG.) aus betrieben, so ist das Wohnsitzfinanzamt zuständig; beim Vorhandensein einer Betriebstätte ist das Betriebsfinanzamt zuständig. Sind mehrere Betriebstätten vorhanden, so ist dasjenige Finanzamt zuständig, in dessen Bezirk sich die Geschäftsleitung befindet.

II. Ausstellung und Verlängerung des Steuerheftes; Anzahlung.

1. Ein Unternehmer, der Straßenhandel betreiben will und nicht § 84 UStDB. gemäß von der Führung eines Steuerheftes befreit ist (hierüber unten VI), hat vor Beginn seiner Tätigkeit beim Finanzamt die Ausfertigung eines Steuerhefts[1]) zu beantragen. Das Finanzamt soll die Ausfertigung des Steuerhefts von der Leistung einer Anzahlung abhängig machen. Die Anzahlung ist in der Regel so zu bemessen, daß sie

[1]) Muster hier nicht abgedruckt.

der für ein Kalendervierteljahr zu erwartenden Umsatzsteuer entspricht. Das Finanzamt kann auch beim Vorliegen besonderer Verhältnisse einen kürzeren oder längeren Zeitraum, höchstens jedoch ein Kalenderjahr, wählen. Der Tag, an dem das Steuerheft dem Finanzamt zur ordentlichen Abrechnung (hierüber unten, V) spätestens wieder vorzulegen ist, ist auf dem Umschlag zu vermerken.

In das Steuerheft ist ein Lichtbild des Unternehmers einzukleben. Daneben ist ein Dienststempelaufdruck so anzubringen, daß er auf das Lichtbild übergreift. Falls der Unternehmer im Besitz eines mit Lichtbild versehenen Wandergewerbescheins ist, kann von dem Einkleben des Lichtbilds abgesehen werden.

Die Anzahlung, über die eine Kassenquittung erteilt wird, ist auch im Steuerheft zu vermerken. Das Steuerheft ist dem Unternehmer auszuhändigen.

2. Die Vorschriften unter Ziffer 1 gelten auch für einen Unternehmer, der bereits im Besitz eines Steuerhefts ist, dessen Gültigkeit jedoch abgelaufen ist. An Stelle der Ausfertigung eines neuen Steuerhefts kann die Gültigkeit des bisherigen Steuerhefts verlängert werden, wenn noch genügend Raum für weitere Eintragungen vorhanden ist.

3. Der Straßenhändler hat in der Regel eine weitere Anzahlung zu leisten, wenn die Summe der vereinnahmten Entgelte vor Ablauf der Gültigkeit des Steuerhefts denjenigen Betrag überschreitet, der bei der Bemessung der Anzahlung als voraussichtlicher Umsatz angenommen worden ist. Das Finanzamt vermerkt auch die weitere Anzahlung im Steuerheft.

Reicht der im Steuerheft vorhandene Raum für die Eintragungen nicht aus, so hat das Finanzamt ein Nachtragsheft auszufertigen. Das Finanzamt behält dann das alte Steuerheft zurück und überträgt den Gesamtbetrag des hierin eingetragenen, aber noch nicht abgerechneten Umsatzes in das Nachtragsheft.

4. Es kann vorkommen, daß ein Straßenhändler sich zu dem Zeitpunkt, in dem er ein Nachtragsheft benötigt, eine weitere Anzahlung zu leisten oder ein Steuerheft (Nachtragsheft) zur Abrechnung vorzulegen hat, in Ausübung seines Gewerbes unterwegs in einem Ort befindet, der nicht zum Bezirk seines zuständigen Finanzamts gehört. In diesem Fall kann er seinen steuerlichen Verpflichtungen bei dem für diesen Ort zuständigen Finanzamt nachkommen. Die Jahresveranlagung ist jedoch von dem für ihn zuständigen Finanzamt durchzuführen.

Stellt das Finanzamt des Aufenthaltsorts ein neues Steuerheft (Nachtragsheft) aus, so hat es darin das zuständige Finanzamt und die Steuernummer, unter der der Unternehmer bei diesem Finanzamt geführt wird, zu vermerken und diesem Finanzamt das alte Steuerheft zu übersenden und den Tag mitzuteilen, an dem das neue Steuerheft zur Abrechnung vorzulegen ist.

Verlängert das Finanzamt des Aufenthaltsorts das Steuerheft oder vereinnahmt es eine weitere Anzahlung, so hat es bei der Weiterleitung des Steuerbetrags in der § 34 Abs. 3 AKO. gemäß vorgeschriebenen Mitteilung über den Einzahlungsgrund ebenfalls zu vermerken, ob und bis zu welchem Tag die Gültigkeit des Steuerhefts verlängert worden ist.

5. Verliert der Unternehmer das Steuerheft, so kann er ein Ersatzheft beantragen. Ersatzhefte sind als solche kenntlich zu machen.

### III. Führung des Steuerhefts.

1. Das Steuerheft ist durch meinen Erlaß vom 6. September 1935 — S 4223 — 14 III — (RStBl. 1935 S. 1163) als gleichwertig mit dem Wareneingangsbuch anerkannt worden. Der Unternehmer hat daher im Steuerheft laufend, und zwar noch am Einkaufstag, den Wareneingang zu buchen. Die Buchung muß enthalten: die fortlaufende Nummer, den Einkaufstag, den Namen (die Firma) und die Anschrift des Lieferers, die Art des Warenpostens und den Einkaufspreis. Falls für den Einkauf Belege erteilt sind, insbesondere auf Grund der Verordnung über die Verbuchung des Warenausgangs (Warenausgangsverordnung) vom 20. 6. 1936 (RGBl. I S. 507, RStBl. S. 687), so sind diese fortlaufend zu beziffern und die betreffenden Ziffern im Steuerheft zu vermerken. Die Einkaufsbelege sind dem Finanzamt bei der Abrechnung vorzulegen.

2. Auf der rechten Seite im Steuerheft hat der Unternehmer täglich nach Geschäftsschluß die Tageseinnahme (Losung) einzutragen. Hierbei sind etwaige im Lauf des Tages aus den Einnahmen zur Bestreitung von Ausgaben verwendeten Beträge dem Kassenbestand hinzuzurechnen. Die Vorschriften der Verordnung über die Verbuchung des Warenausgangs bleiben unberührt. Ist an einzelnen Tagen das Gewerbe nicht ausgeübt worden, so ist der Grund einzutragen.

3. Der Unternehmer hat das Steuerheft beim Einkauf und bei der Ausübung seines Gewerbes bei sich zu führen und es auf Verlangen den Beamten der Reichsfinanz-, Polizei- und Eisenbahnverwaltung vorzulegen.

### IV. Mehrere Steuerhefte für einen Unternehmer.

1. Übt ein Unternehmer, der zur Führung eines Steuerhefts verpflichtet ist, ständig das Gewerbe zusammen mit Hilfskräften (Angestellten, Familienmitgliedern) aus, so ist neben dem Steuerheft für den Unternehmer (Hauptheft) für jede Hilfskraft ein besonderes Steuerheft (Nebenheft, mit fortlaufenden Nummern bei mehreren Nebenheften) auf den Namen des Unternehmers unter Angabe des Namens und der Wohnung der Hilfskraft zu beantragen und auszufertigen.

2. Übt der Unternehmer das Gewerbe nicht selbst, sondern nur durch Hilfskräfte aus, so ist für jede Hilfskraft (gegebenenfalls mit fortlaufender Nummer) ein Steuerheft auf den Namen des Unternehmers unter Angabe des Namens und der Wohnung der Hilfskraft zu beantragen und auszufertigen.

3. In die für die Hilfskräfte ausgefertigten Steuerhefte (Nebenhefte) sind die Lichtbilder dieser Hilfskräfte einzukleben.

4. Läßt sich der Unternehmer vorübergehend durch eine andere Person vertreten, so hat der Vertreter das Steuerheft des Unternehmers bei sich zu führen. Das Finanzamt kann anordnen, daß der Vertreter sich durch eine besondere mit seinem Lichtbild versehene Bescheinigung auszuweisen hat. Diese Bescheinigung ist nach folgendem Muster auszufertigen:

Steuernummer ...................

**Bescheinigung.**

D..... Inhaber ...... dieser Bescheinigung, ........................................

wohnhaft in ________________________, vertritt ____________________
vorübergehend in der Ausübung des Straßenhandels.

**Die gesamte während der Vertretung erzielte Einnahme wird durch das Steuerheft des vertretenden Händlers nachgewiesen.**

............................., ............................19.....

____________________
(Unterschrift des Unternehmers)

............................................
(Unterschrift des Vertreters)

............................., ............................19.....

(Dienststempel)

**Finanzamt.**

Im Auftrag

____________________

V. Abrechnung.

Der Unternehmer hat das Steuerheft oder das letzte Nachtragsheft spätestens an dem auf dem Umschlag vermerkten Tag dem Finanzamt zur Abrechnung vorzulegen. Das Finanzamt setzt hierauf die für den abgelaufenen Zeitraum errechnete Steuer als Umsatzsteuervorauszahlung fest. Je nach Lage des Falls teilt es dem Unternehmer die Festsetzung und das hiergegen zulässige Rechtsmittel (Beschwerde) mündlich oder durch einen schriftlichen Bescheid mit. Ist die Festsetzung höher als die Anzahlung, so hat der Unternehmer den Unterschiedsbetrag sofort zu zahlen. Das Finanzamt kann die Ausfertigung oder die Verlängerung des Steuerhefts für den neuen Vorauszahlungszeitraum von der vollständigen Entrichtung der Vorauszahlung für den abgelaufenen Vorauszahlungszeitraum abhängig machen. Das Finanzamt hat die abgerechneten Steuerhefte zu den Akten des Unternehmers zu nehmen.

VI. Befreiung vom Steuerheft.

1. Straßenhändler, die § 84 UStDB. gemäß von der Führung eines Steuerhefts befreit sind, unterliegen den allgemeinen Vorschriften über die Buchführungs- und Aufzeichnungspflicht (§ 161 AO.),

über die Führung des Wareneingangsbuchs und über die Verbuchung des Warenausgangs.

2. Wegen der Erteilung von Bescheinigungen über die Befreiung von der Führung eines Steuerhefts gilt das folgende:

a) In den Fällen des § 84 Ziffern 1 und 2 UStDB. ist eine Bescheinigung über die Befreiung von der Führung eines Steuerhefts nicht erforderlich. Das Finanzamt hat jedoch auf Antrag des Unternehmers eine solche Bescheinigung auszufertigen.

b) In den Fällen des § 84 Ziffern 3 und 4 UStDB. müssen die den Straßenhandel ausübenden Unternehmer und Angestellten eines Unternehmers bei Ausübung dieses Gewerbes eine Bescheinigung gemäß anliegendem Muster 2[1]) bei sich führen. Die Bescheinigung ist auf Antrag vom zuständigen Finanzamt auszufertigen. Die Gültigkeitsdauer der Bescheinigung ist auf das Kalenderjahr zu beschränken.

c) Unter die Vorschrift des § 84 Ziff. 5 UStDB. fallen bis auf weiteres nur diejenigen Vieh- und Pferdehändler, die im Besitz einer vom Reichsnährstand (Schlachtviehverwertungsverband) ausgestellten Ausweiskarte sind. Die Ausweiskarte muß einen Vermerk enthalten, daß der Inhaber von den Verpflichtungen zur Leistung einer Umsatzsteueranzahlung und zur Führung eines Steuerhefts befreit ist.

### VII. Steuerheft für Aufkäufer.

Das Finanzamt kann im Einzelfall anordnen (§ 85 UStDB.), daß ein Unternehmer, der Waren im Umherziehen aufkauft, bei diesen Einkäufen ein Steuerheft bei sich zu führen hat. Das Finanzamt kann in diesem Fall weiter anordnen, daß der Unternehmer jeden einzelnen Einkauf sofort in das Steuerheft einzutragen hat.

### VIII. Verfahren bei den Finanzämtern.

Die Ausfertigung von Steuer-, Nachtrags- und Nebenheften und von Vertreter- und Befreiungsbescheinigungen ist in den Steuerakten des Unternehmers festzuhalten. Die Anlegung von Sonderakten ist zulässig.

### IX. Frühere Verwaltungsanweisungen.

Die Anlage 6 zu meinem Runderlaß vom 7. 12. 1934 — S 4030 — 50 III — (RStBl. S. 1564) ist durch diesen Erlaß überholt.

c) Die dem Wandergewerbe gewidmeten Wirtschaftsgüter gehören mit zum gewerblichen Betriebsvermögen des Unternehmers i. S. der §§ 54 und 73 ff. RBewG. vom 16. 10. 1934, RGBl. I S. 1035; als solches unterliegt es der Vermögensteuer nach dem Gesetz vom 16. 10. 1934, RGBl. I S. 1052.

**5.** Die Wandergewerbetreibenden unterliegen auch der Vergnügungssteuer; wenigstens insoweit, als sie steuerpflichtige Vergnügungen darbieten. Nach den Vorschriften über die Vergnügungssteuer sind „alle" im Gemeindebezirk veranstalteten Vergnügungen steuerpflichtig, mithin nicht nur die von Einheimischen (Ortsansässigen), sondern auch die von Wandergewerbetreibenden veranstalteten. — Die Vergnügungssteuer ist eine Ge-

---

[1]) Muster hier nicht abgedruckt.

meindesteuer, zu deren Hebung die Gemeinden nach § 14 FinAusglG. verpflichtet sind. Die Länder können aber auch die Vergnügungssteuer selbst erheben oder Gemeindeverbänden (Bezirken, Kreisen, Provinzen) überlassen; sie können auch über die Verteilung des Aufkommens der Steuer zwischen Gemeinden, Gemeindeverbänden und dem Lande Bestimmung treffen. Mit Genehmigung der Länderregierung können die Gemeinden und Gemeindeverbände auch besondere „Steuerordnungen" erlassen. Hierwegen bestimmt z. B. Art. 3 Bayer. GemAbgG. i. d. F. vom 4. 2. 1937, daß die Vergnügungssteuer die Gemeinden, für die gemeindefreien (ausmärkischen) Grundstücke die Bezirke zu erheben haben und zwar nach näherer Bestimmung des § 14 FinAusglG. Das Land Bayern hat dazu in der Bek. zur Durchführung des GemAbgG. vom 4. 2. 1937, GVBl. S. 24, in Ziff. 3 im wesentlichen auf den RdErlRFM. vom 17. 8. 1936, RStBl. S. 837, RMBliV. S. 1163, sowie auf die bayer. MinEntschl. d. Inn. vom 28. 9. 1936, RegAnz. Nr. 276, verwiesen und weiter verfügt, daß besondere Steuerordnungen von Gemeinden und Bezirken der Genehmigung der Regierung bzw. weitergehende Abweichungen von den „Bestimmungen" (s. hierüber weiter unten!) der Genehmigung des Staatsministeriums des Innern und der Zustimmung des Reichsministers der Finanzen oder der von ihm beauftragten Behörde bedürfen. Im übrigen ist zur Vergnügungssteuer seitens des Reichs eine besondere „Steuerordnung" ergangen; vgl. VO. des Reichsrats vom 1. 6. 1933 und „Bestimmungen" über die Vergnügungssteuer vom 7. 6. 1933 mit den Änderungen der VO. vom 22. 12. 1933, RGBl. 1933 S. 344, 351, 1934 I S. 35. Hiernach gelten als steuerpflichtige Vergnügen und dienen als Steuerobjekt alle Tanzbelustigungen, weiter alle Volksbelustigungen, wie Karusselle, Schaukeln, Rutschbahnen, Schießbuden, Schaustellungen jeder Art, Menagerien, Theatervorstellungen, Rundfunkempfangsanlagen, Vorführungen von Bildstreifen, musikalische und deklamatorische Aufführungen sowie alle sonstigen Lustbarkeiten einschließlich der Vorführungen der Tanzkunst. — Steuerpflichtig ist der Unternehmer der Veranstaltung. Die Vergnügungen sind von dem Unternehmer vor der Veranstaltung anzumelden. Die Steuerstelle kann die Veranstaltung von der Leistung einer Sicherheit abhängig machen. Die Steuer wird in 3 Formen erhoben:

1. als Kartensteuer,
2. als Pauschsteuer,
3. als Sondersteuer von der Roheinnahme. —

Gewisse Veranstaltungen sind nach Art. II § 2 der „Bestimmungen" steuerfrei. Es handelt sich hauptsächlich um Veranstaltungen für Unterrichtszwecke, für ausschließlich mildtätige Zwecke, für die Jugendpflege, für Zwecke der Leibesübung, für Zwecke der Wehrmacht; weiterhin um Veranstaltungen der Länder im öffentlichen Interesse oder zur Volksbildung, um solche der Religionsgesellschaften des öffentlichen Rechts für kirchliche Zwecke, endlich um Veranstaltungen aus Anlaß und zu Ehren des Feiertags der nationalen Arbeit sowie zugunsten des Winterhilfswerks.

Wie bereits hervorgehoben, kann die Steuer in drei Formen erhoben werden, nämlich als Kartensteuer, als Pauschsteuer und als Sondersteuer von der Roheinnahme.

Die Kartensteuer bewegt sich zwischen 10 und 25 v. H. des Preises der Eintrittskarte; für Vorführungen von Bildstreifen gibt es besondere Steuersäße; die Steuerpflicht entsteht mit der Ausgabe der Eintrittskarten; §§ 5 ff. der „Bestimmungen".

Die Pauschsteuer ist durch §§ 16 ff. der „Bestimmungen" geregelt. Sie wird bemessen

a) nach der Roheinnahme (§ 16);

b) nach einem Vielfachen des Einzelpreises, nämlich des vereinnahmten „Entgelts", d. i. die gesamte Vergütung einschließlich Gebühren für Programme, Kleideraufbewahrung, Sonderzahlungen für bestimmte Zwecke usw. (§ 6, § 17 Abs. 3); die Pauschsteuer beträgt z. B. bei Karussellen, die durch Menschenhand oder Tierkraft betrieben werden, täglich das zehnfache des Einzelpreises, bei mechanisch betriebenen das zwanzigfache des Einzelpreises (§ 17);

c) nach dem Werte der vorgezeigten Apparate, z. B. des Schauapparats, des Musik- und Sprechapparats, der Rundfunkanlage (§ 18);

d) nach der Zahl der Mitwirkenden, z. B. bei Gesang- und Musikvorträgen; soweit letztere im Umherziehen dargeboten werden, beträgt die Steuer bei einem oder zwei Mitwirkenden 20 *Rpf*, bei drei Mitwirkenden 25 *Rpf*, bei 4 oder 5 Mitwirkenden 30 *Rpf*, bei einem jeden weiteren Mitwirkenden 20 *Rpf* für den Tag (§ 19, insbesondere Abs. 2);

e) nach der Größe des benützten Raumes, so bei Tanzbelustigungen, Varietés, Kabaretten, Zirkus- und Theatervorstellungen (§ 20).

Gerade die Pauschsteuer führt zu einer gerechten Besteuerung der Wandergewerbetreibenden. Auf der einen Seite gibt es nicht mehr eine Berechnung der Steuer nach Stunden, sondern nur nach Tagen, auch keine verschiedenartige oder verschieden hohe Steuer in den einzelnen Gemeinden [unter derartigen Umständen hatte früher gerade das Wandergewerbe zu leiden]. Auf der anderen Seite aber darf nach Art. III § 14 Abs. 2 der „Bestimmungen" für die auf nicht ständigen Vergnügungsplätzen dargebotenen Veranstaltungen von der Form der Pauschsteuer nach einem Vielfachen des Einzelpreises und von der Berechnung der Steuer nach ganzen Tagen nicht abgewichen werden. Hierher zählen alle im Umherziehen dargebotenen Vergnügungen, die Veranstaltungen auf Messen und Märkten, auf Volksfesten, in Gast- und Schankwirtschaften, in öffentlichen Vergnügungslokalen, auf öffentlichen Wegen, Straßen, Plätzen oder an anderen öffentlichen Orten, in Buden oder in Zelten.

Die Sondersteuer von der Roheinnahme betrifft die künstlerisch hochstehenden Veranstaltungen, bei denen der künstlerische oder volksbildende Charakter überwiegt; auch kaufmännisch geleitete Zirkusveranstaltungen.

Die „Bestimmungen" sehen im übrigen noch folgendes vor: Die Steuerstelle kann mit dem Pflichtigen den Steuerbetrag auch vereinbaren (§ 16 Abs. 2, § 18 Abs. 3, § 20 Abs. 4). Die Vorführungen mit geringfügigen Musikapparaten (Leierkästen, Spieldosen) können steuerfrei bleiben. Gelegentliche Gesang- und Musikvorträge auf öffentlichen Straßen und Plätzen sowie auf Höfen von Wohnhäusern sind steuerfrei (§ 18 Abs. 6, § 19 Abs. 4).

Nähere Anweisungen wegen einer möglichst gleichmäßigen Behandlung bezüglich der Vorführungen

1. zugunsten des WHW.,
2. am nationalen Feiertag des Deutschen Volkes,

3. von Werbefilmen,
4. von Lautsprechanlagen behufs Wirtschaftsbelebung,
5. von staatspolitisch wertvollen Filmen,
6. von Rundfunkempfangsanlagen,

sind enthalten in den Rundschreiben des RdF. an die obersten Landesbehörden vom 2. 11. 1934, RStBl. S. 1385, PrMBliV. S. 1495, vom 10. 4. 1935, RStBl. S. 638, PrMBliV. S. 583 und vom 14. 11. 1935, RStBl. S. 1437, MBliV. S. 1417, ferner im RdErl. des RuPrMdJ. vom 27. 12. 1937, RStBl. 1938 S. 23, MBliV. S. 9/1938; in dem letztgenannten Erlaß wurde eine Reihe von Zweifelsfragen geklärt.

In dem vorgenannten Rundschreiben vom 14. 11. 1935 sind unter Bezugnahme auf das Rundschreiben vom 14. 3. 1934 — 1604 B — 128 I die obersten Landesbehörden auf eine Vorstellung der Wirtschaftsgruppe Ambulantes Gewerbe in der Reichsgruppe Handel ersucht worden, mit Rücksicht auf die wenig günstige wirtschaftliche Lage des ambulanten Gewerbes zur Vermeidung von Härten künftig bei den in Art. II § 17 Abs. 2 Ziff. 1, 2, 3, 4, 6 und 9 bezeichneten Volksbelustigungen (Karusselle, Schaukeln, Spielbuden), bei denen für Jugendliche und für Erwachsene verschiedene Preise gefordert werden, die Pauschsteuer aus Billigkeitsgründen regelmäßig auf der Grundlage des Einzeldurchschnittspreises zu berechnen — es müßte denn sein, daß die ermäßigte Preisstufe für Jugendliche nicht aus Geschäftsgründen, sondern zum Zwecke der Steuerersparnis vorgesehen ist; in letzterem Falle ist nach wie vor der in den „Bestimmungen" vorgesehene Höchsteinzelpreis für erwachsene Personen zugrunde zu legen.

6. Zur Kirchensteuer sind die Wandergewerbesteuer-Pflichtigen nicht heranzuziehen. Bereits für 1934 hat das bayerische Gesetz über die Kirchensteuer vom 27. 3. 1934, GVBl. S. 231, in Art. 1 bestimmt, daß die Steuer vom GiU. außer Ansatz zu bleiben hat. Das Gesetz über die Kirchensteuer vom 20. 5. 1935, GVBl. S. 429, erwähnt die Wandergewerbesteuer bei den sog. Maßstabsteuern für die Kirchensteuer überhaupt nicht mehr; s. auch VollzBek. vom 24. 5. 1935, GVBl. S. 436.

Früher hatte das religionsgesellschaftliche Steuergesetz vom 1. 8. 1923, GVBl. S. 351, und vom 27. 6. 1927, GVBl. S. 223, die Hebung von Kirchensteuern bzw. von Kirchenumlagen für die Wandergewerbetreibenden ausdrücklich vorgesehen; vgl. Art. 5 Abs. 1 Ziff. 1. Auch das FinAusglG. i. d. F. vom 27. 4. 1926, RGBl. I S. 203, räumte in § 20 den Religionsgesellschaften des öffentlichen Rechtes das Recht zur Hebung von Kirchensteuern und Kirchenumlagen ausdrücklich ein. Es ist dies auch der Fall nach Ziff. VII Abs. 3 der Grundsätze über den Finanz- und Lastenausgleich zwischen Ländern und Gemeinden (Gemeindeverbänden) vom 10. 12. 1937, RGBl. I S. 1352. Wie schon erwähnt, kommt indessen die Wandergewerbesteuer jetzt nicht mehr als Maßstabsteuer für die Kirchensteuern und Kirchenumlagen in Betracht.

7. Handelskammerbeiträge wurden schon früher in Bayern von den Hausierern nicht erhoben. Nach der VO. vom 25. 2. 1908, GVBl. S. 69, waren nur die seßhaften Gewerbetreibenden nach Maßgabe ihrer Gewerbesteuer beitragspflichtig; siehe auch die Industrie- und Handelskammer-VO. vom 5. 2. 1927, GVBl. S. 90, i. d. F. der VO. vom 4. 12. 1937, GVBl. S. 307. Die Gewerbesteuerrichtlinien vom 14. 4. 1937, RStBl. S. 527, bestimmen unter Ziff. XVI, 2 hierwegen, daß die festgesetzten Gewerbesteuer-

meßbeträge der Industrie- und Handelskammer, soweit diese die Grundlage für die Bemessung der Beiträge bilden, mitzuteilen sind. — Das gleiche gilt auch, soferne ein entsprechender Antrag beim OFPräs. gestellt wird, bezüglich der Handwerkskammern; siehe auch Erl. Reichswirtschaftsmin. vom 11. 12. 1937 Nr. 24345/37.

Wegen der Handwerkskammerbeiträge s. weiter §§ 88, 89, 103 l und 103 n GO. und die VO. vom 28. 2. 1936, RGBl. I S. 131; §§ 4 und 5 Gesetz über den vorläufigen Aufbau des deutschen Handwerks vom 29. 11. 1933, RGBl. I S. 1015; s. auch VO. vom 15. 6. 1934, 18. 1. 1935, 22. 1. 1936, 7. 10. 1936, RGBl. I 1934 S. 493, 1935 S. 14, 15, 1936 S. 42, 905.

8. Früher unterlag das Wandergewerbe als Ertragssteuer des Landes Bayern auch den Gemeinde-, Bezirks- und Kreisumlagen. Hierwegen kamen zunächst in Betracht das Landessteuergesetz vom 30. 3. 1920, RGBl. S. 402, und das Bayer. VollzGesetz vom 30. 6. 1921, GVBl. S. 361. An die Stelle dieser beiden Gesetze traten dann das FinAusglG. vom 27. 4. 1926, RGBl. I S. 203, mit seinen zahlreichen Änderungen sowie das Bayer. Gemeindeabgaben G., das ebenfalls verschiedene Neufassungen erlebte. Noch das Gemeindeabgaben G. vom 8. 4. 1935, GVBl. S. 349, letzteres ausgelöst durch das Steueranpassungsgesetz vom 16. 10. 1934, RGBl. I S. 925, sah Umlagen der Gemeinden, Ortschaften, Bezirke und Kreise u. a. auch zur Wandergewerbesteuer vor; vgl. Art. 4 Abs. 3 und 4 Ziff. 2. Nach der Realsteuerreform vom 1. 12. 1936 — s. Einl. — kommen solche Umlagen künftig nicht mehr in Frage. Die Umlagenregelung mußte deshalb aus dem Gemeindeabgaben G. beseitigt werden. Das Gesetz vom 4. 2. 1937, GVBl. S. 16, bzw. § 5 der Anpassungs- und ÜberleitungsVO. zu den Realsteuergesetzen vom 4. 2. 1937, GVBl. S. 13, trifft nur noch eine Übergangsregelung für die Jahre 1937/1938; vgl. auch Bek. vom 4. 2. 1937 Ziff. 1 und 2, GVBl. S. 22. Diese Vorschriften enthalten sonst überhaupt keinerlei Bestimmungen mehr über Umlagenhebung für die Wandergewerbesteuer. Nach Art. 19 und 20 des Abgaben G. gibt es künftighin nur noch Umlagen der Bezirke und Kreise. Beide Körperschaften sind berechtigt, ihren Steuerbedarf auf die Gemeinden bzw. Bezirke unter Zugrundelegung der Steuermeßbeträge zur Grundsteuer und zur Gewerbesteuer (Realsteuermeßbeträge) umzulegen. Die Grundsätze über den Finanz- und Lastenausgleich zwischen Ländern und Gemeinden (Gemeindeverbänden) vom 10. 12. 1937, RGBl. I S. 1352, sehen neben den Realsteuermeßbeträgen in Ziff. VII auch noch als Umlagenmaßstab die Verwendung der Bürgersteuermeßbeträge vor. Unter welchen Voraussetzungen im übrigen späterhin die Bezirke und Kreise berechtigt sind, Umlagen zu heben, ist dem künftigen Finanzausgleich vorbehalten, dessen Neuregelung für den 1. 4. 1938 in Aussicht genommen ist; vgl. Ziff. VIII der vorgenannten Grundsätze über den Finanz- und Lastenausgleich; § 26 RealStEinfG. vom 1. 12. 1936, RGBl. I S. 961. — Nach AA. unter C dürfen zu den bisherigen Wandergewerbesteuern und Wanderlagersteuern der Länder vom 1. 1. 1938 ab weder Gemeinde- noch Kreisumlagen erhoben werden; etwaige für 1938 erhobene Beträge müssen erstattet werden.

9. a) Die §§ 459 ff. Reichsversicherungsordnung enthalten besondere Bestimmungen für das Wandergewerbe. Hiernach muß ein jeder Arbeitgeber, der eines Wandergewerbescheins bedarf, die in dem Wandergewerbe Beschäftigten, soweit er sie von Ort zu Ort mitführen will, ihrer Zahl nach bei der Landkrankenkasse jenes Ortes als Mitglieder anmelden,

bei dessen Polizeibehörde er den Schein beantragt. Spätere Änderungen, z. B. in der Zahl der Gehilfen (§ 62 GO.; Ziff. VI Anh. III) hat er bei der nach § 62 zuständigen Behörde ebenfalls anzumelden. Die Beiträge sind für die Dauer des WGewScheins in der Regel im voraus zu entrichten, also in der Regel für das betreffende Kalenderjahr; mit Genehmigung des Kassenvorstandes jedoch auch für kürzere Zeit. Bei Zurücknahme des Scheines oder bei Betriebseinstellung wird auf Antrag der zuviel gezahlte Beitrag zurückerstattet. Der WGewSchein darf nur erteilt werden, wenn die Bescheinigung der Ortskrankenkasse vorgelegt wird, die Erlaubnis nach § 62 GO. nur, wenn die Beiträge entrichtet sind. Auf dem WGewSchein ist der Grundlohn und der Wochenbeitrag anzugeben. Über die Bezahlung des Beitrages wird die Bescheinigung nach folgendem Muster gemäß Bek. vom 21. 11. 1913, RGBl. S. 762, erteilt, die der Polizeibehörde vorzulegen ist, sobald der Schein beantragt wird:

| Name und Vorname des Arbeitgebers u. dessen Wohnort | Geburtstag und Geburtsort | Zuständige Krankenkasse | Zahl der im Wandergewerbebetriebe Beschäftigten, die der Arbeitgeber mitführen will | Grundlohn | Wochenbeitrag | Betrag der empfangenen oder gestundeten Beiträge |
|---|---|---|---|---|---|---|
| | | | | | | |

b) Wegen Versicherung der Artisten s. Gesetz vom 13. 1. 1938, RGBl. I, 33.

Steuergegenstand

## § 2

(1) Der Wandergewerbesteuer unterliegt jedes im Inland im Umherziehen betriebene Gewerbe, wenn es dafür nach den Vorschriften der Gewerbeordnung für das Deutsche Reich und den Ausführungsbestimmungen dazu eines Wandergewerbescheins bedarf.

(2) Der Wandergewerbesteuer unterliegt der im Umherziehen außerhalb des Bezirks der Wohnsitzgemeinde betriebene Handel mit Erzeugnissen der Land- und Forstwirtschaft, des Gartenbaus, des Obstbaus, der Geflügelzucht und der Bienenzucht, die nicht selbst gewonnen sind, und das Anbieten gewerblicher Leistungen im Marktverkehr, auch wenn es dafür eines Wandergewerbescheins nicht bedarf.

**1.** a) Voraussetzung für die Anwendung des Abs. 1 ist, daß für den GiU. nach der GO. und den AB. dazu ein WGewSchein erforderlich ist; s. Anh. III zu § 55 GO.; Anm. 1 zu § 1 oben.

b) Weiterer Steuergegenstand ist nach Abs. 2 I. der i. U. betriebene Handel mit nicht selbstgewonnenen Erzeugnissen der Landwirtschaft usw., II. das Anbieten gewerblicher Leistungen im Marktverkehr.

c) Unter nicht selbstgewonnenen Erzeugnissen sind hier nur rohe Erzeugnisse zu verstehen; A A III 2; vgl. im übrigen Anm. 3 zu § 59 GO. und Anm. 8 zu § 55 GO. Anhang III Ziff. VI bzw. I.

d) Über Anbieten gewerblicher Leistungen s. Anm. 15 zu § 55 GO.

e) Über Marktverkehr s. bei §§ 64 ff. GO. (Anhang III Ziff. VII).

f) Wegen Einschaltung der Arbeitsämter s. Anm. 7 bei Art. I § 8, insbes. unter c.

**2.** a) Die Finanzämter werden in den Fällen von § 2 Abs. 1 in der Regel von der Prüfung der einzelnen Fälle absehen können, da die Verwaltungsbehörden, welche den WGewSchein auszustellen haben, schon die Frage zu prüfen haben, ob ein GiU. vorliegt; s. bei § 55 GO. Anm. 1, Anhang III Ziff. I.

Gleichwohl haben auch die FA. diese Frage zu prüfen und den Sachverhalt zu erforschen. — Dies gilt insbesondere in den Fällen des § 2 Abs. 2, in denen die Behörden der inneren Verwaltung nicht tätig werden müssen; s. A A II, III 2 Abs. 2 und 3, insbesondere A I letzter Absatz.

b) Nach der bayer. Bek. vom 23. 12. 1897, GVBl. S. 423, war maßgebend für die Steuerpflicht, daß seitens der zuständigen Verwaltungsbehörde ein WGewSchein für erforderlich erachtet und erteilt wurde. Späterhin nahm die Oberberufungskommission Bd. 2, 93 sowie der VGH. eine andere Stellung ein; s. VGH. 11, 121; 12, 378; 17, 124; 18, 71, 288; 21, 60; 22, 184. Hiernach oblag dem FA. die Prüfung der Frage, ob ein GiU. vorliegt oder ein stehendes Gewerbe.

**3.** a) Ein und dasselbe Gewerbe wird selbstredend nur einmal zur Steuer herangezogen, also entweder zur WGewSt. oder zur GewSt.; s. Anm. 1 c zu § 55 GO.; s. weiter bei Art. I § 7 WGewStG.

b) Wenn der „Ankauf" hausiersteuerpflichtig ist, dann kommt es nicht darauf an, ob ein gleiches auch für den „Verkauf" gilt. Ebenso verhält es sich umgekehrt, wenn sich der „Verkauf" in hausiersteuerpflichtiger Weise vollzieht; Preuß. OVG. in Steuersachen Bd. 8 S. 441 ff., 446; OVG. RuPrVerwBl. Bd. 50 (1929) S. 366; Blümich-Boyens, GewStG., Anm. 7 S. 13 f.; Bauer S. 7 f.; s. auch Anm. 14 e zu § 55 GO. (Anh. I). Auf jeden Fall ist die „Handelstätigkeit" eine und dieselbe Gewerbsart und nur mit einer Steuer zu belegen; denn sie umfaßt den Ein- und Verkauf; s. auch Vorbem. zu § 55 GO. (Anh. III).

**4.** a) Der WGewSt. unterliegt nicht nur der erlaubte GiU. Auch unerlaubte Betätigungen unterliegen der Hausiersteuer; so z. B. der Handel ohne WGewSchein und ohne Besteuerungsnachweis, der Handel mit ausgeschlossenen Waren, der Hausierbetrieb an Sonn- und Festtagen usw.

Die bayer. Gesetzgebung und Rechtsprechung vertrat lange Zeit den Standpunkt, daß ein gesetzlich verbotenes Feilbieten i. U. oder eine sonst gesetzwidrig betriebene Gewerbeart i. U. nicht zur Hausiersteuer herangezogen werden könne; noch in der Nachkriegszeit war dies der Fall; vgl. z. B. Landmann, GO., in der Vorbemerkung; OLG. 21, 306; 22, 114; Breunig Bd. I S. 76 usw.

Ich habe wiederholt gegen eine derartige Rechtsauffassung Stellung genommen und darauf hingewiesen, daß für die Folge unbedenklich die verbotenen Gewerbsarten in gleicher Weise wie die behördlich gestatteten Hausierhandelsgeschäfte zur Besteuerung heranzuziehen seien; wenn es mit der Rechtsordnung des Deutschen Reiches vereinbar sei, solche verbotene Gewerbebetriebe zur Grundlage einer staatlichen Einnahmequelle zu machen, so müsse eine derartige Sachbehandlung auch für die bayerischen Steuergesetze möglich und zulässig sein; auch sei diesem Gesichtspunkte künftig bei der Strafbemessung entsprechend Rechnung zu tragen; vgl. im übrigen die Ausführungen in der 2. Auflage des bayer. Hausiersteuergesetzes S. 216 ff. — Durch VO. vom 31. 12. 1923, GVBl. 1924 S. 1, wurde alsdann bestimmt, daß nicht nur Bestrafung, sondern auch Steuernachholung einzutreten hat, wenn die Gegenstände oder Leistungen des GiU. zu denen gehören, die vom GiU. dauernd oder vorübergehend ausgeschlossen sind.

b) Auf jeden Fall stand die Reichsgesetzgebung und die Rechtsprechung zu den Reichssteuergesetzen schon von Anfang an auf dem Standpunkt der VO. vom 31. 12. 1923; zu vgl. §§ 5 und 7 EStG. vom 29. 3. 1920, 24. 3. 1921; Zimmermann, EStG., Anm. 4 zu § 5 und Anm. 5 zu § 7. Auch das Umsatzsteuergesetz erklärte Händler, die mit beschlagnahmten Waren handeln oder die Höchstpreise überschreiten oder in Form von Schiebergeschäften ihre Waren veräußern oder ohne polizeiliche Erlaubnis ihr Gewerbe betreiben, für umsatzsteuerpflichtig; vgl. auch RFH. Bd. 5 S. 231, 233; Bd. 8 S. 141, 142; Entscheidung vom 5. 5. 1920 II A 129, 20.

c) Hausiersteuerpflichtig sind sonach

I. die sog. Schwarzhausierer, d. s. jene Personen, die ein an sich erlaubtes Gewerbe i. U. betreiben, ohne mit dem vorgeschriebenen WGewSchein (§ 55 GO.) und Besteuerungsnachweis nebst Steuerquittung nach dem WGewStG. versehen zu sein; AA. unter A I Abs. 4, B IV 6, B V 1;

II. diejenigen, welche an Sonn- und Feiertag einen Gewerbebetrieb nach § 55 a Abs. 1 Ziff. 1—3 GO. verbotswidrig betreiben; s. Anh. III Ziff. II;

III. diejenigen, welche der Vorschrift in § 42 b GO. mit § 55 a GO. zuwider handeln; AA. unter A I; Anh. III Ziff. IX und II;

IV. diejenigen, welche ein Gewerbe i. U. betreiben, obwohl der WGew.-Schein versagt oder zurückgenommen wurde; §§ 57, 57 a, 57 b, 58 GO.; Anh. III Ziff. V; AA. unter A I;

V. diejenigen, welche entgegen dem Verbote in §§ 56, 56 a, 56 b, 58 GO. ein Gewerbe i. U. ausüben; es handelt sich hier um den Hausierbetrieb mit ausgeschlossenen Waren und um das Darbieten von verbotenen gewerblichen Leistungen; Anh. III Ziff. III; AA. unter A I; oben bei a und b;

VI. Ausländer, welche nicht innerhalb der Grenzen des § 56 d GO. und der BundesratsBek. vom 27. 11. 1896, m. a. W. unversteuert ein Wandergewerbe betreiben; Anh. III Ziff. IV; s. auch Anm. 4 zu § 56 d GO.;

VII. Handlungsreisende, deren Geschäftsbetrieb sich nicht innerhalb des Rahmens der §§ 44, 44 a GO. abspielt; Anh. III Ziff. VIII; AA. unter A I und A VI 2;

VIII. Personen, welche die Grenzen der §§ 59 ff. GO. überschreiten; s. Anh. III Ziff. VI;

IX. Personen, welche die Befugnisse innerhalb des Meß- und Marktverkehrs überschreiten; s. Anh. III Ziff. VII.

In allen diesen Fällen ist die vorenthaltene Steuer nachzuholen; AA. unter A 1 Abs. 4. — Strafbestimmungen s. Anh. III.

d) Einzelne Finanzämter beschränken in Fällen von Steuerhinterziehung nach § 396 AO. unter Hinweis auf § 419 AO. die Steuernachforderung auf die letzten 5 Jahre, trotzdem Verkürzungen für weiter zurückliegende Jahre festgestellt sind. Der Hinweis auf § 419 AO. ist hier nicht angebracht, denn diese Vorschrift hat nur für die Verjährung der Strafverfolgung Bedeutung. Für die Verjährung der Steueransprüche gelten die §§ 143—149 AO. Hinterzogene Steuerbeträge verjähren in 10 Jahren. Voraussetzung für diese zehnjährige Verjährungsfrist nach § 144 AO. ist nach dem Urteil des Reichsfinanzhofs vom 28. 1. 1937 VI A 57/37 (RStBl. 1937 S. 388) allerdings die bestimmte aktenmäßige Feststellung, daß sich der Steuerpflichtige wegen der verkürzten Steuern einer Steuerhinterziehung im Sinne des § 396 AO. schuldig gemacht hat.

**5.** Nachforderungen von Steuern können aber auch dann geboten sein, wenn der Hausierer in der Vergangenheit unwahre Angaben über die Höhe des Gewerbeertrags gemacht hat oder wenn neue Tatsachen bekannt geworden sind, die eine Berichtigungsveranlagung oder Berichtigungsfestsetzung nach § 222 AO. auslösen können. Eine derartige Nachveranlagung ist auch dann gerechtfertigt, wenn der Veranlagungsbeamte sich über die Tatbestandsmerkmale des Wandergewerbes ursprünglich im unklaren war, den Tatbestand nicht richtig beurteilt und deshalb die gesetzlichen Vorschriften nicht angewendet hat. Wenn er z. B. zunächst davon ausging, es liege ein hausiersteuerfreier Gewerbebetrieb nach § 59 GO. (Ziff. 4 oben) vor, während in Wirklichkeit ein GiU. vorlag, dann ist eine Nachholung der Hausiersteuer erforderlich; RFH., Gutachten des Gr. Senats vom 7. 8. 1936, Bd. 40 S. 52; RStBl. 1936 S. 919; 1938 S. 467, 483.

**6.** a) Nicht unter das Wandergewerbesteuergesetz fallen:

I. die stehenden Gewerbe; Anh. III Ziff. I bei § 55 GO.; insbesondere Anm. 1;

II. die Stadthausierer, das sog. ambulante Gewerbe; §§ 42 ff. GO.; AA. unter A V 1;

III. die Lieferungen und Leistungen auf vorgängige Bestellung hin; Anm. 5 zu § 55 GO.; AA. VI 1;

IV. der Gewerbebetrieb der Handlungsreisenden nach §§ 44 ff. GO.; AA. VI 2;

V. der Meß- und Marktverkehr; §§ 64 ff. GO.; AA. V 2;

VI. der freie Gewerbebetrieb nach §§ 59 ff. GO.; AA. III 1, IV 1—5.

Vgl. hierzu die Fundstellen oben in Anm. 4; s. weiter Anh. III Ziff. X.

b) Über die Wandergewerbesteuerpflicht im Falle der unerlaubten gewerblichen Betätigung i. U. s. ebenfalls oben Anm. 4.

Befreiungen

## § 3

Von der Wandergewerbesteuer ist befreit, wer in einer Entfernung von nicht mehr als 30 Kilometer von seinem Wohnsitz Musikaufführungen darbietet.

**1.** a) Von der Wandergewerbesteuer sind zufolge gesetzlicher Vorschrift befreit nur die Darbietungen von Musikaufführungen in einer Entfernung von nicht mehr als 30 km vom Wohnsitz; es ist dabei gedacht an einen Umkreis von 30 km von der Grenze des Wohnortes gemessen; AA. unter A VII 1. Sonstige Befreiungsgründe kennt das WGewStG. nicht.

b) Das bayer. Hausiersteuergesetz sah einen Umkreis von nur 15 km vor.

c) Der Ausdruck Wohnort ist wörtlich, d. h. nicht gleichbedeutend mit Gemeindebezirk des Wohnortes zu nehmen; die 15 km sind also nicht von der Gemeindegrenze, sondern vom Wohnort ab zu rechnen. Nach dem Urteil des Preuß. Kammergerichts vom 1. 6. 1904 ist die Entfernung von der Weichbildgrenze des Wohnortes aus zu messen; die preuß. Praxis berechnete die 15 km vom Mittelpunkte des Wohnortes in der Luftlinie; Reger, ErgBd. 3, 42.

d) Diejenigen, die das Musikgewerbe nur innerhalb eines Umkreises von 30 km ausüben, bedürfen eines Besteuerungsnachweises auch dann nicht, wenn sie einen WGewSchein benötigen. — Unter die Ausübung des Musikgewerbes fallen auch Gesangsvorträge; OLG. 6, 212; BlfFinW. 15, 64.

e) Die Grundsätze, die für das Musikgewerbe galten, wenn es innerhalb eines Umkreises von 15 km ausgeübt wurde, wird man unbedenklich auch für die Ausübung innerhalb 30 km gelten lassen können.

f) Über Wohnsitz s. Anm. 3 zu § 55 GO.; Anh. III Ziff. I; über Musikaufführungen s. Anm. 16 a. a. O.

**2.** a) Aus Billigkeitserwägungen sind befreit die Hausierer mit nicht selbstgewonnenen Erzeugnissen der Landwirtschaft usw., wenn der Handel nur in der nächsten Umgebung der Wohnsitzgemeinde ausgeübt wird; AA. unter A III 2 Abs. 2; Anm. 3 c zu § 59 GO.; Anh. III Ziff. VI.

b) Wegen sonstiger Billigkeitsmaßnahmen s. AA. unter A VII 2. Wegen des Verbotes des Hausierhandels mit Klauenvieh s. Anm. 2—4 zu § 69 GO.; Anh. III Ziff. VII.

**3.** Vgl. auch Anm. 6 zu § 2 WGewStG. über jene Fälle, die überhaupt nicht unter dieses Gesetz fallen.

**4.** a) Das bayer. HStG. sah auch Steuerermäßigungen zur Unterstützung lokaler (bayerischer) Industriezweige vor. Diese wurden gemäß Art. 5 Abs. 3 vom Staatsmin. d. Fin. im Einverständnisse mit dem Handelsmin. bewilligt; letzteres bzw. nunmehr das Min. d. Inn. ist heute noch zuständig für die Bewilligung der Ermäßigung der besonderen Abgabe; Instr. § 9; VO. vom 10. 11. 1904, GVBl. S. 567; Anw. § 11.

b) Bewilligt wurden bisher folgende Ermäßigungen:

Den Bewohnern von Dernbach, Eußerthal, Frensdorf, Fuchsmühl, Fürnbach, Grasheim, Grub, Hallersdorf, Hartenstein, Karlshuld, Karlskron, Kirchaich, Limbach, Lisberg, Neuhausen, Plößberg, Priesendorf, Ramberg, Reußenberg/Silberhof, Sassanfahrt, Sandberg, Schönkirch,

Theinheim, Untermaxfeld (Bez.-A. Neuburg a. D.), Weichering, Werdenfels, Winzer, Wüstenbuch, Zeil und Zettmannsdorf; außerdem von Gossersweiler, Münchweiler, Silz und Stein, Bez.-A. Bergzabern.

c) S. auch oben Anm. 17 zu § 55 GO.; Anh. III Ziff. 1.

d) Auch Musik- und Schauspielgesellschaften konnte, wenn der WGew.-Schein nur für bestimmte Zeit ausgestellt ist, unter Umständen Steuerermäßigung zugebilligt werden; § 60 GO. Das gleiche war beim sog. Gauritt der Fall, da der Körschein nur für kürzere Zeit, vom 1. 2. bis 15. 7. eines jeden Jahres, ausgestellt wurde; s. Anm. 2 b zu Art. I § 5.

e) Vorgesehen war auch eine Steuerermäßigung für den Fall, daß in der Person der Angestellten im Laufe des Jahres eine Änderung sich ergab und Umschreibung des WGewScheins angeordnet wurde; FME. vom 5. 11. 1908.

Im Zusammenhang damit ist für die Verwaltungsbehörden angeordnet worden, daß, wenn in den oben bez. Fällen ein Wechsel in der Person des Hausierers eintritt, der für den bisherigen Hausierer ausgestellte Wandergewerbeschein einzuziehen und für den künftigen Hausierer ein neuer auszufertigen ist; MinE. vom 10. 11. 1908 Nr. 26872 II.

Hinsichtlich des Bayerischen Blindenhorts, e. V. München, war ebenso wegen der Umschreibung von WGewScheinen nach FME. vom 18. 10. 1910 Nr. 30474 zu verfahren.

Außerdem waren die Finanzämter ermächtigt, in jenen Fällen, in denen die Einhebung der Steuer nach Lage der Verhältnisse eine besondere Härte bedeuten würde, die sich berechnende Steuer bis auf den vierten Teil zu ermäßigen.

Regelmäßig hatten nur Inländer Anspruch auf Steuerermäßigung.

Steuerschuldner

## § 4

(1) Steuerschuldner ist die Person, auf deren Namen der Wandergewerbeschein ausgestellt worden ist. Betreibt die Person, auf deren Namen der Wandergewerbeschein ausgestellt worden ist, das Wandergewerbe für eine andere Person, so sind sie Gesamtschuldner. Im Fall des § 2 Absatz 2 ist Steuerschuldner der Unternehmer des Gewerbebetriebs.

(2) Wenn mehrere Personen ein Wandergewerbe in Gemeinschaft betreiben, so sind sie Gesamtschuldner. Die Vorschriften des Absatzes 1 Sätze 2 und 3 sind entsprechend anzuwenden.

(3) Wird ein Wandergewerbeschein entgegen den bestehenden Vorschriften nicht gelöst, so ist Steuerschuldner die Person, auf deren Namen der Wandergewerbeschein hätte ausgestellt werden müssen.

**1.** Steuerschuldner ist derjenige, auf dessen Name der WGewSchein lautet, d. i. derjenige, der in eigener Person das Gewerbe i. U. betreibt, gleichgültig ob für eigene oder für fremde Rechnung. Wenn ein Angestellter für einen Geschäftsherrn tätig wird, dann bedarf er eines auf seinen Namen lautenden WGewSchein und Besteuerungsnachweises; in solchen Fällen sind nach Abs. 2 Angestellter und Unternehmer Gesamtschuldner. In diesem Falle wird zweckmäßig die Steueranforderung auch gegen den Angestellten gerichtet; AA. unter A VIII 1; s. auch Anh. III Ziff. I und VI bei §§ 55, 60 d Abs. 2, insbes. Anm. 1 a und b zu § 55.

**2.** a) Wenn beim Handel mit nicht selbstgewonnenen Erzeugnissen der Landwirtschaft usw. der Unternehmer seiner Steuerpflicht nach § 2 Abs. 2 WGewStG. genügt hat, ist auf seinen Antrag für einen jeden Familienangehörigen eine auf dessen Namen lautende Bescheinigung auszustellen, aus der hervorgeht, daß die Hausiersteuer für den Unternehmer entrichtet ist; AA. unter A VIII 2.

b) In derartigen Fällen ist der gesamte Ertrag nach §§ 5, 6 zu schätzen und die Steuerforderung gegen einen der Beteiligten zu richten; A VIII 3 Abs. 2.

c) Das gleiche hat zu geschehen beim Anbieten von gewerblichen Leistungen im Marktverkehr; A. VIII 3 Abs. 2; s. auch bei § 2 WGewStG.

**3.** Einen g e m e i n s a m e n WGewSchein kennt die GO. nur für Musiker-, Theatergesellschaften u. dgl.; § 55 Ziff. 4 GO. mit § 60 d Abs. 3 und 4; s. Anh. III Ziff. I und VI, insbes. Anm. 16 zu § 55 GO. In derartigen Fällen ist die Hausiersteueranforderung unter Zugrundelegung des gesamten Ertrags des Unternehmens gegen denjenigen zu richten, welcher der Leiter der Gruppe (Unternehmer) ist; A VIII 3.

**4.** Wenn entgegen den bestehenden Vorschriften ein WGewSchein nicht gelöst wurde, so ist nach § 4 Abs. 3 Steuerschuldner derjenige, auf dessen Namen der WGewSchein hätte ausgestellt werden sollen; s. Anm. 1 oben und Anm. 4 zu § 2 WGewStG.

**Erhebungszeitraum, Besteuerungsgrundlagen u. Bemessungszeitraum**

## § 5

(1) Die Wandergewerbesteuer wird für das Kalenderjahr auf Grund des für dieses Kalenderjahr geschätzten Gewerbeertrags festgesetzt und erhoben.

(2) Wird der Wandergewerbeschein für einen kürzeren Zeitraum als ein Kalenderjahr ausgestellt, so sind die Vorschriften des Absatzes 1 mit der Maßgabe anzuwenden, daß an die Stelle des Kalenderjahrs der kürzere Zeitraum tritt.

(3) Wird während des Bemessungszeitraums der Gewerbebetrieb in einer Weise geändert, die vermuten läßt, daß der Gewerbeertrag für den Bemessungszeitraum höher sein wird als bei der Steuerfestsetzung angenommen wurde, so ist die Steuerfestsetzung zu berichtigen.

**1.** a) Gewerbeertrag i. S. des § 5 ist gleichbedeutend mit Gewinn i. S. des EStG. §§ 4 ff. Für die Hausierer wird in der Regel der Gewinn nach § 4 EStG. zu ermitteln sein, da es sich wohl selten um Steuerpflichtige handeln wird, die Bücher nach den Vorschriften des HGB. zu führen haben. Dieser Gewerbeertrag ist zu schätzen (§ 217 AO.) und alsdann der Festsetzung der Wandergewerbesteuer zugrunde zu legen. Die Schätzung ist beschleunigt durchzuführen, damit die Steuerfestsetzung und die Aushändigung des WGewScheins nicht über Gebühr verzögert wird; A IX 1 und 2; Anm. 3 zu § 1 WGewStG.

b) Schätzungsunterlagen bilden die Einkommensteuerakten, die Umsatzsteuerakten (Straßensteuerheft); Anm. 4 zu § 1 WGewStG.

c) Für das Jahr 1938 ist die Geltungsdauer der WGewScheine für 1937 bis 28. 2. 1938 verlängert worden. Dadurch ist indessen die Höhe der Steuer für 1938 nicht berührt worden; RdErlRFM. vom 21. 12. 1937, RStBl. 1287. Vgl. im übrigen hierher die Anm. zu § 8 unten betr. Durchführung des Vierjahresplans.

**2.** a) Der WGewSchein wird in gleicher Weise wie die Steuerfestsetzung auf ein Kalenderjahr erstreckt; § 60 Abs. 1 GO. Wenn nach Abs. 2 a. a. O. ein WGewSchein für einen kürzeren Zeitraum ausgestellt wird — in Betracht kommen regelmäßig nur die Darbietungen von Musikaufführungen, Schaustellungen, theatralischen Vorstellungen und sonstigen Lustbarkeiten nach § 55 Ziff. 4 GO. —, dann tritt an Stelle des Kalenderjahres der kürzere Erhebungs- und Bemessungszeitraum; § 5 Abs. 2 WGewStG. AA. unter A IX 1, 2, 3; s. auch Anm. 3 zu § 4 WGewStG. und Anh. III Ziff. VI 2 f.

b) Für einen kürzeren Zeitraum können WGewScheine noch in folgenden Fällen ausgestellt werden:

I. Der WGewSchein zur Ausübung des Gauritts; § 56 b GO. § 58 Abs. 4 VO. vom 8. 6. 1890, GVBl. S. 425, bestimmt, daß WGew.-Scheine zur Ausübung des Gauritts nur für die Zeit vom 1. 2. bis 15. 7. des Kalenderjahres ausgestellt werden dürfen. Nunmehr schreibt § 47 Abs. 2 mit § 48 Abs. 3 VO. vom 7. 2. 1927, GVBl. S. 60, vor, daß der WGewSchein nur im Falle des Bedürfnisses ausgestellt werden darf, jedoch unter Beschränkung auf die Beschälzeit des Kalenderjahrs; s. Anm. 4 zu § 56 b GO.; Anh. III Ziff. III.

II. Für Ausländer können WGewScheine nach Abs. II A Ziff. 8 BRVO. vom 27. 11. 1896 für kürzere Dauer oder für bestimmte Tage ausgestellt werden; s. Anh. III Ziff. IV.

III. Auch der ausnahmsweise für das Feilbieten geistiger Getränke erteilte WGewSchein kann zeitlich beschränkt werden und gilt dann nur für die Zeitdauer, welche von der ausstellenden Behörde ausdrücklich in dem WGewSchein vorgemerkt ist; § 56 Abs. 2 Ziff. 1 und § 60 Abs. 1 GO.; s. Anh. III.

IV. Eine zeitliche und räumliche Beschränkung der WGewScheine kann sich auch in solchen Fällen ergeben, in denen die Ausübung des GiU. durch ortspolizeiliche Vorschrift aus bau-, feuer-, straßen-, gesundheits-, sitten- und preßpolizeilichen Rücksichten eine besondere Regelung gefunden hat; OLG. München vom 28. 12. 1886, MABl. d. Inn. 1887 S. 57; Anw. § 5.

c) Siehe auch unten bei Art. 1 § 8 WGewStG.

**3.** Wenn im Laufe des Bemessungszeitraums — Kalenderjahr bzw. kürzerer Zeitraum für Musik-, Theatergesellschaften usw. (s. Anm. 2 oben) — eine Betriebsänderung eintritt, z. B. durch Erweiterung des Geschäftsbetriebs, durch Einstellung von Begleitern, durch Anschaffung eines Fuhrwerks, durch Ausdehnung der Erlaubnis über den ursprünglichen Genehmigungsbezirk hinaus (§ 60 Abs. 2 GO.) und wenn dadurch vermutlich ein höherer Gewerbeertrag als der bei der ursprünglichen Steuerfestsetzung angenommene zu erwarten ist, dann ist nach § 5 Abs. 3 WGewStG. die ursprüngliche Steuerfestsetzung zu berichtigen; AA. unter A IX 4.

Tarif

## § 6

(1) Die Wandergewerbesteuer beträgt
für die ersten 1200 *RM* des geschätzten Gewerbeertrags 2 vom Hundert,
für die weiteren 1200 *RM* des geschätzten Gewerbeertrags 4 vom Hundert,
für die weiteren 1200 *RM* des geschätzten Gewerbeertrags 6 vom Hundert,
für die weiteren 1200 *RM* des geschätzten Gewerbeertrags 8 vom Hundert,
für die weiteren 1200 *RM* des geschätzten Gewerbeertrags 10 vom Hundert,
für alle weiteren Beträge des geschätzten Gewerbeertrags 12 vom Hundert.

(2) Läßt ein Unternehmer das Gewerbe im Umherziehen durch andere Personen betreiben, so wird von ihm eine Zusatzsteuer erhoben. Die Zusatzsteuer ist so zu bemessen, daß sie zusammen mit der Steuer nach Absatz 1 den Betrag nicht überschreitet, der sich ergeben würde, wenn der Unternehmer auch für die Gewerbeerträge, die auf die anderen Personen entfallen, selbst zur Steuer nach Absatz 1 herangezogen würde.

**1.** Vgl. die Tabelle am Schlusse der AA.

**2.** Zur Vereinfachung der Veranlagung ist bei der Schätzung der geschätzte Gewerbeertrag auf einen durch 100 voll teilbaren Reichsmarkbetrag nach unten abzurunden.

**3.** Kleinbeträge, d. s. Beträge von weniger als 10 *RM*, werden nicht erhoben; in derartigen Fällen erhält der Steuerpflichtige einen Freistellungsbescheid, dessen Ausgestaltung dem OFPräs. überlassen ist; AA. unter A X 1, 2.

**4.** Die Zusatzsteuer nach § 6 Abs. 2 wird erhoben, wenn ein Unternehmer den GiU. durch eine dritte Person (Angestellte, Familienangehörige) betreiben läßt. In diesem Falle darf die Zusatzsteuer den Betrag nicht übersteigen, der sich ergibt, wenn der Unternehmer auch für die auf die anderen Personen entfallenden Gewerbeerträge herangezogen werden würde; vgl. dazu die Beispiele unter A X 3.

Zusammentreffen von Wandergewerbesteuer u. Gewerbesteuer

## § 7

Soweit im Rahmen eines einheitlichen Gewerbebetriebs sowohl ein stehendes Gewerbe als auch ein Wandergewerbe betrieben wird, unterliegt der nach § 5 festgestellte Gewerbeertrag nicht der Gewerbesteuer nach den Vorschriften des Gewerbesteuergesetzes vom 1. Dezember 1936 (Reichsgesetzbl. I S. 979).

**1.** Beim Zusammentreffen von Wandergewerbe und stehendem Gewerbe wird der Gewerbeertrag des Wandergewerbes (§ 5) aus dem gesamten Gewerbeertrag des Unternehmens nicht ausgegliedert; es wird vielmehr der auf Grund des gesamten Gewerbeertrags festgestellte Steuermeßbetrag nach dem GewStG. um den Betrag vermindert, der als Steuermeßbetrag auf den geschätzten Wandergewerbeertrag entfallen würde. Wenn sich der geschätzte Gewerbeertrag auf weniger als 2000 *RM* beläuft, so ist der auf Grund des gesamten Gewerbeertrags festgesetzte Steuermeßbetrag um 1/2 v. H. des Gewerbeertrags aus dem Wandergewerbe, höchstens aber um 8 *RM* zu vermindern. Wenn eine Wandergewerbsteuer nach A X 2 nicht festzusetzen ist, wird der nach dem GewStG. festgesetzte Steuermeßbetrag nicht vermindert; AA. unter A XI; vgl. auch die 3 Beispiele daselbst.

**2.** Über die Begriffsmerkmale stehendes Gewerbe und Wandergewerbe s. Anm. 1 zu § 55 GO.; Anh. III Ziff. I.

**3.** Wegen Kleinbeträge s. bei § 6 WGewStG.

Fälligkeit der Wandergewerbesteuer

## § 8

Die Wandergewerbesteuer wird bei Aushändigung des Wandergewerbescheins fällig. Wird ein Wandergewerbeschein nicht gelöst, so wird die Wandergewerbesteuer fällig:

1. für das Kalenderjahr, in dem der Gewerbebetrieb begonnen wird, mit dem Beginn des Gewerbebetriebs,
2. für die späteren Kalenderjahre jeweils mit dem Beginn des Kalenderjahrs.

**1.** a) Die Verwaltung der Wandergewerbesteuer obliegt den FA.; AA. unter B I Abs. 1.

b) Örtlich zuständig ist in der Regel das FA. des Wohnsitzes oder des gewöhnlichen Aufenthaltsortes und, wenn ein solches nicht vorhanden ist, das FA., in dessen Bezirk der GiU. begonnen wurde; B I Abs. 2 Ziff. 1 und B II. Wegen der örtlichen Zuständigkeit bei Hausiersteuerzuwiderhandlungen s. Anh. III Ziff. XII A 11. — Wegen Zuständigkeitsregelung in München s. Anm. 8 unten.

c) Wenn der Steuerpflichtige keinen Inlandswohnsitz hat, bestimmt der OFPräs., in dessen Bezirk die den WGewSchein ausstellende Behörde ihren Sitz hat, das zuständige FA.; Ziff. 2 und Abs. 3 a. a. O.

d) An diese beiden Stellen haben die Behörden, die für die Ausstellung der WGewScheine zuständig sind, diese Scheine zu übersenden, regelmäßig unter Angabe der Anschrift der Steuerpflichtigen, insbesondere solcher, die ihren Wohnsitz im Ausland haben. Im letztgenannten Falle hat der OFPräs. den Steuerpflichtigen davon zu unterrichten, bei welchem FA. der WGew.-Schein ihm nach Entrichtung der Hausiersteuer ausgehändigt wird; AA. unter B 1 Abs. 3.

e) Die mit der Ausstellung der WGewScheine befaßten Behörden haben den FA. (OFPräs.) nur den WGewSchein zu übersenden, die Vorgänge dazu jedoch nicht. — Wenn die Erteilung des WGewScheines abgelehnt wird, wird das FA. mit der Sache nicht weiter befaßt; B I Abs. 4.

f) Über die Zuständigkeit zur Ausstellung von WGewScheinen s. § 61 GO.; Anh. III Ziff. VI, 6.

g) Wegen der Einschaltung der Arbeitsämter s. unten Anm. 7.

**2.** a) Die WGewSt. wird grundsätzlich fällig bei Aushändigung des WGewScheines; d. i. in der Regel der Beginn des Kalenderjahres; die Steuer wird für ein Kalenderjahr oder für einen Teil eines solchen im voraus festgesetzt (veranlagt); s. auch oben zu § 5.

b) In der Regel wird die Festsetzung der Steuer, ihre Bekanntgabe, die Aushändigung des Steuerbescheids und die Erhebung der Steuer bei Amt in Gegenwart des Steuerpflichtigen mit der Aushändigung des WGewScheines verbunden werden können. Auf jeden Fall darf der W.-GewSchein dem Steuerpflichtigen erst nach Entrichtung der Steuer ausgehändigt werden. Wegen Formblätter für Berechnungsbogen und Steuerbescheide vgl. RdErlRFM. vom 22. 11. 1937 L 1600 — 35 III/H 2040 — 370 II (unverkäuflich). Der Steuerbescheid enthält u. a. die Rechtsmittelbelehrung (s. Anh. II bei §§ 229 ff. AO.); außerdem einen Raum zum Einkleben des Lichtbildes des Hausierers.

c) Wenn unbar eingezahlt wird, ist der WGewSchein nebst Steuerquittung portofrei zu übersenden.

d) Wenn Teilzahlungen bewilligt wurden, ist der WGewSchein erst nach Entrichtung des ersten Teilbetrages auszuhändigen.

e) Wird die Steuer in voller Höhe gestundet, so kann der WGewSchein sogleich ausgehändigt werden.

f) Das gleiche ist der Fall, wenn die WGewSt. erlassen wurde (s. dazu Anm. 3 zu § 1 WGewStG.).

g) Ist eine WGewSt. nicht festzusetzen, z. B. weil ein Ertrag voraussichtlich nicht zu erwarten ist oder weil der Steuerbetrag innerhalb der Kleinbetragsgrenze bleibt, so ist dem Steuerpflichtigen ein Freistellungsbescheid zu erteilen; auch in diesem Falle kann ihm der WGewSchein sogleich ausgehändigt werden; AA. unter B III, B IV.

**3.** Die Veranlagung der Zusatzsteuer wird in der Regel erst gegen Ende oder nach Ablauf des Kalenderjahres erfolgen können. — Wenn Angestellte zur WGewSt. zu veranlagen sind, hat das FA. dem für die Zusatzsteuer des Arbeitgebers zuständigen FA. den Sachverhalt mitzuteilen; AA. unter B III 4, B IV 1 b, 3 b, 6 d.

**4.** Wegen der Buchführung über die WGewSt. kann auf die Ausf. in AA. unter B IV verwiesen werden.

**5.** Pflichten der Steuerpflichtigen.

a) Diese haben bei der Ausübung des GiW. den Steuerbescheid, den Freistellungsbescheid, die Belege über die Steuerentrichtung (Quittungen) einschließlich der Stundungs- und Erlaßverfügungen mit sich zu führen; außerdem den WGewSchein, der einem anderen zur Benutzung nicht überlassen werden darf; §§ 60 c und d GO.; Anh. III Ziff. VI, 5.

b) Die Zusatzsteuerpflichtigen (§ 6 Abs. 2) müssen bis zum 1. 2. des auf den Bemessungszeitraum folgenden Kalenderjahres — s. bei § 5 — an das zuständige FA. — s. oben Anm. 3 — eine Steuererklärung abgeben. Diese muß enthalten:

I. die Bezeichnung der Personen, die für den Steuerpflichtigen das GiU. ausüben,
II. eine Übersicht über die Besteuerungsmerkmale,
III. die festgesetzten Hausiersteuern dieser Personen.
IV. Wenn der Zusatzsteuerpflichtige selbst in eigener Person ein GiU. ausübt, so muß er auch die für ihn zugrunde gelegte Bemessungsgrundlage und die von ihm entrichtete WGewSt. mitteilen; B V.

6. a) Eine Erstattung der WGewSt. ist nur zulässig, wenn die Voraussetzungen des § 152 AO. vorliegen; s. Anm. 3 a bei § 1 WGewStG. Im übrigen findet keine Erstattung statt, insbesondere auch dann nicht, wenn der GiU. überhaupt nicht begonnen oder nur während eines Teiles des Kalenderjahres ausgeübt oder der erhoffte Ertrag nicht erzielt wurde.

b) Aus Billigkeitsgründen ist aus den gleichen Gründen, wie im Bayer. HStG. in Art. 13 Abs. 2 vorgesehen war, eine völlige oder teilweise Erstattung der Steuer nur zulässig, wenn wegen unvorhergesehener, von dem Willen des Hausierers unabhängiger Ereignisse der GiU. nicht begonnen werden konnte oder wenn der Betrieb infolge behördlicher Maßnahmen, z. B. wegen Ausbruchs der Maul- und Klauenseuche eingestellt werden mußte. Das gleiche wird möglich sein, wenn das Arbeitsamt seine Zustimmung zur Ausübung des GiU. nicht erteilt oder zurückgezogen hat; s. unten Anm. 7; s. auch bei §§ 56 b und 60 GO.; Anh. III Ziff. III und VII. Auch Stundungsmaßnahmen können in Frage kommen; AA. unter A VII 2.

7. a) Zielsetzung des Vierjahresplanes ist es, alle Kräfte, die im deutschen Volke schlummern, zu entwickeln und am rechten Platze einzusetzen, um Deutschland wirtschaftlich unabhängig zu machen. Im Verfolge dieser hohen Aufgabe erging durch den Beauftragten für den Vierjahresplan, Geschäftsgruppe Arbeitseinsatz, zur Durchführung des Vierjahresplans folgende „Anordnung" über Beschränkungen in der Ausübung des Wandergewerbes und Stadthausiergewerbes vom 14. 12. 1937, ReichsAnz. Nr. 289/1937 vom 15. 12. 1937:

„Bei Durchführung des Vierjahresplans zeigt sich ein steigender Mangel an Arbeitskräften. Daher müssen alle Arbeitskräfte unter Berücksichtigung staats- und wirtschaftspolitisch bedeutsamer Aufgaben nach Maßgabe ihrer Eignung planvoll eingesetzt werden. Das gilt auch für das Wandergewerbe und Stadthausiergewerbe. Es wird daher folgendes angeordnet:

1. Ein Wandergewerbeschein oder Stadthausierschein darf von der zuständigen Stelle nur dann erteilt werden, wenn das für den Wohnort des Antragstellers zuständige Arbeitsamt der Erteilung zugestimmt hat.

Das Arbeitsamt soll die Zustimmung versagen, wenn eine zweckvollere Ausnutzung der Arbeitskraft aus staats- oder wirtschaftspolitischen Gründen erforderlich ist.

2. Unter denselben Voraussetzungen ist ein bereits erteilter Wandergewerbeschein oder Stadthausierschein zu entziehen, wenn das Arbeitsamt dies beantragt.

3. Zur Durchführung der Maßnahmen nach Ziff. 1 wird die Geltungsdauer der WGewScheine und Stadthausierscheine bis 31. 1. 1938 verlängert. Eines besonderen Verlängerungsvermerks im WGewSchein oder Stadthausierschein bedarf es nicht."

b) Hierzu erging folgender RdErlRFM. vom 21. 12. 1937, RStBl. S. 1287:

„I. Durch die Anordnung des Herrn Beauftragten für den Vierjahresplan betreffend Wandergewerbe vom 14. 12. 1937 ist mit sofortiger Wirkung bestimmt worden, daß WGewScheine und Stadthausierscheine von der zuständigen Stelle nur dann erteilt werden dürfen, wenn das für den Wohnort des Antragstellers zuständige Arbeitsamt der Erteilung zugestimmt hat. Um die Anordnung durchzuführen, haben die FA. nach Maßgabe der Richtlinien unter II dieses Erlasses mitzuwirken. Zu ihrer Unterrichtung füge ich bei:

1. Abdruck der Anordnung des Beauftragten für den Vierjahresplan betreffend vom 14. 12. 1937 (D. ReichsAnz. Nr. 289 vom 15. 12. 1937, Anl. 1;
2. Abdruck des Rundschreibens des Herrn Reichs- und Preuß. Wirtschaftsministers betreffend Wandergewerbe an die Regierungen der Länder usw. vom 20. 12. 1937, Anl. 2;
3. Abdruck des Rundschreibens des Herrn Präsidenten der Reichsanstalt für Arbeitsvermittlung und Arbeitslosenversicherung betreffend Wandergewerbe an die Landesarbeitsämter und Arbeitsämter vom 14. 12. 1937 II 5551.3/1, Anl. 3.

II. 1. Nach meinem Erlaß vom 22. 11. 1937 L 1600 — 35 III und nach meinem Rundschreiben an die Landesregierungen vom 18. 11. 1937 L 1600 — 30 III haben die für die Ausstellung der WGewScheine zuständigen Behörden diese nach Ausfertigung den FA. zuzusenden. Die FA. händigen die WGewScheine nach Entrichtung der WGewSt. den Wandergewerbetreibenden aus. An diesem Verfahren wird durch die Anordnung des Beauftragten für den Vierjahresplan vom 14. 12. 1937 nichts geändert. Die für die Erteilung der WGewScheine zuständigen Behörden werden die Scheine nach Ausfertigung also nach wie vor den FA. zusenden.

2. Die FA. haben, und zwar mit Wirkung ab sofort, WGewScheine an Steuerpflichtige nach Entrichtung der WGewSt. n u r d a n n auszuhändigen, wenn das Arbeitsamt der Erteilung des WGewScheins zugestimmt hat. Zu diesem Zweck hat jedes FA. dem Arbeitsamt, in dessen Bezirk es belegen ist, die WGewScheine mit einem Begleitschreiben nach Anlage 4 zu übersenden, und zwar die zur Zeit bei dem FA. liegenden WGewScheine sofort, später eingehende jeweils am Ende einer Kalenderwoche. Das FA. hat auf jeden WGewSchein auf dem Umschlag rechts unten in der Ecke die Bezeichnung des für die WGewSt. zuständigen FA. zu setzen, um eine richtige Rückleitung des WGewScheins durch das Arbeitsamt sicherzustellen. Die FA. haben in geeigneter Weise (z. B. durch Aushang in der Auskunftstelle oder in der Kasse) darauf hinzuweisen, daß die Geltungsdauer der WGewScheine für 1937 bis zum 31. 1. 1938 verlängert ist und daß die

WGewScheine für 1938 erst in der letzten Januarwoche gegen Entrichtung der WGewSteuer ausgehändigt werden.

3. Die Arbeitsämter senden nach Prüfung der einzelnen Fälle die WGewScheine für diejenigen Wandergewerbetreibenden, bei denen ein Arbeitseinsatz nicht oder nur bedingt in Frage kommt, mit einem Randvermerk, der auf dem WGewSchein aufgestempelt wird, an das FA. zurück, das auf dem Umschlag des WGewScheins als zuständig bezeichnet ist. Die Arbeitsämter werden die WGewScheine bis spätestens 15. 1. 1938 zurücksenden. Dieser Termin gilt als letzter. In der Regel werden die WGewScheine bereits Ende Dezember oder in der ersten Hälfte Januar zu den FA. zurückgelangen, so daß die Veranlagung voraussichtlich so durchgeführt werden kann, daß die WGewScheine mit der Steuerfestsetzung für die Steuerpflichtigen in der letzten Januarwoche bereitliegen. Ende Januar 1938 sind die Steuerpflichtigen, falls dies noch erforderlich ist, durch Bekanntmachung darauf hinzuweisen, daß die WGewScheine gegen Entrichtung der WGewSt. vom FA. ausgehändigt werden.

4. Die Arbeitsämter geben die WGewScheine für diejenigen Wandergewerbetreibenden, die für den Arbeitseinsatz in Frage kommen, an die für die Ausstellung zuständige Behörde unmittelbar ohne Inanspruchnahme des FA. zurück. Die FA. erhalten jedoch Abgabenachricht durch die Arbeitsämter sowie eine Mitteilung der für die Ausstellung der WGewScheine zuständigen Behörde über die Versagung des WGewScheins.

5. Die Höhe der WGewSt. für 1938 wird nicht dadurch berührt, daß die Geltungsdauer der WGewScheine für 1937 bis zum 31. 1. 1938 verlängert worden ist und die Aushändigung der WGewScheine für 1938 erst im Kalenderjahr 1938 selbst stattfindet. Es verbleibt für die Feststellung der Besteuerungsgrundlagen bei der Schätzung des Gewerbeertrags für das ganze Kalenderjahr 1938.

6. Es muß damit gerechnet werden, daß ein Teil der WGewScheine bei den FA. von den Wandergewerbesteuerpflichtigen nicht abgeholt wird (z. B. weil der Gewerbetreibende sich inzwischen anders besonnen hat oder weil er die Steuer nicht entrichtet). In derartigen Fällen sind die WGewScheine nach Ablauf eines Monats, also frühestens Ende Februar 1938, an die für die Ausstellung der WGewScheine zuständige Behörde mit einem entsprechenden Anschreiben zurückzugeben."

**Anlage 1** s. oben unter Anm. 7 a!

**Anlage 2.**

Rundschreiben des Reichs- und Preuß. Wirtschaftsministers vom 20. 12. 1937, V 25 435/37:

„Zur Durchführung der oben bezeichneten Anordnung bei den Landesarbeitsämtern und Arbeitsämtern hat der Präsident der Reichsanstalt für Arbeitsvermittlung und Arbeitslosenversicherung das abschriftlich beigefügte Rundschreiben erlassen; s. Anlage 3.

Wegen des Verfahrens bei den Verwaltungsbehörden bestimme ich folgendes:

Nach dem Rundschreiben des Präsidenten der Reichsanstalt für Arbeitsvermittlung und Arbeitslosenversicherung stellen die Arbeitsämter zunächst bei den FA. fest, welche WGewScheine zur Aushändigung bereitliegen. Auf Grund der von den FA. den Arbeitsämtern übersandten Listen und der beigefügten WGewScheine prüfen die Arbeitsämter unter Vorladung der Antragsteller, inwieweit ein Einsatz im Rahmen der obenerwähnten Anordnung in Betracht kommt. Auf Anfordern sind die Arbeitsämter bei der Prüfung der Frage des Arbeitseinsatzes durch die Verwaltungsbehörden durch Übersendung etwa vorhandener Unterlagen oder Auskunftserteilung zu unterstützen. Stellen die Arbeitsämter fest, daß die Möglichkeit eines sofortigen Arbeitseinsatzes i. S. der Ziffer 1 der Anordnung nicht gegeben ist, so werden die WGewScheine den FA. zur Aushändigung an die Antragsteller — mit einem entsprechenden Vermerk versehen — zurückgesandt. Das gleiche gilt, wenn ein späterer, jedoch zeitlich nicht bestimmbarer Arbeitseinsatz in Betracht kommt.

Besteht jedoch die Möglichkeit eines sofortigen Arbeitseinsatzes und zieht der Antragsteller seinen Antrag auf Erteilung eines WGewScheines freiwillig zurück, so gibt das Arbeitsamt den Schein an die zuständige Verwaltungsbehörde zurück mit der Bitte, den Antrag auf Grund der Anordnung zur Durchführung des Vierjahresplans über Beschränkungen in der Ausübung des Wandergewerbes und Stadthausiergewerbes abzulehnen. Diesem Antrag ist mit einer entsprechenden Begründung stattzugeben. Die in diesen Fällen bereits gezahlten Verwaltungsgebühren für Ausstellung des WGewScheines sind alsdann zurückzuerstatten. Hierbei sind die Antragsteller zu belehren, daß ein Rechtsmittel gegen die Versagung des WGewScheins auf Grund der oben bezeichneten Anordnung (Einleitung des Verwaltungsstreitverfahrens) oder eine Dienstaufsichtsbeschwerde an die nächst vorgesetzte Verwaltungsbehörde keine Aussicht auf Erfolg hat. Den Antragstellern ist vielmehr anheimzustellen, gegen die Entscheidung des Arbeitsamtes bei dem zuständigen Landesarbeitsamt Beschwerde zu erheben.

Die FA. sind in den Fällen der Versagung des WGewScheines auf Grund der Anordnung zur Durchführung des Vierjahresplans über Beschränkungen in der Ausübung des Wandergewerbes und des Stadthausiergewerbes zu unterrichten.

Bezüglich der Erteilung der Stadthausierscheine gilt das oben Gesagte entsprechend. An die Stelle der FA. bzw. der Verwaltungsbehörden treten in diesem Fall die für die Erteilung der Stadthausierscheine zuständigen Gemeindebehörden.

Ich ersuche, mit möglichster Beschleunigung die Verwaltungs- und Gemeindebehörden entsprechend zu unterrichten."

**Anlage 3.**

Rundschreiben des Präsidenten der Reichsanstalt für Arbeitsvermittlung und Arbeitslosenversicherung vom 14. 12. 1937, II 5551.3/1.

I.

„Im Deutschen Reichsanzeiger Nr. 289 vom 15. 12. 1937 ist die nachstehend abgedruckte Anordnung verkündet; s. Anm. 7a oben.

II.

Im Verlauf der Durchführung des Vierjahresplans zeigt sich immer eindringlicher, in welchem Umfange die Lösung staats- und wirtschaftspolitisch bedeutsamer Aufgaben von der Bereitstellung der benötigten Arbeitskräfte abhängig ist. Deshalb müssen über den Kreis der Arbeiter und Angestellten hinaus weitere Kräfte des deutschen Volkes in verstärktem Maße bei volkswirtschaftlich vordringlichen Aufgaben eingesetzt werden.

Die Anordnung schafft daher die Möglichkeit, die Genehmigung zur Betätigung im Wander- und Hausiergewerbe solchen Personen zu versagen bzw. zu entziehen, deren Arbeitskraft aus staats- und wirtschaftspolitischen Gründen an anderer Stelle innerhalb der deutschen Volkswirtschaft zweckvoller ausgenutzt werden kann. Diese Frage prüft das Arbeitsamt, das für den Wohnort der Person zuständig ist, die den WGewSchein oder Stadthausierschein beantragt bzw. besitzt. Das Ergebnis dieser Prüfung ist insofern von besonderer Bedeutung, als die Behörden, die die Genehmigung erteilen, an die Erklärung des Arbeitsamts gebunden sind. Sie haben die Genehmigung zur Ausübung des Gewerbes zu versagen, wenn das Arbeitsamt die Zustimmung nicht erteilt, und eine bereits erteilte Genehmigung zu entziehen, wenn das Arbeitsamt dies beantragt. Die Arbeitsämter entscheiden hiernach zwar nicht unmittelbar, doch ist ihre Stellungnahme für die Entscheidung der zuständigen Verwaltungsbehörde bindend. Deshalb müssen die Arbeitsämter vor Abgabe ihrer Erklärung alle in Betracht kommenden Gesichtspunkte sorgfältig prüfen. Dabei haben die Arbeitsämter darauf zu achten, daß das Ziel der Anordnung, weitere Arbeitskräfte für die Durchführung staats- und wirtschaftspolitisch bedeutsamer Aufgaben bereitzustellen, erreicht wird.

Bei der Prüfung der Frage, ob eine zweckvollere Ausnutzung der Arbeitskraft aus staats- oder wirtschaftspolitischen Gründen erforderlich ist, ist insbesondere folgendes zu berücksichtigen:

a) die allgemeine Arbeitseinsatzlage,
b) die Einsatzfähigkeit des Antragstellers,
c) die volkswirtschaftliche Bedeutung seiner Betätigung im Wandergewerbe bzw. Stadthausiergewerbe,
d) die sozialen und wirtschaftlichen Verhältnisse des Antragstellers.

Eine Prüfung der Fragen zu c und d erübrigt sich, wenn nach dem Prüfungsergebnis zu a und b ein Arbeitseinsatz des Antragstellers außerhalb des Wandergewerbes (Stadthausiergewerbes) nicht in Betracht kommt. In diesem Fall ist die Zustimmung unverzüglich zu erteilen.

Spricht dagegen das vorläufige Prüfungsergebnis für einen Arbeitseinsatz in andere Arbeit, so sind auch die Fragen c und d zu prüfen. Die Prüfung soll tunlichst durch mündliche Erörterungen mit dem Antragsteller erfolgen, dem insbesondere die staats- und wirtschaftspolitischen Gründe der Maßnahme darzulegen sind. Dabei ist zunächst darauf hinzuwirken, daß der Antragsteller unter Zurücknahme seines Antrags auf Erteilung des WGewScheines (Stadthausierscheines) sich zur Annahme anderer Arbeit bereit erklärt.

Dem Antragsteller ist erforderlichenfalls aufzugeben, zu den Verhandlungen Unterlagen mitzubringen, die über sein Berufsschicksal und seine wirtschaftlichen und sozialen Verhältnisse Aufschluß geben (Veranlagungsbescheide über Vermögen-, Umsatz-, Gewerbe- und Einkommensteuer usw.).

Die Prüfung der letzten Frage soll ein Urteil darüber ermöglichen, ob dem Antragsteller eine Tätigkeit nachgewiesen werden kann, deren Annahme nicht mit einer sehr wesentlichen Verschlechterung seiner Einkommens- und

Vermögensverhältnisse verbunden wäre. Eine solche Verschlechterung ist nicht schon dann anzunehmen, wenn zunächst, sei es infolge Berufs- oder Arbeitsentwöhnung oder aus sonstigen Gründen, nur eine geringer entlohnte Arbeit angeboten, bei Bewährung aber in absehbarer Zeit mit einer Anpassung des Einkommens an die Einnahmen aus der bisherigen selbständigen Tätigkeit gerechnet werden kann.

Ist ein anderer Arbeitseinsatz als Arbeiter oder Angestellter erst zu einem noch nicht genau bestimmbaren Zeitpunkt möglich, so soll die Zustimmung unter Hinweis auf die spätere Einsatzmöglichkeit und darauf erteilt werden, daß mit der Stellung eines Entziehungsantrages nach Ziff. 2 der Anordnung später zu rechnen sei. Das kommt insbesondere bei Antragstellern in Betracht, die für einen Einsatz in Saisonberufen geeignet sind. In diesen Fällen ist eine AK-Karte anzulegen, die in der zuständigen Vermittlungsstelle besonders abzustellen ist. Ergibt sich später eine Einsatzmöglichkeit, so ist dem Inhaber des WGewScheines (Stadthausierscheines) sofort Arbeit anzubieten. Lehnt er sie ab, obgleich ihre Annahme zumutbar ist, so ist sofort die Entziehung des WGewScheines (Stadthausierscheines) zu beantragen.

Der WGewSchein wird für die Dauer eines Kalenderjahres erteilt. Für das Kalenderjahr 1938 ist die Ausstellung in starkem Umfange bereits durchgeführt, doch sind die WGewScheine noch nicht ausgehändigt worden, weil eine Neuregelung der WGewSt. bevorsteht. Die FA., die die WGewScheine gegen Entrichtung der Steuer aushändigen, sind angewiesen worden, die Aushändigung erst vorzunehmen, wenn das zuständige Arbeitsamt zugestimmt hat. Da die vom Arbeitsamt vorzunehmende Prüfung wegen der vorgeschrittenen Zeit bis Ende Dezember 1937 nicht mehr in allen Fällen möglich ist, ist durch Ziff. 3 der Anordnung die Geltungsdauer der für das laufende Kalenderjahr erteilten WGewScheine (Stadthausierscheine) bis 31. 1. 1938 verlängert worden. Die Prüfung der Frage, ob ein Einsatz in andere Arbeit in Betracht kommt, muß also spätestens bis Ende Januar 1938 abgeschlossen sein.

Die Arbeitsämter setzen sich daher sofort mit den FA. in Verbindung, um festzustellen, für welche Personen WGewScheine ausgefertigt sind. Sie prüfen alsdann unverzüglich nach den vorgenannten Gesichtspunkten, welche der Antragsteller

a) für die Ausübung des Wandergewerbes freigegeben werden können,
b) für einen sofortigen Arbeitseinsatz,
c) für einen späteren, jedoch zeitlich noch nicht bestimmbaren Arbeitseinsatz

in Betracht kommen.

Das Ergebnis der Prüfung ist der zuständigen Verwaltungsbehörde bzw. dem FA. mitzuteilen, und zwar für jeden unter b und c fallenden Antragsteller gesondert.

Wegen der Stadthausierscheine, die nach § 42 b RGO. von den Gemeinden erteilt werden, ist mit den Gemeindeverwaltungen, in deren Bezirk eine Regelung nach § 42 b RGO. getroffen ist, in Verbindung zu treten und im übrigen sinngemäß wie bei den WGewScheinen zu verfahren.

Über die Erfahrungen und das Ergebnis der Maßnahmen ist mir bis zum 15. 2. 1938 zu berichten. Hierbei ist insbesondere anzugeben,

a) Zahl der WGewSchein-Antragsteller .....,
von diesen wurden für einen Arbeitseinsatz in Anspruch genommen,

1. für sofort ........,
2. für später .........
Hiervon (1 und 2) sind bereits eingesetzt worden ........

b) Zahl der Stadthausierschein-Antragsteller .....,
von diesen wurden für einen Arbeitseinsatz in Anspruch genommen,
1. für sofort ........,
2. für später .........
Hiervon (1 und 2) sind bereits eingesetzt worden ........"

**Anlage 4**

Finanzamt N. N.

An das

Arbeitsamt ..................................................

in ..................................................

..................................................

Im Hinblick auf das Rundschreiben des Herrn Präsidenten der Reichsanstalt für Arbeitsvermittlung und Arbeitslosenversicherung an die Landesarbeitsämter und Arbeitsämter vom 14. 12. 1937 — II 5551. 3/1 — übersende ich hiermit die WGewScheine 1938 für die in der nachfolgenden Aufstellung [1]) genannten Personen zur weiteren Veranlassung.

Nach Abschluß ihrer Ermittlungen ersuche ich, mir für jeden Einzelfall unter Angabe des Aktenzeichens und Datums dieses Schreibens mit der laufenden Nummer der Zusammenstellung mitzuteilen:

a) ob der WGewSchein an den Antragsteller ausgehändigt werden kann oder

b) ob der WGewSchein an die Ausstellungsbehörde (Reg.-Präs. usw.) zurückgegeben worden ist, weil der WGewSchein versagt werden soll, oder

c) an welches Arbeitsamt der WGewSchein zuständigkeitshalber weitergegeben worden ist.

Im Fall a ersuche ich, den WGewSchein wieder beizufügen, im Fall c ersuche ich, dem zuständigen Arbeitsamt aufzugeben, mir die nach a oder b erforderliche Mitteilung (ggf. unter Beifügung des WGewScheins) zu machen.

---

1) **Verzeichnis der beigefügten Wanderscheine.**

| Lfde. Nr. | Steuer-nummer | Name | Vorname | Wohnort | Straße | Haus-nummer |
|---|---|---|---|---|---|---|
| | | | | | | |

c) Der obengen. RdErl. vom 21. 12. 1937 hat die Fälle nach Art. I § 2 Abs. 2 nicht erwähnt. Auch in diesen Fällen wird der Steuerbescheid erst ausgehändigt werden können, wenn das Arbeitsamt zugestimmt hat. In diesem Sinne erging z. B. Verf. des OFP. Nürnberg vom 28. 12. 1937 L 1600 — 5 I e.

d) In der Tagespresse wurde zu der vorgenannten Anordnung vom 14. 12. 1937 folgende Begründung bekanntgegeben:

„Die Durchführung des Vierjahresplanes ist in weitgehendem Maße von der Bereitstellung der erforderlichen Arbeitskräfte abhängig. Mangelerscheinungen im Arbeitseinsatz müssen vermieden werden. Dabei muß gegebenenfalls auch auf Kräfte zurückgegriffen werden, die bisher für den Arbeitseinsatz nicht zur Verfügung standen, jetzt aber für die Wiederaufbauarbeit an anderer Stelle eingesetzt werden müssen.

Die neue Anordnung schafft die Möglichkeit, die Genehmigung zur Betätigung im Wandergewerbe und Stadthausiergewerbe solchen Personen zu versagen bzw. zu entziehen, deren Arbeitskraft aus staats- und wirtschaftspolitischen Gründen an anderer Stelle innerhalb der deutschen Volkswirtschaft zweckvoller ausgenutzt werden kann. Aus diesem Grunde ist in der Anordnung bestimmt, daß ein WGewSchein oder Stadthausierschein von der zuständigen Stelle nur dann erteilt werden darf, wenn das für den Wohnort des Antragstellers zuständige Arbeitsamt der Erteilung zugestimmt hat. Ebenso ist aus Gründen des Arbeitseinsatzes ein bereits erteilter WGewSchein oder Stadthausierschein von den zuständigen Stellen zu entziehen, wenn das Arbeitsamt dies beantragt. Die neue Anordnung stellt einen weiteren Schritt in der planmäßigen Regelung des Arbeitseinsatzes dar."

**8.** Für die Hauptstadt der Bewegung München wurde mit Bek. der FA. München-Nord, Ost, West und Süd vom 16. 12. 1937, V. B. Amtl. Teil, Ausg. 352, folgende Regelung getroffen:

„Bisher war für die Festsetzung und Erhebung der WGewSt. für alle im Stadtgebiet München wohnhaften oder sich hier aufhaltenden Wandergewerbetreibenden das FA. München-Nord zuständig. In Zukunft, erstmals für 1938, setzt die WGewSt. das FA. fest, in dessen Bezirk der Wandergewerbetreibende seinen Wohnsitz oder in Ermangelung eines solchen, seinen gewöhnlichen Aufenthalt hat.

Wer im Jahre 1938 ein GiU. betreiben will, hat sich vor Beginn des Gewerbebetriebes zunächst an das städtische Gewerbeamt, München, Kaufingerstr. 14, 1. Stock, Zimmer 12, oder, sofern es sich um das Feilbieten von Presseerzeugnissen (Druckschriften, Bilder usw.) handelt, an das Polizeipräsidium, München, Ettstraße, 1. Stock, Zimmer 147, zwecks Ausstellung des WGewScheins zu wenden. Sodann ist die WGewSt. bei dem nach der Wohnung des Wandergewerbetreibenden zuständigen Finanzamt zu entrichten.

Diejenigen Wandergewerbetreibenden, die bereits für 1937 in München WGewSt. bezahlt haben, werden für 1938 bei dem FA. besteuert, das nach ihrer damals (für 1937) angegebenen Wohnung nunmehr zuständig ist.

Die Festsetzung der WGewSt. erfolgt:

1. für die Pflichtigen des 1., 4., 5., 6., 7., 13., 22., 26. und 27. Stadtbezirkes beim FA. München-Nord, Alter Hof, 2. Stock, Zimmer 225,

2. für die Pflichtigen des 14., 15., 16., 17., 18., 29., 30., 31. und 32. Stadtbezirkes beim FA. München-Ost, Westenriederstr. 21, 1. Stock, Kassenhalle, Schalter 10,
3. für die Pflichtigen des 2., 3., 9., 10., 11., 12., 19. und 24. Stadtbezirkes beim FA. München-Süd, Alter Hof, 1. Stock, Zimmer 130, und
4. für die Pflichtigen des 8., 20., 21., 23., 25. und 28. Stadtbezirkes beim FA. München-West, Ottostraße 4, 1. Stock, Zimmer 104.

Die nunmehr für die Festsetzung und Erhebung der WGewSt. zuständigen Finanzämter veranlagen in Zukunft auch die von den betreffenden Wandergewerbetreibenden etwa zu entrichtenden Umsatz-, Einkommen- und Vermögensteuern.

Die neue Steuernummer der bei jedem FA. in einem besonderen Steuerbezirk zusammengefaßten Wandergewerbetreibenden wird diesen demnächst bekanntgegeben werden.

Die nach § 6 Abs. 2 des WGewStG. ab 1. 1. 1938 von den Unternehmern stehender Gewerbebetriebe zu entrichtende Zusatzsteuer wird nachträglich, d. h. nach Ablauf des Jahres, für das sie erhoben wird, veranlagt."

## Artikel II

## Änderung des Finanzausgleichsgesetzes

Das Finanzausgleichsgesetz wird wie folgt geändert:

1. § 11 wird gestrichen.
2. Im § 21 wird Absatz 2 wie folgt erweitert: „Wandergewerbesteuer (§ 42 d)."
3. Hinter dem § 42 c wird unter der Überschrift „8 b. Wandergewerbesteuer" der folgende § 42 d eingefügt:

„§ 42 d

Die Länder erhalten sechsundneunzig vom Hundert des Aufkommens an Wandergewerbesteuer (Länderanteil). Die übrigen vier vom Hundert verbleiben dem Reich für die Verwaltung der Steuer. Der Länderanteil wird nach dem Verhältnis der Bevölkerungszahl verteilt. Der hiernach auf das Saarland entfallende Anteil verbleibt dem Reich."

4. Im § 52 Satz 1 und im § 53 Absatz 3 treten an Stelle der Worte „und der Schlachtsteuer (§ 42 c)" die Worte „, der Schlachtsteuer (§ 42 c) und der Wandergewerbesteuer (§ 42 d)".

**1.** § 11 FinAusglG. bestimmte, daß der GiU. einschließlich der Wanderlager nur in den Ländern besteuert werden durfte, in deren Gebiet der GiU. stattfand oder stattfinden sollte; s. auch Einleitung.

**2.** Vgl. auch Anm. 8 zu Art. I § 1 WGewStG.

## Artikel III

### Änderung der Reichsabgabenordnung

Im § 1 Absatz 2 der Reichsabgabenordnung werden hinter dem Wort „Rennwettsteuer" die Worte „, die Wandergewerbesteuer" eingefügt.

**1.** Die WGewSt. ist also eine Reichssteuer, auf die die Vorschriften der AO. anzuwenden sind; s. Anm. 2 zu Art. I § 1.

**2.** Vgl. auch Anh. II.

## Artikel IV.

### Schlußvorschrift

Die Wandergewerbesteuer wird erstmals für das Kalenderjahr 1938 erhoben.

**1.** Aus Art. IV ergibt sich, daß mit dem 31. 12. 1937 die Hausiersteuergesetze der Länder außer Kraft getreten sind; dies gilt auch von den Wanderlagersteuergesetzen der Länder; s. Einleitung und Anh. III Ziff. I bei § 55 GO. Anm. 1 e.

**2.** Vom 1. 1. 1938 ab dürfen auch keine Gemeinde- und Kreisumlagen zu den Hausier- und Wanderlagersteuern der Länder mehr erhoben werden; AA. unter C; Anm. 8 zu Art. I § 1 WGewStG.

**3.** Wegen Kirchensteuern s. Anm. 6 a. a. O.

# Anhang.

## I. Ausführungsanweisung z. Wandergewerbesteuergesetz.

Vom 31. Dezember 1937 (RStBl. vom 12. Januar 1938 S. 25).

### A. Anwendung und Auslegung des Wandergewerbesteuergesetzes.

**A I. Begriff des Wandergewerbes** (Artikel I §§ 1, 2 des Gesetzes).

Der Wandergewerbesteuer unterliegt jedes im Inland im Umherziehen betriebene Gewerbe, wenn es dafür nach den Vorschriften der Gewerbeordnung für das Deutsche Reich (GO.) und den Ausführungsbestimmungen dazu eines Wandergewerbescheins bedarf. Der Begriff des Gewerbebetriebs im Umherziehen (Wandergewerbe) ist bei dieser Rechtslage aus den Vorschriften der Gewerbeordnung, insbesondere aus den §§ 55 ff. GO., zu entnehmen.

§ 55 GO. lautet:

„(1) Wer außerhalb des Gemeindebezirks seines Wohnorts oder der durch besondere Anordnung der höheren Verwaltungsbehörde dem Gemeindebezirk des Wohnorts gleichgestellten nächsten Umgebung desselben ohne Begründung einer gewerblichen Niederlassung und ohne vorgängige Bestellung in eigener Person

1. Waren feilbieten,
2. Warenbestellungen aufsuchen oder Waren bei anderen Personen als bei Kaufleuten oder an anderen Orten als in offenen Verkaufstellen zum Wiederverkauf ankaufen,
3. gewerbliche Leistungen anbieten,
4. Musikaufführungen, Schaustellungen, theatralische Vorstellungen oder sonstige Lustbarkeiten, ohne daß ein höheres Interesse der Kunst oder der Wissenschaft dabei obwaltet, darbieten will,

bedarf eines Wandergewerbescheins, soweit nicht für die in Ziffer 2 bezeichneten Fälle in Gemäßheit des § 44a eine Legitimationskarte genügt.

(2) In dem Fall der Ziffer 4 ist auch für den Marktverkehr (§ 64) ein Wandergewerbeschein erforderlich."

Danach unterscheidet sich das Wandergewerbe von dem stehenden Gewerbe in erster Linie dadurch, daß eine Betriebstätte nicht vorhanden zu sein braucht und daß das Gewerbe im Umherziehen ausgeübt wird. Darüber hinaus sind noch weitere Unterschiede vorhanden. Der sonst im Steuerrecht herrschende Gewerbebegriff schließt gewisse Tätigkeiten stets oder zumindest unter gewissen Voraussetzungen von der Einbeziehung in die gewerbliche Tätigkeit aus, so z. B. die Land- und Forstwirtschaft, die freien Berufe, die sonstige selbständige Tätigkeit und die nichtselbständige Arbeit. Eine solche Begrenzung ist dem Begriff des Wandergewerbes im Sinn des § 55 GO. fremd. So gelten z. B. Angestellte, die für ihren Arbeitgeber im Umherziehen Waren feilbieten, als

Wandergewerbetreibende, obwohl sie eine nichtselbständige Tätigkeit ausüben. Ferner gelten Personen, die im Umherziehen Musikaufführungen, Schaustellungen u. dgl. darbieten, als Wandergewerbetreibende, obwohl ihre Tätigkeit im Steuerrecht sonst in der Regel als freiberufliche oder sonstige selbständige Tätigkeit angesehen wird.

Die Wandergewerbesteuerpflicht wird nicht dadurch berührt, daß

a) ein Gewerbebetrieb im Umherziehen (Wandergewerbe), zu dessen Ausübung es nach § 55 GO. eines Wandergewerbescheins bedarf, ausgeübt wird, ohne daß ein Wandergewerbeschein gelöst ist;
b) ein Wandergewerbe betrieben wird, obwohl der Wandergewerbeschein versagt oder zurückgenommen worden ist (§§ 57, 57 a, 57 b, 58 GO.);
c) ein Gewerbebetrieb im Umherziehen mit Waren oder Gegenständen betrieben wird, die nach §§ 56, 56 a, 56 b, 56 c GO. vom Ankauf oder Feilbieten im Umherziehen ausgeschlossen sind oder bei denen das Aufsuchen von Bestellungen oder das Anbieten von gewerblichen Leistungen nicht gestattet ist.

Die Finanzämter haben grundsätzlich in eigener Zuständigkeit zu prüfen, ob Wandergewerbesteuerpflicht gegeben ist, und haben danach das Erforderliche wegen der Wandergewerbesteuer zu veranlassen. Da jedoch die Behörden, die die Wandergewerbescheine auszustellen haben, diese den Finanzämtern zwecks Aushändigung zu übersenden haben (Hinweis auf Abschnitt B II dieser Ausführungsanweisung), kann in der Regel von einer Prüfung abgesehen werden.

## A II. Wandergewerbe und stehendes Gewerbe.

Wandergewerbe und stehendes Gewerbe können von einem Unternehmer unabhängig voneinander betrieben werden.

Beispiel: Ein Gewerbetreibender stellt mit seiner Familie Spielwaren her, die er an einen Spielwarenhändler verkauft. In den Wintermonaten vertreibt er im Umherziehen Christbaumschmuck, den er vom Hersteller erworben hat.

Beide Gewerbebetriebe werden gesondert zur Gewerbesteuer herangezogen. Die Gewerbeerträge werden nicht zusammengerechnet. Der Gewerbeertrag (und das Gewerbekapital) des Spielwarenbetriebs unterliegt der Gewerbesteuer nach dem Gesetz vom 1. Dezember 1936, die Erträge des Christbaumschmuckhandels der Wandergewerbesteuer.

Wandergewerbe und stehendes Gewerbe können aber auch im Rahmen eines einheitlichen Gewerbebetriebes betrieben werden.

Beispiel: Ein Gewerbetreibender stellt mit seinen Angehörigen Spielwaren her, die er teils an einen Spielwarenhändler verkauft, teils selbst im Umherziehen feilbietet.

Hier wird das Unternehmen teils in der Form des stehenden Gewerbes, teils in der Form des Wandergewerbes betrieben. Der Gewerbeertrag des Unternehmens ist einheitlich festzustellen; soweit er aber auf das Wandergewerbe entfällt, darf er nach Artikel I § 7 WGewStG. nicht zur Gewerbesteuer nach dem GewStG. herangezogen werden (Hinweis auf Abschnitt A XI dieser Ausführungsanweisung).

Es kann im Einzelfall zweifelhaft sein, ob es sich um einen einheitlichen Gewerbebetrieb oder um zwei nebeneinanderstehende selbständige Gewerbebetriebe handelt. Die Finanzämter werden bei der Beurteilung derartiger Tatbestände Verkehrsanschauung und Handelsbrauch zu berücksichtigen haben.

**A III. Handel mit Erzeugnissen der Land- und Forstwirtschaft.**

A III. 1. Handel mit selbstgewonnenen Erzeugnissen der Land- und Forstwirtschaft.

Für den Handel mit selbstgewonnenen Erzeugnissen der Land- und Forstwirtschaft, des Garten- und Obstbaues, der Geflügel- und Bienenzucht, der Jagd und Fischerei bedarf es eines Wandergewerbescheins nicht (§ 59 Absatz 1 Ziffer 1 GO.). Es ist daher auch keine Wandergewerbesteuerpflicht gegeben.

Die Freistellung bezieht sich nicht nur auf die Fälle, in denen derjenige, der die Erzeugnisse selbst gewonnen hat, sie auch selbst feilbietet, sondern auch auf die Fälle, in denen die Erzeugnisse durch Angestellte, Familienangehörige u. dgl. feilgeboten werden. Für die Freistellung von der Wandergewerbesteuer nach § 59 Absatz 1 Ziffer 1 GO. kommt es nicht darauf an, ob die selbstgewonnenen Erzeugnisse der Land- und Forstwirtschaft, des Garten- und Obstbaues, der Geflügel- und Bienenzucht, der Jagd und Fischerei in einem land- und forstwirtschaftlichen Betrieb gewonnen sind; vielmehr gilt die Befreiung auch dann, wenn der erzeugende oder gewinnende Betrieb im Steuerrecht sonst nicht als land- und forstwirtschaftlicher Betrieb behandelt wird (z. B. Hochsee- und Küstenfischereien, Gärtnereien, die als gewerbliche Betriebe gelten, sowie Geflügelzüchtereien, bei denen zur Tierhaltung überwiegend Erzeugnisse verwendet werden, die nicht im eigenen landwirtschaftlichen Betrieb gewonnen worden sind).

A III 2. Handel mit nichtselbstgewonnenen Erzeugnissen der Land- und Forstwirtschaft.

Nach Artikel I § 2 Absatz 2 WGewStG. unterliegt der Wandergewerbesteuer der im Umherziehen außerhalb des Bezirks der Wohnsitzgemeinde betriebene Handel mit nichtselbstgewonnenen Erzeugnissen der Land- und Forstwirtschaft, des Gartenbaues, des Obstbaues, der Geflügelzucht und der Bienenzucht. Unter nichtselbstgewonnenen Erzeugnissen im Sinn dieser Vorschrift sind nur rohe Erzeugnisse zu verstehen, da der Handel mit nichtselbstgewonnenen bearbeiteten land- und forstwirtschaftlichen Erzeugnissen (z. B. Holzwaren, Mehl, Dörrgemüse, Dörrobst) nach Artikel I § 2 Absatz 1 WGewStG. zu behandeln ist. Der Handel mit nichtselbstgewonnenen Erzeugnissen der Fischerei und der Jagd ist im Artikel I § 2 Absatz 2 WGewStG. nicht erwähnt, da er bereits nach § 55 GO. wandergewerbescheinpflichtig und nach Artikel I § 2 Absatz 1 WGewStG. wandergewerbesteuerpflichtig ist.

Nach dem Wortlaut des Artikels I § 2 Absatz 2 WGewStG. ist jeder Handel mit nichtselbstgewonnenen Erzeugnissen der Land- und Forstwirtschaft außerhalb der Wohnsitzgemeinde wandergewerbesteuerpflichtig, also auch dann, wenn er nur in der nächsten Umgebung der Wohnsitzgemeinde ausgeübt wird. Die Unterstellung des in der nächsten Umgebung des Wohnsitzes ausgeübten Handels unter die Wandergewerbesteuerpflicht würde aber diese Wandergewerbetreibenden gegenüber anderen Wandergewerbetreibenden schlechter stellen, da diese für den Handel in der nächsten Umgebung des Wohnsitzes nach § 55 GO. und Artikel I § 2 Absatz 1 WGewStG. ausdrücklich von der Wandergewerbescheinpflicht und der Wandergewerbesteuerpflicht befreit sind. Es wird daher hierdurch auf Grund des § 131 AO. bestimmt, daß der im Umherziehen außerhalb des Bezirks der Wohnsitzgemeinde betriebene Handel mit nichtselbstgewonnenen Erzeugnissen der Land- und Forstwirtschaft usw. der Wandergewerbesteuer nicht unterliegt, wenn er nur in der nächsten Umgebung der Wohnsitzgemeinde ausgeübt wird. Was als nächste Umgebung anzusehen ist, ergibt sich aus den auf Grund des § 55 Absatz 1 GO. getroffenen Anordnungen der höheren Verwaltungsbehörde. Eine steuerliche Entlastung tritt durch diese Befreiung für die beteiligten Betriebe nicht ein, da sie als stehende Gewerbebetriebe mit ihrem gesamten Gewerbeertrag der Gewerbesteuer nach dem GewStG. unterliegen.

Der im Umherziehen außerhalb des Bezirks der Wohnsitzgemeinde betriebene Handel mit Erzeugnissen der Land- und Forstwirtschaft usw. ist nach Maßgabe des § 59 Absatz 1 Ziffer 1 GO. wandergewerbescheinfrei. Die Finanzämter erhalten also in diesen Fällen von den Verwaltungsbehörden keine Mitteilungen, sondern müssen von sich aus die steuerpflichtigen Tatbestände erforschen und feststellen. Der Kreis der nach Artikel I § 2 Absatz 2 WGewStG. steuerpflichtigen Personen wird auf Grund der Betriebsanmeldungen (§ 165 d AO.) und auf Grund der Besteuerungsunterlagen für die Einkommen- und Umsatzsteuer (Straßensteuerhefte) ohne große Mühe zu ermitteln sein.

## A IV. Wandergewerbebetriebe ohne Wandergewerbeschein (§ 59 Absatz 1 Ziffern 2 bis 4 und Absatz 2 GO.).

### A IV 1. Handel mit selbstverfertigten Waren.

Nach § 59 Absatz 1 Ziffer 2 GO. bedarf eines Wandergewerbescheins nicht, wer in der Umgebung seines Wohnorts bis zu 15 km Entfernung selbstverfertigte Waren, die zu den Gegenständen des Wochenmarktverkehrs gehören, feilbietet. Zu den Gegenständen des Wochenmarktverkehrs gehören nach § 66 GO. u. a. Lebensmittel, sonstige land- und forstwirtschaftliche Produkte sowie rohe Naturprodukte. Der Handel mit selbstverfertigten Waren ist, soweit er von der Wandergewerbescheinpflicht befreit ist, auch von der Wandergewerbesteuer frei.

### A IV 2. Anbieten gewerblicher Leistungen.

Nach § 59 Absatz 1 GO. bedarf eines Wandergewerbescheins nicht, wer in der Umgebung seines Wohnorts bis zu 15 km Entfernung gewerbliche Leistungen anbietet. Hier können z. B. in Frage kommen die Leistungen von Zimmerleuten, Glasern, Scherenschleifern u. ä. Gewerbetreibenden, die dem Landesgebrauch entsprechend von Zeit zu Zeit auch ohne vorherige Bestellung innerhalb eines bestimmten Bezirks ihre gewerblichen Leistungen anbieten. Diese Personen sind wandergewerbesteuerfrei. Sie werden aber, da sie an ihrem Wohnsitz regelmäßig eine Betriebstätte unterhalten, mit ihrem vollen Gewerbeertrag (auch mit dem durch die im Umherziehen ausgeübte Tätigkeit erzielten Gewerbeertrag) der Gewerbesteuer nach dem GewStG. unterliegen.

### A IV 3. Handel mit Waren vom Wasser aus.

Nach § 59 Absatz 1 Ziffer 3 GO. bedarf eines Wandergewerbescheins nicht, wer selbstgewonnene Erzeugnisse oder selbstverfertigte Waren, hinsichtlich deren dieses Landesgebrauch ist, zu Wasser anfährt und von dem Fahrzeug aus feilbietet. Diese Tätigkeit ist wandergewerbesteuerfrei. In erster Linie kommt hier in Frage das Anbieten von Früchten (wie z. B. Äpfel, Kartoffeln) in Binnenhäfen, auf Flüssen usw. vom Schiff aus. Ob ein solches Anbieten vom Schiff aus Landesgebrauch ist, ist gegebenenfalls durch Anfrage bei der höheren Verwaltungsbehörde zu ermitteln.

A IV 4. Feilbieten von Waren bei außergewöhnlichen Gelegenheiten.

Nach § 59 Absatz 1 Ziffer 4 GO. bedarf eines Wandergewerbescheins nicht, wer bei öffentlichen Festen, Truppenzusammenziehungen oder anderen außergewöhnlichen Gelegenheiten mit Erlaubnis der Ortspolizeibehörde bestimmte Waren feilbietet. Die Tätigkeit ist wandergewerbesteuerfrei. Die Befreiung von der Wandergewerbescheinpflicht und von der Wandergewerbesteuerpflicht bezieht sich nur auf außergewöhnliche öffentliche Feste, Manöver u. dgl.; regelmäßig wiederkehrende Gelegenheiten, wie z. B. Schützenfeste und Kirchweihen (Kirmes), fallen nicht darunter.

A IV 5. Handel mit Gegenständen des gemeinen Verbrauchs.

Nach § 59 Absatz 2 GO. können die Landesregierungen in weiterem Umfang, als im § 59 Absatz 1 GO. vorgesehen, den Gewerbebetrieb im Umherziehen mit Gegenständen des gemeinen Verbrauchs ohne Wandergewerbeschein gestatten. Soweit die Landesregierungen von dieser Ermächtigung Gebrauch gemacht haben, besteht auch keine Wandergewerbesteuerpflicht, es sei denn, daß es sich um den Tatbestand des Artikels I § 2 Absatz 2 WGew.-StG. (Handel mit nichtselbstgewonnenen Erzeugnissen der Land- und Forstwirtschaft) handelt.

**A V. Stadthausiererei und Handel auf Messen, Jahr- und Wochenmärkten.**

A V 1. Stadthausiererei.

Der Stadthausierer übt seine gewerbliche Tätigkeit im Umherziehen innerhalb der Gemeinde seines Wohnsitzes oder der nächsten Umgebung aus. Seine Tätigkeit gilt nicht als Wandergewerbe und ist infolgedessen wandergewerbesteuerfrei. Sein Betrieb wird vielmehr in der Regel als stehendes Gewerbe gelten, da seine Wohnung als Mittelpunkt seiner geschäftlichen Tätigkeit, also als Betriebstätte, anzusehen sein wird.

A V 2. Handel auf Messen, Jahr- und Wochenmärkten.

Der Besuch der Messen, Jahr- und Wochenmärkte sowie der Kauf und Verkauf auf ihnen stehen nach §§ 64 ff. GO. jedem mit gleichen Befugnissen frei. Der Handel auf den Messen, Jahr- und Wochenmärkten gilt (abgesehen von gewissen Ausnahmen) nach der GO. nicht als Wandergewerbe und ist daher wandergewerbesteuerfrei. Händler, die die Messen, Jahr- und Wochenmärkte besuchen, werden in der Regel ein stehendes Gewerbe betreiben und dementsprechend nach dem GewStG. zur Gewerbesteuer heranzuziehen sein.

A V 3. Schausteller, Musikaufführungen u. dgl. auf Messen, Jahr- und Wochenmärkten.

Nach § 55 Absatz 2 GO. bedarf eines Wandergewerbescheins derjenige, der auf Messen, Jahr- und Wochenmärkten außerhalb des Gemeindebezirks seines Wohnorts oder seiner nächsten Umgebung ohne Begründung einer gewerblichen Niederlassung und ohne vorgängige Bestellung in eigener Person Musikaufführungen, Schaustellungen, theatralische Vorstellungen oder sonstige Lustbarkeiten darbietet, bei denen ein höheres Interesse der Kunst und Wissenschaft nicht obwaltet. Die Tätigkeit eines Schaustellers, Musikanten, Schauspielers gilt also insoweit als Wandergewerbe und unterliegt, da sie wandergewerbescheinpflichtig ist, auch der Wandergewerbesteuer.

A V 4. Anbieten von gewerblichen Leistungen auf Messen, Jahr- und Wochenmärkten.

Nach § 55 Absatz 1 und § 64 GO. bedürfen Gewerbetreibende, die im Marktverkehr gewerbliche Leistungen anbieten (z. B. Scherenschleifer usw.), keines Wandergewerbescheins. Da auch bei derartigen Gewerbetreibenden oft damit gerechnet werden muß, daß sie keinen festen Wohnsitz, mithin auch keine Betriebstätte haben, so würden sie aus der Gewerbebesteuerung völlig ausscheiden, wenn sie nicht durch Artikel I § 2 Absatz 2 WGewStG. der Wandergewerbesteuerpflicht ausdrücklich unterworfen worden wären. Derartige Gewerbetreibende unterliegen der Wandergewerbesteuerpflicht, ohne daß Wandergewerbescheinpflicht besteht.

Besondere Überwachungsmaßnahmen durch die Finanzämter sind nicht erforderlich, jedoch wird bei Aufstellung der V-Liste, bei Ausgabe und Nachprüfung der Straßensteuerhefte (§ 83 UStDB.) usw. zu prüfen sein, ob gewerbliche Leistungen im Marktverkehr angeboten werden.

In diesem Zusammenhang ist zu beachten, daß die Bezeichnung „Leistungen" im Artikel I § 2 Absatz 2 WGewStG. einen engeren Sinn hat als im § 1 UStG. Im § 1 UStG. umfaßt der Begriff „Leistungen" als Oberbegriff nicht nur Leistungen, sondern auch Lieferungen aller Art. Im Wandergewerbesteuerrecht ist bei dem Begriff Leistungen in erster Linie an die Anfertigung oder Wiederherstellung beweglicher Gegenstände und die Ausübung persönlicher Dienste gedacht.

Das Anbieten gewerblicher Leistungen im Marktverkehr ist oft nicht leicht von dem Aufsuchen von Bestellungen zu unterscheiden. Zum Anbieten einer gewerblichen Leistung gehört die Bereitschaft zur sofortigen Leistung. Ein Wanderphotograph z. B., der auf einem Jahrmarkt tätig ist, bietet gewerbliche Leistungen an, wenn er Vorübergehende auffordert, sich photographieren zu lassen, und er in der Lage ist, die aufgenommenen Bilder an Ort und Stelle fertigzustellen und zu liefern. Er sucht aber nur Bestellungen auf, wenn er die Betreffenden ohne ihre Zustimmung photographiert und ihnen anheimstellt, das Bild später zu kaufen. Das Aufsuchen von Bestellungen auf gewerbliche Leistungen ist kein Wandergewerbe im Sinn der GO.

**A VI. Gewerbliche Tätigkeit außerhalb des Wohnsitzes auf vorgängige Bestellung oder in Form des Aufsuchens von Bestellungen bei Kaufleuten.**

A VI 1. Gewerbliche Tätigkeit außerhalb des Wohnsitzes auf vorgängige Bestellung.

Der Begriff des Wandergewerbes nach § 55 GO. setzt voraus, daß der Gewerbetreibende in eigener Person ohne vorgängige Bestellung tätig wird. Eine gewerbliche Tätigkeit, bei der der Gewerbetreibende außerhalb des Wohnsitzes auf vorgängige Bestellung tätig wird, gilt daher nicht als Wandergewerbebetrieb im Sinn der GO. Es handelt sich dann um einen sogenannten auswärtigen Geschäftsbetrieb, der, wenn im übrigen die Voraussetzungen für das Vorliegen eines stehenden Gewerbebetriebs erfüllt sind, der Besteuerung nach §§ 1 ff. GewStG. unterliegt, z. B. ein Bäcker, der auf Bestellung Kunden außerhalb seines Wohnsitzes beliefert.

A VI 2. Gewerbliche Tätigkeit außerhalb des Wohnsitzes in Form des Aufsuchens von Bestellungen bei Kaufleuten.

Wer ein stehendes Gewerbe betreibt, ist nach Maßgabe des § 44 GO. befugt, auch außerhalb des Gemeindebezirks seiner Betriebstätte persönlich oder durch Angestellte bei Kaufleuten usw. unter gewissen Voraussetzungen Warenbestellungen aufzusuchen oder Waren aufzukaufen. Eine solche Tätigkeit ist legitimationskartenpflichtig nach § 44 a GO., aber nicht wandergewerbescheinpflichtig nach § 55 GO. Es ist daher Wandergewerbesteuerpflicht nicht gegeben.

## A VII. Befreiungen aus Billigkeitsmaßnahmen

### A VII 1. Befreiungen.

Das Gesetz kennt nur einen einzigen Befreiungstatbestand, und zwar ist nach Artikel I § 3 WGewStG. von der Wandergewerbesteuer befreit, wer in einer Entfernung von nicht mehr als 30 km von seinem Wohnsitz Musikaufführungen darbietet. Die Befreiung schließt sich an das bisherige preußische Recht an, erweitert sie aber dadurch, daß die Grenze statt bei 15 km bei 30 km liegt.

### A VII 2. Billigkeitsmaßnahmen.

Billigkeitsmaßnahmen auf dem Gebiet der Wandergewerbesteuer kommen nur im Rahmen des § 131 AO. in Betracht. Für den gänzlichen und teilweisen Erlaß der Wandergewerbesteuer sowie für die Gewährung von Stundungen, Teilzahlungen u. dgl. gelten dieselben Grundsätze wie für die anderen Reichssteuern. Bei der Wandergewerbesteuer ist jedoch zu beachten, daß der Wandergewerbeschein nach Abschnitt B IV 6 dieser Ausführungsanweisung nur gegen Entrichtung der Wandergewerbesteuer ausgehändigt wird. Stundung und Erlaß sind insoweit der Entrichtung der Steuer gleichzuachten, d. h. es ist in derartigen Fällen der Wandergewerbeschein trotz gänzlicher oder teilweiser Nichtentrichtung der Steuer auszuhändigen. Auf einer besonderen Verfügung ist auszusprechen, ob und in welcher Höhe die Steuer erlassen, gegebenenfalls ob und in welcher Höhe und in welchen Raten sie erlassen oder gestundet ist. Durch diese Verfügung, die der Steuerpflichtige mit sich zu führen hat, wird die ordnungsmäßige Erfüllung der Steuerpflicht gegenüber Kontrollen der Polizei nachgewiesen. Anträge von Steuerpflichtigen auf Stundung und Erlaß von Wandergewerbesteuer sind mit größter Beschleunigung zu bearbeiten, da für die Steuerpflichtigen die rechtzeitige Aushändigung des Wandergewerbescheins von erheblicher Bedeutung ist.

In einzelnen deutschen Gebieten ist im Zusammenhang mit der Maul- und Klauenseuche das Wandergewerbe in den letzten Monaten des Jahres 1937 durch Anordnungen der zuständigen Behörden stark beschränkt worden. Infolgedessen sind zahlreiche Wandergewerbetreibende in den betroffenen Gebieten in ihren flüssigen Mitteln beschränkt. Bei Entrichtung der Wandergewerbesteuer für 1938 kann dies Grund für Stundungsmaßnahmen in Einzelfällen sein.

## A VIII. Steuerschuldner.

### A VIII 1. Wandergewerbeschein und Steuerschuldner.

Steuerschuldner ist nach Artikel I § 4 Absatz 1 Satz 1 WGewStG. die Person, auf deren Namen der Wandergewerbeschein ausgestellt ist. Ausgestellt wird der Wandergewerbeschein nach § 55 GO. i. V. mit § 60 d Absatz 2 GO. auf den Namen desjenigen, der in eigener Person das Wandergewerbe ausübt. Es kommt also nicht darauf an, ob der Ausübende selbständiger Gewerbetreibender oder nichtselbständiger Angestellter ist. Auch der Angestellte (oder in der Ausdrucksweise der GO. „derjenige, der für einen anderen ein Gewerbe im Umherziehen zu betreiben beabsichtigt") muß einen Wandergewerbeschein auf seinen Namen lösen. Artikel I § 4 Absatz 1 Satz 2 WGewStG. sieht daher vor, daß in derartigen Fällen der Angestellte und der Unternehmer des Gewerbebetriebs Gesamtschuldner sind. Steuerschuldner sind in diesen Fällen sowohl derjenige, auf dessen Namen der Wandergewerbeschein ausgestellt wird, als auch derjenige, für den das Gewerbe betrieben wird. Da der Wandergewerbeschein auf den Namen des Angestellten ausgestellt wird, wird es sich empfehlen, auch die Steuerforderung gegen den Angestellten zu richten, damit dieser sich mit Hilfe der Steuerquittung (Hinweis auf Abschnitt B V 1 dieser Ausführungsanweisung) bei Kontrollen der Polizei über die Erfüllung seiner steuerlichen Verpflichtungen ausweisen kann.

Da es für die Steuerschuldnerschaft entscheidend auf die Inhaberschaft des Wandergewerbescheins ankommt, mußte das WGewStG. noch Vorschriften darüber treffen, wer als Steuerschuldner in denjenigen Fällen in Frage zu kommen hat, in denen ein Wandergewerbe betrieben wird, ein Wandergewerbeschein aber entgegen den gesetzlichen Bestimmungen nicht gelöst worden ist. Artikel I § 4 Absatz 3 WGewStG. sieht in derartigen Fällen vor, daß Steuerschuldner derjenige ist, auf dessen Namen der Wandergewerbeschein „hätte ausgestellt werden müssen".

### A VIII 2. Steuerschuldnerschaft beim Handel mit nichtselbstgewonnenen Erzeugnissen der Landwirtschaft und beim Anbieten von gewerblichen Leistungen im Marktverkehr.

Für den Fall des Artikels I § 2 Absatz 2 WGewStG. ist die Steuerschuldnerschaft nicht an die Inhaberschaft des Wandergewerbescheins geknüpft, da das Feilbieten nichtselbstgewonnener Erzeugnisse der Landwirtschaft sowie das Anbieten gewerblicher Leistungen im Marktverkehr auch dann wandergewerbesteuerpflichtig ist, wenn es dazu eines Wandergewerbescheins nicht bedarf. Nach Artikel I § 4 Absatz 1 Satz 3 ist Steuerschuldner in diesen Fällen stets der Unternehmer des Gewerbebetriebs. Angestellte und Familienangehörige können für ihre Person nicht zur Wandergewerbesteuer herangezogen werden.

Bei polizeilichen Kontrollen wird sich der Unternehmer selbst durch Vorweisung seines Wandergewerbesteuerbescheids und der Steuerquittungen über die Erfüllung seiner steuerlichen Pflichten ausweisen können. Soweit er den Handel mit nichtselbstgewonnenen landwirtschaftlichen Erzeugnissen oder das Anbieten gewerblicher Leistungen im Marktverkehr durch Angestellte oder Familienangehörige ausüben läßt, müssen diese in den Stand gesetzt werden, bei polizeilichen Kontrollen den Nachweis zu erbringen, daß der Unternehmer der Wandergewerbesteuerpflicht genügt hat. Zu diesem Zweck hat das Finanzamt auf Antrag des Unternehmers für jeden in Frage kommenden Angestellten oder Familienangehörigen eine auf dessen Namen lautende Bescheinigung auszustellen, aus der hervorgeht, daß die Wandergewerbesteuer für den Unternehmer in der durch den Wandergewerbesteuerbescheid vorgesehenen Höhe entrichtet ist. Die Bescheinigung kann gegebenenfalls auf die Bescheinigung, die derartige Angestellte für Umsatzsteuer- (Straßensteuer-) Zwecke erhalten, gestempelt werden.

A VIII 3. Gemeinschaftlicher Betrieb des Wandergewerbes durch mehrere.

Die GO. kennt im allgemeinen keinen gemeinschaftlichen Betrieb des Wandergewerbes. Es muß vielmehr jedem, der ein Wandergewerbe betreibt, ein Wandergewerbeschein ausgestellt werden, gleichgültig, ob das Gewerbe allein oder zusammen mit anderen betrieben wird. Auch zur Wandergewerbesteuer muß daher jeder einzelne für sich nach dem von ihm zu erzielenden Gewerbeertrag zur Wandergewerbesteuer herangezogen werden. Eine Ausnahme hiervon bildet der Betrieb des Wandergewerbes durch Musikergesellschaften, Schauspielergesellschaften, Theatergruppen u. dgl. Nach § 60d Absatz 3 in Verbindung mit § 55 Absatz 1 Ziffer 4 GO. kann in derartigen Fällen auf Antrag ein gemeinsamer Wandergewerbeschein ausgestellt werden, der die Namen sämtlicher Mitglieder enthält. Die Wandergewerbesteueranforderung ist dann unter Zugrundelegung des gesamten Ertrags des Unternehmens gegen denjenigen zu richten, der als Leiter der Truppe (oder Unternehmer) anzusehen ist (Hinweis auf § 60d Absatz 4 GO. i. V. mit § 3 des Theatergesetzes vom 15. Mai 1934, Reichsgesetzbl. I S. 411).

Ein gemeinschaftlicher Betrieb des Wandergewerbes durch mehrere ist ferner möglich in Fällen des Artikels I § 2 Absatz 2 WGewStG., also beim Handel mit nichtselbstgewonnenen Erzeugnissen der Land- und Forstwirtschaft und beim Anbieten von gewerblichen Leistungen im Marktverkehr, soweit es dazu eines Wandergewerbescheins nicht bedarf. In derartigen Fällen ist ebenso wie bei Musikergesellschaften, Theatergruppen usw. der gesamte Gewerbeertrag nach Artikel I §§ 5, 6 WGewStG. zu schätzen und die Steueranforderung gegen einen der Beteiligten zu richten.

## A IX. Feststellung der Bemessungsgrundlagen.

A IX 1. Begriff des Gewerbeertrags.

Nach Artikel I §§ 5, 6 WGewStG. wird die Wandergewerbesteuer für das Kalenderjahr auf Grund des für dieses Kalenderjahr geschätzten Gewerbeertrags festgesetzt. Was unter Gewerbeertrag zu verstehen ist, sagt das Gesetz nicht. Anders als bei der Gewerbesteuer für das stehende Gewerbe ist hier von Hinzurechnungen und Kürzungen wegen der Geringfügigkeit der in Betracht kommenden Summen abzusehen. Der Gewerbeertrag deckt sich daher hier mit dem gewerblichen Gewinn im Sinn des Einkommensteuergesetzes.

A IX 2. Schätzungsunterlagen.

Für die Festsetzung der Wandergewerbesteuer ist nicht der tatsächliche Gewerbeertrag, sondern der geschätzte Gewerbeertrag zugrunde zu legen. Die Schätzung ist an Hand der vorhandenen Unterlagen (Umsatz und Einkommen für das dem Erhebungszeitraum vorangegangene Kalenderjahr) durchzuführen. Der Steuerpflichtige ist, soweit möglich, mündlich an Amtsstelle zu befragen und dabei ist Einsicht in das Straßensteuerheft zu nehmen. Die Schätzung muß beschleunigt erfolgen, damit nicht die Festsetzung der Steuer und die Aushändigung des Wandergewerbescheins über Gebühr verzögert werden. Bei den Ermittlungen ist hierauf Rücksicht zu nehmen.

A IX 3. Schätzung des Gewerbeertrags in den Fällen, in denen der Wandergewerbeschein für einen kürzeren Zeitraum als das Kalenderjahr ausgestellt wird.

Nach § 60 d Absatz 1 GO. wird der Wandergewerbeschein grundsätzlich für die Dauer eines Kalenderjahrs erteilt. Nur in den Fällen des § 55 Absatz 1 Ziffer 4 GO. (Musikaufführungen, Schaustellungen, theatralische Vorstellungen oder sonstige Lustbarkeiten) kann der Wandergewerbeschein für kürzere Dauer als für das Kalenderjahr oder für bestimmte Tage während des Kalenderjahr ausgestellt werden (§ 60 d Absatz 2 GO.). Nur für diese Fälle kommt die Vorschrift des Artikels I § 5 Absatz 2 WGewStG. in Frage.

A IX 4. Änderung des Wandergewerbebetriebs.

Nach Artikel I § 5 Absatz 3 WGewStG. ist die Festsetzung der Wandergewerbesteuer zu berichtigen, wenn während des Bemessungszeitraums der Gewerbebetrieb in einer Weise geändert wird, die vermuten läßt, daß der Gewerbeertrag für den Bemessungszeitraum höher sein wird, als bei der Steuerfestsetzung angenommen worden ist. Gedacht ist hier an Fälle, in denen der Steuerpflichtige im Laufe des Bemessungszeitraums von dem ursprünglichen, auf dem Wandergewerbeschein verzeichneten Geschäftsbetrieb (z. B. Vertrieb von Spielwaren) auf einen anderen Geschäftsbetrieb (z. B. Feilbieten von Webwaren) übergeht oder dem bisherigen Geschäftsbetrieb (z. B. Vertrieb von Spielwaren) einen neuen Geschäftszweig (z. B. Vertrieb von Christbaumschmuck) hinzufügt oder den Betrieb durch Einstellung von Begleitern, Anschaffung von Fuhrwerk vergrößert. Hierher gehören auch die Fälle, in denen die Erlaubnis zu Musikaufführungen, theatralischen Vorstellungen u. dgl. über den ursprünglichen Genehmigungsbezirk hinaus auf andere Bezirke nachträglich ausgedehnt wird (§ 60 d Absatz 2 GO.).

## A X. Tarif.

A X 1. Abrundung des Gewerbeertrags.

Zur Vereinfachung des Veranlagungsgeschäfts ist der geschätzte Gewerbeertrag bei der Schätzung auf einen durch 100 voll teilbaren Reichsmarkbetrag nach unten abzurunden.

A X 2. Kleinbetrag.

Kleinbeträge, d. h. Beträge von weniger als 10 *RM*, werden nicht erhoben. Der Steuerpflichtige erhält in derartigen Fällen einen Freistellungsbescheid, dessen Ausgestaltung im einzelnen dem Oberfinanzpräsidenten überlassen ist.

A X 3. Zusatzsteuer.

Nach Artikel I § 6 Absatz 2 WGewStG. wird zu der Wandergewerbesteuer eine **Zusatzsteuer** erhoben in den Fällen, in denen ein Unternehmer das Gewerbe im Umherziehen durch andere Personen betreiben läßt. Die Zusatzsteuer ist so zu bemessen, daß sie zusammen mit der Wandergewerbesteuer den Betrag nicht übersteigt, der sich ergibt, wenn der Unternehmer auch für die Gewerbeerträge, die auf die anderen Personen entfallen, selbst zur Wandergewerbesteuer herangezogen würde. Die Bedeutung der Vorschrift ergibt sich aus den nachstehenden Beispielen:

Beispiel 1: Ein Unternehmer läßt das Gewerbe im Umherziehen durch die Angestellten A, B und C betreiben. Der Gewerbeertrag des Angestellten A wird auf 2500 *RM*, der Gewerbeertrag des Angestellten B auf 1000 *RM* und der Gewerbeertrag des Angestellten C auf 600 *RM* geschätzt. Demnach hat zu entrichten der Angestellte A 78 *RM* Wandergewerbesteuer, der Angestellte B 20 *RM* und der Angestellte C 12 *RM*. Zusammen haben also die drei Angestellten 110 *RM* Wandergewerbesteuer entrichtet. Wenn der Unternehmer statt ihrer selbst zur Wandergewerbesteuer heranzuziehen wäre, würde er nach einem Gewerbeertrag von insgesamt 4100 *RM* zur Wandergewerbesteuer herangezogen werden müssen. Er hätte dann 184 *RM* Wandergewerbesteuer zu entrichten. Da 110 *RM* bereits durch die Angestellten entrichtet sind, beträgt die Zusatzsteuer 74 *RM*.

Beispiel 2: Ein Unternehmer betreibt das Wandergewerbe in der Weise, daß er selbst Webwaren im Umherziehen feilbietet und außerdem durch seine Frau und seinen erwachsenen Sohn Webwaren im Umherziehen feilbieten läßt. Sein Gewerbeertrag, den er als Inhaber eines Wandergewerbescheins erzielen wird, ist vom Finanzamt auf 3000 *RM*, der Ertrag, den die Frau und der Sohn als Inhaber von Wandergewerbescheinen erzielen werden, auf je 1000 *RM* geschätzt worden. An Wandergewerbesteuer haben demnach zu entrichten:

| | | |
|---|---|---|
| der Unternehmer . . . . . . . . . | 108 *RM*, | |
| der Sohn . . . . . . . . . . . | 20 „ | und |
| die Frau . . . . . . . . . . . | 20 „ | |
| insgesamt | 148 *RM*. | |

Würde der Unternehmer allein zur Wandergewerbesteuer herangezogen werden, so müßte er nach einem geschätzten Wandergewerbeertrag von 5000 *RM* 260 *RM* Wandergewerbesteuer entrichten. Da die einzelnen Wandergewerbesteuern 148 *RM* betragen, ist eine Zusatzsteuer in Höhe von 112 *RM* zu erheben.

Beispiel 3: Ein Steuerpflichtiger betreibt den Handel mit nichtselbstgewonnenen Erzeugnissen der Land- und Forstwirtschaft (Hinweis auf

Abschnitt A III 1) im Umherziehen, und zwar teils persönlich, teils durch Angestellte. Hier kommt die Erhebung einer Zusatzsteuer nicht in Frage, da Steuerschuldner lediglich der Unternehmer ist, der nach dem gesamten Gewerbeertrag des Unternehmens zur Wandergewerbesteuer heranzuziehen ist.

### A XI. Zusammentreffen von Wandergewerbe und stehendem Gewerbe.

Nach Artikel I § 7 WGewStG. unterliegt der nach Artikel I § 5 WGewStG. festgestellte Gewerbeertrag nicht der Gewerbesteuer nach den Vorschriften des GewStG., soweit im Rahmen eines einheitlichen Gewerbebetriebs sowohl ein stehendes Gewerbe als auch ein Wandergewerbe betrieben wird. (Die entgegenstehende Vorschrift des § 1 der Ersten GewSt.-DVO. wird demnächst aufgehoben werden.) Hierbei wird nicht der Gewerbeertrag aus dem Wandergewerbe (Artikel I § 5 WGewStG.) aus dem gesamten Gewerbeertrag des Unternehmens ausgegliedert, sondern es wird der auf Grund des gesamten Gewerbeertrags festgestellte Steuermeßbetrag nach dem GewStG. um den Betrag vermindert, der als Steuermeßbetrag auf den geschätzten Wandergewerbeertrag entfallen würde. Beläuft sich jedoch der geschätzte Gewerbeertrag aus dem Wandergewerbe auf weniger als 2000 *RM*, so ist der auf Grund des gesamten Gewerbeertrags festgesetzte Steuermeßbetrag um ½ v. H. des Gewerbeertrags aus dem Wandergewerbe, höchstens aber um 8 *RM*, zu vermindern. Ist eine Wandergewerbesteuer nach Abschnitt A X 2 nicht festgesetzt worden, so wird der nach dem GewStG. festgesetzte Steuermeßbetrag nicht vermindert.

Beispiel 1: Ein Teppichhändler, der im Rahmen eines einheitlichen Gewerbebetriebs sowohl ein stehendes Gewerbe als auch ein Wandergewerbe betreibt, ist zur Wandergewerbesteuer für 1938 auf Grund eines geschätzten Gewerbeertrags von 5000 *RM* mit 260 *RM* herangezogen worden. Der Gewerbeertrag des gesamten Unternehmens für das Kalenderjahr 1938 wird nach §§ 7 ff. GewStG. auf 20 000 *RM* festgestellt. Der sich danach ergebende Steuermeßbetrag nach § 11 Absatz 2 Ziffer 1 GewStG. von 820 *RM* wird um 80 *RM*, d. i. der auf den Wandergewerbeertrag entfallende Steuermeßbetrag, vermindert. Der Steuerpflichtige ist also zur Steuer nach dem GewStG. nach einem Steuermeßbetrag von 740 *RM* heranzuziehen.

Der Steuerpflichtige wendet gegen die Heranziehung ein, daß im Kalenderjahr 1938 nach den tatsächlichen Ergebnissen der Ertrag aus dem Wandergewerbe 8000 *RM*, aus dem stehenden Gewerbe nur 12 000 *RM* betragen habe. Der Steuerpflichtige wird mit diesem Einwand nicht gehört, da nach Artikel I §§ 5, 6 WGewStG. Bemessungsgrundlage der Wandergewerbesteuer nicht der tatsächliche, sondern der geschätzte Gewerbeertrag des Wandergewerbes ist.

Beispiel 2: Ein Händler mit Haushaltsartikeln, der im Rahmen eines einheitlichen Gewerbebetriebs sowohl ein stehendes Gewerbe als auch ein Wandergewerbe betreibt, ist zur Wandergewerbesteuer für 1938 auf Grund eines geschätzten Gewerbeertrags von 1500 *RM* mit 36 *RM* herangezogen worden. Der Gewerbeertrag des gesamten Unternehmens für das Kalenderjahr 1938 wird auf 4000 *RM* festgestellt. Der sich danach ergebende Steuermeßbetrag von 48 *RM* wird um 7,50 *RM* = ½ v. H. von

1500 *RM* vermindert. Der Steuerpflichtige ist also zur Gewerbesteuer aus dem stehenden Gewerbe nach einem Steuermeßbetrag von 40,50 *RM* heranzuziehen.

Beispiel 3: Eine Aktiengesellschaft, die Konserven herstellt, läßt die Waren zum Teil durch Angestellte in der Weise vertreiben, daß diese im Umherziehen die Waren bei den Verbrauchern unmittelbar absetzen. Die Firma unterhält 100 Angestellte, die in dieser Weise tätig sind. Jeder von diesen Angestellten wird für 1938 nach einem geschätzten Gewerbeertrag von je 3000 *RM* zur Wandergewerbesteuer mit 108 *RM* herangezogen, die Angestellten entrichten danach insgesamt einen Betrag von 10 800 *RM*. Die Aktiengesellschaft selbst wird zu einer Zusatzsteuer in Höhe von 24 840 *RM* (35 640 — 10 800 = 24 840 *RM*) herangezogen. Für das Kalenderjahr 1938 wird aus dem gesamten Gewerbebetrieb der Aktiengesellschaft ein Gewerbeertrag von 2 Millionen Reichsmark festgestellt. Auf einen Gewerbeertrag von 2 Millionen Reichsmark entfällt ein Steuermeßbetrag von 100 000 *RM*. Dieser Steuermeßbetrag ist um den Steuermeßbetrag zu kürzen, der sich für einen Gewerbeertrag von 300 000 *RM* (d. i. die Summe der geschätzten Gewerbeerträge der Angestellten) ergibt, und nach § 11 Absatz 2 Ziffer 1 GewStG. sich auf 14 820 *RM* beläuft. Die Anwendung des § 11 Absatz 2 Ziffer 1 GewStG. ist geboten, weil es sich bei den wandergewerbetreibenden Angestellten um natürliche Personen handelt. Die Aktiengesellschaft ist daher zur Gewerbesteuer nach dem Gewerbeertrag nach einem Steuermeßbetrag von 100 000 *RM* — 14 820 *RM* = 85 180 *RM* heranzuziehen.

## B. Verfahren.

### B I. Verwaltung der Wandergewerbesteuer.

Die Wandergewerbesteuer wird als Reichssteuer von den Finanzämtern verwaltet.

Die Behörden, die für die Ausstellung der Wandergewerbescheine zuständig sind, haben sie nach Ausfertigung zu senden:

1. wenn der Steuerpflichtige einen Wohnsitz oder einen gewöhnlichen Aufenthaltsort im Inland hat, an das für diesen Ort zuständige Finanzamt;
2. wenn der Steuerpflichtige keinen Wohnsitz oder gewöhnlichen Aufenthaltsort im Inland hat, an den Oberfinanzpräsidenten, in dessen Bezirk die ausstellende Behörde ihren Sitz hat. Hierbei ist dem Oberfinanzpräsidenten, wenn die Unterlagen der ausstellenden Behörde eine solche Mitteilung ermöglichen, mitzuteilen, welches Finanzamt bereits mit der Besteuerung des Steuerpflichtigen (z. B. mit seiner Umsatzbesteuerung) befaßt ist.

In den Fällen zu 1. und 2. hat die ausstellende Behörde anläßlich der Übersendung dem Finanzamt (im Fall zu 2. dem Oberfinanzpräsidenten) die genaue Anschrift des Steuerpflichtigen mitzuteilen, wenn sich diese Anschrift nicht schon aus dem Wandergewerbeschein selbst ergibt. Bei Steuerpflichtigen, die ihren Wohnsitz im Ausland haben, übernimmt es der Oberfinanzpräsident oder das von ihm beauftragte Finanzamt, den Steuerpflichtigen davon zu unterrichten, bei welchem Finanzamt ihm der Wandergewerbeschein nach Entrichtung der Wandergewerbesteuer ausgehändigt wird.

Die mit der Ausstellung der Wandergewerbescheine befaßten Behörden haben den Finanzämtern (Oberfinanzpräsidenten) nur den Wandergewerbeschein zu übersenden. Etwa entstandene Vorgänge (Anträge, Polizeiberichte, Ermittlungsschriftwechsel) sind nicht an das Finanzamt abzugeben. Wird der Antrag auf Erteilung eines Wandergewerbescheins abgelehnt, so ist das Finanzamt bei dem weiteren Verfahren (Rechtsmittelverfahren gegen die ablehnende Entscheidung) nicht beteiligt.

Wegen der Einschaltung der Arbeitsämter bei der Erteilung der Wandergewerbescheine für 1938 Hinweis auf den Erlaß vom 21. 12. 1937 — L 1600 — 41 III — (Reichssteuerbl. 1937 S. 1287).

### B II. Zuständigkeit.

Zuständig für die Erhebung der Wandergewerbesteuer ist das Finanzamt, in dessen Bezirk der Steuerpflichtige seinen Wohnsitz oder gewöhnlichen Aufenthaltsort hat. Wenn ein Wohnsitz oder gewöhnlicher Aufenthalt im Inland nicht vorhanden ist, so ist zuständig das Finanzamt, in dessen Bezirk der Gewerbebetrieb begonnen werden soll.

### B III. Veranlagungsverfahren.

B III. 1. Die Wandergewerbesteuer ist als V-Steuer im Sinn der Buchungsordnung zu behandeln.

B III. 2. Die Veranlagung der Wandergewerbetreibenden zu den V-Steuern (Wandergewerbesteuer, Umsatzsteuer, Einkommensteuer, ggf. Vermögensteuer) ist für den gesamten Bezirk eines jeden Finanzamts (Veranlagungsbezirk) in einen besonderen Steuerbezirk zusammenzufassen. Diesem Steuerbezirk sind auch diejenigen Steuerpflichtigen zuzuweisen, die nach den Vorschriften der UStDB. ein Straßensteuerheft zu führen haben, jedoch nicht wandergewerbesteuerpflichtig sind. Ferner sind diesem Bezirk auch diejenigen Steuerpflichtigen zuzuweisen, die neben einem stehenden Gewerbe — sei es im Rahmen eines einheitlichen Gewerbebetriebs oder getrennt voneinander — das Wandergewerbe betreiben (vgl. Artikel I § 7 WGewStG.). Die Oberfinanzpräsidenten können für ihren Bezirk Abweichendes anordnen, insbesondere können sie bestimmen, daß kein besonderer Steuerbezirk gebildet wird, sondern die Wandergewerbetreibenden zusammen mit den anderen V-Steuern in dem örtlich zuständigen Bezirk veranlagt werden.

B III. 3. Die Wandergewerbescheine werden dem Steuerpflichtigen nur gegen Entrichtung der Wandergewerbesteuer ausgehändigt (Hinweis auf Abschnitt B IV 6. Wird keine Steuer erhoben, z. B. weil ein Ertrag voraussichtlich nicht zu erwarten ist oder weil der Steuerbetrag unterhalb der Kleinbetragsgrenze bleibt, so ist dem Steuerpflichtigen ein Freistellungsbescheid zu erteilen.

Wird der Wandergewerbeschein vom Steuerpflichtigen nicht eingelöst, z. B. weil er den Schein wegen falscher Bezeichnung des Geschäftszweigs oder aus sonstigen Gründen nicht annimmt, so ist er an die Ausstellungsbehörde zurückzugeben.

B III. 4. In Fällen, in denen Angestellte zur Wandergewerbesteuer veranlagt werden, hat das Finanzamt dem für die Zusatzsteuer des Arbeitgebers (Hinweis auf Abschnitt A X 3) zuständigen Finanzamt den Sachverhalt mitzuteilen.

## B IV. Buchführung.

Für die Buchführung über die Wandergewerbesteuer gelten die einschlägigen Bestimmungen der BuchO. für die Buchführung über die V-Steuern mit den folgenden Abweichungen und zusätzlichen Bestimmungen:

B IV. 1. a) Die Wandergewerbesteuer wird, anders als die Einkommensteuer, die Körperschaftsteuer und die Umsatzsteuer, für ein Kalenderjahr oder für einen Teil eines Kalenderjahrs im voraus festgesetzt. Die Veranlagungsergebnisse sind daher, abweichend von § 11 Absatz 1 Buchstabe b BuchO., in der V-Liste für das Rechnungsjahr anzuschreiben, das in dem Kalenderjahr beginnt, für das die Steuer festgesetzt wird.

b) Für den Fall, daß ein Unternehmer das Wandergewerbe durch andere Personen betreiben läßt, ist eine Zusatzsteuer für den Unternehmer vorgesehen. Diese Zusatzsteuer wird für ein Kalenderjahr oder für einen Teil eines Kalenderjahrs nachträglich festgesetzt. Die Zusatzsteuer ist in der V-Liste für das gleiche Rechnungsjahr wie die Wandergewerbesteuer, in Zusammenhang mit der sie erhoben wird, anzuschreiben.

Beispiel zu a und b: Die Wandergewerbesteuer (einschließlich der Zusatzsteuer) für das Kalenderjahr 1938 ist in der V-Liste für das Rechnungsjahr 1938 anzuschreiben.

c) Die Wandergewerbesteuer ist in den Spalten 21 und 22 der V-Liste anzuschreiben. Diese Spalten sind dazu mit der Überschrift: „1. Wandergewerbesteuer, 2. Zusatzsteuer" zu versehen.

B IV. 2. a) Die zur Wandergewerbesteuer zu veranlagenden Steuerpflichtigen, die auch zu einer oder mehreren anderen V-Steuern zu veranlagen sind, sind in der V-Liste bereits eingetragen. Die Wandergewerbesteuerpflichtigen, die bisher zu keiner V-Steuer zu veranlagen sind, müssen bei der erstmaligen Veranlagung zur Wandergewerbesteuer neu in die V-Liste eingetragen werden. Ist damit zu rechnen, daß diese Steuerpflichtigen auch künftig zur Wandergewerbesteuer zu veranlagen sein werden, so sind sie in die Adreßplattenkartei aufzunehmen. Für Steuerpflichtige, die voraussichtlich nur einmal zu veranlagen sein werden, brauchen abweichend von § 16 Absatz 1 BuchO. keine Adreßplatten geprägt zu werden. Diese Steuerpflichtigen sind in der V-Liste durch den Vermerk „einm." (= einmalig), der neben den Kennbuchstaben für die Wandergewerbesteuer (Hinweis auf Buchstabe b) einzutragen ist, zu kennzeichnen.

b) Die Anschriftplatten der Steuerpflichtigen sind mit dem Maschinensignal 9 und mit den Kennbuchstaben WG zu bezeichnen. Die Kennbuchstaben sind auf den Anschriftplatten auf Zeile 5 Stellen 2 und 3 (bei Adressator auf Zeile 5 Stellen 1 und 2) einzutragen.

B IV. 3. a) Die Wandergewerbesteuer wird regelmäßig für den größten Teil der Steuerpflichtigen bereits vor Beginn des Kalenderjahrs, für das sie festgesetzt wird, veranlagt. Die V-Liste für das neue Kalenderjahr, in die die Steuerpflichtigen aufzunehmen und in der die Veranlagungsergebnisse Ziffer 1 gemäß anzuschreiben sind, wird zu diesem Zeitpunkt noch nicht allgemein angelegt sein. § 11 Absatz 2 BuchO. gemäß wären daher die Veranlagungsergebnisse zunächst in eine Anlage zur V-Liste für das laufende Rechnungsjahr einzutragen und später in die neue V-Liste zu übertragen. Um die Listenführung zu vereinfachen, ist bereits in Abschnitt

B III 2 angeordnet, daß die Veranlagung der Wandergewerbesteuerpflichtigen zu den V-Steuern in einen Steuerbezirk zusammengefaßt wird. Der Teilband der V-Liste für diesen Steuerbezirk ist so zeitig anzulegen, daß die gegen Ende eines jeden Kalenderjahrs für das folgende Kalenderjahr festzusetzenden Wandergewerbesteuerbeträge bereits darin angeschrieben werden können. Abweichend von § 11 Absatz 2 BuchO. braucht dann eine Anlage zur V-Liste für das laufende Rechnungsjahr nicht geführt zu werden.

b) Die Zusatzsteuer (Hinweis auf Abschnitt B IV 1 b) wird in der Regel erst gegen Ende oder nach Ablauf eines Kalenderjahrs, für das sie zu erheben ist, festgesetzt werden können. Abweichend von § 12 Absatz 4 BuchO. braucht der Teilband der V-Liste für den Steuerbezirk, in dem die Wandergewerbesteuerpflichtigen zusammengefaßt sind, erst bis zum 1. März des Rechnungsjahrs, für das die V-Liste geführt wird, daraufhin geprüft zu werden, ob alle Veranlagungen durchgeführt sind.

B IV. 4. Die Festsetzung der Wandergewerbesteuer, ihre Bekanntgabe durch Aushändigung des Steuerbescheids und die Erhebung in Verbindung mit der Aushändigung des Wandergewerbescheins wird bei Anwesenheit des Wandergewerbesteuerpflichtigen an Amtsstelle regelmäßig oder wenigstens oft in einem Arbeitsgang durchgeführt werden können. Bei Zuleitung des Berechnungsbogens an die Finanzkasse zur Sollstellung des festgesetzten Steuerbetrags muß dieser für jeden Steuerpflichtigen, für den nicht bereits eine Sollkarte vorhanden ist, sogleich eine ausgefertigte Sollkarte mit zugeleitet werden. Um die Abfertigung der Steuerpflichtigen zu beschleunigen, bin ich damit einverstanden, daß die Sollkarten in diesen Fällen, abweichend von § 33 Absatz 4 BuchO., handschriftlich ausgefertigt werden. Ich bin auch damit einverstanden, daß für die Steuerpflichtigen, für die noch keine Sollkarte vorhanden ist und die nur einmalig Wandergewerbesteuer einzahlen oder einzuzahlen haben, eine Sammelsollkarte ausgefertigt wird. Diese Karte ist als Sammelsollkarte WG (SWG) zu bezeichnen. Hinweis auf die Bestimmungen über die Führung einer Sammelsollkarte L im § 50 Absatz 2 und im § 51 Absatz 5 BuchO. Um die Finanzkasse darauf hinzuweisen, daß es sich um einen Steuerpflichtigen handelt, für den keine besondere Sollkarte geführt werden soll, ist die Festsetzungsverfügung mit dem Vermerk „einm." zu kennzeichnen.

B IV. 5. Die Wandergewerbesteuer ist abweichend von § 35 Absatz 2 Buchstabe b BuchO. und entsprechend der Anschreibung in der V-Liste in der Sollkartei für das Rechnungsjahr nachzuweisen, das in dem Kalenderjahr beginnt, für das die Wandergewerbesteuer festgesetzt wird. Hinweis auf das Beispiel zu Abschnitt B IV 1 a und b. Für die Buchung der Wandergewerbesteuer ist auf der Sollkarte der in Betracht kommenden Steuerpflichtigen ein besonderes Kontenfeld handschriftlich einzurichten. Das gleiche gilt für die Zusatzsteuer.

B IV. 6. a) Die Wandergewerbesteuer wird bei Aushändigung des Wandergewerbescheins fällig (Artikel I § 8 WGewStG.). Der Wandergewerbeschein ist der Finanzkasse zusammen mit dem Berechnungsbogen und dem Steuerbescheid zuzuleiten. Die Finanzkasse darf den Wandergewerbeschein dem Steuerpflichtigen erst nach Entrichtung der Steuer aushändigen. Wird die Steuer unbar eingezahlt, so hat die Finanzkasse dem Steuerpflichtigen den Wandergewerbeschein portofrei zuzusenden. In diesen

Fällen ist eine Quittung über die unbare Einzahlung § 37 Absatz 5 AKO. gemäß ohne besonderen Antrag des Steuerpflichtigen beizufügen, damit dieser sich über die Entrichtung der Steuer ausweisen kann.

b) Wird die Entrichtung der Steuer in Teilbeträgen zugelassen, dann ist der Wandergewerbeschein nach Einzahlung des ersten Teilbetrags auszuhändigen. Wird die festgesetzte Wandergewerbesteuer in voller Höhe gestundet, dann kann der Wandergewerbeschein dem Steuerpflichtigen sogleich von der Veranlagungsabteilung ausgehändigt werden. Die Stundungsverfügung ist der Finanzkasse zusammen mit dem Berechnungsbogen nach Abfertigung des Steuerpflichtigen oder nach Absendung des Wandergewerbescheins zuzuleiten.

c) Ist eine Wandergewerbesteuer nicht festzusetzen, so ist dem Steuerpflichtigen ein Freistellungsbescheid zu erteilen. Abweichend von § 18 Absatz 4 BuchO. ist in diesen Fällen eine Mitteilung an die Finanzkasse nicht erforderlich.

d) Die festgesetzte Zusatzsteuer ist der Finanzkasse in gleicher Weise wie die übrigen V-Steuern durch Zuleitung des Berechnungsbogens und des Steuerbescheids zur Sollstellung mitzuteilen. Das gleiche gilt, wenn Wandergewerbesteuer nachträglich festzusetzen ist, z. B. weil ein Steuerpflichtiger ein Wandergewerbe ausgeübt hat, obwohl ihm der Wandergewerbeschein versagt worden ist, oder weil ein Steuerpflichtiger ein Wandergewerbe ausgeübt hat, das überhaupt nicht im Umherziehen betrieben werden durfte.

Die Einnahmen an Wandergewerbesteuer sind für 1937 in den monatlichen und vierteljährlichen Einnahmenachweisungen und -übersichten A auf einer Leerzeile hinter laufender Nummer 19 „Wehrsteuer" nachzuweisen.

## B V. Pflichten der Steuerpflichtigen.

B V. 1. Die Steuerpflichtigen haben bei Ausübung des Gewerbebetriebs im Umherziehen den Steuerbescheid (ggf. Freistellungsbescheid) sowie Belege über die Entrichtung der Steuer (Steuerquittungen, Stundungs- und Erlaßverfügungen) bei sich zu führen.

B V. 2. Wer nach Artikel I § 6 Absatz 2 WGewStG. zusatzsteuerpflichtig ist, hat eine Erklärung über seine Zusatzsteuerpflicht bis zum 1. Februar des auf den Bemessungszeitraum folgenden Kalenderjahrs an das nach Abschnitt B II zuständige Finanzamt abzugeben. Die Steuererklärung muß die Bezeichnung der Personen enthalten, die für den Steuerpflichtigen das Gewerbe im Umherziehen ausüben, und eine Übersicht über die Besteuerungsmerkmale und die festgesetzten Wandergewerbesteuerbeträge dieser Personen. Übt der Zusatzsteuerpflichtige (Abschnitt A X 3) das Wandergewerbe in eigener Person aus, so hat er die für ihn zugrunde gelegte Bemessungsgrundlage und die von ihm entrichtete Wandergewerbesteuer mitzuteilen.

## B VI. Erstattung.

Die Wandergewerbesteuer wird grundsätzlich nur unter den Voraussetzungen des § 152 AO. erstattet. Wandergewerbesteuer wird nicht erstattet, wenn der Steuerpflichtige den Gewerbebetrieb überhaupt nicht beginnt, ihn nur einen Teil des Kalenderjahres ausübt oder einen geringeren Ertrag als den geschätzten erzielt usw. Aus Billigkeitsgründen kann jedoch die Steuer ganz oder teilweise erstattet werden, wenn wegen unvorhergesehener, vom Willen des Gewerbetreibenden unabhängiger Ereignisse der Gewerbebetrieb nicht begonnen werden konnte oder der Betrieb z. B. wegen Ausbruchs der Maul- und Klauenseuche eingestellt werden mußte[1]).

## C. Inkrafttreten des WGewStG. und Verhältnis zum bisherigen Landesrecht.

Die Wandergewerbesteuer wird nach Artikel IV WGewStG. erstmals für das Kalenderjahr 1938 erhoben.

Die Wandergewerbesteuergesetze der Länder treten mit dem 31. 12. 1937 ohne besondere Anordnung außer Kraft. Das gleiche gilt für die Wanderlagersteuergesetze der Länder, da der Wanderlagerbetrieb nur eine Abart des Wandergewerbebetriebs ist. Gemeinde- und Kreisumlagen zu den bisherigen Wandergewerbesteuern und Wanderlagersteuern der Länder dürfen vom 1. 1. 1938 ab nicht mehr erhoben werden. Etwaige für 1938 bereits erhobene Beträge dieser Art müssen erstattet werden.

Berlin, 31. Dezember 1937.

Der Reichsminister der Finanzen

Im Auftrag:

Hedding.

---

[1]) S. z. B. bayer. MinBek. vom 25. 11. 1937/15. 12. 1937, RegAnz. Nr. 329 bzw. 354.

## Wandergewerbesteuertabelle (§ 6 WGewStG.).

| Geschätzter Gewerbeertrag | | 100 | 200 | 300 | 400 | 500 | 600 | 700 | 800 | 900 |
|---|---|---|---|---|---|---|---|---|---|---|
| | Steuerbetrag | | | | | | | | | |
| — | — | 2 | 4 | 6 | 8 | 10 | 12 | 14 | 16 | 18 |
| 1 000 | 20 | 22 | 24 | 28 | 32 | 36 | 40 | 44 | 48 | 52 |
| 2 000 | 56 | 60 | 64 | 68 | 72 | 78 | 84 | 90 | 96 | 102 |
| 3 000 | 108 | 114 | 120 | 126 | 132 | 138 | 144 | 152 | 160 | 168 |
| 4 000 | 176 | 184 | 192 | 200 | 208 | 216 | 224 | 232 | 240 | 250 |
| 5 000 | 260 | 270 | 280 | 290 | 300 | 310 | 320 | 330 | 340 | 350 |
| 6 000 | 360 | 372 | 384 | 396 | 408 | 420 | 432 | 444 | 456 | 468 |
| 7 000 | 480 | 492 | 504 | 516 | 528 | 540 | 552 | 564 | 576 | 588 |
| 8 000 | 600 | 612 | 624 | 636 | 648 | 660 | 672 | 684 | 696 | 708 |
| 9 000 | 720 | 732 | 744 | 756 | 768 | 780 | 792 | 804 | 816 | 828 |
| 10 000 | 840 | 852 | 864 | 876 | 888 | 900 | 912 | 924 | 936 | 948 |
| 11 000 | 960 | 972 | 984 | 996 | 1 008 | 1 020 | 1 032 | 1 044 | 1 056 | 1 068 |
| 12 000 | 1 080 | 1 092 | 1 104 | 1 116 | 1 128 | 1 140 | 1 152 | 1 164 | 1 176 | 1 188 |
| 13 000 | 1 200 | 1 212 | 1 224 | 1 236 | 1 248 | 1 260 | 1 272 | 1 284 | 1 296 | 1 308 |
| 14 000 | 1 320 | 1 332 | 1 344 | 1 356 | 1 368 | 1 380 | 1 392 | 1 404 | 1 416 | 1 428 |
| 15 000 | 1 440 | 1 452 | 1 464 | 1 476 | 1 488 | 1 500 | 1 512 | 1 524 | 1 536 | 1 548 |
| 16 000 | 1 560 | 1 572 | 1 584 | 1 596 | 1 608 | 1 620 | 1 632 | 1 644 | 1 656 | 1 668 |
| 17 000 | 1 680 | 1 692 | 1 704 | 1 716 | 1 728 | 1 740 | 1 752 | 1 764 | 1 776 | 1 788 |
| 18 000 | 1 800 | 1 812 | 1 824 | 1 836 | 1 848 | 1 860 | 1 872 | 1 884 | 1 896 | 1 908 |
| 19 000 | 1 920 | 1 932 | 1 944 | 1 956 | 1 968 | 1 980 | 1 992 | 2 004 | 2 016 | 2 028 |
| 20 000 | 2 040 | 2 052 | 2 064 | 2 076 | 2 088 | 2 100 | 2 112 | 2 124 | 2 136 | 2 148 |
| 21 000 | 2 160 | 2 172 | 2 184 | 2 196 | 2 208 | 2 220 | 2 232 | 2 244 | 2 256 | 2 268 |
| 22 000 | 2 280 | 2 292 | 2 304 | 2 316 | 2 328 | 2 340 | 2 352 | 2 364 | 2 376 | 2 388 |
| 23 000 | 2 400 | 2 412 | 2 424 | 2 436 | 2 448 | 2 460 | 2 472 | 2 484 | 2 496 | 2 508 |
| 24 000 | 2 520 | 2 532 | 2 544 | 2 556 | 2 568 | 2 580 | 2 592 | 2 604 | 2 616 | 2 628 |
| 25 000 | 2 640 | 2 652 | 2 664 | 2 676 | 2 688 | 2 700 | 2 712 | 2 724 | 2 736 | 2 748 |
| 26 000 | 2 760 | 2 772 | 2 784 | 2 796 | 2 808 | 2 820 | 2 832 | 2 844 | 2 856 | 2 868 |
| 27 000 | 2 880 | 2 892 | 2 904 | 2 916 | 2 928 | 2 940 | 2 952 | 2 964 | 2 976 | 2 988 |
| 28 000 | 3 000 | 3 012 | 3 024 | 3 036 | 3 048 | 3 060 | 3 072 | 3 084 | 3 096 | 3 108 |
| 29 000 | 3 120 | 3 132 | 3 144 | 3 156 | 3 168 | 3 180 | 3 192 | 3 204 | 3 216 | 3 228 |
| 30 000 | 3 240 | 3 252 | 3 264 | 3 276 | 3 288 | 3 300 | 3 312 | 3 324 | 3 336 | 3 348 |
| 31 000 | 3 360 | 3 372 | 3 384 | 3 396 | 3 408 | 3 420 | 3 432 | 3 444 | 3 456 | 3 468 |
| 32 000 | 3 480 | 3 492 | 3 504 | 3 516 | 3 528 | 3 540 | 3 552 | 3 564 | 3 576 | 3 588 |
| 33 000 | 3 600 | 3 612 | 3 624 | 3 636 | 3 648 | 3 660 | 3 672 | 3 684 | 3 696 | 3 708 |
| 34 000 | 3 720 | 3 732 | 3 744 | 3 756 | 3 768 | 3 780 | 3 792 | 3 804 | 3 816 | 3 828 |
| 35 000 | 3 840 | 3 852 | 3 864 | 3 876 | 3 888 | 3 900 | 3 912 | 3 924 | 3 936 | 3 948 |
| 36 000 | 3 960 | 3 972 | 3 984 | 3 996 | 4 008 | 4 020 | 4 032 | 4 044 | 4 056 | 4 068 |
| 37 000 | 4 080 | 4 092 | 4 104 | 4 116 | 4 128 | 4 140 | 4 152 | 4 164 | 4 176 | 4 188 |
| 38 000 | 4 200 | 4 212 | 4 224 | 4 236 | 4 248 | 4 260 | 4 272 | 4 284 | 4 296 | 4 308 |
| 39 000 | 4 320 | 4 332 | 4 344 | 4 356 | 4 368 | 4 380 | 4 392 | 4 404 | 4 416 | 4 428 |
| 40 000 | 4 440 | 4 452 | 4 464 | 4 476 | 4 488 | 4 500 | 4 512 | 4 524 | 4 536 | 4 548 |
| 41 000 | 4 560 | 4 572 | 4 584 | 4 596 | 4 608 | 4 620 | 4 632 | 4 644 | 4 656 | 4 668 |
| 42 000 | 4 680 | 4 692 | 4 704 | 4 716 | 4 728 | 4 740 | 4 752 | 4 764 | 4 776 | 4 788 |
| 43 000 | 4 800 | 4 812 | 4 824 | 4 836 | 4 848 | 4 860 | 4 872 | 4 884 | 4 896 | 4 908 |
| 44 000 | 4 920 | 4 932 | 4 944 | 4 956 | 4 968 | 4 980 | 4 992 | 5 004 | 5 016 | 5 028 |
| 45 000 | 5 040 | 5 052 | 5 064 | 5 076 | 5 088 | 5 100 | 5 112 | 5 124 | 5 136 | 5 148 |
| 46 000 | 5 160 | 5 172 | 5 184 | 5 196 | 5 208 | 5 220 | 5 232 | 5 244 | 5 256 | 5 268 |
| 47 000 | 5 280 | 5 292 | 5 304 | 5 316 | 5 328 | 5 340 | 5 352 | 5 364 | 5 376 | 5 388 |
| 48 000 | 5 400 | 5 412 | 5 424 | 5 436 | 5 448 | 5 460 | 5 472 | 5 484 | 5 496 | 5 508 |
| 49 000 | 5 520 | 5 532 | 5 544 | 5 556 | 5 568 | 5 580 | 5 592 | 5 604 | 5 616 | 5 628 |
| 50 000 | 5 640 | 5 652 | 5 664 | 5 676 | 5 688 | 5 700 | 5 712 | 5 724 | 5 736 | 5 748 |

Bei Gewerbeerträgen über 50 000 *RM* beträgt die Wandergewerbesteuer 12 v. H. des geschätzten Gewerbeertrags abzüglich 360 *RM*.

Beispiel: geschätzter Gewerbeertrag . . . . 89 900 *RM*
hiervon 12 v. H. . . . . 10 788 *RM*
abzuziehen . . . . . 360 „
Steuerbetrag: 10 428 *RM*

# II. Reichsabgabenordnung.

Wie schon in der Einleitung und in Anm. 2 zu Art. I § 1 WGewStG. hervorgehoben, gilt für die WGewSt. die AO. vom 22. 5. 1931, RGBl. I, 161, mit ihren späteren Änderungen; s. RGBl. I, 1931 S. 280, 375, 452, 699, 730, 735, 736, 783; 1932 S. 283, 290; 1933 S. 109, 112, 118, 235, 240, 257; 1934 S. 929; 1935 S. 850, 1478, 1479; 1936 S. 421, 975; 1937 S. 245, 311, 1317, 1348; die letzte Änderung der AO. erfolgte also durch Art. III WGewStG.

Ein jeder Hausierer ist Steuerpflichtiger i. S. der AO. (§ 97). Es gelten auch für die Hausierer die Vorschriften über Geschäftsfähigkeit, Vertretung, Vollmacht, Haftung (§§ 102 ff.). Für die Veranlagung der Hausierer kommen in Frage die Vorschriften über Ermittlung und Festsetzung der Steuer (§§ 160—227), soweit das WGewStG. keine Sonderbestimmungen enthält. Die Hausierer müssen insbesondere auf Verlangen des FA. eine Steuererklärung abgeben und zwar nach bestem Wissen und Gewissen (§§ 166 ff.). Wenn sie dieser Verpflichtung nicht nachkommen, kann das FA. ihnen einen Zuschlag von 10 v. H. der festgesetzten Steuer auferlegen (§ 168). Das FA. kann die Richtigkeit der Steuererklärungen nachprüfen lassen, z. B. durch Vorlage der Bücher, des USt.-Heftes usw. Die Beamten des FA. (Buchprüfer, Steuerfahndungsbeamte und sonstige Nachschaubeamte) können jederzeit an Ort und Stelle Prüfungen vornehmen (§§ 173, 190 ff.). Das FA. kann auch eidesstattliche Versicherungen verlangen (§ 174). Dritte Personen müssen dem FA. über die steuerlichen Verhältnisse des Hausierers Auskunft geben (§§ 175 ff.). Die Behörden des Reichs, die Staats- und Gemeindebehörden (Bezirksämter, Polizeidirektionen, Stadträte usw.) sowie die Standesinteressenvertretungen (Anh. III Ziff. I bei § 55 GO. Anm. 16 l und 18 sowie Ziff. XII A 1 m) haben den FÄ. eine jede zur Durchführung der Besteuerung erforderliche Hilfe zu leisten (§§ 188 ff.). Die FÄ. können die im Besteuerungsverfahren zu treffenden Maßnahmen durch Verhängung von Geldstrafen bis zu 5000 *RM* erzwingen; bei Strafen, die gegen natürliche Personen festzusetzen sind, ist gleichzeitig die Dauer der Haft auszusprechen, die für den Fall des Unvermögens an die Stelle der Geldstrafe tritt; die Haftstrafe darf 4 Wochen nicht übersteigen. Auf Ersuchen des FA. ist die Haftstrafe zu vollziehen. Gegen öffentliche Behörden sind Zwangsmittel nicht zulässig. Vor Festsetzung von Zwangsmitteln sind die Steuerpflichtigen mit Setzung einer angemessenen Frist zur Vornahme der geforderten Handlung aufzufordern (§ 202). Im Ermittlungs- und Festsetzungsverfahren haben die FÄ. die Steuererklärungen zu prüfen; sie können auch Sachverständige zuziehen, die Vorlegung der Geschäftsbücher verlangen, sowie an Ort und Stelle die Bücher einsehen (§§ 204 ff.). — Die Steuererklärungen werden bei Hausierern die Ausnahme bilden; in der Regel wird die Steuer in Gegenwart des Steuerpflichtigen sofort durch die Schätzung festgestellt werden können; Art. I § 5; AA. unter A IX und B IV 4. Der Zusatzsteuerpflichtige muß stets eine Steuererklärung abgeben; AA. unter B V 2.

Wenn die Bücher nicht ordnungsgemäß geführt sind, hat das FA. das Recht, den Umsatz und die Einnahmen des Hausierers zu schätzen (§ 217; s. auch WGewStG. Art. I § 1 Anm. 4, § 5 Anm. 1 und § 6 Anm. 2).

Gegen den schriftlich zu erteilenden Steuerbescheid (§ 211) kann der Steuerpflichtige Einspruch einlegen, über den das FA. entscheidet. Gegen die Einspruchsentscheidung steht das Rechtsmittel der Berufung zum FinGer. zu und gegen die Berufungsentscheidung die Rechtsbeschwerde zum RFH. (§ 229). Wegen der Gebührenpflicht s. Anm. 3 d zu Art. I § 1 WGewStG., ferner §§ 307 ff.

Statt des Einspruchs kann der Steuerpflichtige Sprungberufung einlegen, wenn der Vorsteher des FA. innerhalb eines Monats von der Einlegung des Rechtsmittels ab gerechnet seine Einwilligung dazu gibt (§ 261). Von dieser Möglichkeit soll aber nur dann Gebrauch gemacht werden, wenn es sich um die Austragung reiner Rechtsfragen handelt (Deutsche Steuerzeitung 1936 S. 680). Wenn die Sprungberufung nicht innerhalb der Einspruchsfrist beantragt wird, ist zunächst das Einspruchsverfahren durchzuführen (RStBl. 1934 S. 164). — Die Frist für die Einlegung eines Rechtsmittels beträgt einen Monat; sie beginnt mit Ablauf des Tages, an dem der Steuerbescheid dem Pflichtigen zugestellt, sonstwie bekanntgegeben ist oder als bekannt gemacht gilt (§§ 245, 246; s. auch Anm. 2 zu Art. I § 8). Wird die Frist versäumt oder kommt aus sonstigen Gründen ein Rechtsmittel nicht mehr in Frage oder wird auf die Einlegung des Rechtsmittels verzichtet (§ 248), wird die Veranlagung rechtskräftig; s. auch Anh. III Ziff. XII C 9 bei § 468 AO.

Die Rechtsbeschwerde ist gegen Berufungsentscheidungen der Fin.-Ger. nur gegeben, wenn der Wert des Streitgegenstandes höher als 500 RM ist oder wenn das FinGer. wegen der grundsätzlichen Bedeutung der Sache die Rechtsbeschwerde zugelassen hat (§ 286). In Grenzfällen (s. z. B. bei §§ 44, 55, 59 GO.) wird in der Folgezeit aus diesem Grunde häufig die Rechtsbeschwerde zuzulassen sein. Zuständig ist der VI. Senat des RFH.; DStZ. 1938 S. 277.

Über die Beitreibung der Hausiersteuer ist allgemein zu sagen, daß diese Steuer wie eine jede andere Reichssteuer beigetrieben werden kann (§§ 325 ff. und BeitrO.). Die Ausführungen im Anh. III unter Ziff. XII B 13 e gelten sinngemäß auch für die Beitreibung der WGewStG. Wegen Nachholungen und Nachveranlagungen auf Grund neuer Tatsachen (§ 222) s. Anm. 4 und 5 zu Art. I § 2 WGewStG.

Wegen Stundung und Erlaß (§ 127 bzw. § 131) s. Anm. 3 zu Art. I § 1 und Anm. 6 zu § 8 WGewStG. Selbstredend können zeitlich uneinbringliche Hausiersteuern auch niedergeschlagen werden (§ 130). Die Niederschlagung ist nicht gleichbedeutend mit Erlaß; sie ist nur ein vorläufiger Verzicht auf die Erhebung der Steuer; bei späterer Beitreibungsmöglichkeit kann die Niederschlagung widerrufen werden.

Wegen Verjährung der WGewSt. (5 Jahre bzw. in Hinterziehungsfällen 10 Jahre) s. §§ 143 ff. und Anm. 4 und 5 zu Art. I § 2 WGewStG.

Wegen Verjährung der Strafe s. Anh. III Ziff. XII A 1 i.

Wegen Erstattung der WGewSt. s. Art. I WGewStG. § 1 Anm. 3 und § 8 Anm. 6.

Die Bestimmungen der AO. über das Strafrecht und das Strafverfahren (§§ 391—477) sind im Anh. III unter Ziff. XII besprochen.

# III. Auszug aus der Gewerbeordnung (GO.).

Vom 21. 6. 1869/26. 7. 1900, RGBl. S. 871 ff., unter Berücksichtigung der seither eingetretenen Änderungen.

Titel III des Gesetzes betrifft den Gewerbebetrieb im Umherziehen; es kommen in Frage die §§ 55—63, die im Nachstehenden näher besprochen sind. Es sind im übrigen behandelt in Ziffer:

I. die allgemeinen Bestimmungen (Begriff) vom Wandergewerbe (§ 55),
II. die Sonntagsruhe (§ 55 a),
III. die vom Hausierbetrieb ausgeschlossenen Waren und die verbotenen Gewerbsarten (§ 56, §§ 56 a—c),
IV. der Hausierbetrieb der Ausländer (§ 56 d nebst der Bundesratsbekanntmachung vom 27. 11. 1896/13. 1. 1909/4. 3. 1912),
V. die Vorschriften über Versagung und Zurücknahme des Wandergewerbescheins (§§ 57, 57 a, b, 58),
VI. der freie Gewerbebetrieb, der Wandergewerbeschein usw. (§§ 59—63),
VII. der Meß- und Marktverkehr (§§ 64—71),
VIII. der Geschäftsbetrieb der Handlungsreisenden (§§ 44, 44 a),
IX. der Hausierbetrieb am Sitze der gewerblichen Niederlassung (§§ 42 a, b) einschließlich des fliegenden Buchhandels (§ 43),
X. die übrigen nicht unter das WGewStG. fallenden, dem GiU. verwandten Gewerbebetriebe,
XI. das Kinderschutzgesetz,
XII. die Strafbestimmungen der Gewerbeordnung (§§ 143 bis 153).

## Vorbemerkung.

**1.** In den nachfolgenden Vorschriften ist wiederholt vom Bundesrat und Reichsrat die Rede. Hierzu ist zu sagen, daß schon seit der Weimarer Verfassung vom 11. 8. 1919, RGBl. S. 1383, an die Stelle des Bundesrats die Reichsregierung getreten ist, Art. 77, 179; nach § 2 des Gesetzes vom 14. 2. 1934, RGBl. I S. 89, ist nunmehr auch die Mitwirkung des Reichsrats bei der Rechtssetzung weggefallen. Das gleiche ist der Fall hinsichtlich der Genehmigung des Reichstags; Gesetz vom 24. 3. 1933 und vom 30. 1. 1937, RGBl. I, 141 bzw. 105.

**2.** Durch die Deutsche Gemeindeordnung vom 30. 1. 1935, RGBl. I S. 49, hat sich an dem Aufgabenkreis der Gemeinden mit Beziehung auf das Wandergewerbe nichts geändert. Leiter der Gemeinde ist nach wie vor der Bürgermeister. In Stadtkreisen führt er die Amtsbezeichnung Oberbürgermeister. Stadtkreise sind in Bayern die Städte Amberg, Ansbach, Aschaffenburg, Augsburg, Bamberg, Bayreuth, Coburg, Erlangen, Frankenthal, Fürth, Hof, Ingolstadt, Kaiserslautern, Kempten, Landshut, Ludwigshafen, München, Neustadt a. H., Nürnberg, Passau, Pirmasens, Regensburg, Rosenheim, Schweinfurt, Speyer, Straubing, Weiden, Würzburg, Zweibrücken. Alle übrigen Gemeinden gelten als kreisangehörige Gemeinden im Sinne der Deutschen Gemeindeordnung. Bis auf weiteres sind Aufsichtsbehörden für die kreisangehörigen Gemeinden die Bezirksämter, für die Stadtkreise die Regierungen, K. d. J. Die bisherigen bayerischen kreisunmittelbaren Gemeinden sind jedoch weiterhin im bisherigen Umfang Bezirksverwaltungs- und Bezirkspolizeibehörden; vgl. Erste DVO. GemO. vom 22. 3. 1935, RGBl. I S. 393, § 2, § 33; ÜberlVO. und VollzBek. vom 30. 3. 1935, GVBl. S. 179 und 445.

3. Zuständige höhere Verwaltungsbehörden, z. B. i. S. der §§ 56 Abs. 3, 58, 61 GO., sind in

1. Preußen der Regierungspräsident, in Berlin der Polizeipräsident (wegen Druckschriften); AusfAnw. vom 1.5.1904, GS. S. 237; ZustG. vom 1. 8. 1883, GS. S. 237; VO. vom 31. 12. 1883, GS. 1884 S. 7; AnpG. vom 15. 12. 1933, GS. S. 479;
2. Bayern die Bezirksverwaltungsbehörden und zwar in unmittelbaren Städten die Stadträte, in Städten mit Staatspolizei die Staatspolizeibehörden (wegen Druckschriften), im übrigen die Bezirksämter; VO. vom 29. 3. 1892, GVBl. S. 61; MinBek vom 29. 10. 1923 und 26. 3. 1929, GVBl. 370 bzw. 165; MinE. vom 18. 4. 1892, MABl. S. 198;
3. Sachsen die unteren Verwaltungsbehörden (Amtshauptmannschaften, Oberbürgermeister, Bürgermeister der kreisangehörigen vormals revidierten Städte, in Städten mit staatlichem Polizeiamt letzteres); AusfV. vom 28. 3. 1892 i. d. F. der ReformVO. vom 9. 7. 1930 und AusfVO. vom 9. 8. 1933, GBl. S. 121;
4. Württemberg der Landrat; MinVerfg. vom 9. 11. 1883, 31. 1. 1898, RBl. S. 234 bzw. 36;
5. Baden die Bezirksämter; VollzVO. vom 23. 12. 1883 und 29. 9. 1900, GVBl. S. 357 bzw. 1003;
6. Hessen die Kreisämter; AusfVO. vom 20. 3. 1912, RBl. S. 48;
7. Thüringen die Kreisämter; ZustO. vom 5. 6. 1930, GS. S. 86.

# I.

# Allgemeine Bestimmungen (Begriff).

## § 55 GO.

(1) Wer außerhalb des Gemeindebezirkes seines Wohnorts oder der durch besondere Anordnung der höheren Verwaltungsbehörde dem Gemeindebezirke des Wohnorts gleichgestellten nächsten Umgebung desselben ohne Begründung einer gewerblichen Niederlassung und ohne vorgängige Bestellung in eigener Person

1. Waren feilbieten,
2. Warenbestellungen aufsuchen oder Waren bei anderen Personen als bei Kaufleuten, oder an anderen Orten als in offenen Verkaufsstellen zum Wiederverkauf ankaufen,

3. gewerbliche Leistungen anbieten,
4. Musikaufführungen, Schaustellungen, theatralische Vorstellungen oder sonstige Lustbarkeiten, ohne daß ein höheres Interesse der Kunst oder der Wissenschaft dabei obwaltet, darbieten will,

bedarf eines Wandergewerbescheins, soweit nicht für die in Ziffer 2 bezeichneten Fälle in Gemäßheit des § 44a eine Legitimationskarte genügt.

(2) In dem Falle der Ziffer 4 ist auch für den Marktverkehr (§ 64) ein Wandergewerbeschein erforderlich.

**1.** a) Das Gesetz unterscheidet folgende Arten des GiU.:
1. das Feilbieten von Waren (Hausierhandel), d. i. der Einkauf im großen — in der Regel wenigstens — und der Verkauf im einzelnen,
2. das Ankaufen von Waren zum Wiederverkauf (Hausierhandel), d. i. der Einkauf im einzelnen und der Verkauf im großen — wenigstens in der Regel,
3. das Darbieten gewerblicher Leistungen,
4. das Darbieten von Musikaufführungen, Schaustellungen und sonstigen Lustbarkeiten ohne höheres Kunstinteresse.

Wer in eigener Person eines dieser Gewerbe betreibt — einerlei ob für eigene oder für fremde Rechnung —, bedarf grundsätzlich eines WGew.-Scheines und eines WGewSt.-Bescheids; das gleiche ist auch der Fall, wenn die unter Ziffer 4 erwähnten Gewerbe (Musikaufführungen, Schaustellungen usw.) im Marktverkehr dargeboten werden; Art. I §§ 1, 2 WGewStG.; s. auch unter b. — Über Ausnahmen von der WGewSchein- und Steuerpflicht s. unter Ziff. VI und VIII; vgl. auch Ziff. IX und X unten (bei §§ 59, 59a, 44, 44a GO.). Strafbestimmung: § 148 Ziff. 6 ff. GO.

Voraussetzung für die Anwendung des WGewStG. ist ein Gewerbebetrieb „im Umherziehen" und zwar i. S. des Tit. III der GO., also ein gewerbsmäßiger Betrieb, sohin eine auf den Erwerb gerichtete, fortgesetzte oder doch mit dem Willen der Wiederholung vorgenommene berufsmäßige Tätigkeit außerhalb des Wohnortes ohne vorherige Bestellung. RGE. 38, 18; 66, 51; Urteil des RG. vom 5. 7. 1910, JW. 1910 S. 803; OLG. München 3, 557; 4, 156; 8, 450; ferner OLG. 1, 214, 240, 328; 3, 225; 4, 126; Rev.-Reg. Nr. 49 und 343/1905; 5, 409; vom 15. 6. 1906; 10, 340 und 372; vom 5. 11. 1910 Rev.-Reg. Nr. 428/1910; vom 12. 11. 1910 Rev.-Reg. Nr. 460/1910; vom 12. 11. 1912 Rev.-Reg. Nr. 462/1912; 14, 100; 27, 174 und 175.

Ob eine solche Tätigkeit vorliegt, ist auf Grund der tatsächlichen Verhältnisse und unter Berücksichtigung der gesamten Tätigkeit zu beurteilen. Dauernder Betrieb nicht erforderlich; dagegen die Absicht, aus der Mehrheit der gewerbsmäßigen Handlungen eine Einnahmequelle zu machen, eine bestimmte Form des Gewerbebetriebs fortzusetzen und des Erwerbs wegen zu wiederholen. OLG. 4, 57; 14, 100. — Unter Umständen reicht aber schon ein einmaliges Feilbieten zur Erfüllung des Begriffsmerkmals der Gewerbsmäßigkeit aus, soferne nur dadurch der auf Wiederholung gerichtete Erwerbswille betätigt wird; RG. 12, 391; OLG. München 8, 450; OLG. 10, 340, 372; 20, 392; Landmann S. 67, 676.

Eine einmalige, nur auf Abwendung eines Schadens gerichtete Tätigkeit (z. B. Veräußerung einer dem Verderb ausgesetzten Ware) kein Hausiergewerbe; OLG. vom 26. 4. 1905; vom 18. 11. 1905; vom 15. 6. 1906, BlfFinW. 15, 63; 16, 117.

Der RFH. verlangt als Merkmale für einen Gewerbebetrieb eine selbständige berufsmäßige (nachhaltige) Tätigkeit in Erwerbsabsicht (Gewinnerzielungsabsicht) unter Beteiligung am allgemeinen Wirtschaftsverkehr. Demnach ist also ein Gewerbe eine jede fortgesetzte mit der Absicht auf Gewinnerzielung unternommene selbständige berufsmäßige Tätigkeit, die sich als Beteiligung am allgemeinen Wirtschaftsverkehr darstellt; RFH. 14, 143; 15, 347 und 350; 20, 363; 22, 201; 24, 144; 28, 26; RStBl. 1934 S. 902. — Auch aus religiösen Beweggründen kann ein Gewerbe ausgeübt werden; nämlich dann, wenn die Absicht besteht, durch die fortgesetzte Betätigung ganz oder teilweise den Lebensunterhalt zu erwerben. Beim Feilbieten von Druckschriften religiösen Inhalts liegt ein Gewerbebetrieb und keine Kollekte sowohl dann vor, wenn die Verkäufer von ihren Auftraggebern eine Barentschädigung erhalten, sondern auch dann, wenn sie bei ihren Glaubensgenossen unentgeltlich Unterkunft und Verpflegung erhalten, also durch den Vertrieb teilweise wenigstens ihren Lebensunterhalt verdienen; OLG. vom 17. 3. 1927 II/60/27, vom 12. 7. 1928 und 20. 9. 1928 II/288 bzw. 361/1928; OLG. 27, 174; KG. 22, 28. Eine Ausnahme besteht nur für die Seelsorge, soweit sie eine höhere Bildung erfordert oder im öffentlichen Dienste ausgeübt wird; Landmann S. 50 ff.; Nelken, Das Gewerberecht in Preußen S. 37 ff.; OLG. vom 20. 9. 1928 II 361/1928; OLG. 26, 51; 27, 174 und 182.

Das FA. hat zu prüfen, ob ein stehendes Gewerbe oder ein Wandergewerbe vorliegt. Meist wird das FA. eine solche Prüfung nicht mehr vorzunehmen haben, da vorher die Verwaltungsbehörden bereits die Frage geprüft haben, ob ein GiU. vorliegt oder nicht; s. Anm. 2 zu Art. I § 2 WGewStG.

Auf einen land- und forstwirtschaftlichen Betrieb finden die Bestimmungen der GO. keine Anwendung. Dasselbe gilt auch von der Tierzucht, die im Zusammenhang mit dem landwirtschaftlichen Betrieb getätigt wird; OLG. 21, 72 und 74; § 2 Abs. 3 Ziff. 1, § 13 EStG.; § 2 Abs. 3 GewStG. — Wenn ein Landwirt jedoch gewerbsmäßig handelt, z. B. Fleisch, Mehl, Brot an Verbraucher veräußert, kann ein GiU. in Frage kommen; OLG. 31, 142.

b) Der Ausdruck „wer" bedeutet jede natürliche, auch geschäftsunfähige Person, die selbst eine oder mehrere der in § 55 GO. bezeichneten Tätigkeiten ausübt; gleichgültig, ob für eigene oder für fremde Rechnung. Eine „Stellvertretung" gibt es also beim GiU. nicht; § 60 d GO. Abs. 1 und 2 (Ziff. VI unten); über „Begleiter" in Anwesenheit des Hausierers s. § 62 GO. S. auch Anm. 6 unten; Landmann S. 683 und 767 ff.; OLG. vom 22. 6. 1909, 9, 288. Über Kinder s. Ziff. XI und § 42 b GO. — Ziff. IX unten.

c) Den Gegensatz zum Wandergewerbe bilden die stehenden Gewerbe. Was als ein stehendes Gewerbe anzusehen ist, ist aus § 14 Abs. 1 GO. zu entnehmen. In der Regel ist das stehende Gewerbe an einen festen Betriebsort geknüpft. § 14 Abs. 1 GO. lautet:

„Wer den selbständigen Betrieb eines stehenden Gewerbes anfängt, muß der für den Ort, wo solches geschieht, nach den Landesgesetzen zuständigen Behörde gleichzeitig Anzeige davon machen. Diese Anzeige liegt auch demjenigen ob, welcher zum Betrieb eines GiU. (Titel III) befugt ist."

Alle Gewerbe, die nicht i. U. ausgeübt werden, sind als stehende Gewerbe anzusehen und deshalb der Gewerbsteuer nach dem Gesetz vom 1. 12. 1936 unterworfen. Umgekehrt darf aber auch ein Gewerbe, das zur Hausiersteuer herangezogen ist, nicht als stehender Gewerbebetrieb besteuert werden; Landmann S. 440, 467 f.; OLG. vom 4. 2. 1911, 11, 65; GewSt.-Richtlinien Ziff. III Abs. 2; AA. unter A XI; OLG. 2, 198.

d) Wer ein Gewerbe sowohl unter den Formen des GiU. als auch in stehender Weise ausübt, ist für beide Formen zur Besteuerung heranzuziehen. OLG. 11, 65; 15, 147.

Wenn Wandergewerbe und stehende Gewerbe zusammentreffen, so unterliegt der nach dem WGewStG. festgestellte Gewerbeertrag nicht der GewSt. nach dem Gesetz vom 1. 12. 1936; Art. I § 7 mit 5 WGewStG.; AA. unter A XI und die daselbst angegebenen Beispiele. Soweit kein buchmäßiger Nachweis für beide Betätigungsformen vorhanden ist, ist Schätzung nach § 217 AO. geboten.

Für die Übergangszeit bestimmte § 1 Erste GewStDVO. vom 26. 2. 1937, RGBl. I S. 257, daß, soweit ein stehender Gewerbebetrieb vorliegt, weder eine Steuer im GiU. noch eine Wanderlagersteuer erhoben werden darf. Diese Vorschrift hatte den Zweck, allenfalls vorhandene Unterschiedlichkeiten in der Gesetzgebung der einzelnen Länder, insbesondere bei Grenzfällen zu beseitigen; Hinweis auf AA. unter A XI.

e) Wie schon in der Einl. kurz erwähnt, gibt es in Zukunft keine Wanderlager (Wanderauktionen) und auch keine Wanderlagersteuern mehr. Ein Wanderlager lag dann vor, wenn jemand außerhalb seines Wohnortes und ohne Begründung einer gewerblichen Niederlassung von einer festen Verkaufsstelle aus vorübergehend Waren feilgeboten hat; s. z. B. Art. 15 Bayer. HStG. Eine Unterart der Wanderlager bildeten die sog. Wanderauktionen; bei diesen handelte es sich um den Verkauf von Waren für Rechnung auswärtiger Unternehmen im Weg der Auktion und um die Versteigerung von Waren durch ansässige Gewerbetreibende mit stehenden Handelsgeschäften für Rechnung solcher Unternehmen.

Die Wanderlager sind künftig wie die sonstigen GiU. steuerlich zu behandeln; sie sind wirtschaftlich und steuerlich betrachtet nichts anderes als eine Erscheinungsform des Wandergewerbes; s. auch § 42 Abs. 2 GO. (unten Ziff. IX) AA. unter C Abs. 2; s. ferner § 56 c GO. unter Ziff. III unten; ferner RStBl. 1935 S. 590 über den Begriff „Wanderlager".

f) Nicht zum Wandergewerbe gehören der sog. Marktverkehr, ferner der sog. ambulante Gewerbebetrieb am Orte der gewerblichen Niederlassung oder am Wohnort, ebensowenig der Gewerbebetrieb der Geschäftsreisenden nach § 44 GO. Vgl. Anh. III bei §§ 64 ff., § 42 b und §§ 44 f. GO.

g) Der Marktverkehr wird nur dann zum Wandergewerbe, wenn § 55 Ziff. 4 zutrifft, wenn also Musikaufführungen, Schaustellungen usw. im Marktverkehr dargeboten werden, ohne daß ein höheres Interesse der Kunst oder Wissenschaft obwaltet.

h) Wer zum Betriebe eines Wandergewerbes berechtigt ist, ist gehalten, der zuständigen Behörde (Gemeinderat) Anzeige hiervon zu erstatten; § 14 Abs. 1 GO.; s. oben unter c.

Siehe auch wegen der vorgängigen Erlaubnis §§ 60 a, d und 61

Abs. 2 GO. (unten Ziff. VI), Anw. § 3 Abs. II; wegen der Würdigung der Bedürfnisfrage § 57 GO. (unten Ziff. V); s. auch Anm. 16 m unten.

i) über den Hausierhandel usw. der Ausländer s. unten Ziff. IV bei § 56 d GO., insbes. Anm. 17.

k) über den Hausierbetrieb an Sonn- und Festtagen s. § 55 a GO. (Ziff. II).

l) Während der Ladenschlußzeit ist der GiU. verboten; § 139 e Abs. IV GO.; MinBek. vom 5. 2. 1924, StA. Nr. 35; nun § 25 ArbeitszeitO. vom 26. 7. 1934, 30. 4. 1938, RGBl. I S. 803 bzw. 447.

**2.** a) Wer an seinem Wohnort ein Hausiergewerbe betreibt, war schon früher nach dem GewStG. zu versteuern; Instr. § 3; Komm.Ber. d. Reichstag 1882; RG. 32, 17. Nunmehr ist maßgebend Art. I § 7 WGewStG.; AA. unter A XI.

b) Höhere Verwaltungsbehörde: § 1 VO. vom 29. März 1892, GVBl. S. 61; MinE. vom 29. 10. 1923 und 26. 3. 1929, GVBl. S. 370 bzw. 165. Wegen der Zuständigkeit in Preußen, Sachsen usw. s. oben Vorbem. Ziff. 3. Über Wohnort und Gemeindebezirk s. Anm. 3, über gewerbl. Niederlassung Anm. 4 unten.

c) Wenn sog. Propagandisten einem auswärtigen Kaufhaus Waren zum Verkauf zur Verfügung stellen und das für jedermann ohne Kaufzwang zugängige Kaufhaus für eigene Rechnung die Waren veräußert, dann erfolgt der Verkauf im Rahmen eines stehenden Gewerbes. Wenn aber der Verkauf für Rechnung der auswärtigen Firma erfolgt, dann liegt ein Feilbieten außerhalb des Wohnorts des Unternehmers vor, also ein GiU.; OLG. München vom 23. 9. 1935 2 Ss Nr. 128/35; Bayer.FME. vom 20. 12. 1935 Nr. IV 41685 I.

**3.** a) Unter Wohnort versteht man im allgemeinen jenen Ort, an welchem sich jemand niedergelassen hat, um daselbst seinen ständigen Wohnsitz aufzuschlagen. RGEZ. 29, 25; OVK. 1, 41, 56; 2, 101; 3, 80; 4, 17, 68 usw. Landmann S. 676 f.; BlfFinW. 1919, 143; JW. 1919 S. 62; vgl. insbes. § 13 StAnpG. vom 16. 10. 1934, RGBl. I S. 925.

Der steuerrechtliche Wohnsitz erfordert vor allem die Innehabung einer Wohnung, d. h. die tatsächliche Herrschaft (Verfügungsgewalt) über die Wohnräume mit der Befugnis, über deren Gebrauch und Genuß rechtlich zu verfügen; OLG. vom 31. 10. 1913 Rev.-Reg. Nr. 506/1913; OVK. 12, 87; VGH. 45, 5. Steuerlicher Wohnsitz ist auch dann gegeben, wenn jemand die Wohnung mit einem anderen inne hat; OVK. 19, 50. — War die Wohnung nur für eine bestimmte Zeit gemietet und der Wegzug schon vor Ablauf der Mietzeit in Aussicht genommen, dann ist Absicht der dauernden Beibehaltung nicht gegeben. RFH. 2, 234. — Bei einem Viehhändler kann unter Umständen die Wohnung, die ihm zugewiesene Stallung im Schlacht- und Viehhof als gewerbliche Niederlassung in Betracht kommen; OLG. 10, 101, vom 23. 4. 1910 Rev.-Reg. Nr. 124/1910; 16, 126. In letztgen. Entsch. ist übrigens ausgesprochen, daß das Vorhandensein eines Stalles und das Einstellen des gekauften Viehes in den Stall kein sicheres Kennzeichen für den stehenden Handel mit Vieh ist; denn einen Stall braucht auch ein hausierender Viehhändler, da es ihm in den seltensten Fällen gelingen wird, das eingekaufte Vieh sofort wieder an den Mann zu bringen; s. auch lit. c.

b) Wohnort i. S. der GO. identisch mit Gemeindebezirk; besteht eine

Gemeinde aus mehreren Ortschaften, so gehören diese alle zum Wohnort; Landmann S. 677.

c) Unter Umständen können auch mehrere zu verschiedenen Gemeindebezirke gehörige Ortschaften, die enge beieinander liegen, als Wohnort (Steuergemeinde) erklärt werden; BO. vom 27. 12. 1883 und 29. 3. 1892, GVBl. S. 511 bzw. 61; s. auch Anh. III Ziff. XII A 1 d.

Dagegen gehören die aus verschiedenen politischen Gemeinden bestehenden Bürgermeistereien in der Pfalz nicht zum Gemeinde- (Steuer-) Bezirk. Motive zur Gemeindeordnung. — Wegen der Zuständigkeit in den einzelnen Ländern s. Ziff. 3 Vorbem. oben.

d) Zum Wohnort wird zugunsten der in § 59 Ziff. 2 GO. bezeichneten Gewerbe noch ein Umkreis von 15 km gerechnet.

**4.** a) Gewerbliche Niederlassung gegeben, wenn ein Gewerbetreibender an einem bestimmten Ort ein zu dauerndem Gebrauch eingerichtetes, beständig oder doch in regelmäßiger Wiederkehr von ihm benütztes Lokal besitzt. Motive zur Nov. zur GO. 1883; StenB. 1883 S. 1870; Landmann S. 677 f.

b) Ein Lokal ist zu dauerndem Gebrauch eingerichtet, wenn es zur Ausübung des Gewerbes eingerichtet ist; OLG. 4, 52; 5, 334; 6, 298; vgl. auch § 42 Abs. 2 GO. unten Ziff. IX; auch der Stall eines Viehhändlers ist ein solches Lokal; OLG. 10, 281; 16, 126; vom 31. 10. 1913 Rev.-Reg. Nr. 506/1913.

c) Gewerbliche Niederlassung unter Umständen dann begründet, wenn jemand an einem Ort ein besonderes Geschäftslokal (Laden, Werkstätte, Bureau) nicht besitzt, sondern nur eine Wohnung; GewArch. 6, 279; Reger, ErgBd. 3, 409; OLG. vom 3. 11. 1904; Landmann S. 678. Ein Naturheilkundiger besitzt dann ein zu dauerndem Gebrauch eingerichtetes Lokal, wenn er ein Zimmer rechtlich gemietet hat. Die Entscheidung darüber, ob ein solches Lokal vorhanden ist, ist Sache tatsächlicher Würdigung, ebenso die Frage, ob das Lokal die erforderliche Beschaffenheit besitzt; OLG. 10, 281; 16, 113.

d) Es gibt gewisse Gewerbeformen, die — obwohl mit denselben eine gewerbliche Niederlassung oder ein Wohnsitz nicht verknüpft ist — doch nicht zum GiU. gerechnet werden; s. unten Ziff. X.

e) Über Saisongeschäfte s. unten Ziff. X 7.

f) Anmeldung des Gewerbes als eines stehenden allein nicht genügend zur Begründung einer gewerblichen Niederlassung; Bek. vom 29. 12. 1881, FMBl. S. 359.

**5.** a) Das Tatbestandsmerkmal „ohne vorgängige Bestellung" muß auf die vier Ziffern des Artikels bezogen werden.

b) Unter Bestellung versteht man die Erteilung eines festen Auftrags an einen Gewerbetreibenden, eine bestimmte oder doch hinreichend bezeichnete Ware aus seinem Gewerbebetrieb an einen dritten Ort zu einem bestimmten Zeitpunkt zu liefern (auch zur Auswahl) oder eine bestimmte Leistung zu bewirken. OLG. München vom 22. 7. 1880, 1, 160; vom 13. 11. 1889, 5, 436; vom 15. 7. 1895 Nr. 146; OLG. vom 20. 2. 1900, 1, 24; vom 31. 10. 1905, 6, 198; 8, 234 und 251; 9, 210; 11, 281; 21, 306; 27, 148; OLG. vom 10. 4. 1930 II Nr. 150/1930; RG. 28, 13; 45, 422; Landmann S. 679 ff.; s. auch BlfFinW. 4, 110; 13, 317. Die Menge der beizuschaffenden Waren braucht nicht genau, sondern nur in einer dem Bedürfnisse lediglich annähernd gleichkommender Weise bestimmt zu sein: OLG. 10,

414; 11, 281. Es genügt die Aufforderung an den Gewerbetreibenden, sich behufs Abschlusses von Geschäften bei dem Besteller einzufinden; KG. 39, 24; vom 4. 2. 1929, Ring 9, 259. Eine Aufforderung kann auch durch schlüssige Handlungen erfolgen und liegt dann nicht vor, wenn nicht erkennbar zum Ausdruck gebracht ist, daß der Besuch des Hausierers zu einer annähernd bestimmten Zeit behufs Abschlusses eines Kaufgeschäfts gewünscht wird; OLG. 9, 210; 11, 281; 21, 306; 27, 148; vom 10. 4. 1930 II, 150/30.

Aufforderung eines Wirtes an eine Musikgesellschaft, gegen entsprechendes Entgelt in seinem Lokal zu spielen, vorgängige Bestellung. MErl. vom 22. 7. 1873, BlAdmPrax. 23, 318; MABl. 1875, 654; OLG. München vom 3. 7. 1885, 3, 401. Sind die Musiker ganz oder teilweise auf Eintrittsgelder oder auf den Sammelteller angewiesen, so liegt GiU. vor. Bestellung auch dann, wenn die Aufforderung zum Erscheinen der feststehenden Absicht des Auffordernden, mit dem Hausierer zu genügend genau bestimmten Zeiten über im voraus bestimmte Ware einen Kaufvertrag abzuschließen, entspringt; OLG. 6, 198 (200); 9, 210; 10, 328; 14, 202. — Vorgängige Bestellung auch dann, wenn ein Viehhändler aufgefordert wird, zum Tausch geeignetes Vieh an einen bestimmten Ort zu bringen; nicht erforderlich, daß Besteller sich von vornherein zur Abnahme der Ware verpflichtet; OLG. vom 17. 7. 1914 Rev.-Reg. Nr. 415/1914. — Dagegen keine vorgängige Bestellung, wenn der Händler durch Zufall erfährt, daß sich bei einem Nichtkaufmann und Nichtproduzenten Gelegenheit zum Abschlusse eines Kaufvertrags bietet, und er dann die Ware kauft; OLG. vom 8. 6. 1916 Rev.-Reg. Nr. 170/1916.

c) Die Bestellung muß vorgängig gewesen sein, d. h. der Ankunft des Gewerbetreibenden an dem Ort, an welchem die gewerbliche Tätigkeit entwickelt wird, vorausgegangen sein. Eine Bestellung, erst durch das Erscheinen des Gewerbetreibenden veranlaßt, keine vorgängige Bestellung; das Publikum soll durch die Hausierer nicht belästigt werden; OLG. 6, 198; Stenglein, Strafrechtliche Nebengesetze, 4. Aufl., III, 99, Nr. 13 zu § 55 GO.

Ebensowenig vorgängige Bestellung eine ganz allgemein gehaltene Aufforderung des Bestellers, ihn zu besuchen und ihm Waren anzubieten; dagegen eine schon bindende, auf den Abschluß eines Lieferungsvertrags gerichtete Erklärung nicht erforderlich; OLG. München vom 16. 11. 1888, 5, 207; BlfFinW. 1, 264; vom 9. 7. 1895, 8, 355; vom 16. 9. 1899; BlfFinW. 4, 110; OLG. vom 18. 1. 1908; BlfFinW. 16, 118; OLG. vom 14. 3. 1908, 8, 234; vom 17. 6. 1914 Rev.-Reg. Nr. 409/1914.

Eine vorgängige Bestellung auch dann, wenn zwischen dem Gewerbetreibenden und dem Abnehmer eine Übereinkunft besteht, wonach der ständige Lieferant den Bedarf seines Kunden kennt und ermessen kann, in welchem Zeitpunkt sein Abnehmer eine neue Lieferung braucht; OLG. vom 6. 4. 1909, 9, 210; 10, 328; 14, 202; 21, 307; 30, 75; 33, 3. Die Bestellung muß nicht notwendig von dem Kauflustigen selbst ausgehen; auch die Bestellung eines Dritten kann unter Umständen ausreichend sein; KG. vom 14. 5. 1926 und 15. 10. 1928; Bauer S. 3. Auch schriftliches Ersuchen zum Besuch genügt.

d) Gewerbetreibende, die auf vorgängige Bestellung ihr Gewerbe ausüben, unterliegen der Hausiersteuer nicht; Instr. § 3; Bek. vom 9. 8. 1881, GVBl. S. 967; s. auch Anm. 1 a oben.

e) Der Begriff der Bestellung erfordert nicht, daß der Kauf der Ware vor der Ankunft des Gewerbetreibenden an dem Orte, wo die gewerbliche

Tätigkeit entwickelt wird, schon perfekt oder die Preisbestimmung für die Leistung usw. fest vereinbart ist. Reger, Entsch. 10, 5—7; 17, 252; OLG. vom 31. 10. 1905, 6, 198. Ebensowenig ist gefordert, daß der Kauflustige eine bindende auf den Abschluß eines Lieferungsvertrags gerichtete Erklärung abgegeben hat; es genügt die Aufforderung, daß der Gewerbetreibende nach Art und Beschaffenheit hinreichend bestimmte Waren zu einer nach den Umständen wenigstens annähernd bestimmten Zeit dem Kauflustigen zur Auswahl und zur Abnahme bringt. Stillschweigende vorgängige Bestellung ausgeschlossen. OLG. 10, 414; 11, 281; 12, 52; vom 15. 2. 1913 Rev.-Reg. Nr. 668/1912. Vgl. ferner Anm. 4c zu § 44 GO. (Ziff. VIII unten); Landmann S. 597 f., 683.

f) Eine allgemein gehaltene Aufforderung, gelegentlich einmal nachzufragen, ob keine Waren einer bestimmten Art benötigt werden, keine vorgängige Bestellung; RGE. 16, 99; 17, 661; 19, 281; OLG. 8, 251; OLG. vom 18. 1. 1908 Rev.-Reg. Nr. 600/1907; auch das bloße Inaussichtstellen der Möglichkeit der Abnahme einer Ware noch keine Bestellung; OLG. vom 1. 10. 1903, 4, 57; BlfFinW. 13, 317; OLG. vom 2. 3. 1905, 5, 274.

g) Ist eine Bestellung ohne Erfolg geblieben, weil die Ware von dem Besteller nicht angenommen wird, so hat die ursprünglich bestellte Ware den Charakter als solche verloren; RG. vom 13. 5. 1889; OLG. München vom 16. 11. 1888, 5, 207 und vom 16. 9. 1899; Landmann S. 682.

h) Wenn der Bestellungssucher neben den bestellten auch unbestellte Waren mit sich führt, ist er hausiersteuerpflichtig; KG. 45, 419; ferner, wenn die bestellten Waren auch anderen Personen als den Bestellern angeboten werden; Landmann S. 682.

i) Als notwendig wird im allgemeinen zu erachten sein, wenn Befreiung eintreten soll, daß der bestellte Gewerbetreibende sein Gewerbe bei dem Besteller selbst oder dem Auftraggeber des Bestellers ausübt.

Eine vorgängige Bestellung ist sonach nur dann anzunehmen, wenn der Besteller auch der Empfänger der Leistung ist. Wenn z. B. ein Zirkusunternehmer von einem Stadtrat zur Darbietung seiner Leistungen veranlaßt wird, dann liegt eine vorgängige Bestellung nur dann vor, wenn der Stadtrat ihn durch eine feste Summe entlohnt. Ist aber der Unternehmer auf Eintrittsgelder angewiesen, dann ist eine vorgängige Bestellung nicht gegeben; MBek. (bayer.) vom 17. 1. 1931 Nr. VI 784; preuß. ErldMdJ. vom 29. 12. 1928, MBliV. 1929 S. 33; KG. vom 1. 2. 1912 und vom 1. 10. 1928; Ring 8, 252; Bauer S. 11; Landmann S. 681.

k) Das Aufsuchen von Warenbestellungen kann auch dadurch erfolgen, daß Kauflustige durch Zeitungsinserate aufgefordert werden, Bestellungen zu machen; OLG. 5, 238; BlfFinW. 13, 320. S. auch Anm. 4 zu § 44 GO., Ziff. VIII unten.

l) Zum Begriff „feste Bestellung" ist eine feste Abmachung, durch die der Besteller bereits gebunden wäre, ein Geschäft mit dem bestellten Gewerbetreibenden abzuschließen, nicht erforderlich; Landmann S. 679 ff.; OLG. vom 12. 11. 1912 Rev.-Reg. Nr. 462/1912.

**6.** a) Die Worte „in eigener Person" bedeuten, daß jeder, der ein in § 55 bezeichnetes Gewerbe selbständig ausübt, gleichgültig, ob für eigene oder für fremde Rechnung, eines Besteuerungsnachweises bzw. WGew.-Scheines bedarf. Wird das Gewerbe für fremde Rechnung betrieben, so muß der Beauftragte einen auf seinen Namen lautenden WGewSchein und Besteuerungsnachweis haben; § 60d GO. (Ziff. VI); Reichstagsverh. vom 30. 4. 1869, StenB. S. 713; KG. vom 25. 3. 1901; DIZ. 1901 S. 439; OLG. vom 21. 11. 1905, 6, 217; Landmann S. 683.

Der Auftraggeber bedarf dann eines WGewScheins und Besteuerungsnachweises, wenn er sich selbst „in eigener Person" mit dem Wandergewerbe befaßt.

Wer am Wohnorte seines Geschäftsherrn auf Grund eines Dienstvertrags für den Unternehmer tätig wird, übt keinen GiU. aus; KG. vom 17. 2. 1930; Ring 10, 287; Bauer 4.

Das persönliche Erscheinen des Gewerbetreibenden an einem auswärtigen Orte ist also bei jedem Wandergewerbe unerläßliche Voraussetzung; OLG. 12, 397.

b) Nicht jede Person, die an der Ausübung des Gewerbes beteiligt ist, unterliegt der Hausiersteuer; Gehilfen kommen nur als sog. „Begleiter" in Betracht; s. Anm. 1 b oben.

c) Über „Auftrag" und Haftung des Auftraggebers s. bei Art. I § 4 WGewStG.

d) Über gemeinsamen WGewSchein (Kollektiv-WGewSchein) s. § 60 d GO. (Ziff. VI unten).

**7.** Ware ist jede bewegliche Sache, die einen Verkaufswert darstellt, für den Handel bestimmt ist oder doch geeignet ist, Gegenstand des Handelsverkehrs zu sein; Reger, Entsch. 16, 11; StenB. 1879, III, 77 und 295; OLG. vom 18. 3. 1907 Nr. 65/1907, BlfFinW. 16, 122; OLG. 11, 65; FME. vom 29. 10. 1881, FMBl. S. 387.

Zu den Waren gehören auch Druckschriften, Bildwerke, Ansichtskarten (weil diese einen allgemeinen Verkaufswert haben und Gegenstand des Handels sein können; OLG. 11, 65), der elektrische Strom, dagegen nicht Grundstücke; auch nicht die Vermittlung von Grundstückskäufen; Landmann S. 683.

**8.** a) Wegen des Feilbietens von selbstgewonnenen Erzeugnissen der Land- und Forstwirtschaft, Jagd und Fischerei s. unten bei § 59 GO.

b) Wegen des Feilbietens von nichtselbstgewonnenen dergl. Erzeugnissen s. Art. I § 2 Abs. 2 WGewStG.

c) S. auch Anm. 4 d zu § 44 GO. (Ziff. VIII unten).

**9.** a) Zum Begriff des F e i l b i e t e n s einer Ware gehört weiter nichts als deren Bereitstellung z u r s o f o r t i g e n Ü b e r g a b e; OLG. vom 3. 11. 1904, vom 11. 4. 1907, vom 14. 3. 1908, vom 23. 10. 1909; 14, 100; BlfFinW. 15, 62; 16, 119 und 254; 17, 282. Dem Kauf steht der Tausch gleich; § 515 BGB.; OLG. 6, 310; GewArch. 24, 233. Ein Feilbieten dann, wenn äußerlich erkennbar gemacht ist, daß die Ware zum Verkauf bestimmt ist, und wenn sie derart bereit gehalten wird, daß sie im Falle des Kaufabschlusses sofort übergeben werden kann; KG. 49, 357; OLG. 8, 235. Ein bloßes Bereithalten genügt; RG. 6, 358; OLG. München vom 9. 4. 1895, 8, 305. Gleichgültig, wo das Feilbieten erfolgt; entscheidend, daß Feilbieten außerhalb der gewerblichen Niederlassung geschehen ist. Einmaliges Feilbieten genügt; OLG. 10, 372; OLG. München 8, 305.

b) Nicht erforderlich förmliches Aufsuchen der Kauflustigen oder e i n f ö r m l i c h e s A n b i e t e n; Aufforderung kann auch durch Zeichen oder durch ein die Aufmerksamkeit der Käufer absichtlich erregendes Benehmen (z. B. durch Herumtreiben von Viehstücken) erfolgen. Auch das Ausspielen von Waren auf Jahrmärkten usw. gehört hierher; ObGH. vom 20. 6. 1879, Sammlg. i. Straff. 9, 323; Reger 19, 9; OLG. München 9, 17; OLG. vom 31. 5. 1905; 6, 312; Landmann S. 684 f.

Es genügt, daß die Ware zum Verkauf bestimmt und diese Bestimmung in einer den Umständen entsprechenden Weise für die Kauflustigen erkennbar gemacht ist; OLG. München 8, 305; 9, 17; Urteil vom 15. 3. 1898 (MABl. 1898 S. 215); BlfFinW. 6, 173; OLG. 6, 312; vom 15. 2. 1913 Rev.-Reg. Nr. 668/1912; 8, 305; 9, 323; 27, 216; 31, 68; vom 23. 9. 1929 Nr. 386/29; JW. 1930 S. 1603. Einer besonderen Ankündigung und öffentlichen Anpreisung der Ware bedarf es nicht; RG. 4, 137.

c) Belanglos, ob das Handelsgeschäft zustande gekommen ist oder nicht; OLG. München vom 23. 11. 1889, 5, 436; Reger, ErgBd. 1, 234; OLG. 5, 439.

d) Auf Seite des Feilbietenden muß die ernstliche Absicht bestehen, den feilgebotenen Gegenstand auch wirklich zu verkaufen.

e) Feilbieten von Waren i. U. dann, wenn Waren zum Zwecke des Verkaufs zu Personen gebracht werden, die hierzu ihre Erlaubnis gegeben und die Geneigtheit erklärt haben, je nach Befund einen Kauf abzuschließen; RG. vom 18. 11. 1895, 27, 427; BlfFinW. 4, 109. Auch dann, wenn ein Landwirt Fleisch von selbstgeschlachteten Kühen i. U. verkauft, Feilbieten i. S. des § 55 gegeben; JW. 1930 S. 2440.

f) Überläßt ein Reisender bei dem Aufsuchen von Bestellungen auf eine periodisch erscheinende Zeitschrift die erste Lieferung gegen Zahlung, so erfüllt diese Handlung den Begriff des Feilbietens; OLG. 9, 360. Siehe auch unten Anm. 10 a.

g) Wegen Musikinstrumentenhändler s. Anm. 10 d.

h) Kein Feilbieten, wenn der Händler eine beim Verkäufer zurückgelassene Kuh auf dem Heimwege an einen Metzger unbesehen verkauft; OLG. 16, 126.

i) Sammlungen z. B. durch Vertrieb von Wohltätigkeitsmarken, Karten, Kriegsmarken usw. usw. durch Angebot von Haus zu Haus können unter Umständen auch als Wandergewerbe zu erachten sein; vgl. Entschl. d. Min. d. Inn. vom 29. 10. 1903, MABl. S. 456; Art. 52 PolStGB.; OLG. vom 2. 7. 1907 in der Strafsache gegen den Pfarrer Th. Triebenbacher von Milbertshofen. — Über Genehmigungspflicht s. Allerh. VO. vom 20. 9. 1862, RegBl. S. 2269. — Der Vertrieb der „Deutschen Kriegsmarke" war zufolge FME. vom 1. 1. 1915 Nr. 38105 hausiersteuerfrei.

k) Wegen des Verbots des Hausierhandels während der Ladenschlußzeit s. Anm. 6 zu § 55 a (Ziff. II unten).

l) Bei Viehhändlern kommt es häufig vor, daß sie ihr Gewerbe sowohl in stehender Weise als auch i. U. betreiben. Wenn ein Viehhändler gelegentlich außerhalb seines Wohnortes Vieh zum Kaufe oder zum Tausche anbietet, das Vieh aber nicht selbst mitführt, der Kauf oder Tausch vielmehr erst an seinem Wohnort zustande kommt, dann liegt kein Feilbieten i. S. des Art. I § 1 WGewStG. vor. Handelsviehstallungen sind keine gewerblichen Niederlassungen; OLG. 10, 101; 16, 126; 21, 1; 28, 74; vom 27. 4. 1931 Rev.-Reg. II Nr. 193/1931; s. auch Anm. 3 zu Art. I § 2 WGewStG.

m) Der Hausierhandel mit Klauenvieh aller Art kann zur Bekämpfung der Maul- und Klauenseuche auf Grund des Viehseuchengesetzes vom 26. 6. 1909, RGBl. S. 519, §§ 18, 19, 20, 28 und 79 jederzeit verboten werden;

vgl. hierher Anm. 3 und 4 zu § 69 GO. (Anh. III Ziff. VII unten); s. auch AG. vom 13.8.1910, GVBl. S.615, und VollzBek. zum ViehseuchenG. vom 27. 4. 1912, GVBl. S. 403, insbes. §§ 18 f., 23 ff., 53 ff., 180, 206, 283; s. im übrigen bei § 56 b GO. — unten Ziff. III.

n) Wenn ein Bauer in rascher Aufeinanderfolge Vieh einkauft und dann wieder verkauft, ist in der Regel ein Viehhandel anzunehmen; dies um so mehr, wenn er mehr Vieh einkauft, als er nach der Größe seines landwirtschaftlichen Betriebs füttern kann; ob er mit dem Viehhandel einen Haupt- oder Nebenzweck verfolgt, ist für den Begriff der Gewerbsmäßigkeit ebenso gleichgültig wie der Umstand, daß der Viehhandel nur vorübergehend betrieben wurde; rechtlich belanglos ist es auch, ob der Verkauf einen Gewinn abwirft oder nicht; es genügt, wenn der fortgesetzte Ankauf in der Absicht erfolgt, aus dem Wiederverkauf einen Gewinn zu erzielen; OLG. 16, 135.

o) Ein Besteuerungsnachweis für den Handel mit „Groß- und Kleinvieh" berechtigt nicht zur Ausdehnung des Handels auf Pferde; dieser fällt nicht unter den „Handel mit Großvieh"; OLG. 8, 234; BlfFinW. 16, 254. — Siehe auch Anm. 5 zu § 56 b GO., unten Ziff. III, 3; s. auch Anm. 14 a und Anm. 3 zu § 44 GO. (Ziff. VIII unten).

p) Wegen der Genehmigungspflicht des Viehhandels s. Anm. 3 c zu § 69 GO. (Ziff. VII unten).

**10.** a) Begriff des Aufsuchens einer Warenbestellung erschöpft, wenn der Gewerbetreibende einem dritten ohne anderweitige Veranlassung aus freien Stücken erkennbar oder durch schlüssige Handlungen Gelegenheit gegeben hat, Waren von ihm zu kaufen. Schon in der Anfrage des Gewerbetreibenden an eine ihm zufällig begegnende Person, ob sie nicht eine von ihm vertriebene Ware gebrauchen könne, Warenbestellung zu erblicken; OLG. München vom 24. 11. 1889, 5, 436; Landmann S. 682, 685; OLG. 1, 98, 119; 8, 234; 12, 397; 14, 100; 29, 97; KG. vom 12. 5. 1926 und 9. 3. 1931; Bauer S. 9.

Geht beim Subskribentensammeln für Lieferungswerke die erste Lieferung sofort ins Eigentum des Käufers über, dann hausiersteuerpflichtiges Gewerbe (nicht, wenn sie nur zur Ansicht vorgelegt wird); Landmann S. 590, 592; oben Anm. 9 f.

b) Beim Aufsuchen von Warenbestellungen handelt es sich um Kauf nach Probe oder Muster (§ 494 BGB.), um das Suchen von Aufträgen auf künftige Lieferung.

c) Die Befugnis zum Feilbieten von Waren enthält auch die Befugnis zum Aufsuchen von Warenbestellungen, nicht aber umgekehrt; Strutz S. 6; Landmann S. 686.

Siehe auch Anm. 9 l—m oben, ferner unten bei § 69 GO. Anm. 3 und 4 (Ziff. VII) und bei § 44 GO. Anm. 3 (Ziff. VIII).

d) Eine jede Bemühung, feste Aufträge für die Lieferung bestimmter Waren zu erwirken, ist ein Aufsuchen von Warenbestellungen. Es kann dies auch dadurch geschehen, daß Kauflustige durch Zeitungsinserate aufgefordert werden, an einem bestimmten Orte sich einzufinden und dann Bestellungen zu machen; KG. 38, 20; OLG. 5, 238; 9, 80; BlfFinW. 13, 320; s. ferner OLG. 10, 328; 12, 397; vom 10. 12. 1912 Rev.-Reg. Nr. 502/1912. Mit dem Erscheinen der ersten Ankündigung in der Zeitung die Hausiersteuerübertretung noch nicht vollendet; s. unter lit. g unten! (Das

Kammergericht verneint in seinem Urteil vom 25. 10. 1909, Jahrbuch Bd. 38 B, das Aufsuchen einer Warenbestellung, wenn nach vorgängiger öffentlicher Bekanntmachung sich Kaufslustige beim Gewerbetreibenden einfinden).

Jede — auch nur vorbereitende — Tätigkeit eines Gewerbetreibenden oder seines Beauftragten, die darauf abzielt, von einem Dritten einen festen Auftrag auf künftige Lieferung einer bestimmten Ware zu erhalten, „Aufsuchen von Warenbestellungen"; OLG. 8, 234; Landmann S. 592; KG. 38, 28; Bauer S. 7; OLG. vom 28. 1. 1929; JW. 1929 S. 2162. Die Tätigkeit, die nur bezielt, eine Aufforderung (Einladung) zum persönlichen Erscheinen behufs Feilbietens von bestimmten Waren zu erhalten, kein Hausiergewerbe.

Wenn Zitherlehrer Schüler für einen Kurs behufs Erteilung von Zitherunterricht zu gewinnen suchen und dabei unter Vereinbarung eines das Unterrichtshonorar übersteigenden Entgelts die unentgeltliche Lieferung von Zithern vereinbaren, Aufsuchen von Warenbestellungen gegeben; OLG. 8, 235; vom 31. 12. 1912 Rev.-Reg. Nr. 561/1912; Landmann S. 686.

Werden unter derartigen Vereinbarungen Musikinstrumente gleich zum Absatz gebracht, trifft § 55 Ziff. 1 zu; OLG. vom 31. 12. 1911; BlfFinW. 21, 335. Nach Entschließung des K. H. und des Äußern vom 10. 4. 1908 Nr. 9086 II haben die Bezirks- und OrtspolizeiBeh. derartige Unternehmungen zu überwachen und gegebenenfalls dem Finanzamt Mitteilung zu machen.

e) In der ohne vorgängige Bestellung erfolgten Abgabe von Waren zur Probe oder auf Besicht (§ 495 BGB.) mit dem Ersuchen, die Waren einer dritten Person zurückzugeben, falls der Empfänger hierfür keine Verwendung haben sollte, kann auch ein Aufsuchen von Warenbestellungen enthalten sein; OLG. vom 28. 2. 1907, BlfFinW. 16, 120.

f) Inhaber von Herrenkleidergeschäften fallen unter § 55 Ziff. 2 GO., wenn sie außerhalb ihres Wohnorts bei Kunden, die auf vorgängige Einladung hin in einem bestimmten Lokal (Absteigequartier) sich einfinden, Bestellungen auf Anzüge aufsuchen, die alsdann am Orte der gewerblichen Niederlassung aus den von den Bestellern nach vorgelegten Mustern ausgewählten Stoffen des Gewerbetreibenden hergestellt werden; OLG. 9, 430. Auch Photographen, die Bestellungen auf Ansichtskarten aufsuchen, können darunter fallen; OLG. 11, 65; ferner Korsettenhändler usw.; s. Anm. 4 und 6 zu § 44 GO. (Ziff. VIII unten), ferner Anm. 15 unten!

g) Das „Aufsuchen" von Warenbestellungen setzt stets das persönliche Erscheinen des Gewerbetreibenden an einem auswärtigen Orte voraus; OLG. 12, 397; Landmann S. 685. Es kann dies auch durch Vorträge geschehen; OLG. vom 8. 11. 1930 II 449/1930.

h) Das Aufsuchen von Bestellungen auf Inserate fällt nicht unter § 55 Ziff. 3 GO.; Landmann S. 689; OLG. 9, 80.

Auch nicht die bloße Vermittlung von Geschäften; OLG. vom 26. 3. 1928 II 82/28; JW. 1929 S. 274; ebensowenig die reine Reklame- und Werbetätigkeit; OLG. 31, 109.

i) Wenn Reisende zwar nur Wiederverkäufer aufsuchen, jedoch die Bestellungen ganz oder teilweise sofort durch Übergabe der Waren aus mitgeführten Beständen (z. B. aus Kraftwägen) ausführen, dann liegt ein Hausiergewerbe i. S. des § 55 Abs. 1 Ziff. 1 GO. vor.

k) Die Tätigkeit von Werbedamen, die für die Vorführung von elektrischen Haushaltsmaschinen durch Vertreter zwecks späteren Verkaufs Adressen sammeln und Interessenten ermitteln, ist nicht nur als Reklametätigkeit, sondern als ein Aufsuchen von Warenbestellungen anzusehen und deshalb nach § 55 Abs. 2 GO., §§ 6, 18, 26 und 28 des Preuß. Ges. vom 3. 7. 1876 und der VO. vom 6. 2. 1924 wandergewerbesteuerpflichtig.; KG. vom 2. 11. 1931, 3 S. 434/31; vgl. auch KG. vom 29. 10. 1928 — 3 S. 628/28, vom 24. 3. 1930; Ring Bd. 10 S. 294; Bayer. ObLG. vom 8. Juni 1931; JW. 1931, 2843; Slg. arbeitsrechtl. Entsch. 1932 S. 71 ff. — S. auch OLG. 27, 148, betr. Vorführung von Staubsaugern; kein Gill., wenn diese lediglich „vorgezeigt" werden; meist wird aber § 55 Ziff. 3 GO. in solchen Fällen zutreffen.

**11.** Kaufmann ist jeder, der selbständig ein Handelsgewerbe im Sinne des deutschen Handelsgesetzbuches betreibt (§§ 1, 4, 6 HGB.).

Nicht zu den Kaufleuten sind zu rechnen die Land- und Forstwirte, § 3 HGB.; Handwerker, Maurer, Anstreicher, Störschneider; Gareis, HGB., Anm. 5 zu § 4.

Land- und Forstwirte Kaufleute dann, wenn sie ein Nebengewerbe (Brennerei, Kelterei, Viehmästung, Molkerei, Käserei, Ziegelei, Holzsäge, Torfstecherei, Handelsgärtnerei, Weinbau, Mühlengewerbe) betreiben und Eintragung im Handelsregister herbeiführen; § 3 Abs. 2 HGB.; Gareis, Anm. 4—6 a. a. O.

**12.** Offene Verkaufsstellen sind alle ständigen, dem Publikum in der Regel zugänglichen, dem regelmäßigen Verkauf von Waren seitens der Handels- und Gewerbetreibenden dienenden Stellen. Es braucht kein geschlossener Raum (Boden, Bude, Magazin), sondern kann auch ein Platz unter freiem Himmel (Verkaufsstand) sein; Landmann S. 542 und 687; KG. 37, 22; OLG. 27, 253.

**13.** Der Ausdruck „Wiederverkauf" bildet den Gegensatz zum Verbrauch oder zur Verarbeitung im eigenen Gewerbe. Ein Ankauf von Waren zur Verarbeitung fällt nicht unter § 55 GO.; Landmann S. 687.

**14.** a) Der Begriff „Ankauf zum Wiederverkauf" erfordert, daß der Käufer die angekaufte Sache ohne Veränderung ihres Wesens wieder verkaufen will; es ist also weiter nichts verlangt, als die Feststellung der beim „Ankauf" vorhanden gewesenen Absicht, die Ware wieder zu verkaufen. Ob dem Käufer die Verwirklichung seiner Absicht gelingt, ob und wie er die Ware an den Mann bringt, gleichgültig. — Unter Verkauf ist nicht nur der Verkauf im engeren Sinne, sondern auch der Tausch zu verstehen, da dieser nicht nur im wirtschaftlichen, sondern auch im Rechtsverkehr als eine Art des Kaufs erachtet wird; § 515 BGB.; OLG. 6, 310. — Viehhändler, die aufgekauftes Vieh i. U. wieder verkaufen, sind hausiersteuerpflichtig; Landmann S. 687; s. auch oben Anm. 9 l—m, Anm. 3 und 4 zu § 69 GO. (Ziff. VII unten), Anm. 3 zu § 44 GO. (Ziff. VIII unten).

Absicht beim Ankauf, die Sache lediglich zu reinigen und auszubessern, steht der Annahme, daß sie zum Wiederverkauf bestimmt ist, nicht entgegen.

„Ankauf zum Wiederverkauf" dann nicht, wenn beabsichtigt ist, die anzukaufende Sache vor der Weiterveräußerung einer derartigen Bearbeitung zu unterziehen, daß eine nach Gestalt und Zweckbestimmung neue Sache entsteht; OLG. vom 18. 3. 1907 Rev.-Reg. Nr. 65/1907; BlfFinW. 16, 122; Landmann S. 687; GewArchiv 5, 311.

b) Wer i. U. Waren zum Wiederverkauf ankauft, unterliegt der Hausiersteuer auch dann, wenn der Ankauf nicht zum sofortigen Wiederverkauf geschieht; OLG. München vom 29. 1. 1891, 6, 389; BlfFinW. 1, 54; vom 11. 11. 1884, 3, 246. Ein Pferdehändler, der Pferde von Produzenten i. U. erwirbt, kann sich auf § 59 GO. nicht schon deshalb berufen, weil die Verkäufer Landwirte sind und die Landwirte der Gegend Fohlen aufzuziehen pflegen, um sie weiter zu verkaufen; ebenso hat ein Pferdehändler, der Pferde von Nichtproduzenten erwirbt und diese zum Zwecke der Weiterveräußerung mitführt, die Steuerfreiheit verwirkt; OLG. 15, 147.

Gleichgültig, ob die angekaufte Ware von dem Verkäufer vorher angeboten oder zugesagt wurde, ob das Gewerbe für eigene oder für fremde Rechnung betrieben wird; wo der Wiederverkauf erfolgt, ob im Inland oder im Ausland, ob i. U., an feste Kunden, oder im Meß- und Marktverkehr, schließlich auch, ob der Käufer vor dem Ankauf eines bestimmten Wiederverkäufers sich versichert gehabt hat; vgl. obige Zitate; preuß. ObTrib. vom 14. 5. 1874 und 17. 1. 1879, Oppenhoff 14, 463; 20, 39; Landmann S. 687 f.

Ankauf von Erzeugnissen der Land- und Forstwirtschaft, Jagd und Fischerei zum Wiederverkauf hausiersteuerpflichtig, soweit nicht § 59 Platz greift.

c) Ankauf und Wiederverkauf ausschließlich im Meß- und Marktverkehr hausiersteuerfrei; BlfFinW. 16, 313; Ziff. VII unten; auch der Ankauf bei Kaufleuten oder in offenen Verkaufsstellen; Landmann S. 687.

d) Ausdruck „Ankaufen" nicht im streng zivilrechtlichen Sinne zu verstehen; Ankaufen i. S. der GO. ist jede auf den Abschluß eines Kaufgeschäfts gerichtete Tätigkeit, auch wenn es nicht zum Vertragsabschluß kommt; Zeitschr. f. Rechtspfl. 1934 S. 284; OLG. 34, 103. Auch tauschweiser Erwerb von Waren (Lumpen, Knochen, Häuten, Tierhaaren) zum Wiederverkauf gehört hierher; MErl. vom 4. 2. 1873; OLG. 6, 310. Werden derlei Abfälle i. U. wieder veräußert, Hausierhandel gegeben. Nur beim Lumpensammeln soll ein solcher Hausier handel nicht angenommen werden, wenn damit ein herkömmlicher Austausch geringwertiger Gegenstände (Bänder, Schnüre u. dgl.) verbunden ist. Hierfür wird auch keine „besondere Abgabe" erhoben. StenB. 1879, III, 302, 310; Landmann S. 687. Beim Tauschhandel sind aber §§ 56 und 60 Abs. 4 zu beachten. Die Überwachungsstelle für Wolle und andere Tierhaare hat mit Zustimmung des RWirtsch.-Min. das Sammeln von Lumpen durch den Einzelhandel nun verboten; Völk. Beob. vom 28. 1. 1938 Nr. 28.

Ankauf von Eicheln und Tannenzapfen bei mehreren Personen zum Wiederverkauf begründet Steuerpflicht, auch wenn fortdauernder Geschäftsbetrieb nicht beabsichtigt; RG. vom 25. 2. 1880, 1, 390.

e) Der Ankauf der nämlichen Ware (Wolle, Obst, Kartoffel und sonstige Lebensmittel) ist im Verkaufe schon mitversteuert und selbständig mit Hausiersteuer nur zu belegen, wenn die Waren nicht mehr i. U., sondern im stehenden Gewerbebetrieb zur Veräußerung gelangen; StenB. 1879, III, 310. Siehe auch Anm. 3 b zu Art. I § 2 WGewStG.

f) Wegen der starken Überhandnahme der Aufkäufer war nach MErl. vom 8. 11. 1921, StA. Nr. 261, auf Verminderung der Zahl der Aufkäufer hinzuwirken und deren Zuverlässigkeit und persönliche Eignung strengstens zu prüfen; § 10 VO. vom 24. 6. 1916, RGBl. S. 581, und vom 27. 11. 1919, RGBl. S. 1909. Die Ausstellung von Gewerbelegitimationskarten und WGewScheinen ist vom Nachweis des volkswirtschaftlichen Bedürfnisses abhängig zu machen. Legitimationskarten und WGewScheine dürfen nur bei unbedingter Zuverlässigkeit der Gesuchsteller erteilt werden; s. auch Bek. vom 20. 8. 1921 und vom 10. 12. 1921, StA. Nr. 194 und 289; Bek. vom 23. 9. 1915 § 3 Abs. 3, RGBl. S. 603, und die Anm. 19—21 unten. — Wegen des Handels mit Korbweiden s. VO. vom 22. 1. 1923, GVBl. S. 18; hiernach Zeugnis über den rechtmäßigen Erwerb in verschiedenen Bezirken erforderlich; über den Handel mit Lebensmitteln, Gegenständen des täglichen Bedarfs usw. s. unten Ziff. XI.

g) Versuch des Ankaufs nicht strafbar (bestritten!); Landmann S. 688.

h) Ankauf und Verkauf von Waren in öffentlichen Ausstellungen oder das Aufsuchen von Warenbestellungen auf diesen kein Wandergewerbe; StenB. 1879, IV, 296; Instr. § 5.

i) Wegen des Ausbruchs der Maul- und Klauenseuche ist z. Zt. das Sammeln (Aufkaufen) von Eiern und Geflügel verboten. Anordn. des Eierverbands Bayern vom 28. 1. 1938, Bayer. RegAnz. Ausg. 33 vom 2. 2. 1938; s. auch RNStVBl. 1937/115.

**15.** a) Ein Darbieten einer gewerblichen Leistung liegt dann vor, wenn die Leistung dem Publikum ohne vorgängige Bestellung gegen Entgelt an Ort und Stelle gewährt wird: z. B. gehören hierher das Anbieten der Anfertigung, Bearbeitung oder Reparatur von Gegenständen irgendwelcher Art; sodann persönliche Dienste, z. B. jene der Scherenschleifer, Bettfedernreiniger, Topfbinder, Glaser, Korbmacher, Uhrmacher; überhaupt alle gewerbliche Leistungen, die nicht unter die übrigen Ziffern des § 55 fallen; auch die Kastration der Haustiere, VGH. 4, 94; ebenso die i. U. betriebene Aufstellung von Automaten (wie Elektrisier- und ähnliche Apparate), die Veranstaltung von Übungsspielen (Schießbuden usw.). Ferner die Dienstleistungen eines Baders, das Ausschneiden von Silhouetten; sodann das Abhalten von Näh- und Zuschneidekursen; dann die Tätigkeit eines Zahntechnikers: OLG. 8, 355, 358; 10, 325; s. auch zu § 56 a GO. (Ziff. III unten). Ferner das Abhalten von Tanzkursen (Tanzunterricht), die i. U. stattfinden; § 55 Ziff. 3 GO.; Landmann S. 688; ist der Zweck der Veranstaltung weniger auf die Erteilung von Tanzunterricht als vielmehr auf die Abhaltung von Tanzlustbarkeiten gerichtet, kommt Ziff. 4 des § 55 GO. in Frage; OLG. Jena vom 24. 1. 1907; sächsisches Oberverwaltungsgericht vom 12. 12. 1916. Gegen derartige Unternehmungen soll gegebenenfalls auf Grund des § 35 GO. eingeschritten werden; Handelsmin. vom 23. 5. 1921 Nr. 12220. Über die Frage, wann eine solche Lustbarkeit „veranstaltet" ist, s. OLG. 12, 245; 13, 393; 14, 212. Ein Anbieten liegt auch vor, wenn der Gewerbetreibende absichtlich die Aufmerksamkeit auf seine Leistung lenkt und dadurch erkennbar zur Annahme der Leistung auffordert; KG. vom 20. 6. 1927; Ring 7, 210. — Über Schießbuden s. KG. vom 12. 1. 1927 — 3 S. 398/27; Bauer S. 21.

Das OLG. vom 18. 3. 1922, 22, 53 hat allerdings die Hausiersteuerpflicht des Tanzlehrers verneint, weil die Unterrichtstätigkeit nicht unter den gewerbepolizeilichen Begriff der GO. falle, die Leistungen des Tanzlehrers auch nicht zu dem Zwecke dargeboten würden, um dessen Schülern durch den Anblick Vergnügungen und Unterhaltung zu bereiten; s. auch OLG. 22, 79 wegen Nähunterricht.

Hierher gehört auch die Tätigkeit eines Photographen, sofern ein höheres, wissenschaftliches oder Kunstinteresse nicht obwaltet; Landmann S. 688; OLG. vom 22. 6. 1909, 9, 288; KG. 15, 269; beschränkt er sich darauf, persönlich oder durch Angestellte Bestellungen auf Abbildungen von Häusern, auf Photographievergrößerungen aufzusuchen, so fällt diese Tätigkeit als das Aufsuchen einer gewerblichen Leistung nicht unter das WGew.-StG.; KG. 25, 61; OLG. vom 30. 10. 1909, Rev.-Reg. Nr. 451/1909. Es ist auch keine Gewerbelegitimationskarte erforderlich, weil es sich nicht um das Aufsuchen einer Warenbestellung, sondern einer Bestellung auf eine gewerbliche Leistung handelt; OLG. 17, 129; §§ 44 und 55 GO. — Die gewerbliche Leistung ist dann angeboten, wenn der Photograph die Hausbewohner unter Mitteilung seiner Absicht auffordert, sich an die Fenster oder vor das Haus zu stellen und sich abbilden zu lassen; KG. vom 12. 2. 1926; Ring Bd. 3, 298; GewArch. 1926 S. 105; s. auch KG. vom 9. 7. 1915; Reger 36, 169; OLG. 27, 83.

Die Bereitwilligkeit eines Photographen, die Aufnahme des sog. latenten Negativbildes an Ort und Stelle zu betätigen (die Haupttätigkeit des Photographen), genügt, um den Begriff des Darbietens einer gewerblichen Leistung zu erfüllen, auch wenn die endgültige Fertigung der Bilder erst im Atelier erfolgt; OLG. 7, 258; OLG. vom 22. 3. 1910, Rev.-Reg. Nr. 90/1910; vom 17. 3. 1927 II 55/27; BlAdmPrax. 1927 S. 235; KG. vom 21. 7. 1927 — 3 S 201/27. Keine „vorgängige Bestellung" dann gegeben, wenn auf eine bezügliche Anfrage des Photographen hin der Lehrer mitteilt, daß vom Gesichtspunkte der Schuldisziplin aus keine Erinnerung gegen die Aufnahme der Schulkinder besteht; OLG. vom 22. 3. 1910, Rev.-Reg. Nr. 90/1910.

Bestellung der Lieferung einer photographischen Verkleinerung keine gleichzeitige Aufforderung zum Aufsuchen einer Bestellung auf die von der gleichen Firma hergestellten Umrahmungen. Das Aufsuchen einer derartigen Warenbestellung fällt — im Gegensatz zu dem Aufsuchen der Bestellung einer gewerblichen Leistung — unter Ziff. 2 § 55 GO. Auf Semi-Emailplatten übertragene und in Brochen, Armbänder und ähnliche Schmucksachen gefaßte Photographien keine Bildwerke i. S. des § 44 Abs. 3 GO.; sie haben die wirtschaftliche Bedeutung von Schmuckstücken; die Umrahmung ist die Hauptsache, das Bild ist Nebensache; nebensächlich ist auch das Einsetzen der Semi-Emailplatte in die Umrahmung; auch der Umstand, daß das Bild unentgeltlich geliefert wird; OLG. vom 23. 11. 1911 Rev.-Reg. Nr. 651/1911; vgl. ferner vom 6. 11. 1909 Rev.-Reg. Nr. 470/1909; vom 16. 11. 1909; OLG. 9, 430; 10, 344, 372; 11, 264; vom 22. 2. 1913 Rev.-Reg. Nr. 8/1913. Wegen des Aufsuchens von Bestellungen auf Vergrößerungen s. Anm. 4 f zu § 44 GO. (Ziff. VII unten). Werden nur Probebilder beim Aufsuchen mitgeführt, liegt kein GiU. vor; OLG. 17, 129; s. auch 31, 48 f. und 68.

Die Fertigung von Lichtbildaufnahmen von Personen ohne deren vorherige Befragung und die nachträgliche Entgegennahme von Bestellungen ist kein Darbieten (Anbieten) einer gewerblichen Leistung, auch kein Aufsuchen von Warenbestellungen; OLG. vom 16. 3. 1931 II/119/31; BayZ. f. Rechtspfl. 1931 S. 311.

Bei Photographen ist sonach stets zu untersuchen, ob sie ein stehendes Gewerbe betreiben, ob sie Bestellungen auf Waren oder von gewerblichen Leistungen aufsuchen, ob sie beim Aufsuchen der Bestellungen auf die

„Bildwerke“ nur Probebilder mit sich führen, die vorher gefertigt sind; im letzteren Falle sind sie nicht hausiersteuerpflichtig; ebensowenig dann, wenn sie Aufnahmen herstellen unter ausdrücklichem Hinweis darauf, daß durch die Gestattung der photographischen Aufnahme durch die Hauseigentümer für diese keine Verpflichtung zur Abnahme der Bilder erwächst. Werden beim Aufsuchen der Bestellungen nur Probebilder mitgeführt, dann ist auch kein WGewSchein erforderlich; OLG. 5, 10; 6, 231; 7, 258; 9, 430; 10, 344; 11, 65; 14, 61; vom 19. 12. 1911 Rev.-Reg. Nr. 634/1911; vom 13. 12. 1917 Rev.-Reg. Nr. 320/1917; 17, 129; RGSt. 41, 412; Landmann S. 591, 689; AA. unter A V 4.

b) Im Meß- und Marktverkehr sind gewerbliche Leistungen der Hausiersteuer unterworfen; Art. I § 2 Abs. 2 WGewStG.; AA. unter A V 4; dagegen WGewSchein nicht erforderlich; § 55 Ziff. 3 und Abs. 2 GO.

c) Bloße Taglöhnerarbeiten keine gewerblichen Leistungen, ebensowenig Schaustellungen, welche gegen die guten Sitten verstoßen wie z. B. die Leistungen der Wahrsager, Traumdeuter; s. § 360 Ziff. 11 RStGB.; Anw. § 28; Landmann S. 718 f.

d) Über gewerbliche Leistungen, die vom GiU. ausgeschlossen sind, s. Ziff. III unten.

e) Wegen Rechtsberatung s. Ziff. XI unten bei G.

f) Ein Anbieten einer gewerblichen Leistung i. S. des § 55 Ziff. 3 GO. liegt auch dann vor, wenn ein Hausierer in den Zeitungen sein Eintreffen an einem Orte zu einer bestimmten Zeit ankündigt und sich alsdann an dem bezeichneten Orte einfindet, um je nach Bedarf zu Diensten zu stehen; OLG. 10, 325.

**16.** a) Musikaufführungen, Schaustellungen, theatralische Vorstellungen oder sonstige Lustbarkeiten ohne höheres wissenschaftliches Interesse sind wandergewerbescheinpflichtig und unterliegen (auch im Marktverkehr § 55 Abs. 2 GO. mit Art. 1 § 2 WGewStG.) der Hausiersteuer, gleichviel ob Personen (Riesendamen, Zwerge usw.), Tiere, Naturgegenstände oder sonstige Sehenswürdigkeiten den Schaugegenstand bilden; Landmann S. 690; FinMinE. vom 13. 10. 1908. Hierher zählen auch die kinematographischen Vorstellungen, weil sie lediglich zur Unterhaltung des Publikums dienen; OLG. 10, 13; sie sind auch dann hausiersteuerpflichtig, wenn vorübergehend für die Darbietung ein Lokal „gemietet“ wurde (weil kein zu dauerndem Gebrauch eingerichtetes Lokal vorhanden ist). Es liegt keine vorgängige Bestellung dann vor, wenn jemand „Probevorstellungen“ gibt zu dem Zwecke, um zu prüfen, ob das Kino in dem betr. Orte die nötige Zugkraft ausübt, um dann nach dem Ausfall der Proben dem Gedanken ständiger Vorstellungen näher zu treten. — Einmaliger Gewerbebetrieb an einem anderen als dem Wohnorte genügt; mehrere Betriebsorte nicht erforderlich; OLG. 10, 375; vom 31. 10. 1913 Rev.-Reg. Nr. 506/1913; Anm. 1 oben! Steuerpflichtig, wer die Schaustellung darbietet, also der Unternehmer. Die den Schaugegenstand bildenden Personen keine „Begleiter“; sie bilden das Steuerobjekt.

b) Wer die in § 55 Ziff. 4 bezeichneten Gewerbe im Meß- und Marktverkehr ausübt, hat keinen Anspruch auf Steuerfreiheit; auch bedarf er eines WGewScheins (§ 55 Abs. 2 GO.; s. unten Ziff. VII); außerdem der Erlaubnis der Ortspolizeibehörde nach § 60 a GO. (s. Anh. III Ziff. VI).

c) Bei den sog. anatomisch-pathologischen Museen, Wachsfigurenkabinetten u. dgl. wird von einem höheren wissenschaftlichen Interesse kaum die Rede sein können; Preuß. MEntschl. vom 25. 2. 1887; ebensowenig wenn bei einer Singspielaufführung das Stück darauf berechnet ist, durch Witze und sonstige Albernheiten das Publikum zum Lachen zu bringen; OVG. 34, 203; GewArch. 1, 459; KG. vom 10. 3. 1930; Ring 16, 1277; Bauer 12.

d) Ausländer bedürfen immer eines WGewScheins, einerlei, ob ein höheres Kunstinteresse vorliegt oder nicht [s. die Bundesratsbek. unten Ziff. IV], und sind deshalb auch hausiersteuerpflichtig; außerdem ist die ortspolizeiliche Genehmigung zu erholen; § 33, §§ 55—60 und 60a GO.; Strafbestimmungen: §§ 148 a. a. O. Vgl. auch die Urteile des OLG. vom 12. 11. 1912 und des Landgerichts München I, 4. Strafkammer, vom 8. 7. 1912 und vom 19. 5. 1913 in der Strafsache gegen die Nackttänzerin Adorée Vià Villany, welche seinerzeit in der Tagespresse vielfach erörtert wurden. In diesen Urteilen ist u. a. ausgeführt, daß bei Nackttänzen von einem höheren Interesse der Kunst keine Rede sein kann, da derartige Darbietungen unter Verletzung von Anstand und Sitte hauptsächlich der Neugier und den sinnlichen Trieben Rechnung tragen.

Laut Meldung des Deutschen Nachrichtenbüros vom Februar 1938 hat die Polizei durch einen Runderlaß Anweisung erhalten, gegen Auswüchse im Schaustellungsgewerbe mit aller Schärfe vorzugehen, um Schaustellungen, die das gesunde Volksempfinden gröblich verletzen, oder den Bestrebungen des nationalsozialistischen Staates widersprechen, zu unterbinden.

Im einzelnen sind unzulässig:

Schaustellungen von ekelerregenden menschlichen Abnormitäten und erbkranken Krüppeln, z. B. Fischmenschen, Krebsmenschen, Vogelmenschen, Starrmenschen, Tiermenschen (Heufresser) u. ä. Soweit es der geistige oder körperliche Gesundheitszustand erfordert, ist die Unterbringung der zur Schau gestellten Personen in Heil- oder Pflegeanstalten nach den hierfür geltenden Vorschriften vorgesehen.

Schaustellungen von anatomischen Präparaten, die das Sittlichkeits- oder Anstandsgefühl verletzen oder geeignet sind, die bevölkerungspolitischen Bestrebungen des Dritten Reiches zu stören. Die bevölkerungspolitische Aufklärung muß in verantwortungsbewußten Händen liegen. Sie ist nicht Aufgabe für Vergnügungsplätze und Volksfeste.

Auch der Ausstellung von Plastiken im sog. Panoptikum, die historische Persönlichkeiten darstellen, wird die Polizei erhöhte Aufmerksamkeit zuwenden. Auch hier sind Auswüchse festzustellen, die jedes Empfinden für nationale Würde vermissen lassen. So werden z. B. häufig die Wachsbilder von Hindenburg, Moltke u. a. Persönlichkeiten neben der Darstellung von Massenmördern und anderen Entartungen der Menschengattung gezeigt.

Die Ausstellung von Bildern führender Männer von Partei und Staat, historischer Persönlichkeiten und führender Männer befreundeter Staaten wird besonders überprüft werden, wobei künstlerisch minderwertige oder gar entstellende Bildnisse auf Grund des Gesetzes zum Schutze der nationalen Symbole von der Ausstellung ausgeschlossen werden können. In diesem Zusammenhang wird auch die Werbung auf Volksfesten und Vergnügungsplätzen polizeilich überwacht werden. Fälle, die man immer noch bei derartigen Veranstaltungen beobachten muß, die jedes Gefühl für menschliche und nationale Würde vermissen lassen, sind des nationalsozialistischen Staates unwürdig. Es geht z. B. nicht an, daß Drehorgelspieler durch den Hinweis auf Kinderreichtum Mitleid zu erregen suchen und somit den Kinderreichtum zu einem Geschäft herabwürdigen. Auch das Spielen nationaler Lieder zur Anlockung des Publikums auf Vergnügungsplätzen wird künftig polizeilich verhindert werden.

e) Den Schaustellungen stehen gleich die sonstigen Lustbarkeiten ohne höheres wissenschaftliches oder Kunstinteresse, die zur Unterhaltung veranstaltet werden, z. B. Karusselle, kinematographische Veranstaltungen, Marionettenspiele, Bolzenschießen, Taschenspielerkunst, die musikalische Produktion durch Automaten; das öffentliche Ausspielen von Waren und das Auswürfeln von Gegenständen auf Märkten, Volksfesten, falls solche überhaupt zulässig; RG. 7, 10; 10, 5, 145 und 15, 377; Landmann S. 439, 690. Die sog. amerikanischen Überraschungen, bei welchen je gegen einen bestimmten Geldbetrag verschlossene Päckchen abgegeben werden, zählen in der Regel nicht zu den sonstigen Lustbarkeiten, sondern stellen sich als Ausspielung beweglicher Sachen dar; Reger 9, 49; 10, 5. Ebenso tragbare Kegelspiele (und wohl auch Schießstände), womit die Ausspielung von Waren oder anderen Gegenständen beabsichtigt ist; VO. vom 10. 7. 1867, RBl. 809; Bek. vom 9. 1. 1884, GVBl. 34. Nur wenn für Gewinn und Verlust die Gewandtheit und Geschicklichkeit der Spieler von Einfluß sind, sind die fraglichen Spiele als Lustbarkeit bzw. als Unterhaltung zu erachten; MErl. vom 4. 4. 1871, Weber, VOS. 8, 740; s. auch unten Ziff. III zu § 56 c GO. über Glücksspiele und Lotterien.

f) Über Kinder: s. Ziff. XI unten!

g) Wegen der Verwendung von beweglichen Azetylenapparaten s. K. VO. vom 14. 12. 1913 § 31, GVBl. S. 929; Bek. vom 18. 12. 1913, GVBl. S. 947, Ziff. 19.

h) Künstlerische Leistungen sind nur dann nicht wandergewerbescheinpflichtig und der Hausiersteuer dann nicht unterworfen, wenn der Nachweis erbracht ist, daß ein höheres wissenschaftliches oder Kunstinteresse obwaltet.

Die Frage, ob ein solches Kunstinteresse obwaltet, ist durch die Verwaltungsbehörden von Fall zu Fall zu entscheiden und im wesentlichen an der Hand tatsächlicher Umstände zu würdigen, also vorwiegend Sache des Tatrichters; Reger 28, 179; GewArch. 9, 83; Landmann S. 428 f., 691; OLG. vom 31. 12. 1909, Rev.-Reg. Nr. 570/1909; VGH. 16, 181. Wegen Prüfung der Bedürfnisfrage s. § 57 Ziff. 5 GO. (unten Ziff. V). In der Regel berechtigt der WGewSchein für den Betrieb der in § 55 Ziff. 4 bezeichneten Gewerbe nur zur Gewerbeausübung in dem betr. Verwaltungsbezirk; außerdem „Ausdehnung nach § 60 Abs. 2 GO. erforderlich; s. auch unter „m" unten!

Nach Urteil des Berliner Gewerbegerichts vom 29. 7. 1913 ermangelt der Tätigkeit des Kinoschauspielers ein höheres Kunstinteresse; seine Leistungen bezwecken lediglich die Förderung eines gewerblichen Unternehmens; seine Tätigkeit für die Filmindustrie entfaltet er aus finanziellen Gründen; er ist deshalb auch gewerblicher Angestellter.

i) Für die Besteuerung ist also die Entscheidung der Behörden der inneren Verwaltung maßgebend, ob dergleichen Leistungen oder Schaustellungen wandergewerbescheinpflichtig sind oder nicht; §§ 33 b, 55 Abs. 1 Ziff. 4 GO.; Instr. § 4 Abs. 2; preuß. AusfAnw. vom 2. 5. 1904 Ziff. 49.

k) Bei Schauspielergesellschaften kann Steuerfreiheit nur dann eintreten, wenn neben dem Direktor auch die Träger der Hauptrollen imstande sind, ein höheres Kunstinteresse zu befriedigen; BlAdmPrax. 37, 358; Anw. § 28; Landmann S. 691.

Personen, die in Restaurationsräumen als Gesangshumoristen auftreten, keine Künstler i. S. dieses Gesetzes; Landmann S. 427 ff.; preuß. RdErl. vom 27. 10. 1934, MBliV. S. 1398.

l) Auch die Besitzer von Kunstscheinen sind von der Beobachtung der Bestimmungen der GO. nicht befreit; Entschl. d. K. preuß. Min. d. Innern vom 18. 7. 1907, Reger 27, 629. OLG. vom 31. 12. 1909; Landmann S. 428 und 691; BlfFinW. 18, 184. Die Kunstscheine dürfen nur von Personen ausgestellt werden, welche die erforderliche Sachkenntnis besitzen; Strafbestimmung s. § 363 RStGB.

Zur Ausstellung der Kunstscheine sind die Verwaltungs- und Polizeibehörden nicht befugt; MBek. vom 8. 5. 1920 StA. Nr. 111.

Es war früher die Künstlergewerkschaft Bayerns in München (Odeonsplatz 4) gutachtlich einzuvernehmen vor der Erteilung oder Zurücknahme der Erlaubnis zum Betrieb von Schauspielunternehmungen, einschließlich solcher zur Filmherstellung (§§ 32, 60 d Abs. 4 GO.).

Die Süddeutsche Artistengewerkschaft in München (Deutsches Theater) war gutachtlich einzuvernehmen vor der Erteilung oder Zurücknahme der Erlaubnis zum Betrieb von Singspielen und theatralischen Vorstellungen ohne höheres Interesse der Kunst oder Wissenschaft; außerdem konnte sie hinsichtlich der übrigen in den §§ 33 a und b sowie 55 Abs. 1 Ziff. 4 GO. aufgeführten Unternehmungen gehört werden.

Nunmehr ist maßgebend das Reichskulturkammergesetz vom 22. 9. 1933, RGBl. I S. 661, insbes. §§ 4 und 6; ferner die 1. DVO. vom 1. 11. 1933, RGBl. I S. 797, die 2. DVO. vom 9. 11. 1933, RGBl. I S. 969, die 3. DVO. vom 19. 4. 1937, RGBl. I S. 468. Hiernach sind zu beteiligen je nach der Art des Unternehmens die Reichsmusikkammer, die Reichskammer der bildenden Künste, die Reichstheaterkammer, die Reichsschrifttumkammer, die Reichspressekammer bzw. die Reichsrundfunkkammer. Nunmehr trifft die Entscheidung darüber, ob ein höheres Interesse der Kunst vorliegt oder nicht, eine dieser Kammern. Ein jeder Gewerbetreibender, bei dessen Leistungen ein höheres Interesse der Kunst obwaltet, muß Mitglied einer dieser Kammern sein. Über Zulassung, Untersagung usw. s. auch das Theatergesetz vom 15. 5. 1934, RGBl. I S. 411, ferner Anordnung des Präs. der Reichsmusikkammer vom 29. 1. 1938 VII 1935/37, Völk. Beob. Nr. 55/1938 S. 5.

m) Über die Erwirkung der Erlaubnis für Lokalinhaber vgl. § 33 a GO.; §§ 4 ff. VO. vom 3. 7. 1868, RegBl. 1161; § 13 VO. vom 29. 3. 1892; Landmann S. 359/424 ff. Wegen der vorgängigen Erlaubnis der Ortspolizeibehörde bei Darbietungen von Musikaufführungen usw. von Haus zu Haus, auf öffentlichen Straßen, Plätzen, vgl. § 33 b GO.; § 14 d. VO. vom 29. 3. 1892; Art. 32, 33 PolStGB.; MBek. vom 25. 6. 1898, GVBl. S. 347; s. insbes. § 60 a GO. (unten Ziff. VI); OLG. vom 31. 12. 1909 Rev.-Reg. Nr. 570/1909. Beim Nichtvorliegen eines höheren Kunstinteresses vorgängige Erlaubnis der Ortspolizeibehörde und WGew.-Schein beim Darbieten solcher Leistungen außerhalb des Wohnortes erforderlich. Durch die GO. Gültigkeit der vorgenannten VO. vom 3. 7. 1868 unberührt geblieben; OLG. 10, 12; 16, 13. — Für Preußen s. VO. vom 31. 12. 1883, GS. 1884 S. 7, mit AnpG. vom 15. 12. 1933, GS. S. 479, bezüglich der Lokalinhaber (§ 33 a) bzw. AusfAnw. vom 1. 4. 1904 Ziff. 5 bezüglich der Darbieter (§ 33 b).

n) Nur das Darbieten künstlerischer Leistungen, bei denen ein höheres

Kunstinteresse obwaltet, steuerfrei, nicht auch das Feilbieten von durch solche Leistungen hervorgebrachten Kunstgegenständen, wie Gemälden. Die Ausstellung von solchen zum Verkaufe unterliegt daher der Steuer, mögen sie auch einen hohen künstlerischen Wert besitzen. Strutz S. 8 Anm. 29; Landmann S. 691.

o) Die Bayerischen Militär-Musikkapellen und die einzelnen Mitglieder derselben bezüglich ihrer Tätigkeit innerhalb der Kapelle waren für die Veranstaltung von Musikaufführungen von der Lösung eines WGewScheins und von der Hausiersteuer befreit, da ein höheres musikalisches Kunstinteresse obwaltet. — Anders, wenn derartige Musikproduktionen nur von Abteilungen stattfanden. FME. vom 4. 8. 1880, FMBl. S. 210; StenB. 1879, III, 302; Verh. d. K. d. Reichsräte, Prot. 1879 Nr. 31, I, 1016.

Diese Anordnung wird für alle Musikkapellen der Deutschen Wehrmacht zu gelten haben; auch für die größeren Musikkapellen der SA., SS. und des NSKK.; s. auch Landmann S. 691.

**17.** a) Wegen Gebühren im Steuerfestsetzungsverfahren s. oben Anm. 3 d zu Art. 1 § 1 WGewStG. — Bezüglich der Gebühren für die WGewScheine ist nach wie vor das Landesrecht maßgebend. Für Preußen kommt in Betracht die VerwGebO. Tarifnummer 82 a. Die Gebühren sind für die Staatskasse zu vereinnahmen; MinE. vom 8. 3. 1933, MBl. WiuA. S. 96; s. auch GewArch. 22, 107 und 550; 23, 155; 25, 321.

Bezüglich der bayer. Gebühren für WGewScheine, LegKarten usw. ist in Art. 155 KostenG. vom 16. 2. 1921, GVBl. S. 134, i. d. F. der VO. vom 29. 6. 1936, GVBl. S. 108, mit Zustimmung des RdF. auf Grund des § 51 Abs. 4 UrkStG. vom 5. 5. 1936, RGBl. I S. 407, folgendes bestimmt:

I. Die Gebühr für WGewScheine beträgt 12 *RM*, für GewerbelegKarten (§ 44 a GO.) 5 *RM* und, soferne es sich um LegKarten für Inhaber oder Handlungsreisende größerer Gewerbebetriebe handelt, 10 *RM*, für Legitimationsscheine (§ 43 GO.) 5 *RM*.

II. Für Ausdehnung eines WGewScheines auf den Bezirk einer anderen Verwaltungsbehörde wird eine Gebühr von 5 *RM*, wenn aber ein Teil des Bezirks zum Zollgrenzbezirk gehört, eine Gebühr von 10 *RM* erhoben.

III. Zu den Gebühren nach Abs. I und II wird ein Zuschlag nach dem Gesetz vom 24. 6. 1930, GVBl. S. 203, nicht erhoben.

IV. a) Die für den gewerblichen Unterricht bestimmten besonderen Abgaben werden hierdurch nicht berührt; sie dürfen bis zum Betrage von 100 *RM* erhoben werden.

Vgl. auch die Bayer. Kosten- und Stempelordnung vom 3. 4. 1935, GVBl. S. 219, mit Berichtigung vom 16. 4. 1935, GVBl. S. 410; ferner die MBek. über die Haushaltsrechnung und Rechnungslegung der Kassen des Landes Bayern vom 27. 2. 1937, GVBl. S. 55, ergangen zur Reichshaushaltsordnung, zu den Reichswirtschaftsbestimmungen und zur Reichsrechnungslegungsordnung. — Für Preußen s. VerwGebO. vom 19. 5. 1934, GS. S. 261. — S. auch Anm. 3 e zu Art. I § 1 WGewStG.

b) Die besondere Abgabe nach Art. 155 Abs. IV KostenG. ist geregelt durch die VO. vom 24. 12. 1923, GVBl. S. 413. Sie beträgt, wenn der Gewerbebetrieb erstreckt werden soll

a) auf eine Gemeinde . . . . . . . . . . . . 5 RM,
b) auf mehrere Gemeinden oder einen Verwaltungsbezirk 10 RM,
c) auf mehrere Verwaltungsbezirke oder einen Reg.-Bezirk 20 RM,
d) auf einen weiteren Regierungsbezirk je . . . . . . 10 RM mehr.

Diese Abgabe wurde erstmals geregelt durch Art. 23 Abs. 1 des bayer. GewerbsG. vom 30. 1. 1860, später dann durch Art. 26 des Gesetzes vom 10. 3. 1879 und durch § 26 VBzGO. vom 29. 3. 1892; s. auch Anw. §§ 11 ff. und Anm. 4 zu Art. I § 8 WGewStG.

c) Die bayer. Bezirksämter und die unmittelbaren Städte erhalten die Formblätter für die WGewScheine und die LegKarten von den Regierungen, K. d. J.; sie haben darüber und über die erhobenen Gebühren besondere Aufzeichnungen zu führen; siehe dazu die VollzBek. vom 20. 6. 1915, GVBl. S. 156.

**18.** Der Bayer. Landesverband reisender Gewerbetreibender und verwandter Berufe (Schwanthalerstr. 85), München, hat früher jedem seiner Mitglieder einen Ausweis mit Lichtbild ausgestellt. Die Richtigkeit und Echtheit dieser Ausweise war in jedem einzelnen Fall sorgfältig nachzuprüfen.

Im übrigen war der Verband zufolge Entschl. des bayer. FinMin. vom 29. 12. 1921 Nr. 70153 II von den FÄ. bei seiner Aufklärungstätigkeit nach Möglichkeit zu unterstützen, auch durch Abordnung von Beamten zu Versammlungen. — An die Stelle des Landesverbands ist nunmehr die „Wirtschaftsgruppe Ambulantes Gewerbe" mit ihren verschiedenen Ortsgruppen getreten; sie ist der einzige Verband, welcher die Interessen des GiU. wahrzunehmen hat. — Die Hausierer müssen Mitglieder dieser Wirtschaftsgruppe sein; die Wirtschaftsgruppe selbst ist gutachtlich zu hören wegen der Frage der persönlichen Zuverlässigkeit i. S. des § 57 b Ziff. 2 GO.; RG. vom 27. 2. 1934, RGBl. I, 185; Anordnung des RWirtschMin. vom 18. 9. 1934, Reichs- u. StAnz. Nr. 219 vom 19. 9. 1934. Unzuverlässigkeit ist schon dann gegeben, wenn ein Hausierer sich hartnäckig weigert, Mitglied der Wirtschaftsgruppe zu werden. — Wegen des Handels usw. mit landwirtschaftlichen Erzeugnissen s. VO. vom 16. 2. 1934, RGBl. I, 100, mit den vom Reichsnährstand getroffenen ergänzenden Anordnungen.

**19.** Die Min. d. Innern und für Handel usw. haben mit Bek. vom 9. 3. 1922 Nr. 5690, StA. Nr. 77, die Bez.- und OrtspolBeh. angewiesen, daß, wenn es sich um Wandergewerbetreibende handelt, die als anständig bereits bekannt sind oder einwandfreie Ausweise besitzen, diesen die Aufstellung von Wohnwagen an geeigneten Plätzen innerhalb der Ortschaft oder in deren unmittelbaren Nähe zu gestatten sein wird.

**20.** a) Besondere Vorsicht ist geboten Zigeunern und nach Zigeunerart umherziehenden angeblichen Hausierern. Hierwegen werden in gewissen Zeitabständen die bayer. OrtspolBehörden, Standesämter und Gendarmeriestationen durch die Bezirksämter auf folgende Bestimmungen des Gesetzes zur Bekämpfung von Zigeunern, Landfahrern und Arbeitsscheuen vom 16. 7. 1926, GVBl. S. 359, und dessen Ausführungsbestimmungen vom gleichen Tage, GVBl. S. 961, hingewiesen:

1. Zigeuner und Landfahrer bedürfen folgender Ausweise:

a) Personalausweis (Art. 1 bzw. Ziff. 2; Muster: GVBl. S. 367), falls nicht im Besitze eines WGewScheines oder eines anderen Ausweises, sonst Verweisung an die nächste Bezirkspolizeibehörde.

b) Erlaubnisschein für das Umherziehen mit Wohnwagen (Wohnkarren) (Art. 1 bzw. Ziffer 3; Muster: GVBl. S. 368 [Ausländer ausgeschlossen!]).
c) Erlaubnisschein für das Umherziehen mit schulpflichtigen Kindern (Art. 2 bzw. Ziffer 4; Muster: GVBl. S. 369).
d) Ausweis für mitgeführte Tiere (Art. 3 bzw. Ziffer 5; Muster: GVBl. S. 370). Der Besitzwechsel muß von der Bezirkspolizeibehörde siegelmäßig bestätigt werden.

2. Zigeuner und Landfahrer dürfen nicht in Horden reisen und rasten und beim Lagern im Freien nur die ihnen von der Ortspolizeibehörde angewiesenen Lagerplätze für die ihnen bewilligte Aufenthaltsdauer beziehen (Art. 5, 6 bzw. Ziffer 7, 8).

3. Sie haben sich bei der Ortspolizeibehörde ihres jeweiligen Übernachtungsortes sofort nach Ankunft zu melden, auszuweisen und ihre Ausweise nach Art. 1—3 für die Dauer des Aufenthalts bei der Ortspolizeibehörde zu hinterlegen (Art. 7 bzw. Ziffer 9). Vor Wiederaushändigung der Ausweise Vergewisserung über einwandfreie Haltung der betreffenden Zigeuner (Landfahrer).

4. Anträge auf Einschaffung mit Freiheitsstrafen belegter Zigeuner, Landfahrer oder Arbeitsscheuer in eine Arbeitsanstalt oder auf Reichsverweisung sind an die Bezirkspolizeibehörde des Ortes der Aufgreifung oder des Wohnsitzes der Zigeuner usw. zu richten (Art. 8—10 bzw. A Ziffer 10, B Ziffern 1—7, C Ziffer 2).

5. a) Bezüglich des Nachrichtendienstes vgl. Bekanntmachung vom 28. 3. 1899, betr. Handhabung der Sicherheitspolizei in bezug auf Zigeuner, MABl. S. 113, und Bekanntmachung vom 21. 4. 1913, betr. Bekämpfung der Zigeunerplage, MABl. S. 355, (für Standesämter).

b) Nach den AB. vom 16. 7. 1926 zum ZiguArbeitsschG. Abschnitt A Ziff. 3 Abs. III, GVBl. S. 362, ist bei Ausstellung der Erlaubnisscheine zum Umherziehen mit Wohnwagen an Zigeuner und Landfahrer von allen zum Haushalt des Scheininhabers gehörigen Personen über 6 Jahre je ein Fingerabdruckblatt aufzunehmen und der Zigeunerpolizeistelle München einzusenden.

Die Bezirkspolizeibehörden haben Ausstellung der Wohnwagenerlaubnisscheine nachzuprüfen, ob sämtliche in dem Erlaubnisscheine eingetragenen Personen über 6 Jahre bereits erkennungsdienstlich behandelt sind. Von den noch nicht erkennungsdienstlich erfaßten Haushaltangehörigen über 6 Jahre sind Fingerabdrücke zu nehmen und mit den in Abs. 3 a. a. O. erwähnten Abschriften der ZigPolStelle München zu übermitteln. In Zweifelsfällen ist gemäß der MinEntschl. vom 24. 12. 1921 Nr. 2512 a 4 bei der ZigPolStelle anzufragen.

Dieses Verfahren ist auch auf alle jene Zigeuner und Landfahrer auszudehnen, die nicht im Besitze eines Erlaubnisscheines zum Umherziehen mit Wohnwagen sind, wohl aber um einen WGewSchein oder einen anderen im ZiguArbeitsschG. vorgesehenen Ausweis nachsuchen, oder überhaupt keinen Ausweis haben. Abschnitt A Ziff. 2 Abs. I der VollzVorschr. zum ZiguArbeitsschG. gibt hiezu die Grundlage; auch hier auf eine Fingerabdrucknahme der noch nicht daktyloskopierten Personen genannter Art über 6 Jahre schon (statt 14 Jahren) hinzuwirken, erscheint zweckmäßig.

Zur Klarstellung des Vorliegens von Fingerabdruckblättern für spätere Kontrollen ist die Eintragung eines Vermerkes über das Vorliegen der

Fingerabdruckblätter bei der ZigPolStelle auch in dem WGewSchein oder dem sonstigen Landfahrerausweise wie im Personalausweis und dem Erlaubnisschein zum Umherziehen mit Wohnwagen (Anl. 1 und 2 der Vollz.-Vorschr., GVBl. S. 368) angebracht. Bek. der Polizeidirektion München, ZigPolStelle, vom 7. 11. 1932 betr. Fingerabdrucknahme von Zigeunern und Landfahrern, ergangen an die Bezirkspolizeibehörden; StA. Nr. 262 vom 12. 11. 1932.

c) In diesem Zusammenhang ist auch zu erwähnen die E. des Staatsmin. des Innern, für Wirtschaft, Abt. Landwirtschaft, vom 29. 8. 1933 Nr. 2512 a 33 betr. den Vollzug des Gesetzes zur Bekämpfung von Zigeunern, Landfahrern und Arbeitsscheuen, StA. Nr. 200 vom 31. 8. 1933, ergangen an die Regierungen, die Bezirks- und Ortspolizeibehörden:

Vielfache Klagen aus der Bevölkerung, insbesondere aus dem flachen Land, geben Anlaß, den Polizeibehörden einen schärferen Vollzug des Gesetzes vom 16. 7. 1926, GVBl. S. 359, und der hierzu ergangenen Min.-Entschl. vom gleichen Tage, GVBl. S. 361, nachdrücklich zur Pflicht zu machen.

Insbesondere ist die nach Art. 1 des Gesetzes zu erteilende Erlaubnis künftig nach Möglichkeit einzuschränken.

Die Bezirkspolizeibehörden haben gemäß Art. 1 Abs. 2 des Gesetzes die Erlaubnis zu widerrufen, wenn von den Ortspolizeibehörden wesentliche und wiederholte Verstöße gegen deren Anordnungen, insbesondere bezüglich der Aufstellung der Wohnwagen, der Reinhaltung der den Landfahrern zugewiesenen Plätze gemeldet werden.

Ferner ist die in Buchst. A1 Abs. 2 und 3 der ME. vom 16. 7. 1926 geregelte Ausstellung von WGewScheinen mit Schutzvermerk genauestens zu beachten. Die Ausstellung von WGewScheinen an die in Frage kommenden Personenkreise ist zu versagen, wenn nach den Umständen des Falles anzunehmen ist, daß hierdurch lediglich die Möglichkeit des Bettels erstrebt wird.

Die Ortspolizeibehörden haben in jedem Falle und ausnahmslos die Hinterlegung der Ausweise nach Art. 7 Abs. 2 des Gesetzes zu fordern.

Abschließend werden die Ortspolizeibehörden und die übrigen Polizeiorgane nachdrücklich darauf hingewiesen, im Interesse der Sicherheit der Bevölkerung dem Landstreichertum mit allen Mitteln entgegenzutreten.

d) Vgl. hierher auch Anm. 6 zu § 56 d GO.; unten Ziff. IV.

e) In Preußen dürfen nach Ziff. 76 AusfAnw. vom 1.5.1904 an ausländische Zigeuner WGewScheine überhaupt nicht abgegeben werden; s. auch Ziff. 65 und 67 a. a. O., ferner ME. vom 16. 7. 1912 und 18. 12. 1928, MBliV. S. 255 bzw. 1215; GewArch. 10, 639; 26, 391.

**21.** a) Um zu verhindern, daß sich Kriegsbeschädigte der Almosenmusik zuwenden, hat das Reichsarbeitsministerium in Nr. 49/1921 ReichsversBl. am 5. Juli 1921 verfügt, daß Kriegsbeschädigte von allen Berufen fernzuhalten sind, die mittelbar einen Anreiz zum Bettel bieten können.

b) Der Hausierhandel mit geringwertigen Waren darf nicht einen Deckmantel zum Bettel abgeben; in dem Anbieten von solchen geringwertigen Waren zum Kauf kann oft schon ein Bettlergewerbe gefunden werden.

c) Gegen den wilden Hausierhandel wenden sich auch die MBek. vom 23. 9. 1925 und 5. 2. 1929, StA. Nr. 222 bzw. 33; s. oben Anm. 14 f; s. weiter Ziff. XII A 1 m unten.

d) Wegen der Bekämpfung des Bettlerunwesens hat das bayer. Staatsmin. d. Inn. mit Entschl. vom 7. 2. 1938, RegAnz. Nr. 45, folgendes bekanntgegeben:

Es mehren sich neuerdings wieder die Klagen, daß trotz der durchgreifenden Maßnahmen, die durch die MBek. vom 20. 2. 1936 Nr. 6750 g 15, MABl. S. 43, zur Bekämpfung des Bettlerunwesens getroffen worden sind, in größerer Zahl Personen bettelnd umherziehen oder den Bettel in Form des unerlaubten Hausierens ausüben. In der Regel sind dies asoziale Elemente, die dadurch jeder geregelten Arbeit aus dem Wege gehen, einer Unterstützung in keiner Weise würdig sind und vielfach besonders auf dem Lande zum Dank für die gewährten Almosen noch Straftaten begehen.

Daß sich die Bettler und Landstreicher den angeordneten Polizei- und Fürsorgemaßnahmen entziehen können, ist im allgemeinen nur dadurch möglich, daß sie immer wieder entweder von Fürsorgestellen oder von Privaten unterstützt werden, anstatt daß sie ohne weiteres abgewiesen und der Polizei übergeben oder angezeigt werden.

Die Hergabe von Almosen und Unterstützungen an derartige Personen ist falsch angebrachte Mildtätigkeit, denn sie fördert das Bettlerunwesen, stellt den Erfolg der staatlichen Polizei- und Fürsorgemaßnahmen in Frage und leistet dem Verbrechertum Vorschub. Im nationalsozialistischen Staat ist sie auch vollständig überflüssig, da die staatlichen Fürsorgemaßnahmen, die arbeitsfürsorgliche Betreuung des Bayerischen Landesverbandes für Wanderdienst und insbesondere auch die Hilfsmaßnahmen der NSV. jedem Volksgenossen das Lebensnotwendige sichern.

Es ergeht daher neuerdings die Aufforderung, die staatlichen Maßnahmen zur Bekämpfung des Bettlerunwesens zu unterstützen und den Bettlern und Landstreichern in keiner Form mehr Almosen zu gewähren.

e) Für umherziehende Tanzbärenführer sollen keine WGewScheine ausgestellt werden: MBek. vom 14. 10. 1929, StA. Nr. 241. Mit Beginn des Jahres 1933 ist der Tanzbär aus dem Straßenbild der deutschen Städte und Dörfer verschwunden. Das Reichswirtschaftsmin. hat die Behörden angewiesen, keine WGewScheine mehr für Bärenführer, die in der Regel Zigeuner waren, auszugeben.

**22.** Über die Verpflichtung, die beim Hausiergewerbe benützten Zugtiere amtstierärztlich untersuchen zu lassen, s. § 17 Nr. 7 ViehseuchenG. vom 26. 6. 1909, RGBl. S. 519; § 45 VollzBek. hiezu vom 27. 4. 1912, GVBl. S. 403; s. auch die Ausführungen bei §§ 56 b und 60 GO.; Anh. III Ziff. III und VII.

**23.** Die Schreibwarenhändler in Frammersbach (Bez.-Amt Lohr) durften seither wegen ihrer wirtschaftlichen Lage die Amts- und Schulräume zur Ausübung des GiU. betreten; Bek. vom 1. 6. 1910, MABl. S. 386; Entschl. des Min. des Äußern vom 11. 5. 1911 Nr. 8883/II. Im übrigen wurden mit Bek. sämtl. Min. vom 13. 9. 1919, StA. Nr. 242, unter Bezugnahme auf Abs. 3 Bek. vom 1. 6. 1910 betr. Detailreisen und Hausieren in Amtsräumen (MABl. 1910 S. 386, JMBl. S. 760) die staatlichen Behörden angewiesen, Geschäftsreisende, welche die Behörden als solche (nicht die einzelnen Beamten als Privatpersonen) in Geschäftsangelegenheiten besuchen wollen, vorzulassen und sachgemäß zu verbescheiden.

**24.** Kolportage von Bibeln u. dgl. durch den Landesverein für innere

Mission der ev.-luth. Landeskirche Bayerns sowie durch die britische und ausländische Bibelgesellschaft in Berlin war in Bayern steuerfrei; FME. vom 3. 11. 1892 Nr. 18106; s. jedoch auch oben Anm. 1 a.

**25.** Über Hausieren mit Bürsten- und Korbwaren, die von der bayer. Blindengenossenschaft hergestellt sind, vgl. die Bek. vom 1. 3. 1922 Nr. 509/8, StA. Nr. 56; hiernach ist allen staatlichen Stellen und Behörden empfohlen worden, Bürsten- und Korbwaren bei Bedarf von der Genossenschaft zu beziehen.

## II.

## Hausierbetrieb an Sonn- und Festtagen

### § 55 a GO.

(1) An Sonn- und Festtagen (§ 105 a Absatz 2) ist der Gewerbebetrieb im Umherziehen, soweit er unter § 55 Absatz 1 Ziffer 1 bis 3 fällt, sowie der Gewerbebetrieb der im § 42 b bezeichneten Personen verboten.

(2) Ausnahmen können von der unteren Verwaltungsbehörde zugelassen werden. Der Bundesrat ist ermächtigt, über die Voraussetzungen und Bedingungen, unter denen Ausnahmen zugelassen werden dürfen, Bestimmungen zu erlassen.

**1.** Der in § 55 Ziff. 4 bez. Gewerbebetrieb (Musikaufführungen usw.) darf also an Sonn- und Festtagen ausgeübt werden; § 42 b (Ziff. IX unten).

**2.** Die Landesregierungen bestimmen, welche Tage als Festtage in Betracht kommen; § 105 a Abs. 2; Anw. § 5 Abs. 4; Landmann S. 694 ff. Das Landesrecht kann auf Grund des § 366 Ziff. 1 RStGB. bzw. § 105 h GO. weitergehende Beschränkungen anordnen.

Bezüglich der Sonntagsruhe sind weiter einschlägig §§ 105 a—i GO. Es gilt insbes. § 105 b Abs. 2 GO. auch für das Hausiergewerbe (betr. die Beschäftigung von Gehilfen, Arbeitern usw.); s. KSchG. Ziff. XI unten; s. weiter Reger 12, 386; 14, 9 mit 13, 214; 21, 28; 14, 234.

Hierher sind aber insbes. zu erwähnen das Gesetz über die Feiertage vom 27. 2. 1934, RGBl. I S. 129, weiter die DVO. dazu vom 18. 5. 1934, RGBl. I S. 394, und die VO. über den Schutz der Sonn- und Feiertage vom 16. 3. 1934, RGBl. I S. 199, i. d. F. der VO. vom 1. 4. 1935, RGBl. I S. 510.

**3.** Vgl. über „Verwaltungsbehörde": § 155 GO., die bayer. VB. vom 29. 3. 1892, GVBl. S. 61, und die MEntschl. vom 18. 4. 1892 Ziff. III, MABl. S. 198. Die Ausnahmen können allgemein oder bestimmten Personen bewilligt werden. — Über die Zuständigkeit in Preußen usw. s. Vorbem. oben.

**4.** Strafbestimmung: § 146 a GO., § 366 Ziff. 1 RStGB.

**5.** Auch Wanderlager dürfen an Sonn- und Feiertagen nicht betrieben werden; Scheinanmeldung als stehendes Gewerbe schützt nicht vor Strafe; Anm. 1 e zu § 55 oben; OLG. vom 28. 9. 1912, Rev.-Reg. Nr. 394/1912.

**6.** Verboten: Druckschriftenkolportage (§ 43 Abs. II; unten Ziff. IX); Hausierhandel während der Ladenschlußzeit (§ 25 Arbeitszeitordnung vom 26. 7. 1934, RGBl. I S. 803, wodurch die früheren §§ 139 e Abs. IV und

139f Abs. IV weggefallen sind); dagegen nicht der Geschäftsbetrieb der Handlungsreisenden und der Marktverkehr (unten Ziff. VII und VIII). Bezüglich „Aufsicht" siehe § 139 b.

## III.

## Verbotene Gegenstände und verbotene Gewerbsarten.

Gewisse Waren und bestimmte Gewerbsarten sind vom GiU. ausgeschlossen.

### 1. Ausgeschlossene Waren:

### § 56 GO.

(1) Beschränkungen, vermöge deren gewisse Waren von dem Feilhalten im stehenden Gewerbebetrieb ganz oder teilweise ausgeschlossen sind, gelten auch für deren Feilbieten im Umherziehen.

(2) Ausgeschlossen vom Ankauf oder Feilbieten im Umherziehen sind:

1. geistige Getränke, soweit nicht das Feilbieten derselben von der Ortspolizeibehörde im Falle besonderen Bedürfnisses vorübergehend gestattet ist;
2. gebrauchte Kleider, gebrauchte Wäsche, gebrauchte Betten, und gebrauchte Bettstücke, insbesondere Bettfedern, Menschenhaare, Garnabfälle, Enden und Dräumen von Seide, Wolle, Leinen oder Baumwolle;
3. Gold- und Silberwaren, Bruchgold und Bruchsilber, sowie Taschenuhren;
4. Spielkarten;
5. Staats- und sonstige Wertpapiere, Lotterielose, Bezugs- und Anteilsscheine auf Wertpapiere und Lotterielose;
6. explosive Stoffe, insbesondere Feuerwerkskörper, Schießpulver und Dynamit;
7. solche mineralische und andere Öle, welche leicht entzündlich sind, insbesondere Petroleum, sowie Spiritus;
8. Stoß-, Hieb- und Schußwaffen;
9. Gifte und gifthaltige Waren, Arznei- und Geheimmittel sowie Bruchbänder;
10. Bäume aller Art, Sträucher, Schnitt-, Wurzel-Reben, Futtermittel und Sämereien;
11. Schmucksachen, Bijouterien, Brillen und optische Instrumente.

(3) Ausgeschlossen vom Feilbieten und Aufsuchen von Bestellungen im Umherziehen sind ferner:

12. Druckschriften, andere Schriften und Bildwerke, insofern sie in sittlicher oder religiöser Beziehung Ärgernis zu geben

geeignet sind, oder mittels Zusicherung von Prämien oder Gewinnen vertrieben werden, oder in Lieferungen erscheinen, wenn nicht der Gesamtpreis auf jeder einzelnen Lieferung an einer in die Augen fallenden Stelle bestimmt verzeichnet ist.

(4) Wer Druckschriften, andere Schriften oder Bildwerke im Umherziehen feilbieten will, hat ein Verzeichnis derselben der zuständigen Verwaltungsbehörde seines Wohnorts zur Genehmigung vorzulegen. Die Genehmigung ist nur zu versagen, soweit das Verzeichnis Druckschriften, andere Schriften oder Bildwerke der vorbezeichneten Art enthält. Der Gewerbetreibende darf nur die in dem genehmigten Verzeichnis enthaltenen Druckschriften, anderen Schriften oder Bildwerke bei sich führen, und ist verpflichtet, das Verzeichnis während der Ausübung des Gewerbebetriebs bei sich zu führen, auf Erfordern der zuständigen Behörden oder Beamten vorzuzeigen und, sofern er hierzu nicht imstande ist, auf deren Geheiß den Betrieb bis zur Herbeischaffung des Verzeichnisses einzustellen.

**1.** Zu Abs. I vgl. §§ 35 Abs. 2, 42 b Abs. 3. Der Hausierer soll nicht günstiger behandelt werden als der stehende Gewerbebetrieb; Landmann S. 468, 699; Anw. §§ 6, 7; s. auch unten Ziff. IX.

**2.** Abs. 2 handelt von Waren, die vom Ankauf oder Feilbieten i. U. ausgeschlossen sind; Abs. 3 von Waren, die vom Feilbieten und Aufsuchen von Bestellungen ausgeschlossen sind. Das Aufsuchen von Bestellungen auf die in Abs. 2 bezeichneten Waren ist nicht verboten; OLG. 29, 145. Wegen der Handlungsreisenden s. Ziff. VIII. § 56 Abs. 2 gilt auch für die Wanderlager; Landmann S. 700; Anm. 1 e zu § 55 oben.

**3.** Das von der Ortspolizeibehörde erlaubte Feilbieten geistiger Getränke außerhalb der Wohnung des Gewerbetreibenden bei außergewöhnlichen Gelegenheiten (gemeint sind dringend hervorgetretene Bedürfnisse, z. B. bei Volksfesten, Truppenübungen usw.) ist der Hausiersteuer nicht unterworfen; StenB. 1897 IX, 643, 714, 715; dagegen ist ein WGewSchein erforderlich; § 60 Abs. 1 GO. Ortspolizeibehörde: Gemeindebehörde; § 25 Abs. 2 der VO. vom 29. 3. 1892, GVBl. S. 61 i. d. F. der VO. vom 12. 3. 1928, GVBl. S. 153; Landmann S. 701. Vgl. auch § 42 a GO. (unten Ziff. IX). — Für P r e u ß e n s. AusfAnw. vom 1. 5. 1904 Ziff. 3 a.

Der F l a s c h e n b i e r h a n d e l i. U. ist auf alle Fälle verboten. Nach Entschl. des Min. d. Inn. vom 3. 10. 1896/16. 11. 1897 haben die Distr.- und Ortspol.-Behörden dem Hausierhandel mit Flaschenbier strenge entgegenzutreten; vgl. auch MBek. vom 30. 12. 1909, MABl. 1910 S. 1; Anm. 1 zu § 56 b; § 67 GO. (Ziff. VII unten), Anm. 8 zu § 44 (Ziff. VIII unten); s. auch StenB. IX, 542, 546, 634, 636, 643, 648, 710 ff. — Für P r e u ß e n s. ME. vom 4. 1. 1904; Reger 24, 410; 16, 355.

**4.** Der Ankauf und das Feilbieten i. U. von g e b r a u c h t e n Bettfedern und Kleidungsstücken ausgeschlossen; dagegen fällt der Handel mit Lumpen nicht unter dieses Verbot; KommBer. S. 14. Gleichgültig ist, ob die Sammler der Lumpen und Abfälle diese Waren barzahlen oder Tauschhandel treiben; s. StenB. 1879, III, 210; Landmann S. 702. Beim Ausstellen von Legitimationskarten zum Ankauf von Menschenhaaren i. U. ist darauf zu achten, ob Antragsteller ein stehendes Gewerbe hiermit betreibt; Aut. E. des Min. des Äußern vom 19. 5. 1913; s. auch RGBl. 1918 S. 1299 und 1920.

**5.** Bezüglich der Enden und Dräumen s. Landmann S. 473, 702; ferner StenB. 1879, III, 302; preuß. ME. vom 8. 7. 1859, MBl. S. 221.

**6.** a) BRBek. vom 27. 11. 1896 (unten Ziff. VIII): Gold- und Silberwaren dürfen i. U. zum Wiederverkauf nicht angekauft, auch nicht verkauft (feilgeboten) werden; OLG. 6, 76.

Eine Ausnahme von § 56 Ziff. 3 ist durch § 44 Abs. 2 zugelassen; Landmann S. 702 f.; s. unten Ziff. VIII. Nach § 2 des Gesetzes vom 29. 6. 1926, RGBl. I S. 321, ist der Hausierhandel mit Edelmetallen, Edelsteinen, Perlen (Gold, Silber, Gold- und Silbermünzen) verboten. Auch der Handel mit unedlen Metallen kann verboten werden; WGewScheine für den Ankauf dürfen nur ausgestellt werden, wenn die Erlaubnis von der zuständigen Verwaltungsbehörde erteilt ist; Gesetz vom 23. 7. 1926, RGBl. I S. 415; vom 31. 3. 1928, RGBl. I S. 149; vom 21. 12. 1928, RGBl. I S. 412; vom 28. 6. 1929, RGBl. I S. 121; insbes. § 15; Landmann S. 702 f.; s. auch Anh. XI D 4.

b) Das Abhalten von „Banktagen" in Wirtsstuben ist (auch an Markttagen) verboten; OLG. vom 29. 9. 1903, MABl. S. 465; Anm. 2 zu § 56 a. — Wegen des Verkehrs mit Lotterielosen s. § 56 a Ziff. 2 GO.; Landmann S. 703 f., 718; StenB. 1897, IX, 648.

**7.** a) Über „Gifte" s. VO. vom 16. 6. 1895, vom 26. 6. 1901, 13. 3. 1906, 14. 5. 1908; GVBl. 1895 S. 267, 1901 S. 469, 1906 S. 91, 1908 S. 297. Für Preußen s. § 49 Gesetz vom 22. 6. 1861, GS. S. 442; MBek. vom 24. 8. 1895, MinBl. S. 265; VO. vom 22. 2. 1906 mit RdErl. vom 10. 8. 1917, HMBl. S. 115 bzw. 237; GewArch. 10, 60; Volkswohlf. 1926 Sp. 190; 1927 Sp. 896.

b) Arzneimittel sind die in Beil. A KaisVO. vom 22. 10. 1901, RGBl. S. 380, gen. Zubereitungen, wenn sie als Heilmittel feilgeboten werden, und die in Beil. B bez. Drogen und Chemikalien; auch dann, wenn sie mit anderen Stoffen gemischt sind. — Vgl. auch die VO. über den Verkehr mit Arzneimitteln vom 26. 7. 1900, RGBl. S. 871, Nachtrags-VO. vom 21. 4. 1921, RGBl. S. 490; § 367 Nr. 3 StGB.; OLG. 6, 201.

Verbot bezieht sich auch auf Handel mit Tierarzneimitteln; Landmann S. 132 ff., 706; § 42 a GO. (unten Ziff. IX); OLG. 4, 175; 8, 34; 10, 62; 14, 268.

Geheimmittel sind Mittel, deren Anbietung erfolgt, ohne daß Bestandteile und Mengenverhältnis der Zubereitung in gemeinverständlicher Weise angegeben sind, G. i. e. S. Im weiteren Sinne versteht man darunter alle Heil-, Kräftigungsmittel und Apparate, die öffentlich angepriesen werden; Landmann S. 132, 707; VO. vom 26. 7. 1907, GVBl. S. 593, vom 24. 1. 1923, GVBl. S. 18.

Das Verbot des Hausierhandels mit Geheimmitteln bezieht sich auch auf jene im weiteren Sinne.

Auch die öffentliche Ankündigung und Anpreisung von Geheimmitteln verboten; OLG. vom 14. 6. 1905, vom 15. 1. 1907, vom 28. 1. 1908; Landmann S. 136. Über den Handel mit Essigsäure s. VO. vom 14. 7. 1908, RGBl. S. 475.

c) Über das Hausieren mit Futtermitteln s. MErl. vom 28. 3. 1903, MABl. S. 123; Landmann S. 708; Anm. 1 f zu § 59 (unten Ziff. VI).

**8.** Hausierhandel mit Obstbäumen verboten; MErl. vom 3. 11. 1933, StA. Nr. 257; außerdem der Hausierhandel mit Gemüse- und Blumensamen; MBek. vom 24. 11. 1933, StA. Nr. 276; s. dazu Gesetz vom 13. 7. 1933, RGBl. I S. 463, betr. Absatz von Gartenbauerzeugnissen.

**9.** Auf den Wert der Schmucksachen kommt es nicht an; bayer. MErl. vom 6. 7. 1907, MABl. S. 331. Zum Aufsuchen von Bestellungen auf Schmucksachen, Uhren, Brillen usw. soll in der Regel kein WGewSchein erteilt werden, da bei dem geringen Umfange dieser Gegenstände der Hausierer diese oft käuflich überläßt; § 56 Abs. 2 GO. bietet allerdings keine Handhabe hierfür; s. auch § 56 Ziff. 3.

**10.** a) Die durch die internationale Bibelforschervereinigung herausgegebenen Druckschriften wurden zufolge Beschlusses der Polizeidirektion München vom 18. 11. 1931 für ganz Bayern verboten, beschlagnahmt und eingezogen; Bayer. Polizeiblatt Nr. 180/1931 S. 700; s. auch BayZ. für Rechtspfl. 1932 S. 202. Mit MBek. vom 13. 4. 1933, StA. Nr. 88, wurden die Vereinigungen der ernsten Bibelforscher überhaupt aufgelöst und verboten.

b) Die in Ziff. 12 bez. Arten von Druckschriften usw. sind vom Feilbieten und Aufsuchen von Bestellungen ausgeschlossen, dagegen nicht vom Ankauf; § 44 Abs. 3; Landmann S. 709 ff. Druckschriften bedenklichen Inhalts und mit schwindelhaften Anpreisungen sollen auf alle Fälle vom Anbieten i. U. ausgeschlossen sein; StenB. 1879, III, 303 ff.; 1897, IX, S. 638, 642 f.; MBek. 1885 Ziff. 8 c; Anw. § 6; bez. Schund- und Schmutzliteratur s. Gesetz vom 18. 12. 1926, RGBl. I, 505, zur Bewahrung der Jugend. Zu den Bildwerken gehören auch Haussegen mit Uhr und Spielwerk; OLG. vom 20. 4. 1909, Rev.-Reg. Nr. 181/1909; s. auch Ziff. IX zu §§ 42 b und 43 GO. unten.

**11.** S. auch Sprengstoffgesetz vom 9. 7. 1884, RGBl. S. 61; bayer. VO. vom 17. 9. 1884 mit VollzBek. vom 5. 10. 1884, GVBl. S. 451, 471, insbes. auch VollzBek. vom 4. 2. 1890, GVBl. S. 96; Landmann S. 704. Verboten ist auch der Hausierhandel mit Munition und Schußwaffen; § 7 Gesetz vom 12. 4. 1928, i. d. F. der NotVO. vom 8. 12. 1931, RGBl. I 1928 S. 143, 1931 S. 699, 742; s. Anh. XI D 2. Vom 1. 4. 1938 ab ist maßgebend das Waffengesetz vom 18. 3. 1938, RGBl. I, 265.

Hiernach ist der Handel mit Schußwaffen oder Munition sowie mit Hieb- oder Stoßwaffen

I. i. U.,

II. auf Jahrmärkten, Schützenfesten und Messen — mit Ausnahme der Mustermessen —

verboten. Nicht unter das Verbot zu II. fällt das Feilhalten und Überlassen der bei einem Schützenfest auf dem Schießstand benötigten Munition; § 9; StrafBest.: § 26 a. a. O. (Gefängnis bis zu 3 Jahren und Geldstrafe oder eine dieser Strafen, auch Einziehung möglich). Nach § 33 treten die früheren Gesetze vom 12. 4. 1928 nebst ABO. sowie vom 28. 3. 1931, RGBl. I 1928 S. 143 bzw. 253; 1931, S. 77, 699, 742; 1932 S. 253, 548, gleichzeitig auch § 56 Abs. 2 Ziff. 8 GO. außer Kraft; s. auch VO. vom 19. 3. 1938 und AB. vom 21. 3. 1938, RGBl. I, 270, 276.

Wegen Zündhölzer s. RG. vom 10. 5. 1903, RGBl. S. 217.

**12.** Über leicht entzündliche Öle usw. s. bayer. VO. vom 9. 7. 1902, GVBl. S. 211; VO. vom 24. 2. 1882, RGBl. S. 40; ferner § 56 a Ziff. 3 GO.

**13.** § 367 Ziff. 9 StGB. wegen Waffen. Auch griffeste Messer gehören hierher. MABl. 1904 S. 342; Reger 3, 39; 27, 381. VO. vom 19. 11. 1887, GVBl. S. 655, bzw. nun Bek. vom 7. 12. 1921, GVBl. S. 585; BayZ. f. Rechtspfl. 1922 S. 79. — Wegen der Verabfolgung von Schußwaffen und Munition an Jugendliche s. § 43 GO. (unten Ziff. IX). — Siehe auch Art. 39 PStGB.

**14.** Strafbestimmungen: § 148 Ziff. 7 a; § 146 Ziff. 4; § 149 Ziff. 2; § 367 Ziff. 3 StGB. Bei Nahrungsmittelfälschungen, z. B. Handel mit verfälschtem Honig: § 10 des RG. vom 14. 5. 1879, event. auch § 367 Nr. 7 StGB.

Nach § 366 Ziff. 10 StGB. kann durch ortspolizeiliche Vorschrift das Feilbieten von Waren i. U. auf öffentlichen Straßen und Plätzen untersagt werden; OLG. 3, 84 und 117; 4, 391; 6, 33.

**15.** Über sonstige verbotene Gewerbe s. bei Ziff. XI.

**16.** Verboten ist auch das unbefugte Feilbieten von Gegenständen jeder Art und das Verteilen von Druckschriften u. dgl., die Vorführung von Schaustellungen, das Abhalten von Vorträgen und das Einsammeln von Geld innerhalb des Bahngebiets, namentlich auch in den Zügen; §§ 77 und 82 der Eisenbahn-Bau- und Betriebsordnung vom 4. 11. 1904, 9. 12. 1923, RGBl. S. 387 bzw. 1923 II S. 491; s. auch bayer. Bek. vom vom 13. 4. 1905, GVBl. S. 305 und 307; Bek. des KStM. f. Verkehrsangelegenheiten vom 10. 2. 1913 Nr. 27 (7 Bo).

Das Stations- und Zugbegleitpersonal hat hienach darüber zu wachen, daß die Verbote beachtet werden, und bei Zuwiderhandlungen einzuschreiten; die Betriebsinspektionen haben bei Übertretungen Anzeige zu erstatten.

Diese Bestimmungen wurden durch § 10 des Staatsvertrags vom 31. 3. 1920, RGBl. S. 773, aufrechterhalten. S. nunmehr Gesetz vom 7. 3. 1934 und 10. 2. 1937, RGBl. II 91 bzw. 47.

Wegen Sammlungen von Haus zu Haus s. Anm. 9 i zu § 55 GO. oben Ziff. I.

Verboten ist auch der Hausierhandel mit Gegenständen, die dem allgemeinen Verkehr entzogen sind, z. B. auf Grund kriegswirtschaftlicher Vorschriften; MBek. vom 13. 2. 1917, StA. Nr. 40; Anm. 6 zu § 56 b unten. Wegen der zum Gesetz über den Kriegszustand ergangenen Entscheidungen vgl. den „Anhang“ der Slg. der Entsch. des OLG. in Straff. Bd. 15 ff.

Über Handel mit Pfandscheinen, die keine Wertpapiere i. S. des § 56 sind, vgl. §§ 34, 38, 53 GO.; ferner MBek. vom 11. 2. 1910, GVBl. S. 83. Die Kontrollvorschriften des § 38 GO. (Buchführungspflicht für Pfandvermittler) erstreckt sich auch auf die i. U. betriebenen Geschäfte; RG. vom 20. 9. 1897 und 11. 7. 1910; DJZ. 1898, 62 bzw. GewArch. 10, 88.

Wegen des An- und Verkaufs von Vögeln, Eiern und Nestern von Vögeln s. VogelschutzG. vom 30. 5. 1908, RGBl. S. 317; KVO. vom 5. 5. 1913, GVBl. S. 189; s. auch § 35 Abs. 2 GO. (Untersagung wegen Unzuverlässigkeit!); Landmann S. 468, 469 ff.; VGH. vom 6. 7. 1934, RVerwBl. 55, 859; GewArch. 32, 372.

Wegen des Verbots des Feilbietens von Wild während der Hegezeit s. §§ 8 und 9 VO. vom 6. 6. 1909, GVBl. S. 409; VO. vom 5. 5. 1913 (lit. c); Strafbestimmung § 18 der VO. vom 6. 6. 1909, Art. 23 Ziff. 5

JagdG. und Art. 125 PolStGB. wegen der Einziehung; s. auch Anm. 3f zu § 59 GO. (Ziff. VI unten).

Oberpolizeiliche Vorschriften zum Pflanzenschutz sind wiederholt ergangen, so die unterfränk. von 1914; die oberfränk. im Kreisamtsblatt 1914 Nr. 9; s. auch MBek. vom 17. 6. 1922, StA. Nr. 140; OLG. 2, 315; 12, 290; 13, 291.

Über das Verbot des Handels mit Papier, das dem zur Herstellung von Reichsbanknoten verwendeten gleich oder ähnlich ist, s. RG. vom 2. 1. 1911, RGBl. S. 25.

Über den Verkehr mit Medaillen und Marken s. VO. vom 27. 12. 1928, RGBl. I 1929 S. 2.

## 2. Ausgeschlossene Leistungen.

### § 56a GO.

(1) Ausgeschlossen vom Gewerbebetrieb im Umherziehen sind ferner:

1. Die Ausübung der Heilkunde, insoweit der Ausübende für dieselbe nicht approbiert ist;
2. das Aufsuchen, sowie die Vermittlung von Darlehensgeschäften und von Rückkaufsgeschäften ohne vorgängige Bestellung, ferner das Aufsuchen von Bestellungen auf Staats- und sonstige Wertpapiere, Lotterielose und Bezugs- und Anteilsscheine auf Wertpapiere und Lotterielose;
3. das Aufsuchen von Bestellungen auf Branntwein und Spiritus bei Personen, in deren Gewerbebetrieb dieselben keine Verwendung finden;
4. das Feilbieten von Waren sowie das Aufsuchen von Bestellungen auf Waren, wenn solche gegen Teilzahlungen unter dem Vorbehalte veräußert werden, daß der Veräußerer wegen Nichterfüllung der dem Erwerber obliegenden Verpflichtungen von dem Vertrage zurücktreten kann (§§ 1 und 6 des Gesetzes, betreffend die Abzahlungsgeschäfte, vom 16. Mai 1894).

(2) Ausgeschlossen von dem Gewerbebetrieb im Umherziehen ist ferner das Feilhalten von Waren und das Aufsuchen von Bestellungen auf Waren unter Bezugnahme auf die Beschäftigung von Blinden oder auf die Fürsorge für solche, es sei denn, daß die Waren von Blinden handwerksmäßig hergestellt (Blindenwaren) und von der Stelle, die sie zuerst in den Vertrieb gibt, mit ihrer eigenen Bezeichnung (Ursprungsbezeichnung), dem vorgeschriebenen Blindenwarenzeichen und dem Kleinhandelverkaufspreis versehen sind. Der Reichswirtschaftsminister erläßt im Einver-

nehmen mit dem Reichsarbeitsminister die zur Durchführung und Ergänzung erforderlichen Rechts- und Verwaltungsvorschriften.

**1.** Unter Heilkunde-Ausübung versteht man eine besondere, ärztliche Fachkenntnisse voraussetzende Tätigkeit, welche auf die Heilung oder Linderung von Krankheiten bei Menschen oder Tieren gerichtet ist; OLG. 34, 142; GewArch. 5, 620; 8, 298. — Approbierte Personen fallen nicht unter § 56 a Abs. 1; ebensowenig die als Diener usw. fungierenden Personen. Die Kastration der Haustiere fällt nicht unter das Verbot; Landmann S. 688 und 717. Dagegen gehören hierher die Zahntechniker, die nichtapprobierten Ärzte, die Naturheilkundigen, unter Umständen auch Bruchbandagisten und Hühneraugenoperateure; Landmann S. 716 f. Durch die Entgegennahme der Erklärungen der Kranken über ihre körperlichen Beschwerden und durch die Besichtigung eines Körperteiles der Kranken ist der Begriff „Ausübung der Heilkunst" i. S. des § 56 a Nr. 1 erfüllt; OLG. vom 30. 1. 1930 II Nr. 616/29; OLG. 1, 275; 7, 169; 28, 74; OVG. vom 2. 4. 1931; JW. 1932 S. 3403. Aufsuchen von Bestellungen auf Bruchbänder durch nichtapprobierte Personen zulässig, wenn der Bruch bereits ärztlich festgestellt ist und der Bandagist sich auf das bloße Anmessen und Anpassen beschränkt; er muß sich aber jeder Handlung, die sich als eine Ausübung der Heilkunde darstellt, enthalten (z. B. körperlicher Untersuchungen); GewArch. 5, 620; OLG. 1, 275, 381; vom 3. 5. 1913; Reger 26, 356; 33, 405. S. jedoch auch Preuß. OVG. vom 2. 4. 1931; JW. 1932 S. 3403. — Über Zahntechniker s. OLG. 8, 355; 10, 325. Zu der RVO. § 123 ist vom Min. d. Inn. mit Bek. vom 17. 11. 1913 Nr. 76 b 111 hinsichtlich der Zahntechniker in Ziff. II u. a. bestimmt:

Außerdem dürfen keine Tatsachen vorliegen, die die Unzuverlässigkeit in bezug auf das Zahntechnikergewerbe dartun. Auch darf das Gewerbe weder i. U. noch mit Hilfe von Reisenden oder sonstigen Beauftragten, die Kunden anwerben, betrieben werden; StA. Nr. 276.

Die bestellte Ausübung der Heilkunde wird von dem Verbot nicht getroffen. Hat ein Heilkundiger auswärts ein Zimmer gemietet zur Abhaltung sog. Sprechstunden, so hat er damit eine gewerbliche Niederlassung begründet und kein Wandergewerbe betrieben.

Zur Bekämpfung der Kurpfuscherei ergingen in Preußen die ME. vom 28. 6. 1902 und 31. 12. 1902, MBlfM. 1902 S. 241; 1903 S. 23.

**2.** Ziff. 2 bezweckt der Überhandnahme des Wuchers entgegenzutreten; Landmann S. 717; s. auch Anm. 6 b zu § 56 GO. oben. Nach MEntschl. vom 1. 10. 1905 müssen die Bezirkspolizeibehörden dem unerlaubten Hausierbetrieb mit Wertpapieren besonders an sog. Banktagen und im Detailreisen mit allem Nachdruck begegnen. — Unter Darlehensvermittlung versteht man jede auf Vermittlung eines Darlehens abzielende Tätigkeit, einerlei, ob die Vermittlung zu einem Erfolge führt oder nicht, ob der Vermittelnde das Darlehen selbst geben will oder ein Dritter. Es kann dies auch geschehen durch Werbung von Mitgliedern für einen Zwecksparkassenverband; BayZ. 1933, 274; OLG. 3, 338; 4, 52; 6, 293; 6, 297; 10, 281; 14, 120; 28, 90; JW. 1928 S. 3190; 1929 S. 273.

**3.** Bei Wiederverkäufern und bei Gewerbetreibenden, welche Branntwein oder Spiritus in ihrem Gewerbebetrieb benötigen, ist das Aufsuchen von Bestellungen gestattet; Landmann S. 718; s. auch § 56 Ziff. 7.

**4.** Teilzahlungen beim Hausiergewerbe — ohne Vorbehalt — stehen nicht im Widerspruch mit dem obengen. RG. vom 16. 5. 1894; s. Landmann S. 720.

5. Strafbestimmung: § 148 Ziff. 7a GO.

6. Verboten ist auch das Anbieten von Versicherungen von Haus zu Haus; KVO. vom 11. 9. 1872, RGBl. S. 2113; MErl. vom 2. 10. 1872/29. 12. 1885, MABl. 1872 S. 37; 1886 S. 2; s. auch Art. 134 PolStGB.

Verboten ist weiter das Wahrsagen, die Gaukelei, die Chiromantie (Ar. 54 PolStGB.). — Wahrsagen: Vorhersagen zukünftiger Ereignisse oder Schicksale; Offenbaren von Geheimnissen. — Gaukelei: Handlungen, die auf Täuschung und Übervorteilung abergläubiger und leichtgläubiger Leute gerichtet sind, denen gegenüber sich der Täter den Anschein gibt, durch übernatürliche Kräfte oder durch die Kenntnis geheimnisvoller Beziehungen zwischen Erscheinungen der Außenwelt und der Schicksale eines einzelnen Menschenlebens einen bestimmten Erfolg herbeiführen oder nützliche Aufschlüsse und Ratschläge erteilen zu können. Chiromantie — Handliniendeutung, d. i. Wahrsagen aus den Zeichen und Linien der Hand. — Der Umstand, daß der Täter an die Berechtigung der Chiromantie geglaubt hat, schließt seine Bestrafung nach Art. 54 PolStGB. nicht aus: OLG. 15, 118; 20, 55; Landgericht München I, BerReg. I 257/22 vom 12. 6. 1922; Landmann S. 719.

Zu den verbotenen Gewerbsarten zählten auch die Betriebe der Auswanderungsagenten i. U. und der Stellenvermittler i. U.; § 6 GO.; § 8 des Gesetzes vom 2. 6. 1910, RGBl. S. 860, mit § 17[5] der MBek. vom 6. 10. 1910, GVBl. S. 924, vom 15. 5. 1922, StA. Nr. 113; OLG. 13, 123 und 420. S. nun Anh. III unter Ziff. XI.

7. Abs. 2 wurde durch das Änderungsgesetz vom 3. 7. 1934, RGBl. I S. 566, Art. I angefügt. — S. auch die DVO. vom 1. 10. 1934, RGBl. I S. 668. Hiernach ist zum Feilbieten von Blindenwaren und zum Aufsuchen von Bestellungen auf solche ein Ausweis erforderlich, aus dem hervorgeht, daß die in der Ursprungsbezeichnung angegebene Stelle zur Führung des Blindenwarenzeichens berechtigt ist; s. insbes. Ziff. 5 der DVO.

## 3. Bestimmungen des Bundesrats und der Landesregierungen: § 56b GO.

(1) Der Bundesrat ist befugt, soweit ein Bedürfnis obwaltet, anzuordnen, daß und inwiefern der Ankauf oder das Feilbieten von einzelnen der im § 56 Abs. 2 ausgeschlossenen Waren im Umherziehen gestattet sein soll. Die gleiche Befugnis steht den Landesregierungen für ihr Gebiet oder Teile desselben hinsichtlich der in § 56 Abs. 2 Ziffer 10 bezeichneten Gegenstände zu.

(2) Aus Gründen der öffentlichen Sicherheit sowie zur Abwehr und Unterdrückung von Seuchen kann durch Beschluß des Bundesrats und in dringenden Fällen durch Anordnung des Reichskanzlers nach Einvernehmen mit dem Ausschuß des Bundesrats für Handel und Verkehr für den Umfang des Reichs oder für Teile desselben bestimmt werden, daß und inwiefern außer den in den

§§ 56 und 56 a aufgeführten Gegenständen und Leistungen auch noch andere Gegenstände und Leistungen auf bestimmte Dauer von dem Gewerbebetriebe im Umherziehen ausgeschlossen sein sollen. Die Anordnung ist dem Reichstage sofort, oder, wenn derselbe nicht versammelt ist, bei seinem nächsten Zusammentritte mitzuteilen. Dieselbe ist außer Kraft zu setzen, wenn der Reichstag die Zustimmung nicht erteilt.

(3) Durch die Landesregierungen kann das Umherziehen mit Zuchthengsten zur Deckung von Stuten untersagt werden. Desgleichen kann zur Abwehr oder Unterdrückung von Seuchen der Handel mit Rindvieh, Schweinen, Schafen, Ziegen oder Geflügel im Umherziehen Beschränkungen unterworfen oder auf bestimmte Dauer untersagt werden.

**1.** Vgl. Bek., betr. Feilbieten von Bier i. U., vom 17. 7. 1899, vom 29. 2. 1904, vom 1. 7. 1908, RGBl. S. 374, 138 bzw. 468; GewArch. 4, 462; 27, 567; Erg.-Bd. 2, 278; s. auch Anm. 3 zu § 56 oben, ferner GaststättenG. vom 28. 4. 1930, RGBl. I, 145.

**2.** Über den Handel mit Samen, Obstbäumen usw. s. Anm. 7 f zu § 56 GO.; s. weiter bei §§ 59 und 66 GO., Ziff. VI und VII unten.

**3.** Vgl. RG. zur Bekämpfung gemeingefährlicher Krankheiten vom 30. 6. 1900, RGBl. S. 306, § 15; bayer. VollzBek. vom 9. 5. 1911, GVBl. S. 426, § 16; s. auch §§ 327, 328 StGB. und Anm. 7 und 8 unten.

**4.** Durch VO. vom 7. 2. 1927, GVBl. S. 60, § 47 Abs. 1 ist der Gauritt (das Umherziehen mit Zuchthengsten zur Deckung von Stuten) im allgemeinen verboten; er wird nur auf Antrag für einen bestimmten Bezirk im Falle des Bedürfnisses gestattet nach Entrichtung der Hausiersteuer; §§ 47 ff. a. a. O.; Anw. § 4, § 7, § 16, § 20; § 31 AusfVorschr. vom 25. 12. 1911, RGBl. 1912 S. 10, endlich § 17 ViehseuchenG. vom 26. 6. 1909; VO. vom 21. 4. 1912, GVBl. S. 410; VollzBek. vom 27. 4. 1912 § 43, GVBl. S. 417; s. auch § 58 GO. und Anm. 2 zu Art. I § 8 WGewStG.

Findet die Ausübung des Privatbeschälgeschäftes zwar außerhalb des Wohnsitzes des Unternehmers, jedoch auf bestimmten Beschälplatten statt, so ist dieselbe nicht als GiU., sondern als Betrieb eines stehenden Gewerbes zu erachten; Entschl. des Min. d. Inn. vom 11. 1. 1892 Nr. 19040; Landmann S. 723.

**5.** Mit Bek. des LandwMin. vom 23. 4. 1919, Freistaat Nr. 13, wurde der GiU. mit Pferden verboten; s. auch MBek. vom 9. 10. 1920, StA. Nr. 239. Dieses Verbot wurde mit Bek. vom 25. 10. 1919 und vom 1. 6. 1920, StA. Nr. 263 bzw. 127, aufrechterhalten; s. insbes. auch MBek. vom 6. 12. 1920, § 9, StA. Nr. 289, MABl. S. 443; vom 3. 6. 1922, StA. Nr. 130 und 3. 8. 1922. Unzuverlässige Personen sind überhaupt vom Pferdehandel fernzuhalten; Bek. vom 5. 9. 1924, MinABl. 1924 S. 126.

**6.** Wegen Verbots des GiU. bei Ausbruch von Seuchen s. Anm. 2 bis 4 zu § 69 GO., Ziff. VII unten. In Preußen sind zur Untersagung zuständig die Regierungspräsidenten; ME. vom 27. 11. 1899, MBliV. 1900 S. 193; in Bayern neben dem MdI. auch die Kreisregierungen; OLG. 1, 240.

Kenntnis derartiger Verbote ist wesentliche Voraussetzung der Bestrafung; s. das im StA. Nr. 98/1913 S. 13 abgedruckte Urteil des OLG.; s. auch StA. Nr. 293/1913 und die E. des RG. 1 D 856/13. — Strafbestimmungen: § 148 Ziff. 7a GO. — S. auch Anm. 6 zu Art. I § 8 WGewStG.

7. a) Der Handel mit Rindvieh, Schweinen usw. i. U. kann zwar auf unbestimmte Zeit Beschränkungen unterworfen, nicht aber auf unbestimmte Dauer untersagt werden. Es können z. B. Beschränkungen im Transport angeordnet werden, ferner das Verbot des Mitführens der Tiere beim Handel. Wenn der Händler lediglich Vieh aufkauft, die aufgekauften Viehstücke aber nicht mitnimmt, dann „handelt" er nicht i. U., OLG. 11, 227; 12, 52. Frage nicht unbestritten; m. E. ist der Tatbestand des unbefugten Hausierhandels mit dem „Aufkaufen" erfüllt; wie der Hausierer alsdann über die aufgekauften Viehstücke verfügt, nebensächlich. — Landmann S. 724 ff.; s. auch Anm. 2—4 zu § 69 GO., Ziff. VII unten.

b) Beschränkungen des Handels mit Haustieren, Schweinen usw. i. U. sind an eine Zeitdauer nicht gebunden; OLG. 13, 115. — Wegen des Kontrollbuchs s. Bek. vom 27. 4. 1912, GVBl. S. 401 und 403; OLG. 13, 227; Reger 34, 402; RGSt. 47, 57.

8. Aus veterinärpolizeilichen Rücksichten wurde wiederholt schon die Einfuhr von Geflügel, Nutz- und Zuchtvieh aus dem Auslande eingeschränkt; vgl. MBek. vom 12. 8. 1913 und vom 5. 1. 1914, StA. Nr. 201 bzw. 4.

9. a) Treiben von Wanderschafherden, d. s. Schafherden, die zum Zwecke des Aufsuchens von Weideflächen über mehrere Feldmarken getrieben werden, nur mit Genehmigung der Bezirkspolizeibehörde zulässig; vgl. MBek. vom 25. 3. 1930/22. 4. 1932, GVBl. 101 bzw. 236, vom 9. 3. 1938, Völk. Beob., Amtl. Teil Ausg. 75.

b) Wegen des Verbots des Treibens bei Seuchengefahr s. Anm. 3 zu § 69 GO. (Ziff. VII unten).

## 4. Wanderauktionen.

### § 56 c GO.

(1) Das Feilbieten von Waren im Umherziehen in der Art, daß dieselben versteigert oder im Wege des Glückspiels oder der Ausspielung (Lotterie) abgesetzt werden, ist nicht gestattet. Ausnahmen von diesem Verbote dürfen von der zuständigen Behörde zugelassen werden, hinsichtlich der Wanderversteigerungen jedoch nur bei Waren, welche dem raschen Verderben ausgesetzt sind.

(2) Öffentliche Ankündigungen des Gewerbebetriebs dürfen nur unter dem Namen des Gewerbetreibenden mit Hinzufügung seines Wohnorts erlassen werden. Wird für den Gewerbebetrieb eine Verkaufsstelle benutzt, so muß an derselben in einer für jedermann erkennbaren Weise ein den Namen und Wohnort des Gewerbetreibenden angebender Aushang angebracht werden. Dies gilt insbesondere von den Wanderlagern. Wird eine Verkaufsstelle nicht

benutzt, so sind Name und Wohnort des Gewerbetreibenden in gleicher Weise an dem fahrbaren oder tragbaren Beförderungsmittel oder Behältnis anzubringen, dessen er sich zur Ausübung des Gewerbebetriebes bedient; hat der Gewerbetreibende keinen Wohnsitz im Inland, so ist statt des Wohnorts der Geburtsort anzugeben.

**1.** S. Anm. 1 e zu § 55 GO. oben!

**2.** Strafbestimmung: § 148 Ziff. 7 b GO.; §§ 284 ff., 360 Ziff. 14 RStGB.

**3.** a) Die Glücksspiele sind Spiele um Vermögensgegenstände, deren Ausgang ausschließlich oder doch vorwiegend vom Zufalle abhängig ist; OLG. 10, 67; 15, 93; 20, 402. Vgl. Reichsgesetz vom 23. 12. 1919, RGBl. S. 2145; nach AusfBest. vom 27. 7. 1920, RGBl. S. 1482, darf die behördliche Erlaubnis zum öffentlichen Glücksspiel nur für Jahrmärkte, Schützenfeste sowie ähnliche unter freiem Himmel gelegentlich stattfindende Veranstaltungen erteilt werden; Spieleinsatz nicht mehr als 1 Mark bei höchstens 10 v. H. Verdienst. Auch das sog. russische Kegelspiel ist ein Glücksspiel; OLG. 16, 90; weiter der sog. Geldspielautomat; OLG. 10, 67. — Vgl. auch Anm. 16 e zu § 55 GO. oben.

b) Die MBek. vom 11. 8. 1920, StA. Nr. 193, bestimmt als zuständige Behörden für die Erteilung der Spielerlaubnis die Reg., K. d. J.; die Polizeibehörden haben der Durchführung des Gesetzes besondere Aufmerksamkeit zu widmen; vgl. auch die Richtlinien zum Vollzug des Glücksspielgesetzes; MBek. vom 30. 11. 1920, StA. Nr. 283. Nach der MBek. vom 1. 1. 1922, StA. Nr. 2, bedürfen Personen, die gewerbsmäßig Glücksspiele auf Jahrmärkten, Schützenfesten u. dgl. veranstalten, regelmäßig außer der Erlaubnis der zuständigen Kreisregierung eines WGewScheins.

Die Bezirkspolizeibehörden dürfen WGewScheine erst ausstellen, wenn die Regierungsgenehmigung zum Betrieb des Glückspielunternehmens erteilt ist.

c) Für Preußen s. Ziff. 68 und 73 AusfAnw. vom 1. 5. 1904; Erl. vom 2. 11. 1868, GS. S. 991.

**4.** S. auch § 56 d GO. (Ziff. IV unten); Landmann S. 727 ff.; ferner Rennwett- und LotterieG. vom 8. 4. 1922, RGBl. S. 393; AB. vom 16. 6. 1922, Zentralbl. S. 351; Bayer. AB. vom 16. 6. 1922 und MBek. vom 2. 9. 1922, GVBl. S. 537, 542; LotterieVO. vom 6. 3. 1937, RGBl. I S. 283; Gebührenordnung für die Genehmigung von Lotterien und Ausspielungen vom 9. 12. 1937, RGBl. I S. 1350, im Zusammenhang mit Art. 2 und 5 Gesetz über den Neuaufbau des Reichs vom 30. 1. 1934, RGBl. I S. 75.

## IV.

## Hausierbetrieb der Ausländer.

### § 56 d GO.

Ausländern kann der Gewerbebetrieb im Umherziehen gestattet werden. Der Bundesrat ist befugt, die deshalb nötigen Bestimmungen zu treffen.

**1.** Vgl. unten die Bek., betreffend AusfBest. zur GO. in Anm. 2; wegen Prüfung der Bedürfnisfrage s. Ziff. II Nr. 4 a. a. O.; s. auch Anw. §§ 2 am Ende; 4 Ziff. 2; 5 Ziff. 3; 9; 10 am Ende; 17; 22 Abs. 6; 25; 29 Abs. 10; 30 Abs. 7. Es kommt hier nur Gewerbebetrieb in Frage, der im Rahmen des § 55 GO. stattfindet. — Für Preußen s. AusfAnw. vom 1. 5. 1904 Ziff. 76.

Ausländer i. S. vorstehender Bestimmung sind nur die Nichtdeutschen bzw. die Reisenden von nichtdeutschen Gewerbeunternehmungen. Die Ausländer haben nach § 56 d keinen Rechtsanspruch auf Ausstellung eines WGewScheins, mithin auch kein Rekursrecht nach § 63 GO., sondern nur ein Beschwerderecht. S. auch § 56 c GO. (oben Ziff. III); Landmann S. 732 f.

**2.** Die Bek. des Bundesrats, betreffend AusfBest. zur GO., vom 27. 11. 1896, 13. 1. 1909, 4. 3. 1912, i. d. F. vom 13. 1. 1928, 6. 10. 1930, 20. 5. 1933, 12. 8. 1935, 3. 2. 1936, RGBl. S. 745, 259, 189, I 1933 S. 288, I 1935 S. 725, 1936 S. 58; RMBl. 1928 S. 89, 1930 S. 559, 1935 S. 725, bestimmt auf Grund der §§ 56 d und 60 Abs. 4 GO. folgendes:

I.

(Ziff. I ist unter Ziff. VIII in Anm. 6 zu § 44 GO. unten abgedruckt.)

II.

**Gewerbebetrieb der Ausländer im Umherziehen.**

A. Im allgemeinen.

1.

Ausländer, welche ein Gewerbe i. U. betreiben wollen, bedürfen eines WGewScheines. (GO. §§ 55 ff.); Anw. § 2.

2.

(Nr. 2 aufgehoben durch VO. vom 20. 5. 1933, RGBl. I S. 288; s. hierzu Anm. 4 unten.)

3.

Auf die Ausübung des GiU., ferner auf die Erteilung, Versagung und Zurücknahme des WGewScheines finden die Bestimmungen des Titels III GO. Anwendung, soweit nachstehend nicht etwas anderes bestimmt ist (s. Nr. 6).

4.

Die Erteilung eines WGewScheines ist zu versagen, wenn ein Bedürfnis zur Ausstellung von WGewScheinen für Ausübung des betreffenden Gewerbes im Bezirke der Behörde nicht besteht, oder sobald für das Gewerbe, für welches der Schein nachgesucht wird, die den Verhältnissen des Verwaltungsbezirks der Behörde entsprechende Anzahl von WGewScheinen erteilt oder ausgedehnt worden ist (vgl. Ziff. 6).

Für das Gewerbe der Topfbinder, der Kesselflicker, der Händler mit Blech- und Drahtwaren und ähnlichen Gegenständen, der Drehorgelspieler und Dudelsackpfeifer darf ein WGewSchein außerdem nur solchen Personen erteilt werden, welche nachweislich in dem nächst vorangegangenen Kalenderjahre einen WGewSchein für dasselbe Gewerbe erhalten haben.

Zigeunern ist der WGewSchein stets zu versagen.

(Abs. 1: Vgl. Anw. § 9 Ziff. 3.

Abs. 2: Vgl. Nr. 9 Abs. 2.

Vgl. auch Bek. des HandM. vom 19. 3. 1920 Nr. 6210, StA. vom 24. 3. 1920 Nr. 70; hienach wurde die nachdrückliche Handhabung dieser Bestimmung im Interesse des heimischen wirtschaftlichen Lebens den Verwaltungsbehörden zur Pflicht gemacht.

5.

Ausländer, welche entweder das 25. Lebensjahr noch nicht überschritten haben, oder durch ihre Persönlichkeit zu erheblichen polizeilichen Bedenken Anlaß geben, sind zum GiU. nicht zuzulassen.

Von dem Erfordernis der Vollendung des 25. Lebensjahres darf ausnahmsweise gegenüber solchen Ausländern abgesehen werden, welche nachweislich in dem nächst vorangegangenen Kalenderjahr einen WGewSchein für dasselbe Gewerbe erhalten haben.

Der erteilte WGewSchein kann zurückgenommen werden, wenn erhebliche polizeil. Bedenken gegen die Persönlichkeit nachträglich sich ergeben.

(Vgl. GO. §§ 57 a, 58. — Vgl. auch Nr. 9 Abs. 2.

Abs. 3: Vgl. Nr. 6 Abs. 2.)

6.

Der WGewSchein berechtigt den Inhaber, nach Entrichtung der Landessteuern sein GiU. in dem Bezirke derjenigen Behörde zu betreiben, welche den WGewSchein erteilt hat. Zu dem Gewerbebetriebe in einem anderen Bezirke ist die Ausdehnung des WGewScheines durch die zuständige Behörde dieses Bezirks erforderlich. Die Ausdehnung wird versagt, wenn ein Bedürfnis zur Ausübung des betr. Gewerbes in dem Bezirke der Behörde nicht besteht, oder sobald für die den Verhältnissen des Bezirks entsprechende Anzahl von Personen WGewScheine bereits erteilt oder auf den betr. Bezirk ausgedehnt sind.

Auf die Zurücknahme der Ausdehnung findet der § 58 der GO. sowie vorstehende Ziff. 5. Abs. 3 entsprechende Anwendung.

Das Recht, einen Ausländer aus dem Reichsgebiete auszuweisen, wird durch diese Bestimmungen nicht berührt.

(Abs. 1: Anw. § 4.)

7.

Der Mangel eines festen Wohnsitzes im Inlande (§ 57 b Ziff. 1 GO.) ist Ausländern gegenüber als ein Grund zur Versagung des WGewScheines oder zur Versagung der Ausdehnung desselben nicht anzusehen.

8.

Sowohl die Ausstellung als auch die Ausdehnung eines WGewScheines kann für eine kürzere Dauer, als das Kalenderjahr, oder für bestimmte Tage während des Kalenderjahres erfolgen.

9.

Die WGewScheine werden nach den unter III nachstehend bezeichneten Formularen ausgestellt.

Wenn einer der in Ziff. 4 Abs. 2 oder Ziff. 5 Abs. 2 bezeichneten Personen ein WGewSchein erteilt wird, so ist entweder der bisherige Schein zurückzufordern und zu vernichten, oder in demselben zu vermerken, daß für das neue Kalenderjahr ein neuer Schein ausgefertigt worden ist.

10.

Wer beim GiU. andere Personen von Ort zu Ort mit sich führen will, bedarf der Erlaubnis derjenigen Behörde, welche den WGewSchein erteilt oder ausgedehnt hat. Die Erlaubnis wird in dem WGewScheine unter näherer Bezeichnung der Personen vermerkt.

Personen, welche den an die selbständigen Gewerbetreibenden zu stellenden Anforderungen nicht entsprechen, dürfen nicht mitgeführt werden. Diese Bestimmung findet auch auf die Mitführung eines Inländers durch einen ausländischen Gewerbetreibenden und eines Ausländers durch einen inländischen Gewerbetreibenden Anwendung.

Die Erlaubnis zur Mitführung von Personen anderen Geschlechts, mit Ausnahme der Ehegatten und der über 21 Jahre alten eigenen Kinder und Enkel, kann auch dann versagt werden, wenn keiner der aus Ziff. 3 bis 5 sich ergebenden Versagungsgründe vorliegt.

(Vgl. Nr. 4 Abs. 2 und GO. §§ 57 Ziff. 1—4, 57a Ziff. 2 und 57 b.)

11.

Die auf Grund der vorstehenden Bestimmungen getroffenen Verfügungen einschließlich der Versagung der Genehmigung des Druckschriftenverzeichnisses (§ 56 Abs. 4 GO.) können nur im Wege der Beschwerde an die unmittelbar vorgesetzte Aufsichtsbehörde angefochten werden.

B. Der Geschäftsbetrieb der ausländischen Handlungsreisenden im besonderen.

1.

Auf Handlungsreisende, welche durch die in den Staatsverträgen vorgesehene Gewerbelegkarte legitimiert sind, finden die Bestimmungen der Staatsverträge Anwendung. Insoweit diese Handlungsreisenden Waren feilbieten, oder Waren bei anderen Personen als bei Kaufleuten oder solchen Personen, welche die Waren produzieren, oder an anderen Orten, als in offenen Verkaufsstellen aufkaufen, finden die vorstehenden Bestimmungen unter A auf sie Anwendung. Das gleiche gilt, wenn die Handlungsreisenden Bestellungen auf Waren ohne vorgängige ausdrückliche Aufforderung bei anderen Personen als bei Kaufleuten in deren Geschäftsräumen oder solchen Personen, in deren Geschäftsbetriebe Waren der angebotenen Art Verwendung finden, aufsuchen wollen, soweit es sich nicht um das Aufsuchen von Bestellungen auf Druckschriften, andere Schriften und Bildwerke oder auf die unter I 2 bezeichneten Waren[1]) handelt.

2.

Handlungsreisende, welche Staaten angehören, mit denen ein Abkommen wegen der Gewerbelegkarten zwar nicht abgeschlossen, denen jedoch das Recht der Meistbegünstigung hinsichtlich des Gewerbebetriebes eingeräumt ist, bedürfen zum Geschäftsbetriebe im Inlande einer Gewerbelegkarte nach dem unter I anliegenden Muster.

Die Gewerbelegkarte berechtigt den Inhaber in dem ganzen Gebiete des Reichs, nach Entrichtung der Landessteuern, sofern in letzterer Hinsicht nicht ein anderes im Wege des Vertrages festgesetzt ist, zum Geschäftsbetriebe in demselben Umfange wie die unter Ziff. I genannten Handlungsreisenden.

Auf die Erteilung, Versagung und Zurücknahme der Gewerbelegkarte finden die Bestimmungen des Titels III GO. mit der Maßgabe entsprechende Anwendung, daß der Mangel eines festen Wohnsitzes im Inlande (§ 57 b GO.) einen Grund zur Versagung der Gewerbelegkarte nicht bildet, und daß die auf Grund dieser Bestimmungen getroffenen Verfügungen nur

[1]) (Siehe unten Ziff. VIII.)

im Wege der Beschwerde an die unmittelbar vorgesetzte Aufsichtsbehörde angefochten werden können.

3.

Die aufgekauften Waren dürfen nur behufs deren Beförderung nach dem Bestimmungsorte mitgeführt werden; von den Waren, auf welche Bestellungen gesucht werden, dürfen nur Proben und Muster mitgeführt werden.

4.

Auf die Ausübung des Geschäftsbetriebes der ausländischen Handlungsreisenden (Ziff. 1 und 2) finden die Best. des Titels III GO. entsprechende Anwendung.

Abschn. III trifft über die Formulare Bestimmung.

**3.** a) Ausländische Gewerbetreibende, welche weder einen Wohnsitz noch eine gewerbliche Niederlassung in dem Deutschen Reiche haben, denen aber vertragsmäßig die gleiche Behandlung wie deutschen Gewerbetreibenden zusteht, sind wie Reichsdeutsche zu behandeln; Anw. § 9. Handelsverträge sind mit folgenden Staaten abgeschlossen worden:

Ägypten (19. 7. 1892; 17. 3. 1910; 25. 3. 1930; RGBl. 1893, 17; 1910, 901; II 1930 1022, 1274);

Argentinien (28. 9. 1934; RGBl. II 1934, 835; 1937, 103, 733);

Belgien-Luxemburg, belgisch-luxemburgische Wirtschaftsunion (4. 4. 1925, 27. 1. 1926; RGBl. II 1925, 883, 947; 1926, 128, 254; 1931, 543; 1932, 126; 1933, 149, 173, 278, 310, 366, 642; 1934, 739; 1935, 297, 433, 501, 887; 1936, 87, 100, 286; 1937, 139); kleiner Grenzverkehr: Abkommen vom 15. 7. 1926 und 16. 9. 1933: RGBl. II 1927, 85, 440; 1930, 1271; 1933, 693;

Bolivien (22. 7. 1908; RGBl. 1910, 507; II 1927, 455, 881; 1935, 498; 1936, 216);

Brasilien (22. 10. 1931; RGBl. II 1932, 5; 1933, 950; 1936, 106);

Bulgarien (13. 7. 1878; 1. 8. 1905; RGBl. 1906, 1, 18, 102; 1912, 488; II 1933, 59, 1085, 971; 1934, 205);

Chile (26. 12. 1934; RGBl. II 1935, 26, 886, 660, 30, 855, 886; 1937, 52, 163);

China (17. 8. 1928; RGBl. II 1928, 646; 1929, 79, 149);

Costarica (26. 10. 1932; RGBl. II 1933, 131, 950);

Danzig: VO. vom 17. 5. 1934, RMBl. S. 410; RZBl. 298, bez. des kl. Grenzverkehrs;

Estland (7. 12. 1928; 24. 10. 1937; RGBl. II 1929, 509, 575; 1935, 21, 849; 1936, 343; 1937, 653, 671);

Finnland (27. 7. 1923; RGBl. II 1926, 557, 638, 722; 1934, 139, 206, 281, 730, 823; 1935, 66, 2, 912; 1936, 400; 1937, 735);

Frankreich (5. 8. 1926; RGBl. II 1926, 161, 177, 292, 435, 627, 629; 1927, 27, 105, 523, 877, 1105; 1928, 3, 489, 513; 1929, 119, 370, 500, 627, 761; 1934, 421; 1935, 6; 1936, 284; 1937, 46, 131, 207, 722); kl. Grenzverkehr: Abkommen vom 25. 4. 1929; RGBl. II 1930, 1133, 1206, 1282; 1936, 284, 300; 1937, 144, 524, 666;

Griechenland (Gesetz vom 31. 3. 1928; RGBl. II 1928, 239, 499, 618; 1937, 567, 569);

Großbritannien: Britisches Reich — Großbritannien und Irland — mit Kolonien (2. 12. 1924; RGBl. II 1925, 777, 947, 950; 1926, 177, 182,

211, 254, 353, 619, 673; 1927, 14; 1928, 9, 376; 1931, 115, 692; 1937, 131; 1938, 4);

Guatemala (Gesetz vom 11. 4. 1925, 4. 10. 1924; RGBl. II 1925, 155; 1926, 352; 1935, 662; 1937, 533);

Haiti (10. 3. 1930; RGBl. II 1931, 1, 409);

Hawaiische Inseln (25. 3. 1879; RGBl. 1880, 121);

Hedjas (26. 4. 1929; RGBl. II 1930, 1063, 1274);

Honduras (Gesetz vom 28. 5. 1926; RGBl. II 1926, 325, 550);

Italien (31. 10. 1925; Gesetz vom 22. 10. 1926; RGBl. II 1925, 1020, 1158; 1926, 212, 793; 1927, 14; 1933, 153, 911, 361, 1035; 1934, 108, 162, 1406; 1935, 58, 911; 1936, 369; 1937, 157);

Iran (siehe Persien);

Irak (4. 8. 1935; RGBl. II 1936, 157);

Japan (20. 7. 1927; RGBl. II 1927, 1087; 1928, 238);

Jugoslavien — Königreich der Serben, Kroaten und Slowenen — (6. 10. 1927; RGBl. II 1927, 1125, 1148, 1186; 1929, 140, 401; 1934, 301; 1936, 113; 1937, 33);

Kanada (22. 10. 1936; RGBl. II 1933, 162; 1936, 344);

Kolumbien (23. 7. 1892; RGBl. 1894, 471);

Kongostaat (8. 11. 1884; 26. 2. 1885; RGBl. 1885, 211, 215);

Korea (26. 11. 1883; RGBl. 1884, 221);

Lettland: RGBl. 1920, 1623, 1711; II 1926, 631, 722; 1935, 891; 1937, 676);

Liberia (31. 10. 1867; GBl. 1868, 197);

Litauen (30. 10. 1928; RGBl. II 1929, 103, 131, 172; 1936, 247; 1937, 102, 189); kl. Grenzverkehr: Abk. vom 16. 7. 1925, RGBl. II 1928, 378.

Mexiko (5. 12. 1882; RGBl. 1883, 247; Kündigung II 1925, 1138; 1926, 582; 1927, 101; 1928, 2);

Neuseeland (30. 9. 1937; RGBl. II 1937, 659, 667);

Niederlande (31. 12. 1851, 3. 6. 1923, 26. 11. 1925, 16. 2. 1926; Bayer. RegBl. 1852, 634; RGBl. II 1923, 387; 1924, 157; 1926, 151, 555; 1930, 1128, 1211; 1934, 14, 353, 1388; 1935, 429, 877; 1936, 365, 367, 377, 398; 1937, 174, 204, 723, 725); s. auch Instr. § 6, 4 a;

Nikaragua (4. 2. 1896; RGBl. 1897, 171; II 1924, 371);

Österreich (Wirtschaftsabkommen vom 1. 9. 1920, 12. 7. 1924, 12. 4. 1930; RGBl. 1920, 2227, 2298, 2314; II 1924, 431; 1930, 1079; 1931, 12, 735; 1932, 193; 1933, 939; 1936, 150, 355; 1937, 44, 550); kl. Grenzverkehr: Abkommen vom 12. 4. 1930; RGBl. 1930 II, 1123; 1931, 12; wegen Devisenverkehr s. auch Anm. 5 unten, ferner unter b. Im Hinblick auf das Gesetz vom 13. 3. 1938, RGBl. I, 237, wird den Abkommen in absehbarer Zeit nur geschichtliche Bedeutung zukommen.

Panama (21. 11. 1927; RGBl. II 1928, 639; 1930, 1282);

Paraguay (21. 7. 1887; RGBl. 1888, 178; II 1927, 503, 903; 1928, 11, 44; 1929, 129, 132);

Persien (11. 6. 1873, 17. 2. 1929; RGBl. 1873, 351; Kündigung RGBl. II 1927 512; 1930, 1002, 1013; 1931, 9; 1935, 889; 1936, 148);

Polen (30. 11. 1927 betr. Holzverkehr, 7. 3. 1934, 4. 11. 1935; RGBl. II 1928, 15; 1934, 99, 829; 1935, 767, 810; 1936, 9, 15, 334, 362); kl. Grenzverkehr: Abkommen vom 22. 12. 1931 und AB. vom 19. 12. 1933; RGBl. II 1933, 951; 1927, 431; 1937, 1, 91, 635, 691; RZBl. 1933, 599);

Portugal (Gesetz vom 9. 7. 1923; RGBl. II 1923, 309, 328, 456, 494;

1924, 231; 1925, 93, 111, 1159, 1160; 1926, 185, 236, 289; Handelsabkommen vom 20. 3. 1926; RGBl. II 1926, 289, 308; 1930, 1129, 1231; 1935, 380);

Rumänien (21. 8. 1893, 8. 10. 1904, 23. 3. 1935; RGBl. 1894, 1; 1905, 253; II 1935, 311, 453, 647; 1937, 730);

Rußland — Sowjet-Union — (Vertr. von Rapallo vom 16. 4. 1922 und Abkommen vom 12. 10. 1925; RGBl. II 1922, 677; 1926, 41, 138; I 1927, 106; II 1929, 53);

Salvador (14. 4. 1908; RGBl. 1909, 405; Kündigung vom 18. 4. 1929; RGBl. II 1929, 200; 1930, 37);

Schweden (14. 5. 1926; RGBl. II 1926, 383, 424; Kündigung RGBl. II 1929, 633; s. auch 137, 382; 1932, 238; 1933, 1015);

Schweiz mit Lichtenstein (14. 7. 1926; RGBl. II 1926, 675, 722; 1929, 491, 575, 761; hiernach haben sich beide Teile Freiheit der Gesetzgebung über den GilL. vorbehalten; 1931, 740; 1932, 223, 238; 1933, 950, 135, 910, 1015, 1076; 1934, 13, 57, 165, 720, 721; 1935, 171, 180, 910; 1936, 74, 94, 95, 227; 1937, 3, 4, 185, 191); kl. Grenzverkehr: Abkommen vom 22. 5. 1933; RGBl. II 1933, 305, 1072; 1934, 1055;

Serbien s. Jugoslavien;

Siam (7. 4. 1928; Gesetz vom 6. 8. 1928; RGBl. II 1928, 589, 618; 1936, 400; 1938, 6);

Spanien (7. 5. 1926; RGBl. II 1926, 296, 326; 1933, 3; 1934, 1403; 1936, 5; 1937, 520);

Syrien und Libanon: RGBl. II 1937, 35;

Südafrikanische Republik (Gesetz vom 1. 9. 1928, 3. 1. 1929; RGBl. II 1929, 15, 406; 1932, 215, 233; 1934, 117);

Tschechoslowakei (29. 6. 1920; RGBl. 1920, 2227, 2240, 2254, 2275; Fortgewährung der Meistbegünstigung: Gesetz vom 2. 3. 1925; RGBl. II 1925, 109; 1933, 1086, 533, 275, 1071, 1073; 1934 158, 55, 351, 25; 1935, 643; 1936, 1, 78, 342; 1937, 531, 694; 1938, 1); kl. Grenzverkehr: Abkommen vom 29. 6. 1920, RGBl. 1920, 2240, und vom 4. 3. 1924, RGBl. II 1925, 103;

Türkei (12. 1. 1927, 27. 5. 1930; RGBl. II 1927, 53, 454; Kündigung: RGBl. II 1929, 637; 1930, 1026, 1214; 1934, 171; 1935, 384; 1936, 161);

Ungarn (1. 6. 1920, 18. 7. 1931; RGBl. 1920, 2227, 2228; II 1931, 636; 1933, 523, 1026; 1934, 419, 1401, 111, 1397, 727; 1935, 183, 409, 423, 60, 844, 853; 1936, 103, 295; 1937, 160, 529);

Uruguay (18. 1. 1933; RGBl. II 1934, 278);

Venezuela (26. 1. 1909; RGBl. 1909, 919).

Dem Königreich Dänemark steht auf Grund älterer Staatsverträge nur eine Meistbegünstigung in Preußen, Mecklenburg, Schwerin und Oldenburg zu. In Bayern kam nach Anweisung § 24 Abs. 5 für dänische Handlungsreisende nur die Ausstellung von WGewScheinen, nicht aber die Erteilung von Gewerbelegkarten in Frage. S. auch RGBl. II 1934, 93, 370, 16; 1933, 315, 529; 1935, 37, 909; 1926, 371, 373, 424 wegen Behandlung deutscher Handlungsreisender; 1936, 317, 400, 937, 71; kl. Grenzverkehr: 29. 10. 1934; RGBl. I 1935, 439.

Norwegen schloß Verträge mit Preußen (1827), Mecklenburg, Schwerin, Oldenburg und den Hansastädten ab. S. auch RGBl. II 1927, 877, 1107; 1930, 1024, 1210 und 1925, 813; 947; 1937, 105, 159.

Für die Vereinigten Staaten von Nordamerika kommt der Vertrag vom 8. 12. 1923, 3. 6. 1935 in Frage; RGBl. II 1925, 795, 967; 1935, 743; s. auch 1933, 644.

Grundsätzlich kommen die gleichen Vergünstigungen, die den Angehörigen jener Staaten zustehen, mit denen Handelsverträge abgeschlossen wurden, auch den Angehörigen jener Staaten zu, mit denen sog. Meistbegünstigungsverträge abgeschlossen worden sind; s. auch Ziff. II B 2 der oben genannten Bundesratsbek.; Landmann S. 87 ff.

Die neueren Verträge enthalten neben handelsrechtlichen Bestimmungen meist auch solche über den Devisenverkehr und Verrechnungsabkommen; s. unten Anm. 5 b.

b) Den deutschen Gewerbereibenden waren die Angehörigen der österr. Gemeinden Mittelberg und Jungholz gleichgestellt. Diese beiden Gemeinden waren in das deutsche Zollgebiet eingeschlossen. Vertrag vom 2. 12. 1890, RGBl. 1891 S. 59; 1936 II, 150, 364 bzw. Staatsvertrag vom 3. 5. 1868, Bay. RegBl. S. 1241. — Die gleiche Regelung erfolgte früher einmal durch Vertrag vom 8. 7. 1867, GBl. S. 146, und vom 11. 6. 1872, RGBl. S. 330, für die Angehörigen des Großherzogtums Luxemburg; s. nunmehr unter Belgien (Anm. 1 a).

In das deutsche Zollgebiet ist auch eingeschlossen das Zollausschlußgebiet um Jestetten; deutsch-schweizerisches Abkommen vom 15. 1. 1936; RGBl. II 1936, 61, 284.

Für die aus dem deutschen Zollgebiete ausgeschlossene badische Gemeinde Büsingen sind durch Übereinkunft mit der Schweiz vom 21. 9. 1895, RGBl. 1896, 1, im grenznachbarlichen Verkehr verschiedene Erleichterungen eingeräumt worden.

c) Nach den vorgenannten Verträgen sind Kaufleute usw., welche in ihrem Heimatstaat die gesetzlichen Steuern und Abgaben entrichtet haben, regelmäßig befugt, bei Kaufleuten oder in offenen Verkaufsstellen oder bei solchen Personen, welche die Waren produzieren, Warenankäufe zu machen oder bei solchen Personen, in deren Gewerbebetrieb Waren der angebotenen Art Verwendung finden, Bestellungen zu suchen.

Ausländische Handlungsreisende, welche eine nach diesen Vereinbarungen für Deutschland gültige Legitimation nicht besitzen, müssen sich zum Geschäftsbetrieb in Deutschland mit einer besonderen Legitimation versehen; s. oben die Bundesratsbek.

Im übrigen gilt als Grundsatz, daß die in den Handelsverträgen enthaltene allgemeine Bestimmung, daß die Ausländer in bezug auf die Befugnis zum Gewerbebetrieb und die für denselben zu entrichtenden Abgaben den Inländern gleichgestellt sein sollen, für den Gill. keine Bedeutung hat.

d) Wegen des Hausierhandels im Grenzverkehr (Grenzzollgebiet) s. Anw. § 14, Instr. § 6, § 116 VZollG., insbes. Anm. 5 unten wegen Paß- und Meldewesen; über Gebühren s. Anm. 17 zu § 55 GO. oben Ziff. I.

Unter dem Grenzverkehr wird jener kleine tägliche Verkehr verstanden, welcher wechselseitig die Grenze, aber diesseits nicht die Binnenlinie und jenseits ebenfalls nicht weiter entfernte Grenzorte überschreitet. Wandergewerbetreibende, zu denen auch die Wanderlagerhalter gehören, bedürfen im Grenzbezirk abgesehen von dem WGewScheine und dem Besteuerungsnachweis noch der ausdrücklichen Genehmigung des betr. HZA.; diese Hausiergenehmigung müssen sie bei sich führen. Auch jene Hausierer, die nach § 59 GO. eines WGewScheines nicht bedürfen, z. B. jene, die selbstverfertigte Waren innerhalb eines Umkreises von 15 km im Grenzbezirk i. U. feilbieten, müssen die zollamtliche Hausiererlaubnis haben. Vgl. im übrigen Anm. 4 und 9 ff.

e) Wegen Gewerbelegkarten nach dem Muster des Genfer Abkommens s. MBek. vom 26. 3. 1928, StA. Nr. 76.

**4.** Haben die ausländischen Gewerbetreibenden weder einen Wohnsitz noch eine gewerbliche Niederlassung in einem deutschen Staate und gehören sie außerdem einem Staate an, mit dem weder ein Abkommen wegen der Gewerbelegkarten noch ein Vertrag bezüglich der Meistbegünstigung hinsichtlich des Gewerbebetriebs abgeschlossen ist, so ist der WGewSchein zu versagen; Anw. § 9. Sie bedürfen zur Ausübung des GiU. jederlei Art eines WGewScheines; s. Anw. §§ 2 Abs. 2, 14.

Nur jene Ausländer, die im gewöhnlichen Grenzverkehr den Verkauf von rohen Erzeugnissen der Land- und Forstwirtschaft, des Garten- und Obstbaues, der Geflügel- und Bienenzucht betreiben wollen, beburften früher eines WGewScheins nicht; Ziff. II A Nr. 2 Bundesratsbek.; sie waren aber schon früher hausiersteuerpflichtig. Nunmehr ist diese Vorschrift aufgehoben; VO. vom 20. 5. 1933, RGBl. I, 288; sie bedürfen also jetzt eines WGewScheines und sind auch hausiersteuerpflichtig; Art. I § 2 Abs. 2 WGewStG., AA. unter A III 2.

**5.** a) Das Paßwesen ist in Deutschland geregelt durch das PaßG. vom 12. 10. 1867, BundesGBl. 1867, 33; GBBl. 1870/71 Beil. 6, i. d. F. des NotG. vom 24. 2. 1923, RGBl. I, 147, 1077; 1924, 657; s. dazu die PaßVO. vom 10. 6. 1919, RGBl. 516, ferner die Paßbek. vom 7. 6. 1932, RGBl. I, 257, 342; 1933, 160. Die Zuwiderhandlungen sind geregelt durch die PaßstrafVO. vom 6. 4. 1923; RGBl. I 1923, 249; 1934, 213. Wegen der Paßgebühren s. die VO. vom 28. 6. 1932, RGBl. I, 341. — Im kleinen Grenzverkehr können die Landeszentralbehörden beim Grenzübertritt gewisse Erleichterungen gewähren (Übertritt mit anderen Ausweisen als Pässen, Befreiung von Sichtvermerken); im übrigen müssen alle nichtreichsangehörige Personen beim Grenzübertritt und auch beim Aufenthalt im Reichsgebiet durch einen Paß sich ausweisen und bedürfen auch bei der Einreise eines Sichtvermerks. An der Grenze sind zurückzuweisen Personen, gegen die Grenzsperre verhängt ist; so z. B. seitens einer Reichszentralbehörde, eines OFPräs., eines Strafgerichts, einer Staatsanwaltschaft usw. Pässe und Ausweise können auch versagt, entzogen oder für ungültig erklärt werden.

b) Das Meldewesen — auch bezüglich der Ausländer — ist geregelt durch Gesetz vom 11. 5. 1937, RGBl. I, 589, und durch die ReichsmeldeO. vom 6. 1. 1938, RGBl. I, 13, 204. — Ausländer können wegen Verstöße gegen die Meldepolizeivorschriften, aber auch wegen Steuerzuwiderhandlungen, aus dem Reichsgebiet verwiesen werden; Gesetz vom 23. 3. 1934, RGBl. I, 213. — Es haben sich übrigens auch die deutschen Staatsangehörigen im Ausland beim deutschen Konsul usw. zu melden; Gesetz vom 3. 2. 1938, RGBl. I S. 113; AusfVorschr. vom 8. 2. 1938, RMBl. S. 47.

c) Wegen der Devisenbewirtschaftung s. RG. vom 2. 4. 1935, RGBl. I, 106, 187, 278; DB. vom 4. 2. 1935, RGBl. I, 114, 278, 1046, 1408, 1543; RStBl. 1936, 369; 1937, 43, 1064; s. auch Richtlinien vom 4. 2. 1935, RGBl. I, 119, 282, 605, 682, 1149, 1410; RStBl. 1937, 13, 43, 71, 83, 88, 120. Auch das VolksverratsG. vom 12. 6. 1933, RGBl. I

1933, 360; 1934, 925; 1935, 844, und die DV. vom 28. 6. 1933, RGBl. I 1933, 413; 1934, 697, 925, 984, sind hier einschlägig. — Wegen der an das deutsche Zollgebiet angeschlossenen fr. österreichischen Gebietsteile s. auch Vertrag vom 27. 5. 1936, RGBl. II, 150, 364. — Auch das Gesetz über Straffreiheit vom 23. 4. 1936 i. d. F. des Wirtschaftssabotagegesetzes vom 1. 12. 1936, RGBl. I, 378, 999, enthält devisenrechtliche Bestimmungen. — Über Anbietungspflicht der Ausländer s. RStBl. 1935, 1424; 1936, 605; über Grenzverkehr s. RStBl. 1936, 13, 824, 1244; vgl. auch das Stichwortverzeichnis zum RStBl. 1936 S. 1279 ff.; 1937 S. 1322 ff.

d) Das Saargebiet ist zolltechnisch als Ausland erachtet worden; OLG. 20, 441.

**6.** Hinsichtlich der Zigeuner sind folgende Anweisungen ergangen:

a) Inländischen gegenüber ist von der Befugnis zur Versagung des WGewScheins ausgiebiger Gebrauch zu machen; Anw. § 8 Ziff. III, 4 Abs. 2. Das gleiche gilt auch hinsichtlich der Ausdehnung von WGew.-Scheinen. Außerdem ist sorgfältig immer die Bedürfnisfrage zu prüfen. § 9 der Anw.; MABl. 1907 S. 194; FMBl. 1907 S. 169 f.

b) Ausländischen Zigeunern ist grundsätzlich der WGewSchein zu versagen; Anw. § 9 Abs. 2 Ziff. 1; Bundesratsbek. Ziff. 4 Abs. 3.

c) Bezüglich der Besteuerung der Zigeuner ist bestimmt:

I. daß Zigeuner oder nach Zigeunerart herumziehende Personen auf keinen Fall mit Hausiersteuer veranlagt werden dürfen und ihnen deshalb auch der den WGewScheinen beizusetzende Nachweis über Hausiersteuerentrichtung nicht ausgestellt werden darf;

II. daß Personen dieser Art nur dann ein Nachweis über die Entrichtung von Gewerbesteuer ausgestellt werden darf, wenn die Verwaltungsbehörde (Bezirksamt, Stadtrat) hierzu ihre ausdrückliche Zustimmung gegeben hat;

III. daß im Besteuerungsnachweis jeder Beisatz „zum Gewerbebetrieb im Umherziehen auf Messen und Märkten" oder „zum Gewerbebetrieb auf Messen und Märkten" oder dgl. zu unterlassen ist;

IV. daß die Prüfung der Frage, ob die den Besteuerungsantrag stellende Person zu der Kategorie der Zigeuner oder nach Zigeunerart umherziehenden Personen gehört, mit größter Sorgfalt und unter Benützung des Zigeunerbuches vorzunehmen ist.

V. Zur wirksamen Bekämpfung der Zigeunerplage sind an die Zigeunerzentrale bei der Polizeidirektion in München alle Geburtsfälle, Eheschließungen und Sterbefälle von Zigeunern unverzüglich mitzuteilen; FMBek. vom 20. 3. 1900 und 6. 5. 1907; FMBl. 1900 S. 215 und 1907 S. 169; autogr. FMEntschl. vom 13. 10. 1908 Nr. 22730 I; MBek. vom 21. 4. 1913, StA. Nr. 104; s. auch Ges. und Bek. vom 16. 7. 1926, GVBl. S. 359 und 361.

d) Vgl. auch Anw. 20 zu § 55 GO. oben. — Wegen Preußen s. oben Anm. 1.

**7.** „Staatenlose" sind in bezug auf die Steuerpflicht, also auch bez. der Hausiersteuer, wie Ausländer zu behandeln; Entsch. des OVG. vom 15. 3. 1918, Bd. 19, 63; Beil. z. FMBl. 1919 S. 63. Bezüglich der ausländischen und staatenlosen Hausierer vgl. auch MBek. vom 27. 7. 1921, StA. Nr. 173, und die VO. des GesMin. vom 27. 7. 1921, StA. Nr. 173; VO. vom 28. 12. 1899 Ziff. 18, MABl. S. 803; Art. 46 und 50 PolStGB.;

s. ferner VO. vom 19. 4. 1924, GVBl. S. 143. Bez. der Beschäftigung ausländischer Arbeiter s. Anm. 2e zu § 62 GO.

**8.** Weitere Strafbestimmung: § 148 Abs. 1 Ziff. 7e; diese betrifft sowohl die ausländischen Hausierer als auch die ausländischen Handlungsreisenden; Landmann S. 734.

**9.** a) Wegen des Hausierhandels im Grenzzollbezirke, im sog. kleinen Grenzverkehr, vgl. zunächst die Anm. 3 oben. Dortselbst sind auch die mit Frankreich, Belgien-Luxemburg, Österreich, Litauen, Polen, der Schweiz, der Tschechoslowakei, der Niederlande und dem Freistaat Danzig wegen Regelung des kleinen Grenzverkehrs abgeschlossenen Abkommen vorgetragen.

b) Z. Zt. wird eine Dienstanweisung zur Anlage F des deutsch-tschechischen Wirtschaftsabkommens vom 29. 6. 1920 bei den beteiligten OFP. ausgearbeitet.

c) Das LFA. (OFP.) München hat am 23. 1. 1931, StA. Nr. 11, zum deutsch-österr. Abkommen über den kl. Grenzverkehr vom 12. 4. 1930, RGBl. II, 1124, für seinen Bezirk besondere AusfBest. erlassen.

**10.** a) Was unter Zollgrenze, Grenzbezirk und Binnenlinie zu verstehen ist, ergibt sich aus § 16 VereinszollG. vom 1. 7. 1869 und soll kurz nachstehende Skizze erläutern:

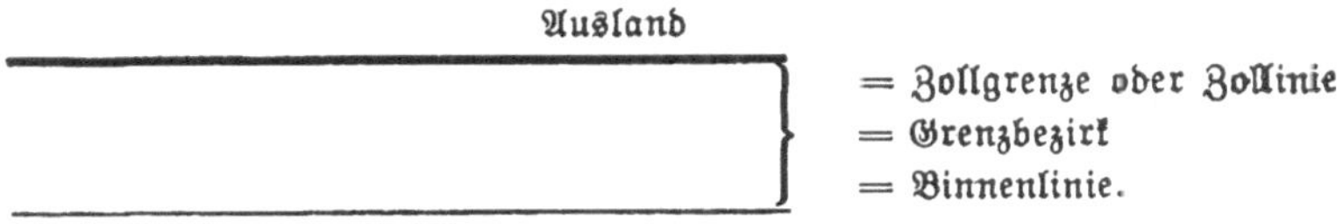


Der Zollgrenzbezirk ist das innerhalb der Zollinie gelegene Gebiet, in dem die Zollbehörden besondere zollpolizeiliche Befugnisse haben; §§ 119ff. VZollG.; der Grenzbezirk ist ein Teil des Zollgebiets, der durch die Binnenlinie vom Zollbinnenland getrennt wird. Den Verlauf der Binnenlinie bestimmt das LFA. (OFP.); VO. vom 6. 10. 1928, RMBl. S. 578, RZBl. S. 359. Die Tiefe des Grenzbezirks beträgt je nach den örtlichen Verhältnissen bis zu 15 km.

b) Der Lauf der Binnenlinie in Bayern rechts des Rheins ist folgender:

I. Grenzbezirk von Sachsen längs der böhmischen Grenze gegen die Donau.

1. Die Binnenlinie zieht sich von demjenigen Punkte an, wo die Grenzbezirkslinie des früheren Königreichs Sachsen in der Richtung von Ölsnitz nach Gumbertsreit endet, in den Regierungsbezirk Oberfranken auf der Straße über Neugattendorf, Hof, Moschendorf, Oberkotzau, Fattigau, Schwarzenbach, Unterschieda, Oberschieda, Kirchenlamitz nach Marktleuthen und zwar in der Art, daß die genannten Orte und die sonst noch unmittelbar an der Straße liegenden Ortschaften gleich der Straße selbst ausnahmsweise zum Binnenlande gerechnet werden.

2. Von Marktleuthen nimmt sie ihre Richtung auf der Straße über Hebanz, Oberhöchstadt, Thiersheim, Böhmühle, Bergnersreuth, Arzberg, Heiligenfurth, Dornhof, Konnersreuth, Rosenbühl nach Mitterteich, von hier auf der Staatsstraße über Themenreuth, Tirschenreuth bis Rappauf, dann auf der Distriktsstraße über Liebenstein, Stein, Krähenhaus, Plößberg,

Geyermühle, Floß, Kühbach nach Grafenreuth, von hier über Buch, Lindnermühle, Bitzmühle nach Albersried, auf dem Ortsverbindungswege über das sog. Schanzl nach Waldau, von da auf der Distriktsstraße über Altenstadt, Ledermühle nach Vohenstrauß, von hier auf der Distriktsstraße über Neuwirthshaus nach Burgtreswitz, folgt von da dem Laufe des Trebesbaches über Pingermühle, Kemnitzerschleife, Waltenried nach Trebes, ergreift hier wieder die Distriktsstraße und zieht sich auf derselben fort über Sägmühle, Hannamühle, Pullenried, Blechhammer, Pirkhof, Werneröd nach Nunzenried, von da auf dem Ortsverbindungswege über Konatsried, Obereppenried nach Winklarn, dann auf der Distriktsstraße über Weiherhaus nach Kulz, von hier auf dem Fahrwege über Ziegelhütte, Weihermühle, Tanersried, Berg, Katzelsried nach Hetzmannsdorf, dort ergreift sie wieder die Distriktsstraße und läuft auf derselben nach Rötz.

3. Von Rötz aus zieht sie über Kleineinzenried, Bernried, Schätzendorf, Steinmühle, Albersdorf, Engelsdorf, Kager, Buchermühle nach Pempfling, von da über Großbergerdorf, Loibling nach Cham — die Straßen und Orte von Schätzendorf bis Cham ausgeschlossen; die Stadt Cham liegt im Grenzbezirke und schließt dieser hier mit dem rechten Regenufer ab.

Von Cham weg läuft die Binnenlinie am rechten Regenufer entlang, dann über Altenstadt und Satzdorf nach Langwitz, von da auf dem Verbindungswege über Maiberg, Breitenstein, Meinzing, Lederdorn, Gadsdorf, Reckendorf, Gradis, Gehsdorf nach Kötzting.

4. Von Kötzting führt die Binnenlinie auf der Distriktsstraße über Gruh, Hofern, Wölkersdorf, Bärendorf, Traidersdorf, Steinbühl, Kieslau, Matzelsdorf, Niederndorf, Sindorf, Thallersdorf, Arnbruck, Exenbach, Trautmannsried, Draxelsried, Oberried, Mais, Mooshof, Bodenmais nach Böhmhof, geht von da in der Nähe der Kapelle bei Böhmhof von der Distriktsstraße weg auf dem Fußwege über Drosselloch nach Brandten, von da auf dem Gemeindewege nach Schwarzach, von hier auf der Distriktsstraße nach Außenried, wo sie sich auf dem Gemeindeverbindungswege nach Innenried und Zwiesel wendet. Von Zwiesel nimmt die Binnenlinie die Richtung auf der alten Straße über Lichtenthal nach Flanitz, verläßt unterhalb Flanitz die alte Straße und geht auf dem Fußwege über Flanitzhammer, Dörfl nach Unterfrauenau, woselbst sie wieder die Distriktsstraße erreicht und auf derselben sich über Meyernhütte, Althütte, Klingenbrunn nach Spiegelau bewegt.

Von Spiegelau läuft die Binnenlinie auf der neuen Grafenauer Straße bis Pronfelden, von hier aus biegt dieselbe links ab und berührt unter Einhaltung der alten Grafenauer Straße die Ortschaften Reichenberg, Höhenbrunn und St. Oswald, von wo aus dieselbe über Drachselschlag längs der nach Rosenau-Grafenau führenden Straße bis zum sog. Ochsenhügel geht. Von hier führt die Binnenlinie auf dem Ortsverbindungswege über Schönanger nach Kirchl bis zur Sägemühle und zieht sich von hier rechts auf den Verbindungsweg nach Hohenau.

5. Von Hohenau führt die Binnenlinie auf der Distriktsstraße über Haslach, Bierhütte, Wolfstein, Freyung, Sägemühle, Werenain, Karlsbach, Raffelsberg, Ohemühle, Schiefweg, Pfeffermühle nach Waldkirchen, von hier aus auf der Hauzenberger Straße über Schmalzkistlhäuser, Windschnur, Hemmerau, Neuhäusl, Lacken nach Hauzenberg, von da auf der Büchelberger Straße über Fürsetzing, Berbing, Oberkümmering, Wulga, Raßberg, Manzenberg, Praßreuth nach Büchelberg, biegt kurz vor Freyhof von derselben ab, überschreitet bei Leoprechting, diesen Ort in den Grenzbezirk

einziehend, die Staatsstraße, geht in gerader Linie nach Wotzmannsdorf, und die Ilz bei der Überfuhr überschreitend, nach Ruderting. Von hier aus zieht sich dieselbe längs des Rudertinger- und Haselbaches über Unterhaselbach bis zu der am Einfluß derselben in die Gaissa liegenden Sägemühle, von wo aus die Gaissa bis zu ihrem Einflusse in die Donau die Binnenlinie bildet.

II. Grenzbezirk von der Donau gegen das Gebirge und längs diesem gegen den Bodensee.

Vom Abdruck des Laufs der Binnenlinie wird abgesehen, da nach der Wiedervereinigung Österreichs mit dem Deutschen Reiche dieser Binnenlinie demnächst nur noch geschichtliche Bedeutung zukommt; Reichsgesetz vom 13. 3. 1938, RGBl. I S. 237. — Hierzu hat der RFM. folgendes bekanntgegeben:

Das Reichsgesetz vom 13. 3. 1938 bestimmt, daß das derzeit in Österreich geltende Recht bis auf weiteres in Kraft bleibt, und daß der Führer und Reichskanzler oder der von ihm ermächtigte Reichsminister das Reichsrecht in Österreich einführt. Daraus ergibt sich, daß das österreichische Zollrecht vorläufig weiterbesteht. Es muß daher die Zollgrenze einstweilen aufrechterhalten bleiben, d. h. Zölle und sonstige Abgaben werden an der deutsch-österreichischen Zollgrenze vorläufig wie bisher erhoben. So wie der Freihafen Hamburg Reichsgebiet, aber Zollausschluß ist, so ist Österreich vorerst zwar Reichsgebiet, aber Zollausschluß, und das Entsprechende gilt in Österreich hinsichtlich des bisherigen Reichsgebietes.

**11.** Nach Anmerkung zu Nr. 108 und 109, Nr. 162, 164 und 165 sowie Nr. 198 zum Zolltarif ist der Bundesrat — s. Vorbem. zu §§ 55 GO. — befugt, für bestimmte Grenzstrecken im Falle eines Bedürfnisses die zollfreie Einfuhr einzelner Stücke von frischem oder einfach zubereitetem Fleisch oder von Schweinespeck in Mengen von nicht mehr als 2 kg, ferner von Müllereierzeugnissen (mit Ausnahme von Reisgrieß und gewalztem Reis) in Mengen von nicht mehr als 3 kg, sowie von gewöhnlichem Backwerk in Mengen von nicht mehr als 3 kg, nicht mit der Post eingehend, für Bewohner des Grenzverkehrs zu gestatten.

Der Tschechoslowakei gegenüber wurde mit VO. vom 10. 10. 1936, RZBl. S. 352, RMBl. S. 408, die zollfreie Einfuhr von solchen Erzeugnissen für bestimmte Grenzstrecken in den HZAbezirken Hof, Waldsassen, Furth und Zwiesel gestattet. Die in Betracht kommenden Ortschaften sind in den Tageszeitungen dieser HZAbezirke bekanntgegeben worden.

Die VO. gilt sinngemäß auch für HZA. Landau (Pfalz).

Voraussetzung für die zollfreie Einfuhr ist:

I. Die Einfuhr darf nur an Wochentagen auf einer Zollstraße während der Dienststunden des Grenzzollamts und zwar für jeden Haushalt nur einmal täglich erfolgen.

II. Die Waren müssen für denjenigen Haushalt bestimmt sein, dem der Einbringer angehört.

III. Der Einbringer muß eine von der Ortsbehörde ausgestellte Hausstandskarte besitzen; diese muß vor ihrer Benützung von der Zollstelle in ein Verzeichnis eingetragen, fortlaufend numeriert und mit dem Amtsstempel versehen sein; die zollfreie Einfuhr darf nur über diejenige Zollstelle erfolgen, bei welcher die Hausstandskarte eingetragen ist.

IV. Wegen der Benützung von Nebenwegen müssen die Bewohner von abseits gelegenen Ortschaften besondere Erlaubnis haben.

V. Bei Mißbrauch ist die Hausstandskarte zu entziehen.

Auch Preißelbeeren dürfen zum ausschließlichen Gebrauch für die Grenzbewohner zollfrei aus der Tschechoslowakei eingeführt werden; Verordnung über Änderung des Warenverzeichnisses zum Zolltarif vom 20. 7. 1926, RZBl. S. 159.

Wenn die vorstehenden Anordnungen übertreten werden, ist Strafanzeige zu erstatten, insbesondere auch, wenn die erwähnten Waren für Handelszwecke eingeführt werden; vgl. auch § 158 VZollG.

Erlaubt ist auch die zollfreie Einfuhr von Gegenständen für den persönlichen Gebrauch der Eisenbahn-Reisenden; auch ist im sog. engen Grenzverkehr mit der Tschechoslowakei für die Handwerker eine gewisse Vergünstigung vorgesehen.

Auch die in der Tschechei gereinigten oder gefärbten getragenen Kleider dürfen zollfrei eingehen unter der Voraussetzung, daß es sich um Gegenstände des eigenen Bedarfs handelt: RFinMinEntschl. vom 25. 11. 1926 II B z 2422.

**12.** Die Erlaubnis zum Hausieren im Grenzgebiet für Zeuge ganz oder teilweise aus Baumwolle, Wolle oder Seide sollen die HZA. in der Regel nicht erteilen.

Berücksichtigung können bei voller Unbescholtenheit und Zuverlässigkeit nur finden: Bewohner des Grenzbezirks, Schwerkriegsbeschädigte und ausnahmsweise noch solche Personen, die auf das Hausiergewerbe zur Erwerbung ihres Lebensunterhalts unbedingt angewiesen sind und dasselbe schon eine Reihe von Jahren im Bezirk des LFA. (OFP.) ausüben, ohne zu einer Beanstandung Anlaß gegeben zu haben. Die Genehmigung kann in allen Fällen nur unter Vorbehalt jederzeitigen Widerrufs erteilt werden.

**13.** Mit Entschl. des bayer. Min. für Handel, Industrie und Gewerbe vom 23. 9. 1925 Nr. 17762 wurden unter Bezugnahme auf §§ 8 und 9 Anw. die Polizeibehörden neuerdings beauftragt, den GiU. sowie die Privatkundschaft aufsuchenden Detailreisenden ständig scharf zu überwachen; vgl. auch § 33 der Anw. Die polizeiliche Aufsicht hat sich auch darauf zu erstrecken, daß das Umsatzsteuerheft (Anm. 4b zu Art. I § 1 WGewStG. oben) ordnungsgemäß geführt wird.

Gegen Wandergewerbereisende und Detailreisende, die ohne gültige Gewerbeausweise (WGewSchein, Gewerbelegkarte) und Besteuerungsausweise ihr Gewerbe ausüben, ist Strafanzeige zu erstatten; Ausweise, deren Gültigkeitsdauer abgelaufen ist, sind abzunehmen und der BezVerwBeh., die sie ausgestellt hat, vorzulegen.

Insbesondere sind zur möglichsten Hintanhaltung der Mißstände, die beim Hausierhandel im Grenzbezirk stets hervorgetreten sind, die Hausierer strengstens zu überwachen. Bei Feststellung von Zuwiderhandlungen gegen bestehende Vorschriften ist, abgesehen von der Strafeinschreitung, wegen der Zurücknahme der zollamtlichen Erlaubnis das Weitere zu veranlassen.

**14.** a) Mit Rücksicht auf die Zusammenhänge des wilden Hausierhandels mit dem Schmuggler- und Schiebertum und die vom überhandnehmenden Hausierhandel ausgehende Schädigung des seßhaften Gewerbes hat das Bayer. Staatsmin. d. Fin. mit Entschl. vom 3. 2. 1921 Nr. 6464 die LFA. (OFP.) ausdrücklich ersucht, nach Tunlichkeit im Rahmen des

§ 124 VZollG. bei der Eindämmung und Überwachung des Hausierhandels mitzuwirken.

b) Wegen Einfuhr und Ausfuhr s. auch VO. i. d. F. vom 13. 2. 1924, 21. 11. 1924, RGBl. I, 72, 754; 12. 12. 1932, RGBl. I, 544, 18. 9. 1933, 27. 12. 1933, RGBl. I, 696, 1119.

**15.** Die Ortstafeln der Gemeinden im Grenzbezirk (§ 16 des VZollG. vom 1. 7. 1869, „Bayer. Gesetzblatt" 1866/69 S. 1385 ff., „Kreisamtsblatt der Pfalz" 1869 S. 2327 ff.) sind mit der deutlich sichtbaren Aufschrift „Grenzbezirk" zu versehen; es soll hierdurch u. a den Händlern erkennbar werden, daß sie in der Gemeinde den Bestimmungen für den Grenzbezirk (vgl. §§ 119—124, 126—130 VZollG.) unterworfen sind; vor allem soll den Hausierhändlern an der Grenze, welche bewußt oder unbewußt dem Schmuggel vielfach Vorschub leisten, der Einwand genommen werden, sie hätten nicht gewußt, daß sie sich im Grenzbezirk befänden. MBek. vom 29. 8. 1921, GVBl. S. 457.

In einem Einzelfalle hat das Bayer. Staatsmin. für Handel, Industrie und Gewerbe sich dahin geäußert, daß alle Hausierer, die unter Benützung von Kraftfahrzeugen ihr Gewerbe ausüben, von der Zulassung zum Handel im Grenzbezirke auszuschließen sind; vgl. auch die Entschl. des gen. Min. vom 27. 1. 1926 Nr. 1082.

**16.** Den Meß- und Marktverkehr behandelt § 112 VZollG. Hiernach kann zur Erleichterung des Besuchs auswärtiger Messen und Märkte die zollfreie Rückbringung der unverkauft gebliebenen, aus dem freien Verkehr des Zollvereins stammenden Ware gestattet werden (passiver Marktverkehr). In gleicher Weise wird ausländischen Handel- und Gewerbetreibenden, die Messen und Märkte beziehen, für den unverkauften Teil ihrer Waren Erlaß des Eingangszolles bei der Wiederausfuhr gewährt (aktiver Meß- und Marktverkehr). Die Verfahrensvorschriften für den Meß- und Marktverkehr enthält die Zollordnung vom 23. 1. 1938, Pr. GS. S. 59. Vgl. auch Musterpaßordnung vom 24. 9. 1926, RMBl. 939, RZBl. 299. — Vgl. auch bei §§ 64 ff. GO. (Ziff. VII oben).

**17.** Das Hausiergewerbe im Zollgrenzgebiet behandelt § 124 VZollG. Dieses Gewerbe darf im Zollgrenzgebiet mit sämtlichen Waren betrieben werden, die einer Transportkontrolle (§ 119 VZollG.) in dem jeweilig bereisten Grenzbezirk nicht unterliegen. Es darf nur mit besonderer Erlaubnis des HZA. betrieben werden. Außerdem muß zum Zwecke der Kontrolle ein Buch geführt werden, in dem Tag und Ort der Verzollung und hinsichtlich der aus dem Inland empfangenen Waren der Nachweis darüber enthalten sein muß. Die Buchkontrolle soll eine Sicherungsmaßregel gegen den Schleichhandel sein. § 124 VZollG. bezieht sich nicht allein auf die Fälle, in denen die Gewerbetreibenden eines WGewScheins bedürfen, sondern auch auf jene, die nach § 59 GO. in Ansehung der selbstgewonnenen Erzeugnisse der Land- und Forstwirtschaft usw. eines WGewScheines nicht bedürfen. Der Begriff Hausiergewerbe i. S. § 124 VZollG. ist nicht gleichbedeutend mit dem GiU. i. S. der GO. — Die Versagung oder Entziehung der Erlaubnis nach § 124 VZollG. wird vom HZA. auf bestimmte Zeit verfügt und in den laufenden WGewSchein eingetragen; hiervon wird die zuständige BezVerwBeh. vom HZA. benachrichtigt; bei Neuausfertigung von WGewScheinen ist in diesem die Versagung oder Entziehung der Erlaubnis vorzumerken; s. VO. vom 7. 8. 1930, RZBl. S. 379; RMBl. S. 502. —

Unter § 124 fallen nicht die in § 55 Abs. 1 Nr. 3 und 4 GO. genannten Personen und Leistungen. — Vgl. auch Ziff. I und VI bei §§ 55 und 59 GO.

**18.** Wegen der Fürsorgekosten für eingeschmuggeltes Vieh s. Anh. III B Ziff. 12 l.

## V.

## Subjektive Momente, die den Hausierhandel ausschließen.

### 1. Persönliche Versagungsgründe.

### § 57 GO.

(1) Der Wandergewerbeschein ist zu versagen:

1. wenn der Nachsuchende mit einer abschreckenden oder ansteckenden Krankheit behaftet oder in einer abschreckenden Weise entstellt ist;
2. wenn er unter Polizeiaufsicht steht;

2a) wenn er wegen Hochverrats oder Landesverrats verurteilt ist oder Tatsachen vorliegen, welche die Annahme rechtfertigen, daß der Nachsuchende sein Gewerbe zu staatsfeindlichen Zwecken mißbrauchen wird;

3. wenn er wegen strafbarer Handlungen aus Gewinnsucht, gegen das Eigentum, gegen die Sittlichkeit, wegen vorsätzlicher Angriffe auf das Leben und die Gesundheit der Menschen, wegen Land- oder Hausfriedensbruchs, wegen Widerstandes gegen die Staatsgewalt, wegen vorsätzlicher Brandstiftung, wegen Zuwiderhandlungen gegen Verbote oder Sicherungsmaßregeln, betreffend Einführung oder Verbreitung ansteckender Krankheiten oder Viehseuchen, zu einer Freiheitsstrafe von mindestens drei Monaten verurteilt ist, und seit Verbüßung der Strafe drei Jahre noch nicht verflossen sind;
4. wenn er wegen gewohnheitsmäßiger Arbeitsscheu, Bettelei, Landstreicherei, Trunksucht übel berüchtigt ist;
5. in dem Falle des § 55 Ziffer 4, sobald der den Verhältnissen des Verwaltungsbezirkes der zuständigen Verwaltungsbehörde entsprechenden Anzahl von Personen Wandergewerbescheine erteilt oder ausgedehnt sind (§ 60 Abs. 2).

(2) In den Fällen des Abs. 1 Ziffer 3 steht der Verbüßung der Freiheitsstrafe ihre Verjährung, ihr Erlaß oder ihre Umwandlung in eine Geldstrafe gleich; in diesen Fällen beginnt die dreijährige Frist mit dem Tage, an dem die Freiheitsstrafe verjährt oder erlassen oder in eine Geldstrafe umgewandelt worden ist.

(3) Ist die Strafe nach einer Probezeit ganz oder teilweise erlassen, so wird die Probezeit auf die Frist angerechnet.

(4) Der Wandergewerbeschein kann in den Fällen des Abs. 1 Ziffer 3 mit Zustimmung der obersten Landesbehörde oder der von ihr bestimmten Behörde vor Ablauf der dreijährigen Frist erteilt werden, wenn die Versagung nach den besonderen Umständen des Falles eine unbillige Härte bedeuten würde.

**1.** Siehe §§ 8 und 9 der Anw. Bez. der Ausländer s. oben Ziff. IV; für diese gilt auch § 57, in gleicher Weise wie die §§ 57a und 57b; s. auch Anm. 14 unten; Landmann S. 735; OVG. vom 31. 1. 1907, GewArch. 7, 461.

**2.** § 57 GO. enthält die Fälle, in denen die Behörde die Erlaubnis versagen muß, §§ 57a und b die Fälle, in denen sie nach ihrem Ermessen die Erlaubnis versagen kann.

**3.** Ärztliches Zeugnis kann verlangt werden.

**4.** S. §§ 38, 39 StGB. über Polizeiaufsicht.

**5.** Wegen Zigeuner s. Anm. 6 zu § 56d und Anm. 20 zu § 55 GO. oben Ziff. IV und I; BGH. 45, 4.

**6.** Wucher, Preistreiberei, Schleichhandel; Vergehen gegen das Jagd-, Fischereirecht usw.: StGB. §§ 292, 296. Eigentumsdelikte: StGB. §§ 242 ff. (Diebstahl, Unterschlagung); §§ 263 ff. (Betrug, Untreue); §§ 267 ff. (Urkundenfälschung); KonkursO. §§ 209 ff. (betrügerischer Bankerott); StGB. § 288 (strafbarer Eigennutz; § 303 (Sachbeschädigung); § 153 (Meineid aus Gewinnsucht); Benützung oder Überlassung gefälschter WGewScheine: s. Anm. 5 zu § 60d GO. (Ziff. VI unten).

**7.** §§ 171 ff. StGB. betr. Sittlichkeitsvergehen.

**8.** StGB. §§ 211 ff. (Mord); 223 ff. (Körperverletzung); 249 ff. (Raub, Erpressung); §§ 312 ff. (gemeingefährliche Verbrechen durch Überschwemmung, Eisenbahnzugsgefährdung).

**9.** StGB. §§ 123 ff. betr. Land- und Hausfriedensbruch.

**10.** StGB. §§ 113 ff., 117 f. betr. Widerstand gegen Staatsgewalt und Bedrohung.

**11.** StGB. §§ 306 ff. betr. Brandstiftung.

**12.** StGB. §§ 327 und 328 betr. Maßregeln bei ansteckenden Krankheiten und Viehseuchen; Reichsgesetz vom 21. 5. 1878, RGBl. S. 95; Anm. 5 zu § 56b GO. (Ziff. III oben).

**13.** Der Gesuchsteller muß im Rufe eines gewohnheitsmäßigen Bettlers stehen.

**14.** Die Bedürfnisfrage muß eingehend gewürdigt werden; s. Anm. 16h zu § 55 und Anm. 3 zu § 60d GO.; Anw. § 8, I, 5; MBek. vom 6. 12. 1928, StA. Nr. 287. Wegen der Ausländer s. Bundesratsbek. in Anm. 2 zu § 56d GO. unter II A Nr. 4 (Ziff. IV oben).

**15.** Zu § 57 Ziff. 3: Verurteilung nur zu Geldstrafe kein Versagungsgrund; BGH. 45, 20.

## § 57a GO.

Der Wandergewerbeschein ist in der Regel zu versagen:

1. wenn der Nachsuchende das fünfundzwanzigste Lebensjahr noch nicht vollendet hat.

Im Falle der Ziffer 1 ist dem Nachsuchenden der Wandergewerbeschein zu erteilen, wenn er der Ernährer einer Familie ist und bereits vier Jahre im Wandergewerbe tätig gewesen ist;

2. wenn er blind, taub oder stumm ist, oder an Geistesschwäche leidet.

**1.** Der Hausierhandel muß 4 Jahre lang „erlaubt" betrieben worden sein.
**2.** Es kommt nicht darauf an, ob die Familie groß oder klein ist; s. auch Landmann S. 739, 740.
**3.** Vgl. Anw. § 8 Ziff. II und § 57 Ziff. 1; ferner GewArch. 19, 203; 30, 400.
**4.** S. auch Anm. 1, 2 und 14 zu § 57 GO. oben.

## § 57 b GO.

Der Wandergewerbeschein darf außerdem nur dann versagt werden:

1. wenn der Nachsuchende im Inland einen festen Wohnsitz nicht hat;
2. wenn Tatsachen vorliegen, aus denen hervorgeht, daß der Nachsuchende die für die Ausübung des Gewerbebetriebs im Umherziehen erforderliche Zuverlässigkeit nicht besitzt;
3. wenn er wegen Verletzung einer der Vorschriften der §§ 42 a, 42 b, 43 oder der auf den Gewerbebetrieb im Umherziehen bezüglichen Vorschriften im Laufe der letzten drei Jahre wiederholt bestraft worden ist;
4. wenn er ein oder mehrere Kinder besitzt, für deren Unterhalt und, sofern sie im schulpflichtigen Alter stehen, für deren Unterricht nicht genügend gesorgt ist.

**1.** Die Versagung ist in das Ermessen der Behörde gelegt; Landmann S. 741.
**2.** Wohnsitz: s. Anm. 3 zu § 55 GO. (Ziff. I oben); s. auch Ziff. IV; wegen Zigeuner Anm. 6 a. a. O. (zu § 56 d).
**3.** Hierher zählen auch die Verfehlungen gegen die Reichsabgabenordnung, das WGewStG., gegen §§ 146, 148 und 149 GO., gegen das KSchG.
**4.** S. auch Anm. 1, 2 und 14 zu § 57 GO. oben.

### 2. Zurücknahme des Wandergewerbescheins.

## § 58 GO.

Der Wandergewerbeschein kann zurückgenommen werden, wenn sich ergibt, daß eine der im § 57 Ziffer 1 bis 4, Absätze 2, 3, § 57 a oder § 57 b bezeichneten Voraussetzungen entweder zur Zeit der Erteilung desselben bereits vorhanden gewesen, der Behörde aber unbekannt geblieben, oder erst nach Erteilung des Scheines eingetreten ist.

1. Vor Ablauf seiner Gültigkeitsdauer (§ 60 GO.).

2. Zuständig: Distriktsverwaltungsbehörde; § 61 Abs 3 GO., § 25 Anw.; OVG. vom 15. 4. 1886, 13, 343; vom 12. 12. 1901, GewArch. 1, 496.

3. Gauritt: s. Anm. 4 zu § 56 b GO. (Ziff. III oben).

4. Viehhändler s. Anm. 5 ebenda.

5. Lebensmittelhändler s. Anm. 8 daselbst.

6. Aufkäufer s. Anm. 13 f a. a. O.

7. Bezüglich der Ausländer s. oben Ziff. IV und Anm. 1, 2 und 14 zu § 57 oben.

8. Zuständig die Behörde, welche über Erteilung und Versagung des Scheins zu entscheiden hat, also nicht die Ortspolizeibehörde. § 58 sieht nur die „Möglichkeit" der Zurücknahme vor — unter Ausschluß jeden Zwanges; Landmann S. 744.

## VI.

## Freier Gewerbebetrieb; Wandergewerbeschein; Formulare; Steuerpflicht usw.

### 1. Freier Gewerbebetrieb.

Gewisse Arten des GilI. dürfen ohne WGewSchein betrieben werden; §§ 59 und 59a GO.

### § 59 GO.

(1) Eines Wandergewerbescheines bedarf nicht:

1. wer selbstgewonnene oder rohe Erzeugnisse der Land- und Forstwirtschaft, des Garten- und Obstbaues, der Geflügel- und Bienenzucht sowie selbstgewonnene Erzeugnisse der Jagd und Fischerei feilbietet;
2. wer in der Umgegend seines Wohnorts bis zu 15 Kilometer Entfernung von demselben selbstverfertigte Waren, welche zu den Gegenständen des Wochenmarktverkehrs gehören, feilbietet oder gewerbliche Leistungen, hinsichtlich deren dies Landesgebrauch ist, anbietet;
3. wer selbstgewonnene Erzeugnisse oder selbstverfertigte Waren, hinsichtlich deren dies Landesgebrauch ist, zu Wasser anfährt und von dem Fahrzeuge aus feilbietet;
4. wer bei öffentlichen Festen, Truppenzusammenziehungen oder anderen außergewöhnlichen Gelegenheiten mit Erlaubnis der Ortspolizeibehörde die von derselben zu bestimmenden Waren feilbietet.

(2) Die Landesregierungen können in weiterem Umfange den Gill. mit Gegenständen des gemeinen Verbrauchs ohne Wandergewerbeschein innerhalb ihres Gebietes gestatten.

**1.** a) Eines WGewScheins zum GiU. bedürfen nicht:
1. diejenigen, welche selbstgewonnene oder rohe Erzeugnisse der Land- und Forstwirtschaft, des Garten- und Obstbaus, der Geflügel- und Bienenzucht sowie selbstgewonnene Erzeugnisse der Jagd und Fischerei feilbieten; § 59 Ziff. 1; für das Ankaufen der vorbezeichneten Waren ist jedoch ein WGewSchein erforderlich; s. auch die folgende Ziff. 2 und Anm. 3 unten; ferner Anm. 8 oben zu § 55 GO.;
2. diejenigen, welche in der Umgegend ihres Wohnortes bis zu 15 km Entfernung von demselben selbstverfertigte Waren, welche zu den Gegenständen des Wochenmarktverkehrs (§ 66 GO.) gehören, feilbieten oder gewerbliche Leistungen, hinsichtlich deren dies Landesgebrauch ist, anbieten; .z. B. Müller, Flaschner, Barbiere, Glaser und ähnliche Gewerbetreibende, welche von Zeit zu Zeit auch ohne vorgängige Bestellung innerhalb eines bestimmten Bezirkes ihre gewerblichen Leistungen anbieten; § 59 Ziff. 2; die Ortspolizeibehörde kann das Feilbieten der in § 59 Ziff. 1 und 2 bezeichneten Gegenstände durch Kinder unter 14 Jahren verbieten; § 60 b Abs. 3 GO.; s. auch Anm. bei § 60 c GO. Ziff. VI unten; Anw. § 2 Ziff. 6; ferner Art. I § 2 Abs. 2 wegen Steuerpflicht der gewerblichen Leistungen im Marktverkehr;
3. jene, welche selbstgewonnene Erzeugnisse oder selbstverfertigte Waren, hinsichtlich deren dies Landesgebrauch ist, zu Wasser anfahren und von dem Fahrzeuge aus feilbieten; § 59 Ziff. 3 GO.; s. auch unten Anm. 5;
4. diejenigen, welche bei öffentlichen Festen, Truppenzusammenziehungen oder anderen außergewöhnlichen Gelegenheiten mit Erlaubnis der Ortspolizeibehörde die von dieser zu bestimmenden Waren feilbieten; § 59 Ziff. 4 GO.;
5. diejenigen Gewerbetreibenden, auf die nach § 6 GO. entweder die Bestimmungen dieses Gesetzes überhaupt oder wenigstens die Bestimmungen des Titel III keine Anwendung finden;
6. Gewerbsleute und deren Reisende, welche im Rahmen des § 44 GO. Waren aufkaufen und Warenbestellungen aufsuchen; s. unten Ziff. VIII;
7. diejenigen, welche ausschließlich im Meß- und Marktverkehr Waren aufkaufen oder verkaufen oder Warenbestellungen suchen; § 64 GO.; s. unten Ziff. VII;
8. diejenigen, welchen polizeilich ein gewisser Bezirk für ihren Gewerbebetrieb zugewiesen ist; wie z. B. die Kaminkehrer; s. unten Ziff. X;
9. Gewerbetreibende, denen durch das zuständige Staatsmin. innerhalb des Landes der GiU. mit weiteren Gegenständen des gemeinen Verbrauchs ausdrücklich freigegeben wird; § 59 Abs. 2 GO.

b) Die oben unter a Ziff. 7 erwähnte Ausnahmebestimmung des freien Marktverkehrs findet keine Anwendung auf Musikaufführungen, Schaustellungen, theatralische Vorstellungen und sonstige Lustbarkeiten; § 55 Abs. 2 GO.; s. auch OLG. 6, 355.

Ein WGewSchein ist auch erforderlich für diejenigen, welche zwar ihre Waren im Meß- und Marktverkehr absetzen, den Ankauf derselben jedoch i. U. betätigen; OLG. München vom 11. 11. 1884, MinABl. 1885, 10.

Ein WGewSchein ist auch dann benötigt, soferne § 66 GO. und § 30

Abs. 4 VollzVO. vom 29. 3. 1892, GVBl. S. 61, zutreffen; es bleiben also durch die Ausnahmebestimmung in Ziff. 3 § 59 GO. unberührt die Vorschriften über die auf Messen und Märkten zugelassenen Waren sowie jene Vorschriften, wonach zu gewissen Märkten nur Einheimische zugelassen werden.

c) über zuständige Behörden in Preußen usw. s. Ziff. 3 Vorbem. Anh. III oben.

**2.** Auch der Gewerbebetrieb nach § 59 GO. unterliegt gewissen Beschränkungen. Er kann nach § 59 a untersagt werden; weiter ist er den Beschränkungen des § 60 b Abs. 2 und 3 sowie des § 60 c GO. (s. unten) unterworfen. Außerdem gelten die Beschränkungen der §§ 55 a, 56 bis 56 d und 62 Abs. 3. Das KSchG. findet für die im § 59 bezeichneten Gewerbe deshalb keine Anwendung, weil die Ortspolizeibehörde ein Feilbieten durch Kinder nach § 70 d Abs. 3 ohnedies schon verbieten kann; Landmann S. 746 mit 575 f. — Auf Ausländer finden die Bestimmungen der §§ 59 und 59 a keine Anwendung. Im gewöhnlichen Grenzverkehr bedurften sie früher für den Verkauf roher Erzeugnisse der Land- und Forstwirtschaft, des Garten- und Obstbaues, der Geflügel- und Bienenzucht, keines WGewScheins. Die bezügliche Bestimmung Ziffer II A 2 der Bundesratsbek. — s. bei § 56 d (Ziff. III oben) — ist nunmehr durch die VO. vom 20. 5. 1933, RGBl. I S. 288, aufgehoben; s. auch Landmann S. 747; Anm. § 2 Schlußabsatz; s. weiter bei § 56 d GO. oben Ziff. IV.

**3.** a) Ein WGewSchein ist nach Vorstehendem nicht erforderlich für das Feilbieten „selbstgewonnener" oder „roher" Erzeugnisse der Land- und Forstwirtschaft, des Garten- und Obstbaues, der Geflügel- und Bienenzucht; hierfür kommt auch eine Hausiersteuerpflicht nicht in Frage. Die Befreiung tritt auch ein, wenn dergleichen Erzeugnisse durch Familienangehörige oder Angestellte feilgeboten werden; die Befreiung ist auch dann gegeben, wenn es sich nicht um einen landwirtschaftlichen Betrieb handelt, sondern z. B. um eine Gärtnerei oder Geflügelzüchterei, AA. unter A III 1. — „Selbstgewonnen" ist ein Erzeugnis dann, wenn es dem Boden durch Bewirtschaftung abgewonnen wurde. Tiere sind, abgesehen von Erzeugnissen der Geflügel- und der Bienenzucht, nicht zu den Erzeugnissen der Landwirtschaft i. S. des § 59 Ziff. 1 zu rechnen; so Landmann S. 748 f. Nach anderer Meinung gilt Vieh dann noch als selbstgewonnenes Erzeugnis der Landwirtschaft, wenn es selbst gezüchtet oder doch als Ergebnis des landwirtschaftlichen Betriebs anzusehen ist; OLG. 6, 212; 7, 505; 9, 327; BlfFinW. 15, 64.

b) Für das Feilbieten von selbstgewonnenen, nicht aber auch von rohen Erzeugnissen der Jagd und Fischerei ist ein WGewSchein nicht erforderlich, auch dann nicht, wenn solche Erzeugnisse durch Angestellte gewonnen wurden. Wer aber rohe nicht selbstgewonnene Erzeugnisse der Jagd und Fischerei feilbietet, bedarf nach § 79 GO. eines WGewScheins und ist deshalb auch hausiersteuerpflichtig. Über rohe Erzeugnisse siehe weiter unten!

c) Wer „nichtselbstgewonnene", das sind „rohe" Erzeugnisse der Land- und Forstwirtschaft, des Gartenbaues, der Geflügel- und Bienenzucht feilbietet, unterliegt, auch wenn ein WGewSchein nicht erforderlich ist, auf alle Fälle der WGewSt.; Art. I § 2 Abs. 2 WGewStG. Ein solcher Handel ist immer hausiersteuerpflichtig, auch dann, wenn er in der nächsten Umgebung der Wohnsitzgemeinde ausgeübt wird. Wenn ein solcher Handel in der nächsten Umgebung des Wohnsitzes stattfindet, ist jedoch von der

Hebung der WGewSt. abzusehen und zwar nach § 131 AO. (Erlaß); der Ertrag des Wandergewerbes unterliegt aber der GewSt.; AA. unter III 2 Abs. 2 und 3. Die FA. haben hierwegen den Tatbestand zu erforschen, z. B. durch Einsichtnahme des Straßensteuerheftes und sonstiger Besteuerungsunterlagen; s. hierwegen oben Anm. 4 b zu § 1 WGewStG.

d) Der Handel mit „rohen", nicht selbstgewonnenen Erzeugnissen der Land- und Forstwirtschaft (also mit Produkten, die von dritten Personen bezogen sind) unterlag schon nach dem bayer. HStG. außer im Marktverkehr der Hausiersteuer.

Als rohe Erzeugnisse der Land- und Forstwirtschaft sind nur zu betrachten inländische Bodenprodukte in ihrem natürlichen Zustand, also nur solche Erzeugnisse, die eine die herkömmlichen Grenzen der land- und forstwirtschaftlichen Tätigkeit überschreitende Be- oder Verarbeitung nicht erfahren haben; beispielsweise ungemahlenes Getreide, unverarbeitetes Holz, Obst, Eier, Milch, Honig; s. Anw. § 2. Dagegen sind zu den rohen Erzeugnissen nicht zu rechnen größeres oder kleineres Vieh, Eier, eingemachte oder sonst zubereitete Früchte, Südfrüchte, Schmalz, Mehl, Holzwaren, selbstbereitete Zigarren aus selbstgewonnenen Tabakblättern usw.; Instr. § 2. Ebenso gehören nicht dazu: Sand, Erde, Ton, Torf, Steine und ähnliche der Substanz des Bodens entnommene Gegenstände; ebensowenig die außerhalb Deutschlands gewonnenen Produkte wie Zitronen, Apfelsinen u. dgl.; Anw. § 2 Ziff. 5; OLG. 6, 114; 34, 143; preuß. ME. vom 5. 2. 1876 und 3. 9. 1876, MBliV. 1876 S. 132; 1877 S. 18; preuß. Anw. vom 27. 7. 1896 zum HStG. Ziff. 4 I a.

e) Obst, das durch Nichtproduzenten verkauft wird, ferner Waldbeeren, die durch Nichtgrundstückseigentümer gesammelt und verkauft werden, auch selbstgesammelte Feldblumen sind dem Feilbieten der selbstgewonnenen oder rohen Erzeugnisse der Land- und Forstwirtschaft gleichzustellen, wenigstens nach der herrschenden Meinung; vgl. Reger 9, 17; 14, 229; 19, 182; 29, 23; Stößel, GO., 6. Aufl. S. 222 f. — Insbesondere wird dann kein Wandergewerbe anzunehmen sein, wenn dergleichen Feld- und Walderzeugnisse, die selbst gesammelt sind, von ärmeren Volksklassen i. U. weiterveräußert werden. — Die bayer. VO. über den Verkauf von Walderzeugnissen vom 25. 11. 1911, 1. 12. 1920, 7. 8. 1930, GVBl. S. 1153 bzw. 479 bzw. 271, ist inzwischen durch VO. vom 13. 3. 1937, GVBl. S. 92, aufgehoben worden; dabei wurde verwiesen auf die nunmehr geltenden Vorschriften der VO. zum Schutze der wildwachsenden Pflanzen und der nicht jagdbaren wildlebenden Tiere (NaturschutzVO.) vom 18. 3. 1936, RGBl. I S. 181. — Nach der VO. über den Verkauf von Korbweiden vom 24. 1. 1923, GVBl. S. 18, ist für das Feilbieten solcher Weiden ein Zeugnis über den Erwerb erforderlich. — Mit MBek. vom 30. 6. 1922 wurde verboten, Heidel- und Preißelbeeren gewerbsmäßig oder für den eigenen Verbrauch vor dem durch die zuständige Bezirksverwaltungsbehörde festgesetzten Zeitpunkt des Erntebeginns zu sammeln oder in den Verkehr zu bringen; vgl. auch Oberpolizeiliche Vorschriften über die Waldfrüchteernte vom 6. 6. 1934 i. d. F. der Bek. vom 15. 6. 1937, GVBl. S. 285 bzw. 208.

f) Über Gegenstände des Jagdrechts vgl. Gesetz vom 30. 3. 1850 und VO. vom 11. 7. 1900, GVBl. S. 693 bzw. nach Überleitung auf das Reich Gesetz vom 3. 7. 1934, RGBl. I, 534, 1. und 2. DVO. vom 12. 7. 1934 und 28. 1. 1935, RGBl. I, 617 bzw. 70, 180.

Über Gegenstände der Fischerei: FischG. vom 15. 8. 1908, GVBl. S. 527. Vgl. auch BlfFinW. 5, 107.

Die Befreiung des Feilbietens selbstgewonnener Erzeugnisse der Jagd und des Fischfangs erstreckt sich auch auf solche Gegenstände in zerlegtem, gesalzenem oder geräuchertem Zustande. Strutz S. 5 Note 17.

Erzeugnisse der Jagd und Fischerei, die gekauft oder durch strafbare Handlung erlangt sind, keine selbstgewonnenen Erzeugnisse; ebensowenig Fische, die durch eine strafbare Handlung erlangt sind; § 360 Ziff. 4 StGB.; Landmann S. 749; Reger 11, 270; RG. vom 29. 5. 1890.

g) Wer Erzeugnisse, welche er zwar selbst gewonnen hat, für Rechnung eines Dritten, der nicht sein Haushaltungsvorstand ist (in dessen Auftrage er sie gewonnen hatte), feilbietet, ist steuerpflichtig.

h) Über den Handel mit Lebens- und Futtermitteln sowie mit sonstigen Gegenständen des täglichen Bedarfs s. weiter unten bei Ziff. XI.

**4.** Der Ausdruck Wohnort ist wörtlich zu nehmen, also nicht gleichbedeutend mit Gemeindebezirk; die 15 km sind von der Weichbildgrenze des Wohnorts aus zu rechnen; die Entfernung ist also nicht vom Mittelpunkte aus zu rechnen; RG. 28, 50. — Über Gegenstände des Wochenmarktverkehrs s. unten Ziff. VII bei § 66 GO.; Landmann S. 750. Ob ein entsprechender Landesgebrauch vorliegt, entscheidet die Verwaltungsbehörde bzw. bei Übertretungen das Gericht; Landmann S. 750.

„Selbstverfertigte" Waren sind solche, die der Gewerbetreibende oder dessen Gehilfe hergestellt hat, z. B. Besen aus Birkenreisern; OLG. 9, 39; vom 24. 10. 1908; BlfFinW. 16, 313; auch Maiglöckchensträuße; RG. 28, 50.

Wenn der Gewerbetreibende in eigener Person dergleichen Waren in nicht größerer Entfernung als 15 km vom Wohnort feilbietet, so bedarf er keines WGewScheins. Wer aber Bestellungen auf solche Waren aufsucht, übt einen GiU. aus; RG. 46, 343.

Seine Gehilfen unterliegen jedoch der Wandergewerbescheinpflicht, da sie die hausierten Waren nicht selbst verfertigt haben; §§ 55 und 59 GO.

Dagegen sind derartige Gehilfen (Angehörige, Stellvertreter oder sonstige zum Gewerbetreibenden in einem festen Dienst- oder Arbeitsverhältnis stehende Personen) der Hausiersteuer nicht unterworfen, wenn sie innerhalb 15 km für ihren Geschäftsherrn die hier in Frage stehenden Waren, z. B. Brot, feilbieten; OLG. vom 19. 9. 1905, 6, 139; FME. vom 13. 11. 1905 Nr. 26184; vom 5. 11. 1908 Nr. 28986 I.

Nur die Waren, die zu den Gegenständen des Wochenmarkts gehören, unterliegen der Bestimmung in § 59 Ziff. 2 GO.; StenB. 1879, III, 295.

**5.** Unter die Ausnahmebestimmung des § 59 GO. fällt nur das Feilbieten von Verzehrungsgegenständen usw., nicht aber auch das Aufkaufen von dergleichen Waren; dieser Geschäftsbetrieb ist der Hausiersteuer unterworfen, auch wenn er innerhalb eines Umkreises von 15 km ausgeübt wird. — Über „Feilbieten" s. Anm. 9 a zu § 55 GO. (Ziff. I oben).

In Bayern ist den Inhabern von Molkereien gestattet, Butter und flüssige Molkereierzeugnisse innerhalb 15 km ohne WGewSchein feilzubieten und feilbieten zu lassen; MErl. vom 9. 4. 1910, MABl. S. 284. Die „Landesregierungen" können bezüglich des Feilbietens und des Ankaufens i. U. Anordnungen treffen, soweit keine verbotene Erwerbsart (Ziff. III) in Frage kommt; Landmann S. 752.

**6.** a) Zum Begriff „Landesgebrauch“: Hierher gehören jene Gewerbetreibenden, welche von ihrem Wohnort oder von ihrer gewerblichen Niederlassung aus Reparaturen und andere gewerbliche Arbeiten in herkömmlicher Weise auswärts bei ihren Kunden ausführen oder Gegenstände, an denen Reparaturen vorzunehmen sind, bei ihren Kunden lediglich sammeln — unter der Voraussetzung, daß sich der Geschäftsbetrieb über den Umkreis von 15 km nicht ausdehnt, z. B. Glaser, Korbmacher, Uhrmacher, Mühlärzte, Photographen (s. auch Anm. 15 zu § 55 GO. [Ziff. I oben!]), Kastrierer, Bader, Friseure, Zahntechniker, Tanzlehrer. Ob ein nach Landesgebrauch hergebrachter Gewerbebetrieb vorliegt, hat im Zweifelsfalle der Richter zu entscheiden; er ist an die Vorentscheidung der VerwBeh. nicht gebunden; RG. 42, 380. Anw. § 2 Ziff. 6.

b) Zu dem „Anbieten einer gewerblichen Leistung“ gehört die Bereitschaft zur sofortigen Leistung; Anm. 15 zu § 55 GO. (Ziff. I oben).

c) Diejenigen, die das Musikgewerbe nur innerhalb eines Umkreises von 15 km ausüben, bedurften eines Besteuerungsnachweises auch dann nicht, wenn sie einen WGewSchein nötig hatten; Bek. vom 8. 2. 1885 Ziff. 6; Anm. 16 zu § 55 GO. (Ziff. I oben); Anw. § 1 iff. 4; MErl. vom 13. 1. 1881, MABl. 1881 S. 9; FMBl. S. 84. Ein „Feilbieten“ ist aber ausgeschlossen. — Die in § 55 Ziff. 4 GO. genannten Musikaufführungen usw. sind keine gewerblichen Leistungen nach § 59 Ziff. 2; preuß. ME. vom 22. 2. 1885, MBl. S. 56. S. auch § 60 a GO. unten.

Unter die Ausübung des Musikgewerbes fallen auch Gesangsvorträge; OLG. vom 18. 11. 1905, 6, 212; BlfFinW. 15, 64.

d) Über Schießbuden s. Anm. 15 und 17 zu § 55 GO.

**7.** a) Außergewöhnliche Gelegenheiten sind öffentliche Veranstaltungen, bei denen das Publikum ein beachtenswertes Interesse daran hat, daß ihm die Möglichkeit des Erwerbs gewisser mit der Veranstaltung in Beziehung stehender Waren (z. B. der Festprogramme bei Rennen) geboten wird. In solchen Fällen ist das ortsansässige Gewerbe meist nicht in der Lage oder gewillt, dem Verlangen des Publikums zu genügen; OLG. 8, 83.

b) Die Erlaubnis zum Feilbieten bei außergewöhnlichen Gelegenheiten erteilt jene OrtspolBeh., in deren Bezirk das Feilbieten stattfindet; bayer. VollzVO. vom 29. 3. 1892. Die Erlaubnis der Militärbehörde allein genügt nicht; Reger 23, 399. Wegen geistiger Getränke s. § 56 Abs. 2 Ziff. 1 GO. (oben Ziff. III).

**8.** Strafbestimmungen: § 148 Ziff. 7 GO. zu Ziff. 1—3 § 59; zu Ziff. 4: die Untersagung richtet sich nach Landesrecht; Untersagung des Gewerbebetriebs jederzeit möglich; Landmann S. 753.

## § 59 a GO.

In den Fällen des § 5 Ziffer 1 bis 3 kann der Gewerbebetrieb untersagt werden, wenn die Voraussetzungen des § 57 Ziffer 1 bis 4, Absätze 2, 3 oder des § 57 b Ziffer 2, 3 vorliegen.

**1.** Rekurs: § 63 GO.; s. unten!

**2.** Strafbestimmung: § 148 Ziff. 7 GO.

**3.** Vgl. § 25 der Allerh. VO. vom 29. 3. 1892, GVBl. S. 69; preuß. VO. vom 31. 12. 1883, GS. S. 7, § 4 e.

4. § 59 a enthält die Beschränkungen, denen der Gewerbebetrieb nach § 59 unterworfen ist.

## 2. Wandergewerbeschein. Geltungsdauer.

## § 60 GO.

(1) Der Wandergewerbeschein wird für die Dauer des Kalenderjahrs erteilt, er berechtigt den Inhaber, in dem ganzen Gebiete des Reiches das bezeichnete Gewerbe nach Entrichtung der darauf haftenden Landessteuern zu betreiben. Soweit nach § 56 Ziffer 1 das Feilbieten von geistigen Getränken im Falle besonderen Bedürfnisses vorübergehend gestattet wird, ist die räumliche und zeitliche Beschränkung dieser Erlaubnis im Wandergewerbeschein anzugeben.

(2) Ein Wandergewerbeschein für den Betrieb der im § 55 Ziffer 4 bezeichneten Gewerbe gewährt die Befugnis zum Gewerbebetrieb in einem anderen, als dem Bezirke derjenigen Verwaltungsbehörde, welche ihn ausgestellt hat, nur dann, wenn er auf den anderen Bezirk von dessen Verwaltungsbehörde ausgedehnt ist. Sowohl die Ausstellung als auch die Ausdehnung eines derartigen Wandergewerbescheins kann für eine kürzere Dauer, als das Kalenderjahr, oder für bestimmte Tage während des Kalenderjahres erfolgen. Die Ausdehnung ist zu versagen, sobald für die den Verhältnissen des Bezirkes entsprechende Anzahl von Personen Wandergewerbescheine bereits ausgestellt oder ausgedehnt sind.

(3) Die Verwaltungsbehörde kann die von ihr bewilligte Ausdehnung nach Maßgabe des § 58 zurücknehmen.

(4) Der Wandergewerbeschein enthält die Personalbeschreibung des Inhabers und die nähere Bezeichnung des Geschäftsbetriebs. Das Formular der Wandergewerbescheine bestimmt der Bundesrat.

1. Der Schein gilt für den Umfang des Reiches; s. jedoch § 60 Abs. 2.

2. Der WGewSchein allein berechtigt nicht zur sofortigen Ausübung des GIll. Zu den vorgängig zu entrichtenden Landessteuern gehören auch sonstige Abgaben, in Bayern z. B. die besondere Abgabe; s. auch oben Anm. 17 zu § 55 GO. und Anm. 3 zu Art. I § 1 WGewStG.; Landmann S. 755.

3. Über Formulare siehe Ziff. III der BundesratsVO. vom 13. 1. 1909, RGBl. S. 259; Bek. vom 4. 3. 1912, RGBl. I, 189; VO. vom 13. 3. 1928, 6. 10. 1930, RMBl. S. 89, vom 12. 8. 1935, RMBl. S. 725. Anw. §§ 17 und 32; MErl. vom 8. 2. 1907, MABl. S. 106; Ziff. 69, 70 preuß. AusfAnw. vom 1. 5. 1904 und 16. 7. 1914, MBliV. S. 244; GewArch. 14, 111.

**4.** Strafbestimmungen: § 148 Ziff. 7 und 7c, § 149 Ziff. 3 und 4 GO.

**5.** Siehe auch § 57 Ziff. 5 GO., oben Ziff. V.

**6.** Wer ein anderes als das im WGewSchein bezeichnete Gewerbe betreibt, ist straffällig. Wer Tauschhandel beim Gill. betreiben will, muß dies auch im WGewSchein vormerken lassen; s. auch Anm. 4 zu Art. I § 3 WGewStG.

Das bloße Mitführen anderer als der im Besteuerungsnachweis (WGewSchein) aufgeführten Gegenstände rechtfertigt noch nicht die Bestrafung; es muß nachgewiesen werden, daß beabsichtigt war, diese Waren ohne vorgängige Bestellung zu veräußern; Oppenhoff 5, 3 und 9, 557. — Keine Berufung an VGH. beim Versagen der Erlaubnis zum Mitführen anderer Personen (§ 62 GO.) und beim Versagen des WGewScheins; Gesetz vom 7. 3. 1924, GVBl. S. 65.

## 3. Erlaubnis der Ortspolizeibehörde.

### § 60 a GO.

Wer die im § 55 Ziffer 4 bezeichneten Gewerbe an einem Orte von Haus zu Haus oder auf öffentlichen Wegen, Straßen, Plätzen oder an anderen öffentlichen Orten ausüben will, bedarf der vorgängigen Erlaubnis der Ortspolizeibehörde.

**1.** Betrifft die Straßenmusikanten, Schausteller u. dgl., die ihr Gewerbe „öffentlich" ausüben wollen; Allerh. VO. vom 29. 3. 1892 § 25, GVBl. S. 69; Anw. § 28; preuß. Anw. vom 1. 5. 1904 Ziff. 5 und ME. vom 29. 8. 1910, GewArch. 10, 307; s. auch Anm. 6 zu § 59 oben.

**2.** Die Erlaubnis kann von der Ortspolizeibehörde jederzeit zurückgenommen werden; OLG. bei Reger 27, 227.

**3.** Strafbestimmung: § 148 Ziff. 7 b GO.

**4.** Siehe auch Anm. 17 zu § 55 GO. oben Ziff. I.

**5.** Wird das Gewerbe in anderer Form ausgeübt, dann greift § 60 a nicht Platz, z. B. im Falle der Veranstaltung in einem „geschlossenen" Vereinslokale; Landmann S. 760. Öffentlich sind alle Orte, an denen jedermann Zutritt hat; Landmann S. 761.

## 4. Minderjährige.

### § 60 b GO.

(1) Minderjährigen Personen kann in dem Wandergewscheine die Beschränkung auferlegt werden, daß sie das Gewerbe nicht nach Sonnenuntergang, und minderjährigen Personen weiblichen Geschlechts kann außerdem die Beschränkung auferlegt werden, daß sie dasselbe nur auf öffentlichen Wegen, Straßen und Plätzen, nicht aber von Haus zu Haus betreiben dürfen.

(2) Desgleichen kann von der Ortspolizeibehörde minderjährigen Personen verboten werden, daß sie innerhalb des Polizeibezirkes die im § 59 Ziffer 1 und 2 aufgeführten Gegenstände nach Sonnenuntergang, und minderjährigen Personen weiblichen

Geschlechts, daß sie dieselben Gegenstände von Haus zu Haus feilbieten.

(3) Das Feilbieten der im § 59 Ziffer 1 und 2 bezeichneten Gegenstände durch Kinder unter vierzehn Jahren kann von der Ortspolizeibehörde verboten werden.

**1.** Über minderjährige Personen s. §§ 2 ff. BGB.

**2.** Strafbestimmung: § 148 Ziff. 7c bzw. Ziff. 7b GO.

**3.** Siehe auch unten Anhang XI sowie Anm. zu § 60a.

**4.** Unter das Verbot des Feilbietens von Haus zu Haus fällt sowohl der Gewerbebetrieb in Privatwohnungen als auch der ambulante Gewerbebetrieb in Wirtshäusern; Landmann S. 763. — Sonnenuntergang nicht gleichbedeutend mit Nachtzeit; s. unten § 60c GO.

## 5. Verhaltungsvorschriften: Mitführung des Wandergewerbescheines und Verbot der Abtretung desselben.

### § 60c GO.

(1) Der Inhaber eines Wandergewerbescheins ist verpflichtet, diesen während der Ausübung des Gewerbebetriebs bei sich zu führen, auf Erfordern der zuständigen Behörden oder Beamten vorzuzeigen und, sofern er hierzu nicht imstande ist, auf deren Geheiß den Betrieb bis zur Herbeischaffung des Wandergewerbescheins einzustellen. Auf gleiches Erfordern hat er die von ihm geführten Waren vorzulegen.

(2) Zum Zweck des Gewerbebetriebs ist ohne vorgängige Erlaubnis der Eintritt in fremde Wohnungen sowie zur Nachtzeit das Betreten fremder Häuser und Gehöfte nicht gestattet.

(3) Denselben Bestimmungen (Abs. 2) unterliegt das Feilbieten der im § 59 Ziffer 1 und 2 aufgeführten Gegenstände.

**1.** Über zuständige Behörden s. Anw. §§ 20, 33, 34; Instr. § 18 (hierher gehören alle Organe der Polizeibehörden, des Finanzamts, Zollamts); wegen Druckschriftenverzeichnis s. § 56 Abs. 4 oben Ziff. III).

**2.** Nachtzeit = Zeit, in der es dunkel ist, in der sich die Einwohner der Ruhe hingeben. — Unter Umständen widerrechtliches Betreten fremder Wohnungen Hausfriedensbruch; § 123 StGB. Auch wer ohne WGewSchein nach § 59 Ziff. 1 und 2 GO. hausieren darf, muß die Vorschrift in Abs. 2 beachten; Landmann S. 766.

**3.** Strafbestimmung zu Abs. 1: § 149 Abs. 1 Ziff. 2; zu Abs. 2: § 148 Ziff. 7b GO.

### § 60d GO.

(1) Der Wandergewerbeschein darf einem anderen nicht zur Benutzung überlassen werden.

(2) Wer für einen andern ein Gewerbe im Umherziehen zu betreiben beabsichtigt, unterliegt für seine Person den Bestimmungen dieses Gesetzes.

(3) Wenn mehrere Personen die im § 55 Ziffer 4 bezeichneten Gewerbe miteinander zu betreiben beabsichtigen, so kann auf ihren Antrag ein gemeinsamer Wandergewerbeschein für die Gesellschaft als solche ausgestellt werden, in welchem jedes einzelne Mitglied aufzuführen ist. Werden für die einzelnen Mitglieder besondere Wandergewerbescheine ausgestellt, so kann in die letzteren ein Vermerk aufgenommen werden, nach welchem dem Inhaber der Gewerbebetrieb nur im Verbande einer bestimmten Gesellschaft, oder einer Gesellschaft überhaupt, gestattet sein soll.

(4) Umherziehenden Schauspielergesellschaften wird der Wandergewerbeschein nur dann erteilt, wenn der Unternehmer die im § 32 vorgeschriebene Erlaubnis besitzt. In dem Wandergewerbescheine für den Unternehmer einer Schauspielergesellschaft ist ausdrücklich zu vermerken, daß der Gewerbetreibende als Unternehmer auftreten will.

**1.** Stellvertretung gibt es im Hausiergewerbe nicht; s. auch § 55 GO. und Anm. 1 daselbst (Ziff. I oben).

**2.** Gemeinsame (Kollektiv-) WGewScheine werden nur auf Antrag ausgestellt.

**3.** Wegen der Bedürfnisfrage s. oben § 57 Ziff. 5 unter Ziff. V; Anm. 16 h zu § 55 GO.; ferner Anm. 14 zu § 57 GO. — Wegen der „Erlaubnis" s. § 32 GO. und § 11 der Allerh. VO. vom 29. 3. 1892, GVBl. S. 66, bzw. nunmehr § 9 TheaterG. vom 15. 5. 1934, RGBl. I S. 411.

**4.** Über gemeinsamen WGewSchein s. Landmann S. 768 und bei Art. 1 § 4 WGewStG.

**5.** Strafbestimmung: § 148 Ziff. 5 bzw. Ziff. 7 c GO.; s. auch § 363 StGB. sowie bei rechtlichem Zusammentreffen mit Urkundenfälschung §§ 267 f., 348 f. a. a. O.

**6.** Vgl. Anm. 16 zu § 55 GO. (Ziff. I oben).
Bei den umherziehenden Schauspielergesellschaften kommen nur solche in Frage, bei denen ein höheres Interesse der Kunst nicht obwaltet.

## 6. Zuständigkeit zur Erteilung des Wandergewerbescheins.

### § 61 GO.

(1) Die Erteilung des Wandergewerbescheins erfolgt durch die für den Wohnort oder Aufenthaltsort des Nachsuchenden zuständige höhere Verwaltungsbehörde. Die Verwaltungsbehörde des Aufenthaltsorts kann den Nachsuchenden an die Behörde seines Wohnorts verweisen.

(2) In dem Falle des § 55 Ziffer 4 erfolgt die Erteilung des Wandergewerbescheins durch die höhere Verwaltungsbehörde, in deren Bezirke das Gewerbe betrieben werden soll.

(3) Die Zurücknahme des Wandergewerbescheins erfolgt durch die für den Wohnort oder Aufenthaltsort des Inhabers zuständige höhere Verwaltungsbehörde.

1. Siehe Entschl. des Min. d. Inn. vom 19. 5. 1902 Nr. 9033; Anw. § 3.

2. Höhere Verwaltungsbehörde: BezVerwBeh. § 25; Allerh. VO. vom 29. 3. 1892, GVBl. S. 69, Anw. §§ 3, 8, 16; s. ferner MBek. vom 29. 10. 1923 und 26. 3. 1929, GVBl. S. 370 bzw. 165; hiernach sind in Bayern zuständig die BezVerwBeh., nämlich die Bezirksämter, in Städten mit Staatspolizei, sofern es sich um den GiU. mit Preßerzeugnissen handelt, die Staatspolizeibehörde; in den übrigen Fällen der Stadtrat. Wegen der Zuständigkeit in Preußen usw. s. Anm. 4 zu § 63 GO.

3. Vgl. oben Ziff. I und Ziff. V zu § 58 wegen der Zurücknahme.

4. Rekurs: s. unten § 63.

5. Mangels genügender Information über den Antragsteller kann dieser an die Wohnortsbehörde verwiesen werden; Landmann S. 769.

6. Wegen Einschaltung der Arbeitsämter bei Ausstellung von W.-GewScheinen s. Anm. 7 zu Art. I § 8 WGewStG. und Einleitung. Den Arbeitsämtern waren zufolge MBek. vom 20. 12. 1927, StA. Nr. 294, schon früher die Anmeldungen von GiU. mitzuteilen; nämlich dann, wenn die Entziehung der Arbeitslosenunterstützung in Frage kommen kann.

## 7. Mitführung anderer Personen.

### § 62 GO.

(1) Wer beim Gewerbebetrieb im Umherziehen andere Personen von Ort zu Ort mit sich führen will, bedarf der Erlaubnis derjenigen Behörde, welche den Wandergewerbeschein erteilt hat, oder in deren Bezirke sich der Nachsuchende befindet. Die Erlaubnis wird in dem Wandergewerbeschein unter näherer Bezeichnung dieser Personen vermerkt.

(2) Die Erlaubnis ist zu versagen, soweit bei ihnen eine der im § 57 bezeichneten Voraussetzungen zutrifft, oder wenn die nach der Reichsversicherungsordnung erforderlichen Krankenkassenbeiträge nicht entrichtet oder gestundet sind; außerdem darf sie nur dann versagt werden, soweit eine der in den §§ 57 a, 57 b bezeichneten Voraussetzungen vorliegt. Die Erlaubnis wird nach Maßgabe des § 58 durch eine für ihre Erteilung zuständige Behörde zurückgenommen.

(3) Die Mitführung von Kindern unter vierzehn Jahren zu gewerblichen Zwecken ist verboten.

(4) Die Erlaubnis zur Mitführung von Kindern, welche schulpflichtig sind, ist zu versagen und die bereits erteilte Erlaubnis zurückzunehmen, wenn nicht für einen ausreichenden Unterricht der Kinder gesorgt ist.

(5) Die Erlaubnis zur Mitführung von Kindern unter vierzehn Jahren kann versagt und von der für die Erteilung derselben zuständigen Behörde zurückgenommen werden. Dasselbe gilt von der Erlaubnis zur Mitführung von Personen anderen Geschlechts mit Ausnahme der Ehegatten und der über vierzehn Jahre alten eigenen Kinder und Enkel.

**1.** a) Begleiter i. S. des § 62 GO. sind nur solche Personen, welche der Gewerbetreibende i. U. zu untergeordneten Dienst- und Hilfeleistungen mit sich führt; nicht solche, welche den Gewerbebetrieb mit ihm gemeinschaftlich, sei es auf gemeinsame Rechnung oder gegen bezahltes Honorar selbsttätig ausüben; Preuß. KG. vom 26. 10. 1891, BlfFinW. 1, 266; OLG. vom 18. 11. 1905, 6, 212; 13, 100; Anm. 1 zu Art. I § 1 WGewStG. Der Führer des Kraftfahrzeugs stets Begleiter. Als Begleiterinnen kommen auch „Einsammlerinnen" in Betracht; überhaupt alle Hilfskräfte, welche dem Unternehmer die Ausübung oder bessere Ausübung seines Hausierbetriebs fördern und ermöglichen, wie z. B. Einkassierer, Einsammler, Viehtreiber, Fuhrwerksbedienung, Warenträger, Kraftwagenführer; Beil. 1641 zu den Verh. d. K. d. Abg. 1. Tagung 1920/21 S. 8. — Auch Ehefrau, „Begleiterin", wenn sie sich als Einsammlerin betätigt; OLG. 6, 212; vom 31. 12. 1909 Rev.-Reg. Nr. 570/09; das gleiche gilt von den übrigen Familienangehörigen. Zum Begriffe der Begleitung gehört nicht allein die Teilnahme am Umherziehen, sondern auch eine gewisse Stetigkeit und Ständigkeit dieser Teilnahme; OLG. München vom 26. 8. 1888, 1. 185. Die Frage, ob eine einzelne Person als Begleiter oder als selbsttätiger und mittätiger Gewerbetreibender, welcher eines W.-GewScheins bedarf, anzusehen ist, muß aus der Gesamtheit der in Betracht kommenden Umstände beurteilt werden; Landmann S. 772.

b) Zwischen technisch gebildeten Gehilfen und untergeordneten Arbeitern macht das Gesetz keinen Unterschied; ebensowenig zwischen der kürzeren oder längeren Verwendungszeit des Hilfspersonals.

Wenn Schauspieldirektoren und Gesellschaften sich um eine Saisonkarte bewerben, um eine Zeitlang Vorstellungen geben zu dürfen und dann erst ihre Schauspielergesellschaft an dem betr. Ort engagieren, so liegt der Betrieb eines ständigen Gewerbes vor.

c) Anrechnung der Familienangehörigen (Ehefrau, Kinder, Dienstboten) dann ausgeschlossen, wenn sie nur den Haushalt führen und an den eigentlichen Arbeiten des Geschäftes nicht teilnehmen.

d) Einmalige oder lediglich vorübergehende Verwendung einer Person an einem bestimmten Orte, z. B. zur Erbauung einer Schaubude, zur Verstärkung eines Zuges, begründet nicht ihre Behandlung als Begleiter. Wohl aber bekundet dies einen größeren Betriebsumfang. § 60 GO.; Mot. und KommB. z. Entw. d. GONov.; OLG. München vom 26. 8. 1880 Nr. 257.

e) Wie bereits unter a gesagt, bedarf dann, wenn mehrere Personen ein Gewerbe gemeinsam selbsttätig betreiben, jede eines besonderen WGew.-Scheins und Besteuerungsnachweises. Ausstellung eines gemeinsamen (Kollektiv-) WGewScheins zulässig für Gesellschaften, welche Musikaufführungen, Schaustellungen, theatralische oder sonstige Lustbarkeiten darbieten, ohne daß höheres Kunstinteresse obwaltet; § 60d Abs. 3 GO.; Anw. § 18; Landmann S. 768; vgl. auch Anm. 1 und 3 zu Art. I § 4 WGewStG.

f) Außerdem ist zu beachten:

I. Verboten Mitführen von Kindern unter 14 Jahren zu gewerblichen Zwecken; von schulpflichtigen Kindern überhaupt, soferne nicht für ausreichenden Unterricht gesorgt ist.

II. Zulässig, d. h. dem freien Ermessen der Behörde anheimgestellt, Verbot des Mitführens von Kindern unter 14 Jahren überhaupt; von Personen anderen Geschlechts mit Ausnahme der Ehegatten und der über 14 Jahre alten eigenen Kinder und Enkel. Anw. §§ 8, 15; preuß. AusfAnw. vom 1. 5. 1904 Ziff. 71.

III. Ausländern, welche einen Inländer, oder Inländern, welche einen Ausländer als Begleiter mit sich führen wollen, ist Bewilligung zu versagen, wenn dem Begleiter WGewSchein aus den in der Anw. §§ 8, 9 enthaltenen Gründen versagt werden müßte; BundesratsVO. vom 27. 11. 1896 II A Ziff. 10, RGBl. S. 747 (oben Ziff. IV); Anw. § 15.

Ergeben sich bei nachträglichen Anmeldungen von Begleitern Zweifel darüber, ob nicht eine Steuererhöhung einzutreten hat, so ist vor der Genehmigung mit dem zuständigen FA. ins Benehmen zu treten; Anw. § 15; vgl. auch Art. I § 5 Abs. 3 und § 6 Abs. 2 WGewStG.

g) Wenn während des Steuerjahres die Zahl der Hilfspersonen vermehrt wird, ist dies anzuzeigen; § 62 Abs. 1 Satz 2 GO.

h) Mitführen von mehr Begleitern, als im Steuernachweis angegeben sind, unterliegt der Bestrafung; § 149 Abs. 2 GO.

i) Für denjenigen, welcher nicht als Teilhaber oder Gehilfe mitwirkt, sondern den Hausierer zu anderen Zwecken (Beförderung von Waren, Wartung des Gespannes) begleitet, kein WGewSchein, wohl aber behördliche Genehmigung notwendig.

k) Jugendliche, die der Fürsorgeerziehung nach dem Zwangserziehungsgesetz vom Jahre 1915, GVBl. S. 595, überwiesen sind, dürfen i. U. nur dann verwendet werden, wenn Erlaubnis der BezPolBeh. vorher erholt ist; AusfBest. zum ZwangserzG. vom 28. 6. 1902, MABl. S. 267, JMBl. S. 269, § 34; MBek. vom 15. 12. 1921, StA. Nr. 294. Über Kinderschutz s. im übrigen unter Ziff. XI. Das Verbot des Mitführens von Kindern unter 14 Jahren zu gewerblichen Zwecken gilt auch für nicht eigene Kinder des Gewerbetreibenden. Schulpflichtig sind nur solche Kinder, welche noch zum Besuche der Volksschule verpflichtet sind; Landmann S. 775, 776.

l) Für Preußen vgl. auch Ziff. 71 Abs. 2 AusfAnw. vom 1. 5. 1904, wegen Zigeunerkinder die Anw. vom 17. 2. 1906, MBliV. S. 53, unter B 9.

**2.** Erlaubnis nicht erforderlich, wenn die Personen an ihrem Wohnorte vorübergehend zur Arbeitsleistung herangezogen werden.

**3.** Verwaltungsbehörde: s. Anm. 2 zu § 61 GO.

**4.** Siehe MBek. vom 29. 3. 1907, MABl. S. 194. Personalien der Begleiter genau prüfen.

**5.** Vgl. Anm. 9 oben zu Art. I § 1 WGewStG.

**6.** Siehe oben Ziff. V.

**7.** Strafbestimmungen: §§ 148 Ziff. 6 und 7d; 149 Ziff. 5; 148 Ziff. 7 und 7d (Abs. 3) GO.;

bezüglich der Ausländer: § 148 Ziff. 7e.

## 8. Rekurs- und Beschwerdeverfahren.

### § 63 GO.

(1) Wird der Wandergewerbeschein versagt oder zurückgenommen, oder wird die erfolgte Ausdehnung desselben zurückgenommen, so ist dies dem Beteiligten mittels schriftlichen Bescheids unter Angabe der Gründe zu eröffnen. Gegen den Bescheid ist der Rekurs zulässig, jedoch ohne aufschiebende Wirkung. Wegen des Verfahrens und der Behörden gelten die Vorschriften der §§ 20 und 21. Dasselbe gilt von der Versagung der Genehmigung des Druckschriftenverzeichnisses (§ 56 Abs. 4), von der Untersagung des Gewerbebetriebs gemäß § 59 a und der Versagung oder Zurücknahme der Erlaubnis in den Fällen des § 62 Abs. 2.

(2) Die in Gemäßheit des § 57 Ziffer 5 erfolgte Versagung des Wandergewerbescheins, sowie die auf Grund des § 60 Abs. 2, der §§ 60 b und 62 Abs. 4, 5 getroffenen Verfügungen können nur im Wege der Beschwerde an die unmittelbar vorgesetzte Aufsichtsbehörde angefochten werden.

**1.** Siehe §§ 57, 57 a, b (Ziff. V).

**2.** Siehe § 58 (Ziff. V) und § 60 Abs. 3 (Ziff. VI).

**3.** §§ 20 und 21 GO.; Ausländer: Ziff. IV.

**4.** Allerh. VO. vom 29. 3. 1892 § 25, GVBl. S. 69; Anw. § 16. In Bayern sind zur zweitinstanziellen Entscheidung die Kreisregierungen zuständig; diese sind auch die Aufsichtsbehörden i. S. des Abs. 2.

Wegen der Zuständigkeit in Preußen s. Ziff. 63 ff. AusfAnw. vom 1. 5. 1904; §§ 117, 161 ZustG. vom 1. 8. 1883 mit AnpG. vom 15. 2. 1933, GS. S. 479; s. weiter GewArch. 21, 344; 30, 392; 32, 74. — Vgl. auch Vorbem. Ziff. 3 zu § 55 GO. (Anh. III) über Zuständigkeit in den übrigen Ländern.

## VII.

## Der Meß- und Marktverkehr.

Die Frage, ob dieser als eine neben die stehenden Gewerbebetriebe und die Wandergewerbe tretende selbständige Form der Gewerbeausübung im Gesetz anerkannt wird, war längere Zeit bestritten. Nach der Begründung zu § 15 des Entwurfes zur GO. von 1869, StenB. Bd. 3, 115, fällt der Marktverkehr unter den Begriff „stehendes Gewerbe"; OLG. 10, 101; BlfFinW. 18, 221; StenB. 1879, III, 295. Wer sein Gewerbe ausschließlich im Marktverkehr ausübt, bedarf keines WGewScheins und unterliegt auch nicht der Hausiersteuer. Dagegen muß er sein Gewerbe nach Bek. vom 12. 1. 1900, GVBl. S. 26, anmelden und auf dem Anmeldeschein ein Lichtbild aufkleben und mit dem amtlichen Siegel abstempeln lassen; Bek. des Min. d. Fin. und des Handels vom 30. 10. 1920 Nr. 27 718, StA. Nr. 258 vom 5. 11. 1920, II. Bl. S. 7. — Ausnahmefälle: § 55 Ziff. 4 und Abs. 2 GO.; s. oben Ziff. I; Instr. § 5. Das Musizieren auf Messen und Märkten ist also stets hausiersteuer- und wandergewerbescheinpflichtig. Das gleiche ist der Fall beim Darbieten von Schaustellungen, theatralischen Vorstellungen und sonstigen Lustbarkeiten, wenn ein höheres Kunstinteresse nicht obwaltet. — Zum Anbieten gewerblicher Leistungen i. U. auf Jahrmärkten ist jedoch ein WGewSchein nicht nötig; Landmann S. 783, 784. Dagegen ist Steuerpflicht gegeben; Art. I § 2 Abs. 2 WGewStG.

Unter Marktverkehr i. S. der GO. versteht man eine mit obrigkeitlicher Ermächtigung veranstaltete Einrichtung, der zufolge der Kauf und Verkauf von Waren auf eine bestimmte Zeit und einen bestimmten Ort konzentriert ist; § 65 GO.; OLG. vom 30. 3. 1905, 5, 338; BlfFinW. 15, 63. Privatunternehmungen sind hausiersteuerpflichtig; Landmann S. 781, 790; OLG. 5, 284 und 342; vom 17. 1. 1911 Rev.-Reg. Nr. 568/1910.

Insoweit marktmäßige Waren außerhalb des angewiesenen Ortes oder außerhalb der Marktzeit feilgeboten werden, findet die Ausnahmebestimmung der Steuerfreiheit nicht Anwendung; OLG. 13, 54; 27, 71. Ingleichen ist hausiersteuerpflichtig, wer Waren i. U. aufkauft, um diese ausschließlich im Meß- und Marktverkehr wieder zu veräußern.

Erstreckt sich die Marktordnung nur auf besondere Gegenstände, z. B. nur auf Rindvieh, nicht auch auf Pferde oder Schweine, so liegt beim Feilbieten letztgenannter Viehstücke auf einem Rindviehmarkte ein Feilbieten im Marktverkehr nicht vor; OLG. München 5, 207 und 8, 355.

Den Besitzer eines WGewScheins berechtigt dessen Besitz allein nicht, Messen und Märkte zu beziehen und hier seine Waren unbeschränkt feilzuhalten; er muß vielmehr wie alle anderen Fieranten den über den Marktverkehr bestehenden gesetzlichen Bestimmungen sich unterwerfen; Bayer. ObGH. vom 21. 2. 1879, 11, 111; MABl. 1879 S. 165.

Übt ein Gewerbetreibender sein Geschäft i. U. und auf Märkten aus, so ist nur der erstere nach dem WGewStG. zu besteuern (Bayer. ObGH. vom 6. 11. 1876, 6, 516; OLG. München vom 11. 4. 1881, 1, 347; vom 26. 4. 1880, 9, 553); OLG. München vom 11. 11. 1884; OLG. 10, 101; Anw. § 2 Ziff. 8 Abs. 3. Vgl. nunmehr Art. I § 7 WGewStG.

Findet am Tage vor dem staatlich genehmigten Viehmarkte ein sog. Vorviehmarkt statt, z. B. auf den Viehrampen des Bahnhofs, so kann der Umstand allein, daß der Vorviehmarkt mit Wissen und unter Aufsicht des Gemeinderats stattfindet, diesem nicht die Eigenschaft eines Marktes im gesetzlichen Sinne verleihen und darum auch nicht die für einen solchen Markt bewilligten Freiheiten, namentlich auch nicht von den Bestimmungen des WGewStG. begründen; OLG. 5, 341; 11, 23.

Wegen der Ausländer s. oben Ziff. IV bei § 56 d GO., insbesondere Anm. 16.

## § 64 GO.

(1) Der Besuch der Messen, Jahr- und Wochenmärkte, sowie der Kauf und Verkauf auf denselben steht einem jeden mit gleichen Befugnissen frei.

(2) Wo jedoch nach der bisherigen Ortsgewohnheit gewisse Handwerkerwaren, welche nicht zu den im § 66 bezeichneten Gegenständen gehören, nur von Bewohnern des Marktorts auf dem Wochenmarkte verkauft werden durften, kann die höhere Verwal-

tungsbehörde auf Antrag der Gemeindebehörde den einheimischen Verkäufern die Fortsetzung des herkömmlichen Wochenmarktverkehrs mit jenen Handwerkerwaren gestatten, ohne auswärtige Verkäufer derselben Waren auf dem Wochenmarkte zuzulassen.

(3) Beschränkungen des Marktverkehrs der Ausländer als Erwiderung der im Auslande gegen Reichsangehörige angeordneten Beschränkungen bleiben dem Bundesrate vorbehalten.

**1.** Über Gegenstände des Wochenmarktverkehrs s. § 66; über Gegenstände des Jahrmarktverkehrs s. § 67. Abs. 1 stellt den Grundsatz der sog. Marktfreiheit auf, jedoch mit der Einschränkung, daß nur marktmäßige Waren feilgeboten werden, weiter mit den oben in der Vorbem. zu § 64 genannten Einschränkungen; s. auch § 70 GO. unten. Messen sind regelmäßig für den Großhandel, Märkte für den Kleinhandel bestimmt. Durch die Verschiedenheit der zugelassenen Gegenstände unterscheiden sich die Messen von den Wochenmärkten.

**2.** Vgl. § 29 Allerh. VO. vom 29. 3. 1892, GVBl. S. 61, i. d. F. der VO. vom 12. 3. 1928, GVBl. S. 153. Hiernach zuständig die Distriktsverwaltungsbehörde, in München der Stadtrat. Siehe auch Anm. 3 zu § 70 unten, ferner Ziff. 3 Vorbem. zu § 55 GO. wegen der Zuständigkeit in Preußen usw.

**3.** Siehe § 56 d GO., oben Ziff. IV; den Angehörigen verschiedener ausländischer Staaten ist durch die Handelsverträge die gleiche Behandlung wie den Reichsangehörigen zugesichert; bezüglich der Gleichstellung der österr. Gemeinde Mittelberg s. oben Anm. 3 b zu § 56 d GO.; Landmann S. 789.

**4.** Wegen der Umsatzsteuerpflicht der Messe- und Marktfieranten s. Anm. 4 b zu Art. I WGewStG.

**5.** Wegen des Marktverkehrs an Sonntagen s. VO. vom 21. 5. 1897, GVBl. S. 197, § 2.

**6.** Wegen Druckschriften usw. s. § 43 GO. unten Ziff. IX.

**7.** Strafbestimmung: § 149 Ziff. 6 GO. und Art. 21 PolStGB.

**8.** Über Sonntagsruhe s. oben Ziff. II bei § 55 a GO.

## § 65 GO.

(1) Die Zahl, Zeit und Dauer der Messen, Jahr- und Wochenmärkte wird von der zuständigen Verwaltungsbehörde festgesetzt.

(2) Dem Marktberechtigten steht gegen eine solche Anordnung kein Widerspruch zu; ein Entschädigungsanspruch gebührt demselben nur dann, wenn durch die Anordnung die Zahl der bis dahin abgehaltenen Märkte vermindert wird, und eine größere Zahl ausdrücklich und unwiderruflich verliehen war. Gemeinden, welche einen Entschädigungsanspruch geltend machen wollen, müssen außerdem nachweisen, daß ihr Recht auf einen speziellen lästigen Titel sich gründet.

**1.** Genehmigung zur Einführung erforderlich; § 30 der VO. vom 29. 3. 1892, GVBl. S. 61, bzw. FormVO. vom 10. 11. 1904, GVBl. S. 567;

s. auch oben zu § 64 GO. In Bayern bedürfen zu ihrer Einführung Messen und Jahrmärkte der Genehmigung der Regierungen, K. d. J., Wochenmärkte der Genehmigung der BezVerwBeh., in München des Stadtrats. Ausgenommen Märkte für landwirtschaftliche Erzeugnisse.

**2.** Änderungen im Stande der Märkte waren nach MBek. vom 11. 3. 1913 rechtzeitig dem Reichsverband reisender Gewerbetreibender Deutschlands in Magdeburg und dem Münchener Meß- und Marktfierantenverein mitzuteilen. Nunmehr ist die Wirtschaftsgruppe Ambulantes Gewerbe in der Reichsgruppe Handel, Berlin W 35, Potsdamerstraße 38, vor Verlegung, Aufhebung oder Einführung neuer Märkte zu hören; RdErl. RuPrWM. vom 25. 3. 1935, WiAMBl. S. 123.

Über Viehmärkte s. Anm. 3—5 zu § 69 GO. unten und oben Vorbem. zu § 64 GO.

## § 66 GO.

(1) Gegenstände des Wochenmarktverkehrs sind:

1. rohe Naturerzeugnisse mit Ausschluß des größeren Viehes sowie der bewurzelten Bäume und Sträucher;
2. Fabrikate, deren Erzeugung mit der Land- und Forstwirtschaft, dem Garten- und Obstbau oder der Fischerei in unmittelbarer Verbindung steht, oder zu den Nebenbeschäftigungen der Landleute der Gegend gehört, oder durch Tagelöhnerarbeit bewirkt wird, mit Ausschluß der geistigen Getränke;
3. frische Lebensmittel aller Art.

(2) Die zuständige Verwaltungsbehörde ist auf Antrag der Gemeindebehörde befugt, zu bestimmen, welche Gegenstände außerdem nach Ortsgewohnheit und Bedürfnis in ihrem Bezirk überhaupt, oder an gewissen Orten zu den Wochenmarktartikeln gehören.

**1.** Rohe Naturerzeugnisse sind solche, die sich entweder noch in ihrem natürlichen Zustande befinden oder nur in herkömmlicher Weise gereinigt und zugerichtet worden sind. Der Ausdruck „Naturerzeugnisse" ist weiter als die Bezeichnung in § 59 GO. (s. Anm. 3 dortselbst); hierher gehören u. a. auch Sand, Torf, Kies, wildgewachsene Beeren und Kräuter u. dgl. Das nicht durch Selbstschlachten gewonnene frische Fleisch gehört nicht zu den Wochenmarktartikeln; auch Kunstbutter (Margarine) nicht zu den frischen Lebensmitteln, denaturierter Spiritus nicht zu den geistigen Getränken; Produkte der Jagd sind nur selbstgewonnene, nicht auch zusammengekaufte Erzeugnisse. Brot und Fleisch sind Verzehrungsgegenstände, die im Wochenmarktverkehr üblich sind, StenB. 1879, III, 296. Bei der Beschränkung des Gesetzes auf das deutsche Gebiet müssen die betreffenden Produkte einheimische sein; ausländische Rohprodukte: Reis, Kaffee usw. daher keine rohen Naturerzeugnisse, ebensowenig Südfrüchte (Orangen, Datteln usw.) Erzeugnisse des Garten- und Obstbaues. Der Händler bedarf dazu eines WGewScheines; ObGH. vom 6. 8. 1877, 7, 361; der Handel mit letzteren Produkten daher hausiersteuerpflichtig; Reger 3, 349; Landmann S. 394 ff.

Nach preuß. MV. vom 26. 12. 1847 gehören auch ausländische Produkte, Mineralien, wildwachsende Früchte zu den Gegenständen des Wochenmarktverkehrs; dagegen nicht gebrannter Kaffee. Auch nicht Honigkuchen, Pfefferkuchen, Zuckerstangen, überhaupt alle Luxusbackwaren; KG. in GoltdArch. 71, 217; KG. vom 7. 7. 1930 — 3 S 258, 30; Bauer S. 19 f.; Ring 3, 285. Wegen des Ausschanks geistiger Getränke s. §§ 42 a Abs. 3 und 56 Abs. 2 Ziff. 1 (Ziff. IX und III); bezüglich des Jahrmarktverkehrs s. § 67 Abs. 2.

**2.** Frische Lebensmittel sind nur Nahrungsmittel, wie Milch, Eier, Fleisch, Käse, Schmalz (nicht aber bloße Genußmittel, wie Limonaden; OLG. 8, 121; ebensowenig Konditorei- und Luxusbackwaren); Landmann S. 796 f.; BlfFinW. 16, 123.

**3.** a) Dünnbier kein geistiges Getränk; KG. vom 30. 7. 1926; Bauer S. 20. Vgl. §§ 30, 31 VO. vom 29. 3. 1892, GVBl. S. 61, i. d. F. der VO. vom 12. 3. 1928, GVBl. S. 153; Ausschank von Bier, Limonaden u. dgl. kann gestattet werden. Limonaden sind Genußmittel, aber keine Lebensmittel i. S. des § 66 Abs. 1 Ziff. 3 GO., ebensowenig Speiseeis: OLG. 8, 121. — Saure Gurken und Salzheringe, ferner Bücklinge, Sprotten, Bratheringe und Rollmöpse sind Gegenstände des Wochenmarktverkehrs; bayer. ME. vom 31. 8. 1933 Nr. IV 36068 I. Siehe auch KG. vom 5. 10. 1926; Bauer S. 20; OVG. vom 24. 5. 1934; JW. 1934 S. 2584; Anm. 3 b zu § 69 GO.

b) Nach Abs. II können noch weitere Gegenstände als Wochenmarktartikel erklärt werden; z. B. Schwarz- und Weißbrot (Bezirksamt Fürth i. B.), selbstverfertigte Feldkränze und kleine Kruzifixe (Bezirksamt Neumarkt-Oberpfalz).

c) Auf alle Fälle ist der sog. Wochenmarktverkehr auf die in § 66 GO. genannten „marktgängigen" Waren beschränkt.

**4.** Auf Darbieten von Lustbarkeiten erstreckt sich das Prinzip des freien Marktverkehrs nicht; s. Vorbem. zu § 64 GO.

**5.** Strafbestimmung: § 149 Ziff. 6 GO.

**6.** Vgl. Anm. 3 zu § 56 GO. — Fabrikation i. S. der Nr. 2 nur solche Waren, die im Betriebe der Land- und Forstwirtschaft aus Naturprodukten hergestellt werden. Seilerwaren keine solche Fabrikate; OLG. 11, 70. Erzeugnisse der Taglöhnerarbeiten sind solche, deren Erzeugung keine besondere Handfertigkeit erfordert; z. B. Pfähle, Latten, grobe Holz- und Rohrgeflechte; Landmann S. 796; s. auch OLG. 9, 39 (Besen aus Birkenreisern).

**7.** Wegen Heilkräuter s. § 56 Ziff. 9 GO. Anm. 7; § 367 Ziff. 3 StGB. Diese dürfen nur in Apotheken feilgehalten werden; KG. vom 4. 8. 1930 und 27. 7. 1931; Bauer S. 19.

**8.** Zu Abs. 2 s. für Preußen ZustG. vom 1. 8. 1883 § 128; VO. vom 3. 9. 1932, GS. S. 283; AnpG. vom 15. 12. 1933, GS. S. 479; Erl. vom 11. 1. 1935, WiAMBl. S. 6. Für Bayern s. § 31 VO. vom 29. 3. 1892. — S. auch Vorbem. Ziff. 3 zu § 55 GO. (Anh. III oben).

## § 67 GO.

(1) Auf Jahrmärkten dürfen außer den im § 66 benannten Gegenständen Verzehrungsgegenstände und Fabrikate aller Art feilgehalten werden.

(2) Zum Verkaufe von **geistigen Getränken** zum Genuß auf der Stelle bedarf es jedoch der Genehmigung der Ortspolizeibehörde.

**1.** § 32 VO. vom 29. 3. 1892, GVBl. S. 61, i. d. F. der VO. vom 12. 3. 1928, GVBl. S. 153.

**2.** Anm. 4, 5, 6 und 7 zu § 66 oben; Landmann S. 798; s. auch Anm. 3 zu § 56 GO. (Ziff. III oben).

Zu den Fabrikaten aller Art sind auch Druckschriften zu rechnen; ferner Trödelwaren.

**3.** Der auf einem Jahrmarkt ohne ortspolizeiliche Genehmigung betriebene Verkauf von geistigen Getränken kann entweder ein verbotener Gill. oder ein stehendes Gewerbe sein; Landmann S. 799. Strafbestimmung: § 148 Ziff. 7 und 7a GO.; § 4 NotG. vom 24. 2. 1923, RGBl. I S. 147.

## § 68 GO.

(1) Der Marktverkehr darf in keinem Falle mit anderen als solchen Abgaben belastet werden, welche eine Vergütung für den überlassenen Raum und den Gebrauch von Buden und Gerätschaften bilden. In den Bestimmungen darüber, ob und in welchem Umfang Abgaben dieser Art erhoben werden dürfen, wird durch gegenwärtiges Gesetz nichts geändert. Ein Unterschied zwischen Einheimischen und Fremden bezüglich der Zahlung der Abgaben darf nicht stattfinden.

(2) Bei Messen dürfen jedoch Beiträge für die im Interesse der Beteiligten geleistete Werbe- und Verwaltungstätigkeit gefordert werden. Die Art und Höhe der Beiträge und ihre Einziehung bestimmt mit Genehmigung der Landesregierung die öffentlich-rechtliche Person, die Trägerin der Messe ist.

**1.** Die Marktgebühren wurden seither in Bayern von Fall zu Fall durch Gemeindesatzung reguliert unter Anwendung der Bestimmungen in Art. 44 GemO. vom 17. 10. 1927, GVBl. S. 293.

Nunmehr sind maßgebend die deutsche GemO. vom 30. 1. 1935, RGBl. I S. 49, und die bayer. AngleichungsVO. vom 1. 4. 1935, GVBl. S. 180, § 18. Die hiernach zu verhängenden Geldstrafen fließen in die Gemeindekasse; s. auch 1. AusfAnw. vom 22. 3. 1935, bekanntgegeben im GVBl. 1935 S. 127 ff.; s. weiter preuß. Gesetz vom 26. 4. 1872, 14. 7. 1893, GS. S. 152, vom 26. 8. 1921, GS. S. 495.

**2.** Gesetz vom 9. 12. 1922, RGBl. S. 929, ab 1. 1. 1922 in Kraft getreten; Landmann S. 802.

## § 69 GO.

In den Grenzen der Bestimmungen der §§ 65 bis 68 kann die Ortspolizeibehörde im Einverständnisse mit der Gemeindebehörde die Marktordnung nach dem örtlichen Bedürfnisse festsetzen, namentlich auch für das Feilbieten von gleichartigen Gegenständen den Platz, und für das Feilbieten im Umhertragen, mit oder ohne Ausruf, die Tageszeit und die Gattung der Waren bestimmen.

**1.** Feilbieten im Umhertragen = Feilbieten von marktgängiger Ware innerhalb des Marktplatzes und innerhalb der Marktzeit. Über das Hausieren außerhalb dieses Platzes und dieser Zeit s. unten Anm. 3.

**2.** a) Strafbestimmung: § 149 Ziff. 6 GO.; Art. 146 PolStGB.; s. auch unten Anm. 4.

b) S. ferner Anm. 5—9 zu § 56 b GO. (Ziff. III oben) und Anm. 9 und 10 zu § 55 GO. (Ziff. I oben); über Sonntagsruhe s. bei § 55 a a. a. O.

**3.** a) Die Marktordnung muß sich hauptsächlich auf folgende Punkte erstrecken:

I. Festsetzung des Marktplatzes;
II. Festsetzung der Marktzeit;
III. Benennung der Gegenstände des Marktverkehrs (dabei darf sich die Marktordnung nicht mit den Vorschriften der §§ 66, 67 GO. in Widerspruch setzen);
IV. Bestimmungen über den Marktzwang, d. h. die Notwendigkeit, sich in den örtlichen und zeitlichen Grenzen der Marktordnung zu halten;
V. Vorschriften über die Ordnung auf dem Markt, Anweisung der Plätze, der Verkaufsstände usw.

Im übrigen kann die Marktordnung weder den Gewerbebetrieb nach § 59 GO. noch jenen der Hausierer nach § 55 GO. irgendeiner Beschränkung unterwerfen, solange sich diese Gewerbetreibenden nicht durch den Besuch des Marktplatzes zur Marktzeit der Marktordnung unterwerfen; Landmann S. 806.

Die Marktordnung kann auch nicht bestimmen, daß verkaufte Marktwaren am gleichen Markttage auf dem Markt nicht wieder feilgeboten oder verkauft werden dürfen. Unzulässig sind Vorschriften zum Schutze eines bestimmten Teiles der Marktbesucher; OLG. 13, 54 und 348.

Mustersatzungen und Entwurf einer Marktordnung von Regierungsrat Dr. Wetzel sind in der BayGemVZ. 1921 Nr. 30 ff. abgedruckt. Dr. Wetzel hat auch ein Büchlein über Viehverkehr und Fleischversorgung in Bayern bei J. Schweitzer Verlag herausgebracht.

b) Vieh- und Pferdemärkte, Zucht- und Nutzviehversteigerungen sowie das Zusammenbringen von Tieren zu Körungen kann zur Bekämpfung der Maul- und Klauenseuche auf Grund der §§ 17, 18, 19, 20, 28, 74 und 79 ViehseuchenG. vom 26. 6. 1909, RGBl. S. 519, verboten werden, außerdem der Hausierhandel mit Klauenvieh aller Art; schließlich auch das Treiben von Wanderschafherden. Zur Bekämpfung der Seuchengefahr wird häufig auch angeordnet, daß Schlachtvieh von Schlachtviehmärkten nur in Schlachthöfe, die unter tierärztlicher Leitung stehen, verbracht werden dürfen und daß der Transport nur in besonders eingerichteten Viehtransportwagen erfolgen darf; zu vgl. beispielsweise die Bek. der Reg. von Ober- und Mittelfranken vom 29. 1. 1938 und vom 2. 2. 1938, Bayer. RegAnz. Ausg. 31 und 40; der Reg. von Niederbayern-Oberpfalz vom 8. 2.

1938, RegAnz. Nr. 45. Hierbei wird auch auf die Bek. der Reg. von Oberbayern vom 2. und 3. und 10. 2. 1938, Bayer. RegAnz. Ausg. 39, 40 und 46 verwiesen; hiernach wurde u. a. auf Grund des RdErl. des RuPrMdJ. vom 20. 10. 1937, RMBliV. S. 1696 i, die Frist zur Abschlachtung des von Schlachtviehmärkten abgetriebenen Viehs auf 36 Stunden festgesetzt; außerdem über die Geltungsdauer usw. der Ursprungszeugnisse Anordnung getroffen; weiterhin über Ver- und Entladeuntersuchung, über Schutzimpfung, über das Betreten der Ställe, über Desinfektion usw.; vgl. hierher auch AG. vom 13. 8. 1910, GVBl. S. 615; AusfVorschr. vom 7. 12. 1911, RGBl. 1912 S. 3; VollzVO. vom 21. 4. 1912 und 27. 4. 1912, GVBl. S. 401 und 403, vom 17. 3. 1924 und 31. 5. 1924, StA. Nr. 63 und 127, vom 16. 12. 1927 und 20. 9. 1929, GVBl. S. 360 bzw. 131; s. weiter Landmann S. 811 und 814 sowie die MBek. vom 23. 11. 1937, 15. 12. 1937, 1. und 11. 3. 1938, RegAnz. Nr. 329, 354 bzw. 62 und 74, GVBl. 1938 S. 109, und die VO. zur Regelung des Verkehrs mit Schlachtvieh vom 27. 2. 1935 (s. unten Ziff. XI), insbes. wegen Aufhebung älterer, den Viehverkehr betreffenden Vorschriften § 33 Abs. 6. Strafbestimmungen: § 148 Ziff. 7 a GO.; § 328 StGB.; § 74 ViehseuchenG.

c) Nähere Anweisungen zur Regelung des Verkehrs mit Schlachtvieh enthält die VO. vom 27. 2. 1935, geändert durch die VO vom 4. 7. 1935, 8. 4. 1936 und 22. 10. 1936, RGBl. I 1935 S. 301, 1045; 1936 S. 366, 897.

Nach Anordnung der Beauftragten des Reichsnährstandes zur Regelung des Verkehrs mit Nutz- und Zuchtvieh vom 11. 9. 1936, RNStVBl. 1936 S. 469, Nr. 2 und 3 ist der Umsatz von Nutz- und Zuchtvieh schlußscheinpflichtig. Das gleiche gilt für jeden Umsatz von Pferden; Anordnung vom 17. 6. 1937; Bayer. RegAnz. Ausg. 26/1938 vom 26. 1. 1938.

Schlachtviehmärkte (Großviehmärkte) i. S. der vorgenannten VO. vom 27. 2. 1935 sind in Bayern die Großviehmärkte in Augsburg, München, Nürnberg, Regensburg und Würzburg. Der Reichsminister kann aber weitere Schlachtviehmärkte als Viehgroßmärkte bestimmen.

Nach der VO. über den Handel mit Vieh vom 25. 1. 1937, RGBl. I S. 28, bedürfen alle Betriebe, die mit Vieh Handel treiben oder künftig treiben wollen, der Zulassung durch den Viehwirtschaftsverband — einschließlich der Agenten, Kommissionäre und Makler. Als Vieh gelten Pferde, Rindvieh einschließlich Kälber, Schweine und Schafe; vgl. auch ReichsnährstandsG. vom 13. 9. 1933, RGBl. I S. 626, § 2 und § 10; ferner Gesetz über den Verkehr mit Tieren und tierischen Erzeugnissen vom 23. 3. 1934, RGBl. I S. 224, §§ 9 bis 11.

d) Der GilU. außerhalb des Marktplatzes kann nur nach Art. 44 PolStGB. und § 366 Ziff. 10 StGB. verboten werden; OLG. 2, 129; 3, 112; s. auch OLG. München 5, 406. Das Feilbieten geistiger Getränke bedarf besonderer ortspolizeilicher Erlaubnis; §§ 42 a Abs. 3, 56 Abs. 2 Ziff. 1 GO.; Hausierer können auf dem Markte Eßwaren usw. feilbieten, wenn nicht die Marktordnung verbietend eingreift.

e) Pferdehandel außerhalb des Marktplatzes am Marktort ist am Markttag sowie am Tage vor- und nachher verboten; MBek. vom 3. 8. 1922, StA. Nr. 180; s. auch Anm. 9 und 10 zu § 55 GO. (oben Ziff. I).

**4.** Von mehreren Handelskammern wurde ein Verbot des Hausierhandels außerhalb des Marktplatzes an Markttagen bei der Reichsregierung und bei dem Reichstage wiederholt ergebnislos angeregt. Strafbarkeit allenfalls gegeben bei Feilbieten von

Gegenständen, die gesetzlich auf dem Markte nicht zugelassen sind, nach §§ 147 Ziff. 1, 148 Ziff. 7 oder 148 iff. 1; s. auch Anm. 2 oben.

**5.** Über sog. Spezialmärkte s. § 70 GO.; s. auch Vorbem. zu § 64 GO.

## § 70 GO.

(1) In betreff der Märkte, welche bei besonderen Gelegenheiten oder für bestimmte Gattungen von Gegenständen gehalten werden, bewendet es bei den bestehenden Anordnungen.

(2) Erweiterungen dieses Marktverkehrs können von der zuständigen Behörde mit Zustimmung der Gemeindebehörde angeordnet werden.

**1.** Hierher gehören die sog. Spezialmärkte, z. B. die Weihnachtsmärkte, Kirchweihmärkte, Märkte bei Patrozinien, Viehmärkte, Getreidemärkte usw.; Landmann S. 811. Indem die GO. hier auf die bestehenden Anordnungen verweist, gibt sie zu erkennen, daß die Vorschriften der §§ 64—69 GO. auf die Spezialmärkte keine Anwendung finden; für diese gelten nach Landmann S. 812 die landesrechtlichen Vorschriften.

**2.** Behörde: § 30, Gemeindebehörde: § 3 VO. vom 29. 3. 1892, GVBl. S. 62 und 72, i. d. F. der VO. vom 12. 3. 1928, GVBl. S. 153; s. auch Vorbem. zu § 55 GO. oben.

**3.** Über die Frage, von wem und unter welchen Voraussetzungen auf einem Kirchweihmarkte in Bayern Waren feilgeboten werden dürfen, s. OLG. 11. 413. — Unberührt bleiben auch jene Vorschriften, wonach zu gewissen Zeiten nur Einheimische zugelassen werden, z. B. bei Kirchweihmärkten, an Patrozinien u. dgl., § 30 Abs. 4 der vorgenannten VO.; s. auch § 64 GO. Abs. 2; bezüglich der Viehmärkte s. Anm. 3—5 bei § 69 GO. (Verbot des Zwischenhandels auf dem Markte!); Landmann S. 812.

**4.** Durch das in Anm. 3 b zu § 69 GO. genannte Gesetz vom 10. 8. 1925 können marktähnliche Veranstaltungen (Privatmärkte) verboten werden; s. auch § 65 GO. oben über das Einschreiten gegen solche; Landmann S. 790, 810, 812. Die Erweiterungen nach Abs. 2 können sich nur auf die zuzulassenden Gegenstände und die zuzulassenden Verkäufer beziehen; Landmann S. 815. — Wenn Händler versuchen, nach Ablauf der Marktzeit ihren Betrieb fortzusetzen, wäre WGewSchein erforderlich, auch Hausiersteuerpflicht gegeben: Preuß. Erl. vom 17. 3. 1922 — II A 1/2501/21; Bauer S. 19.

## § 71 GO.

Beschränkungen des Verkehrs mit den zu Messen und Märkten gebrachten, aber unverkauft gebliebenen Gegenständen werden hierdurch aufgehoben. Der Einzelverkauf solcher Gegenstände außer der Marktzeit ist jedoch nur unter denselben Bedingungen zulässig, unter welchen derselbe statthaft sein würde, wenn die Gegenstände nicht auf den Markt gebracht wären.

**1.** Vgl. Art. 146 Abs. 3 PolStGB.

**2.** Der Einzelverkauf außer der Marktzeit am Marktorte fällt nicht mehr unter den Meß- und Marktverkehr und ist, sofern er nicht von Einheimischen vorgenommen wird (s. §§ 42 a ff., Ziff. IX), der Hausiersteuer bzw. der Wandergewerbescheinpflicht unterworfen; unter Umständen derartiger Geschäftsbetrieb stehendes Gewerbe; § 14 GO.

**3.** Siehe Vorbem. und Anm. 3 a und d zu § 64 GO., Anm. 4 zu § 70 GO.; dann über Begrenzung der Marktfreiheit, Verbot des Zwischenhandels, Spezialmärkte; OLG. 12, 172. — Unter den einzuhaltenden Bedingungen versteht man u. a. auch die Vorschriften über den Besitz des WGewScheins, der Gewerbelegkarte usw.; Landmann S. 816.

## VIII.
## Der Geschäftsbetrieb der Handlungsreisenden.

Man versteht hierunter das Aufkaufen von Waren und das Aufsuchen von Warenbestellungen durch Personen, die im Inlande, d. i. im Reichsgebiet, ein stehendes Gewerbe betreiben, außerhalb des Gemeindebezirks ihrer gewerblichen Niederlassung. Zur Ausübung dieses Geschäftsbetriebs, der auch durch Reisende der betr. Gewerbetreibenden vorgenommen werden kann, WGewSchein nicht erforderlich; es genügt Legitimationskarte.

Dieser Geschäftsbetrieb ist jedoch an verschiedene Voraussetzungen geknüpft; §§ 44 und 44 a GO.

Über das Verhältnis des § 44 GO. zum Titel III (Wandergewerbe) vgl. OLG. 13, 488.

## § 44 GO.

(1) Wer ein stehendes Gewerbe betreibt, ist befugt, auch außerhalb des Gemeindebezirkes seiner gewerblichen Niederlassung persönlich oder durch in seinem Dienste stehende Reisende für die Zwecke seines Gewerbebetriebs Waren aufzukaufen und Bestellungen auf Waren zu suchen. Die Vorschrift gilt auch für Handlungsagenten, die ein stehendes Gewerbe betreiben, in Ansehung der Befugnis, als Vermittler oder Vertreter des Geschäftsherrn den Ankauf von Waren vorzunehmen oder Bestellungen auf Waren zu suchen.

(2) Die aufgekauften Waren dürfen nur behufs deren Beförderung nach dem Bestimmungsorte mitgeführt werden; von den Waren, auf welche Bestellungen gesucht werden, dürfen nur Proben und Muster mitgeführt werden, soweit nicht der Bundesrat für bestimmte Waren, welche im Verhältnisse zu ihrem Umfang einen hohen Wert haben und übungsgemäß an die Wiederverkäufer im Stücke abgesetzt werden, zum Zwecke des Absatzes an Personen, welche damit Handel treiben, Ausnahmen zuläßt.

(3) Das Aufkaufen darf ferner nur bei Kaufleuten oder solchen Personen, welche die Ware produzieren oder in offenen Verkaufs-

stellen erfolgen. Imgleichen darf das Aufsuchen von Bestellungen auf Waren, mit Ausnahme von Druckschriften, anderen Schriften und Bildwerken und, soweit nicht der Bundesrat noch für andere Waren oder Gegenden oder Gruppen von Gewerbetreibenden Ausnahmen zuläßt, ohne vorgängige ausdrückliche Aufforderung nur bei Kaufleuten in deren Geschäftsräumen oder bei solchen Personen geschehen, in deren Geschäftsbetriebe Waren der angebotenen Art Verwendung finden.

(4) Hinsichtlich des Aufsuchens von Bestellungen auf Druckschriften, andere Schriften und Bildwerke finden die Vorschriften des § 56 Absatz 3 entsprechende Anwendung.

**1.** a) Nur wer im Inland ein stehendes Gewerbe betreibt, besitzt die in § 44 bezeichneten Befugnisse; vgl. Anm. 1 c und d zu § 55 GO. (Ziff. I oben). Ein stehendes Gewerbe betreibt auch, wer Waren i. U. aufkauft, diese jedoch entweder an seinen Wohnort oder im Marktverkehr weiterveräußert; spielt sich der Geschäftsbetrieb nicht im Rahmen des § 44 GO. ab, dann ist er nicht mehr hausiersteuerfrei; Landmann S. 589; KG. 44, 423; s. auch § 42 GO.; OLG. 13, 488.

b) Wegen der Bedürfnisfrage s. Anm. 14 f zu § 55 GO.

c) Wegen Ausländer s. § 44 a Abs. 6 und § 56 d GO. (oben Ziff. IV).

d) Wenn der Reisende im Dienste eines Dritten steht, fällt dessen Geschäftsbetrieb unter § 55 GO.; KG. 23, 91.

e) Wenn die Waren im eigenen Geschäftsbetriebe keine Verwendung finden, Betrieb hausiersteuerpflichtig bzw. unter § 55 GO. fallend, z. B. wenn ein Metzger Felle oder Häute außer dem Schlachtvieh aufkauft; s. Anm. 7 zu § 55 GO.

Auch das Aufsuchen von Bestellungen auf Kern- und Schmierseife bei Landwirten hausiersteuerpflichtig, da die Seife nicht im landwirtschaftlichen Betrieb, sondern im Haushalt verwendet wird; das gleiche gilt vom Aufsuchen von Bestellungen auf Seifenpulver und Schuhcreme, z. B. bei Schmieden und Tischlern, da diese Waren nur im Haushalt Verwendung finden; KG. vom 24. 4. 1926 und 30. 6. 1926; Bauer S. 17. Auf jeden Fall müssen die Waren der Förderung des Zweckes des Geschäfts unmittelbar dienen; also bei der Hervorbringung gewerblicher oder landwirtschaftlicher Erzeugnisse unmittelbar Verwendung finden; dies ist z. B. nicht der Fall, wenn die Waren zur Entlohnung oder Verköstigung von Angestellten verwendet werden; KG. vom 26. 3. 1928; Ring 8, 254; vom 3. 7. 1930 — 3 S 316, 30.

Hausiersteuerpflichtig ist auch das Aufsuchen von Bestellungen auf biologische Präparate nach mitgeführten Mustern in Schulen; bayer. Fin.-Min. E. vom 8. 6. 1926 Nr. 35 633/25; OLG. 11, 264.

f) Über Handlungsagenten s. §§ 84 ff. HGB. Die Gesetzgebung erkennt in ihm einen selbständigen Gewerbetreibenden; auch seine Reisende können im Rahmen des § 44 tätig werden; Landmann S. 593, 594.

**2.** Vgl. AusfBest. des Bundesrats vom 27. 11. 1896, unten Anm. 6.

**3.** a) Das „Aufkaufen" darf nur zum Zwecke der Beförderung der Waren nach dem Bestimmungsort erfolgen und zwar ausschließlich bei

Kaufleuten oder solchen Personen, welche die Waren produzieren, oder in offenen Verkaufsstellen. Bestimmungsort kann auch der Niederlassungsort eines Dritten, z. B. eines Geschäftsfreundes, sein; Landmann S. 594; s. auch Anm. 4 b unten. Vgl. auch Anm. 14 zu § 55 GO. (Ziff. I oben); OLG. 6, 231.

Wenn Händler, welche den Viehhandel als stehendes Gewerbe betreiben, sich darauf beschränken, Vieh i. U. aufzukaufen, um dasselbe entweder am Sitze der eigenen gewerblichen Niederlassung oder im Marktverkehr oder auf Bestellung zu verkaufen, oder um dasselbe an größere auswärtige Plätze zu liefern, dann sind dieselben nicht nach dem WGewStG. einzusteuern, sondern mit Gewerbesteuer zu belegen; so auch KG. vom 5. 6. 1925 und 26. 3. 1926; Ring 3, 291; 4, 293.

Wird das Vieh am Bestimmungsort, sei es im Schlacht- oder Viehhof, oder auf sonstigen Plätzen feilgeboten, dann liegt ein Wandergewerbe vor, soferne nicht das Feilbieten innerhalb des Meß- und Marktverkehrs erfolgt. Der Aufkäufer kann die aufgekaufte Ware (Vieh) auch beim Verkäufer stehen lassen, ohne wandergewerbescheinpflichtig zu werden; Landmann S. 594.

Über den Viehhandel s. auch Anm. 3 zu § 69 GO. (Ziff. VII oben) sowie Anm. 9 und 14 zu § 55 GO. (Ziff. I); ferner MBek. vom 29. 10. 1881, FMBl. S. 386, deren Ausführungen allerdings durch das Urt. OLG. vom 14. 2. 1911, 11, 65 sowie durch Reichsgesetz vom 1. 7. 1883, vom 6. 8. 1896, RGBl. S. 159 bzw. 687, teilweise überholt sind; s. auch StenB. 1897, IX, 540.

b) Sind die Aufkäufe bei Kaufleuten oder solchen Personen, die die Waren produzieren, oder in offenen Verkaufsstellen nicht erfolgt und sind im übrigen die Voraussetzungen des § 55 GO. gegeben, dann liegt ein Wandergewerbe vor; OLG. vom 16. 12. 1915 Rev.-Reg. Nr. 329/1915; s. auch Anm. 1 c, 13 und 14 zu § 55 GO. (oben Ziff. I).

c) Über die Frage, wann ein Händler Produzent des Viehes ist, s. auch OLG. 6, 198.

**4.** a) Das „Aufsuchen von Warenbestellungen" kann auf Grund von Proben und Mustern geschehen a) bei jedermann auf vorausgegangene ausdrückliche Aufforderung hin; b) ohne derartige Aufforderung nur bei Kaufleuten in deren Geschäftsräumen oder bei solchen Personen, in deren Geschäftsbetrieb Waren der angebotenen Art Verwendung finden. Vgl. auch Anm. 14 zu § 55 GO.; Landmann S. 596 f.

b) Geschäftsräume sind im allgemeinen die getrennt von der Wohnung befindlichen Kontore, Werkstätten, Remisen, Lagerplätze; räumliche Trennung nicht erforderlich; auf dem Lande Geschäftsraum und Wohnung vielfach am selben Platze.

Bestimmungsort: Wohnort oder gewerbliche Niederlassung bzw. Meß- und Marktort: s. Anm. 3 a oben; Anm. 3 und 4 zu § 55 GO.; Anm. 1 und 4 zu § 59 GO. (Ziff. VI oben) und bei § 64 GO. (Ziff. VII oben!).

Wenn Proben und Muster verkauft werden, dann liegt ein Wandergewerbe vor. Dies ist auch dann der Fall, wenn zuerst die Bestellung aufgesucht und unmittelbar darauf die Waren geliefert werden, z. B. aus dem Kraftwagen; OLG. vom 25. 7. 1929 II 315/29; bayer. FinMinE. vom 2. 10. 1930 Nr. IV 40760 II. Über Kaufmann s. Anm. 11 zu § 55 GO.

Frage, ob ein Kaufmann nur als Wiederverkäufer besucht werden darf, bestritten; s. OLG. vom 15. 6. 1907, BlfFinW. 16, 122. M. E. kann er in seinen Geschäftsräumen auch zu anderen (Privat-) Zwecken besucht werden.

c) Geschäftsbetrieb: jede auf die Erzielung von Gewinn (Erwerb) gerichtete Tätigkeit, auch die landwirtschaftliche; dagegen nicht die Hauswirtschaft; Landmann S. 596, 597; OLG. vom 18. 7. 1911, 11, 264; KG. 23, 40.

An Stelle des Wortes Geschäftsbetrieb hieß es ursprünglich Gewerbebetrieb. Um auch die landwirtschaftlichen Betriebe einzubeziehen, wurde die neue Fassung gewählt. — Eiserne Backöfen sind Waren, die im landwirtschaftlichen Betriebe Verwendung finden; OLG. 13, 400; dagegen nicht Hopfen zum Bräuen des Bieres; OLG. 11, 264. — Nicht alle Gegenstände können dem freien Bestellungsaufsuchen überwiesen werden, sondern nur solche, die der Produktion von Früchten, von Vieh, von Milchprodukten, weiter der Konservierung, Veredelung und nutzbringenden Verwertung landwirtschaftlicher Erzeugnisse unmittelbar dienen; OLG. München 10, 103; OLG. 6, 198; 11, 264; vom 3. 5. 1913 RevReg. Nr. 183/1913; Reger 19, 317.

d) Was unter vorgängiger ausdrücklicher Aufforderung zu verstehen sei, bestritten; KG. 22, 103. Jedenfalls muß die Aufforderung auf das Bringen in der Art bestimmter Waren mitgerichtet sein. Eine einmalige Aufforderung (Generalvollmacht) nicht hinreichend; es muß von Fall zu Fall eine Aufforderung erlassen werden; so OLG. München vom 14. 10. 1897, 5, 238; MABl. S. 498. Vorgängige ausdrückliche Aufforderung dann nicht, wenn eine Firma an ihre Privatkundschaft vorher gedruckte Formulare, enthaltend die Aufforderung zum Besuche, versendet; MBek. vom 16. 11. 1897 Nr. 4885; vorgängige Aufforderung auch dann nicht, wenn der Reisende vor seinem Eintritte in die Wohnung durch das Dienstpersonal anfragen läßt, ob er Offerte machen dürfe und dann die Erlaubnis zum Besuche erteilt wird; KG. 25, 59. Unter Umständen genügt eine allgemein gehaltene Aufforderung, ein schriftliches Ersuchen, auch dauernde Geschäftsverbindung; OLG. 11, 281; vom 20. 6. 1914; 14, 202. Über Bestellung s. Anm. 5 zu § 55 GO. (Ziff. I oben). Eine durch ein allgemein gehaltenes, schriftliches Ersuchen erlangte Aufforderung berechtigt zum Besuche des Kunden behufs Aufsuchen von Warenbestellungen; OLG. 14, 202.

WGewSchein erforderlich, wenn ein Reisender, welcher Bestellungen auf Waren bei der Privatkundschaft aufsucht, für welche dies im Gesetze oder von der Reichsreg. ausnahmsweise zugelassen ist, seinen Geschäftsbetrieb auf andere, nicht unter die Ausnahmen fallenden Waren auszudehnen sucht; StenB. 1897, IX, 539, 726. — Über Produzieren der Waren: s. die Anm. bei § 59 GO. (Ziff. VI oben); Anm. 8 zu § 55 GO. und unter lit. c. Produzieren jede Tätigkeit, welche irgendeinen Gegenstand zur Ware macht, einschließlich der Tätigkeit des Landwirts; z. B. bezüglich des selbstgezüchteten und im Betriebe unterhaltenen Viehs: OLG. 6, 198; 10, 101.

Offene Verkaufsstellen: s. Anm. 12 zu § 55 GO.; OLG. 6, 317; 27, 253; 28, 3.

e) Unter das Wandergewerbe fällt das Aufsuchen von Warenbestellungen nach mitgeführten Mustern bei Privatleuten (Nichtkaufleuten) ohne vorgängige Bestellung; sog. Detailreisen; StenB. 1897, III, 296; 1897, IX, 547 f., 653 ff., 715 f., 723 f. Das Aufsuchen von Bestellungen beim Konsumenten ist dem GiU. gleichgestellt, deshalb wandergewerbeschein- und hausiersteuerpflichtig; Landmann S. 596. Unter allen Umständen sollen

Auswüchse beim Detailreisen hintangehalten werden, z. B. das gleichzeitige „Feilbieten" von Waren, das Aufsuchen von Bestellungen anderer als der im Legschein ausdrücklich zugelassenen Waren u. dgl.; es hat auch aus diesem Grunde das Min. d. Inn. mit Entschl. vom 16. 11. 1897 ausdrücklich angeordnet, daß Gesetzesumgehungen durch Detailreisende durch die Polizeibehörden nachdrücklichst strafrechtlich zu verfolgen sind; s. auch Bek. vom 25. 10. 1920 und vom 29. 1. 1921; auch StA. vom 21. 9. 1921 Nr. 220 S. 4.

Hausiersteuerpflichtig ist nur der Musterreisende, nicht aber dessen Geschäftsherr; s. hierzu die Anm. bei § 55 GO. Wegen der reichsrechtlichen Beschränkungen, s. oben die §§ 55 a, 57, 57 a und b, 58, 60 b, 60 c und d, 62, 63 GO.

Was im Haushalt einer Gemeinde, im Löschpark einer Feuerwehr, zu gemeinnützigen Zwecken angeschafft wird, dient ebensowenig dem „Geschäftsbetrieb" wie die Anschaffung von Bedarfsartikeln in einem privaten Haushalt; Aufsuchen von Bestellungen auf Feuerwehrutensilien außerhalb des Wohnortes hausiersteuerpflichtig; OLG. 11, 391.

f) Photographen und deren Reisende bedürfen für das Aufsuchen von Bestellungen auf Vergrößerungen keines WGewScheins und keiner Legitimationskarte; BGH. vom 15. 6. 1910; vgl. auch Anm. 15 zu § 55 GO.; s. auch OLG. vom 13. 12. 1917, 17, 129, und Bd. 10, 344; Photographien sind Bildwerke.

**5.** Druckschriften (Zeitungen, Musikstücke), Bildwerke von Bestimmung des § 44 Abs. 3 Satz 2 ausgenommen; vgl. jedoch § 44 Abs. 4 und § 56 Abs. 3 (oben Ziff. III). Druckschriftenverz. (§ 56 Abs. 4 GO.) für den Betrieb nach § 44 Abs. 4 nicht vorgeschrieben; Landmann S. 600; Anw. § 29; s. auch Anm. 14 zu § 55 GO.; OLG. 9, 360.

Als Bildwerk ist alles bildlich (auch plastisch) Hergestellte anzusehen; gleichgültig, ob mit oder ohne Rahmen; auch Kreuze, Stickereien (Haussegen); OLG. vom 26. 8. 1904, 5, 10, und 20. 4. 1909, 9, 238; BlfFinW. 17, 309. Über das Aufsuchen von Bestellungen auf Druckschriften s. OLG. 5, 10, 101; BlfFinW. 15, 62. — Uhren und Spieluhren sind keine Bildwerke; OLG. 9, 238; s. auch Anm. 10 zu § 56 GO. (Ziff. III oben).

Der Rahmen muß von untergeordneter Bedeutung gegenüber dem Bild sein; Rahmen ohne Bilder fallen auch nicht unter § 44 Abs. 3 GO.; RGSt. 41, 412; KG. vom 25. 6. 1926; 21. 12. 1926; 9. 2. 1928; 26. 3. 1928; Bauer S. 16; GewArch. 4, 446; 8, 429; 11, 361.

**6.** a) Von der einschränkenden Bestimmung des § 44 Abs. 3 Satz 2 sind zufolge Ziff. I der BRBO. vom 27. 11. 1896 i. d. F., wie in Anm. 2 zu § 56 d GO. oben Ziff. IV angegeben, weiter folgende Geschäftsbetriebe ausgenommen:

1. Gold- und Silberwarenfabrikanten und -großhändler sind befugt, auf Grund der nach § 44 a erteilten Legitimationskarte auch außerhalb des Gemeindebezirks ihrer gewerblichen Niederlassung, sofern diese im Inlande liegt, persönlich oder durch in ihrem Dienste stehende Reisende Gold- und Silberwaren an Personen, die damit Handel treiben, feilzubieten und zu diesem Zwecke mit sich zu führen, vorausgesetzt, daß die Waren, welche sie feilbieten, übungsgemäß an die Wiederverkäufer im Stück abgesetzt werden. Dasselbe gilt von Taschenuhren-, Bijouterie- und Schildpattwarenfabrikanten und -großhändlern, sowie von Gewerbetreiben-

den, welche mit Edelsteinen, Perlen, Kameen und Korallen Großhandel treiben.

2. Weinhändler sind befugt, auf Grund der nach § 44 a erteilten Legitimationskarte auch außerhalb des Gemeindebezirks ihrer gewerblichen Niederlassung, sofern diese im Inlande liegt, persönlich oder durch in ihrem Dienste stehende Reisende ohne vorgängige ausdrückliche Aufforderung Bestellungen auf Wein (Traubenwein einschließlich Schaumwein) bei anderen Personen zu suchen, als bei Kaufleuten oder solchen Personen, in deren Geschäftsbetriebe Waren der angebotenen Art Verwendung finden, sowie bei Kaufleuten an anderen Orten als in deren Geschäftsräumen. Das gleiche gilt für den Handel mit Erzeugnissen der Leinen- und Wäschefabrikation und mit Nähmaschinen.

3. Die Bestimmungen unter Ziff. 1 und 2 finden auf Handlungsagenten, die ein stehendes Gewerbe betreiben, in Ansehung der Befugnis als Vermittler oder Vertreter des Geschäftsherrn den Ankauf von Waren vornehmen oder Bestellungen auf Waren suchen (§ 44 Abs. 1), Anwendung.

[Ziff. II der Bek., welche von dem Geschäftsbetriebe der ausländischen Handlungsreisenden handelt, ist oben bei § 56 d GO. (Ziff. IV) abgedruckt.]

b) Weitere Ausnahmebestimmung enthält die Bek. vom 25. 3. 1897, RGBl. S. 96, welche lautet:

Im Anschluß an die Bestimmungen in I, 2 der Bek. vom 27. 11. 1896, RGBl. S. 745, hat der Bundesrat beschlossen: den Fabrikanten überwebter Holzrouleaux gemäß § 44 Abs. 3 GO. die Erlaubnis zu erteilen, auch außerhalb des Gemeindebezirks ihrer gewerblichen Niederlassung, soferne diese im Inlande liegt, persönlich oder durch in ihrem Dienste stehende Reisende ohne vorgängige ausdrückliche Aufforderung Bestellungen auf überwebte Holzrouleaux bei anderen Personen zu suchen als bei Kaufleuten oder solchen Personen, in deren Geschäftsbetriebe Waren der angebotenen Art Verwendung finden, sowie bei Kaufleuten an anderen Orten als in deren Geschäftsräumen.

c) Eine weitere Ausnahme ist enthalten in der AusfVO. vom 3. 2. 1936, RGBl. I, 58, die lautet: Auf Grund des § 44 Abs. 3 GO. wird hiermit verordnet:

Bestellungen auf Kraftfahrzeuge können durch Personen, die im Besitz einer Legitimationskarte i. S. des § 44 a GO. sind, außerhalb des Gemeindebezirks ihrer gewerblichen Niederlassung, soferne diese im Inland liegt, ohne vorgängige ausdrückliche Aufforderung auch bei anderen Personen aufgesucht werden als bei Kaufleuten oder solchen Personen, in deren Geschäftsbetrieb Waren der angebotenen Art Verwendung finden, sowie bei Kaufleuten auch an anderen Orten als in deren Geschäftsräumen.

**7.** Erzeugnisse der „Leinenfabrikation“ sind alle leinenen Waren, Tücher, Garne, Halb- und Ganzfabrikate aus leinenen Stoffen (Blusen, Damenkleider). Als Erzeugnisse der „Wäschefabrikation“ sind auch gestrickte und gewebte Strümpfe, Unterhosen, Leib-, Bett-, Tischwäsche, nicht aber Korsette, Kleidungsstücke, Strickwesten, Mützen anzusehen; Bek. vom 27. 11. 1896, RGBl. S. 745; OLG. vom 3. 11. 1908; BlfFinW. 16, 313; KG. vom 11. 7. 1927; Ring 8, 246; GewArch. 3, 306; 10, 14; OLG. vom 24. 11. 1904, 5, 123; BlfFinW. 15, 62; KG. 38, 20; ferner OLG. 9, 63; 12, 21. Aufsuchen auf Bestellungen von Korsetten hausiersteuerpflichtig, da es sich um Warenbestellungen handelt — soferne die Warenbestellung bei Nichtkaufleuten erfolgt; Landmann S. 599. Zu den Händlern sind auch die Fabrikanten selbst zu rechnen.

**8.** Siehe auch Weingesetz vom 7. 4. 1909, RGBl. S. 393, und BRAB. vom 9. 7. 1909, RGBl. S. 549. Vgl. Anm. 3 zu § 56 GO. (Ziff. III oben); Urteil des RG. vom 18. 3. 1913, 4. Strafsenat; Verh. d. Abg.-Kammer vom 25. 10. 1913, 170. Sitzung. Die Weinhändler sind nur zugelassen bezüglich der Bestellungen auf Traubenwein einschließlich Schaumwein, nicht aber auf den Vertrieb von Obst-, Beeren- und Kunstwein; Landmann S. 599.

**9.** Über Lebensmittelhändler und Aufkäufer s. Anm. 8 und 14 zu § 55 GO. (Ziff. I oben).

**10.** Strafbestimmung: § 148 Ziff. 5 und 7. Wenn der Handlungsreisende als Beauftragter seines Geschäftsherrn die Bestimmungen des § 44 verletzt, so ist ersterer als Täter, letzterer als Anstifter (§ 48 StGB.) zu bestrafen; Landmann S. 600.

**11.** Nach einem an die Reg. der Länder ergangenen RdErl. RuPrWM. vom 11. 3. 1937 — V 1251/37 ist eine Änderung von § 44 Abs. 3 GO. in der Weise beabsichtigt, daß das Aufsuchen von Warenbestellungen bei Behörden gestattet sein wird. Jetzt schon soll bei Verstößen gegen § 44 Abs. 3 im allgemeinen nicht eingeschritten werden.

## § 44 a GO.

(1) Wer in Gemäßheit des § 44 Warenbestellungen aufsucht oder Waren aufkauft, bedarf hierzu einer Legitimationskarte, welche auf den Antrag des Inhabers des stehenden Gewerbebetriebs von der für dessen Niederlassungsort zuständigen Verwaltungsbehörde für die Dauer des Kalenderjahrs und den Umfang des Reichs ausgestellt wird. Die Legitimationskarte enthält den Namen des Inhabers derselben, den Namen der Person oder der Firma, in deren Diensten er handelt, und die nähere Bezeichnung des Gewerbebetriebs.

(2) Der Inhaber der Legitimationskarte ist verpflichtet, dieselbe während der Ausübung des Gewerbebetriebs bei sich zu führen, auf Erfordern der zuständigen Behörden oder Beamten vorzuzeigen und, sofern er hierzu nicht imstande ist, auf deren Geheiß den Betrieb bis zur Herbeischaffung der Legitimationskarte einzustellen.

(3) Die Legitimationskarte ist zu versagen, wenn bei demjenigen, für den sie beantragt wird, eine Voraussetzung zutrifft, die nach § 57 Abs. 1 Ziffer 1—4, Absätze 2, 3 die Versagung des Wandergewerbescheins zur Folge hat; § 57 Abs. 4 gilt entsprechend. Außerdem darf sie nur dann versagt werden, wenn Tatsachen vorliegen, die nach § 57 b Ziffer 2 und 3 die Versagung des Wandergewerbescheins rechtfertigen würden.

(4) Die Legitimationskarte kann durch die Behörde, welche sie ausgestellt hat, zurückgenommen werden, wenn sich ergibt, daß eine der im § 57 Ziffer 1 bis 4, Absätze 2, 3 bezeichneten Voraussetzungen zur Zeit der Erteilung derselben vorhanden gewesen, der Behörde aber unbekannt geblieben, oder nach Erteilung derselben eingetreten ist, oder wenn bei dem Geschäftsbetriebe die im § 44 gezogenen Schranken überschritten werden.

(5) Wegen des Verfahrens gelten die Vorschriften des § 63 Abs. 1.

(6) Einer Legitimationskarte bedürfen diejenigen Gewerbetreibenden nicht, welche durch die in den Zollvereins- oder Handelsverträgen vorgesehene Gewerbelegitimationskarte bereits legitimiert sind. In Betreff dieser Gewerbetreibenden finden die vorstehenden Bestimmungen über die Verpflichtung zum Mitführen der Legitimationskarte, über die Folgen der Nichterfüllung dieser Verpflichtung sowie über die Versagung und Zurücknahme der Karte entsprechende Anwendung.

**1.** Wer die Grenzen des § 44 überschreitet, bedarf eines WGewScheins und ist hausiersteuerpflichtig. Betrieb im Rahmen des § 44 stehendes Gewerbe; s. auch Anm. 1 zu § 44 und Vorbem. dortselbst.

**2.** Formular s. BV. vom 29. 3. 1892 § 22; Anw. § 26; Abs. 3 a. a. O.: Ausländer. Für Preußen s. ME. vom 17. 11. 1916, GewArch. 16, 218.

**3.** Anw. §§ 24—27.

**4.** Lichtbild neuerer Zeit und Zeugnis der Ortspolizeibehörde, daß Versagungsgründe nach § 57 Ziff. 1—4, Abs. 2, 3 und § 57 b 1—4 nicht bestehen, erforderlich; ferner Bestätigung, daß Gesuchsteller den bezüglichen Handel als stehendes Gewerbe betreibt und hierfür mit Steuern veranlagt ist; Bek. des Reichskanzlers vom 4. 3. 1912, RGBl. S. 189.

**5.** Vgl. oben Ziff. V; Anw. § 25.

**6.** Vgl. oben Ziff. VI zu § 60 c Anm. 1.

**7.** Vgl. Ziff. VI oben zu § 63 wegen des Verfahrens.

**8.** Vgl. Ziff. IV über Ausländer bei § 56 d GO.

**9.** Strafvorschriften: § 148 Ziff. 5; zu Abs. 2: § 149 Ziff. 1; für ausländische Reisende: § 148 Ziff. 7 e GO.

**10.** Die Legkarten nach Abs. 1 gelten für die Dauer des betr. Kalenderjahres, die Gewerbelegkarten nach Abs. 6 für 12 Monate vom Tage der Ausstellung an; s. Muster in RGBl. II 1925 S. 672 ff.

**11.** Im Falle der Versagung der Legkarten keine Berufung an VGH.; Gesetz vom 7. 3. 1924, GVBl. S. 65.

**12.** In Preußen ist das Verfahren geregelt durch Ziff. 57 AusfAnw. vom 1. 5. 1904 i. d. F. des ME. vom 28. 6. 1924 und 13. 10. 1924, HMBl. S. 228 und 254. Vgl. weiter §§ 117, 118 ZustG. vom 1. 8. 1883; § 2 AusfVO. vom 31. 12. 1883, GS. S. 7/1884; s. auch GewArch. 22, 45; 22, 411; 24, 80.

# IX.

## Hausieren am Sitz der gewerblichen Niederlassung.

### § 42 GO.

(1) Wer zum selbständigen Betriebe eines stehenden Gewerbes befugt ist, darf dasselbe innerhalb und unbeschadet der Bestimmungen des dritten Titels auch außerhalb des Gemeindebezirks seiner gewerblichen Niederlassung ausüben.

(2) Eine gewerbliche Niederlassung gilt dann nicht als vorhanden, wenn der Gewerbetreibende im Inland ein zu dauerndem Gebrauche eingerichtetes beständig oder doch in regelmäßiger Wiederkehr von ihm benutztes Lokal für den Betrieb seines Gewerbes nicht besitzt.

**1.** Der selbständige Betrieb, d. i. Betrieb für eigene Rechnung, unter eigener Verantwortlichkeit und im eigenen Namen, muß vor, spätestens mit Beginn der Betriebseröffnung der Gemeindebehörde angezeigt werden; § 14 GO.; § 4 Allerh. VO. vom 29. 3. 1892, GVBl. S. 61. In Preußen ist die Anzeige beim Gemeindevorstand zu erstatten; Ziff. 7 Ausf.-Anw. vom 1. 5. 1907.

Anmeldung keine Voraussetzung für den Betrieb eines stehenden Gewerbes; OLG. 11 S. 65; Anm. 1c zu § 55 GO. „Befugt" ist zum Betriebe eines stehenden Gewerbes jeder Deutsche, der die Anmeldung betätigt hat, das Gewerbe im Reichsgebiet tatsächlich ausübt und dem nach §§ 15 ff. die erforderliche Genehmigung (Konzession) erteilt ist.

**2.** Titel III bezieht sich auf den GiU.; s. oben Ziff. I ff.

**3.** Siehe Anm. 3 zu § 55 GO.

**4.** Siehe Anm. 4 a. a. O. Durch die negative Bestimmung in Abs. 2 ist ausgesprochen, daß Wanderlager keine stehende Gewerbebetriebe sind; s. Anm. 1e a. a. O.

**5.** Inland: Reichsgebiet; s. Art. I § 2 WGewStG.; AA. unter A I.

**6.** Vgl. Anw. § 30 und Anm. 4 zu § 55 GO.

**7.** Wegen Umsatzsteuerpflicht s. Anm. 4b zu Art. I § 1 WGewStG. Es haben sämtliche Straßenhändler, Straßenmusikanten und ähnliche Berufe sich ein Straßensteuerheft zu lösen.

### § 42a GO.

(1) Gegenstände, welche von dem Ankauf oder Feilbieten im Umherziehen ausgeschlossen sind, dürfen auch innerhalb des Gemeindebezirkes des Wohnorts oder der gewerblichen Niederlassung von Haus zu Haus oder auf öffentlichen Wegen, Straßen, Plätzen oder an anderen öffentlichen Orten nicht feilgeboten oder zum Wiederverkauf angekauft werden, mit Ausnahme von Bier und Wein in Fässern und Flaschen und vorbehaltlich des nach § 33 erlaubten Gewerbebetriebs.

(2) Die zuständige Landesregierung ist befugt, soweit ein Be-

dürfnis dazu obwaltet, anzuordnen, daß und inwiefern weitere Ausnahmen von diesem Verbote stattfinden sollen.

(3) Das Feilhalten geistiger Getränke kann von der Ortspolizeibehörde im Falle besonderen Bedürfnisses vorübergehend gestattet werden.

**1.** Ausgeschlossene Gegenstände: s. § 56 (Ziff. III oben).

**2.** Siehe Anm. 3 zu § 55 GO.

**3.** Siehe Anm. 4 zu § 42.

**4.** Also in fremden Häusern (= von Haus zu Haus).

**5.** Z. B. Bahnhöfe, Wirtschaften, soweit diese dem allgemeinen Besuche zugänglich sind, sind „andere" öffentliche Orte.

**6.** Siehe § 56 GO. Nach § 33 GO. war Konzession erforderlich; § 33 GO. ist inzwischen durch das Gaststättengesetz vom 28. 4. 1930, RGBl. I S. 146, geändert durch die Gesetze vom 3. 7. und 9. 10. 1934, RGBl. I S. 567 und 913, ersetzt worden; s. auch VO. vom 1. 7. 1930, RGBl. I S. 201. Ausschank darf nur von fester Verkaufsstelle aus erfolgen, also i. U. verboten; s. auch Anm. 8 unten sowie § 67 Abs. 2 GO. (Ziff. VII), endlich § 35 Abs. 4 wegen Untersagung. — Für Preußen s. AusfAnw. vom 1. 5. 1904 Ziff. 5.

**7.** VO. vom 29. 3. 1892, GVBl. S. 61. Im übrigen s. über zuständige Landesbehörden (Preußen usw.) Vorbem. Ziff. 3 zu Anh. III.

**8.** Siehe Anw. § 30 Ziff. 1, oben Anm. 6; ferner § 59 Ziff. 4 GO. Anm. 1, 2 und 7 (Ziff. VI oben) zu Abs. 3.

**9.** Strafbestimmung: § 148 Ziff. 5 GO.

**10.** Siehe Anm. 22 zu § 42 b unten.

**11.** §§ 42 a und 42 b betreffen den sog. ambulanten Gewerbebetrieb am Wohnorte.

## § 42 b GO.

(1) Durch die höhere Verwaltungsbehörde[1] nach Anhörung der Gemeindebehörde oder durch Beschluß der Gemeindebehörde mit Genehmigung der höheren Verwaltungsbehörde kann für einzelne Gemeinden bestimmt werden, daß Personen, welche in dem Gemeindebezirk einen Wohnsitz[2] oder eine gewerbliche Niederlassung[3] besitzen und welche innerhalb des Gemeindebezirkes[4] auf öffentlichen Wegen, Straßen, Plätzen oder an anderen öffentlichen Orten,[5] oder ohne vorgängige Bestellung[6] von Haus zu Haus[7]

1. Waren feilbieten,[8] oder
2. Waren bei anderen Personen als bei Kaufleuten oder solchen Personen, welche die Waren produzieren, oder an anderen Orten als in offenen Verkaufsstellen zum Wiederverkauf[9] ankaufen,[10] oder Warenbestellungen bei Personen, in deren Gewerbebetriebe Waren der angebotenen Art keine Verwendung finden, aufsuchen,[11] oder
3. gewerbliche Leistungen,[12] hinsichtlich deren dies nicht Lan-

desgebrauch ist, anbieten oder Bestellungen auf solche aufsuchen[13] wollen,

der Erlaubnis[14] bedürfen. Dabei kann angeordnet werden, daß die Erteilung der Erlaubnis von dem Nachweis eines Bedürfnisses abhängt; vor Erlaß einer solchen Bestimmung soll die zuständige gesetzliche Berufsvertretung gehört werden. Diese Bestimmungen können auf einzelne Teile des Gemeindebezirkes sowie auf gewisse Gattungen von Waren und Leistungen beschränkt werden.

(2) Auf die Erteilung, Versagung und Zurücknahme der Erlaubnis finden die Vorschriften der §§ 57 bis 58 und 63 Absatz 1, und auf die Ausübung des Gewerbebetriebs die Vorschriften der §§ 60 b, 60 c, des § 60 d Abs. 1, 2 und des § 63 Abs. 2 entsprechende Anwendung.[13] [14]

(3) In betreff der im § 59 Ziffer 1 und 2 bezeichneten Erzeugnisse und Waren, auch wenn dieselben nicht zu den selbstgewonnenen oder selbstverfertigten gehören,[16] ferner in betreff der Druckschriften,[17] anderen Schriften und Bildwerke, insoweit der Gewerbebetrieb hiermit von Haus zu Haus[7] stattfindet,[16] sowie in betreff der vom Bundesrat in Gemäßheit des § 44 Abs. 2 gestatteten Ausnahmen darf der betreffende Gewerbebetrieb in dem Gemeindebezirke des Wohnsitzes oder der gewerblichen Niederlassung von einer Erlaubnis nicht abhängig gemacht werden. In betreff der im § 59 Ziffer 1 und 2 bezeichneten Erzeugnisse und Waren kann jedoch der Gewerbebetrieb unter den im § 57 Ziffer 1 bis 4, Absätze 2, 3 und § 57 b Ziffer 2 und 3 erwähnten Voraussetzungen untersagt sowie nach Maßgabe des § 60 b Abs. 2 und des § 60 c Abs. 2 beschränkt und gemäß § 60 b Abs. 3 verboten werden. Auf die Untersagung dieses Gewerbebetriebs finden die Vorschriften des § 63 Abs. 1, auf die Beschränkung desselben die Vorschriften des § 63 Abs. 2 entsprechende Anwendung.[16]

(4) Die höhere Verwaltungsbehörde[1] ist befugt, die vom Bundesrate gemäß § 56 d getroffenen Bestimmungen auf diejenigen Ausländer entsprechend anzuwenden, welche innerhalb des Gemeindebezirkes ihres Wohnorts oder ihrer gewerblichen Niederlassung auf öffentlichen Wegen, Straßen, Plätzen oder an anderen öffentlichen Orten oder ohne vorgängige Bestellung von Haus zu Haus eines der unter Ziffer 1 bis 3 bezeichneten Gewerbe betreiben wollen.[14] [23]

(5) Kinder unter vierzehn Jahren dürfen, auch wenn eine Bestimmung nach Absatz 1 nicht getroffen ist, auf öffentlichen Wegen, Straßen, Plätzen oder an öffentlichen Orten oder ohne vorgängige

Bestellung von Haus zu Haus Gegenstände nicht feilbieten. In Orten, wo ein derartiges Feilbieten durch Kinder herkömmlich ist, darf die Ortspolizeibehörde ein solches für bestimmte Zeitabschnitte, welche in einem Kalenderjahre zusammen vier Wochen nicht überschreiten dürfen, gestatten.[18 19 20]

**1.** Höhere Verwaltungsbehörde: § 155 Abs. 2; in Bayern die Regierung, Kammer des Innern; § 1 der VO. vom 29. März 1892, GVBl. S. 61. Für Preußen usw. s. Vorbem. zu Anh. III Ziff. 3.

**2.** Vgl. Anm. 3 zu § 55 GO. (Ziff. I oben).

**3.** Vgl. Anm. 4 a. a. O. und Anm. 11 zu § 42 a.

**4.** Vgl. Anm. 3 zu § 55 GO.

**5.** Vgl. Anm. 5 zu § 42 a oben.

**6.** Vgl. Anm. 5 zu § 55 GO.

**7.** Vgl. Anm. 4 zu § 42 a oben.

**8.** Vgl. Anm. 7 und 9 zu § 55 GO.

**9.** Vgl. Anm. 14 zu § 55 GO.

**10.** Vgl. Anm. 13 zu § 55 GO.

**11.** Vgl. Anm. 10 zu § 55 GO. und Anm. 4 zu § 44 (oben Ziff. VIII).

**12.** Vgl. Anm. 15 zu § 55 GO.; über Landesgebrauch s. auch Anm. 6 zu § 59 GO. (Ziff. VI oben); Landmann S. 571.

**13.** Vgl. Anw. § 30 und § 55 a (oben Ziff. II).

**14.** Ein förmlicher Erlaubnisschein ist auszufertigen. Vgl. Landmann S. 571, ferner § 20 der VO. vom 29. 3. 1892 über Rekurs bzw. Gesetz vom 7. 3. 1924, GVBl. S. 65.

**15.** Eine derartige Bestimmung wurde z. B. von der Regierung von Oberbayern mit Wirksamkeit vom 1. 6. 1911 an getroffen; Entschl. vom 6. 5. 1911 Nr. 28 078 KrABl. S. 63.

**16.** Siehe Ziff. V, VI und VIII oben; über selbstgewonnene Erzeugnisse und selbstverfertigte Waren s. Anm. 3 und Anm. 4 zu § 59 GO.

**17.** Siehe unten zu § 43 GO. und zu § 56 GO. (oben Ziff. III) Anm. 10.

**18.** Siehe unten Ziff. XI.

**19.** Strafbestimmung: § 148 Ziff. 5 bzw. Ziff. 7 d GO. Siehe auch Anm. 4 b zu § 43 unten.

**20.** Über das Hausierverbot nach Ladenschluß s. Anm. 6 zu § 55 a (Ziff. II oben).

**21.** Über den Straßenhandel bestehen auch zahlreiche ortspolizeiliche Vorschriften; z. B. jene der Polizeidirektion und des Stadtrats München vom 18. 2. und 18. 8. 1911, vom 16. 8. 1921, StA. Nr. 235/1921. Für das Allerseelenfest werden bezüglich des Feilhaltens von Blumen, Kränzen regelmäßig besondere Bestimmungen getroffen; weiter hinsichtlich der Auer Herbstdult, des Faschingstreibens usw. Diese Vorschriften verbieten den Verkauf von Eßwaren, Blumen usw. i. U., gestatten dagegen den Verkauf in Buden und Ständen nur den in München beheimateten oder daselbst mit Gewerbsteuer veranlagten Personen. Vgl. auch Art. 44, 61 Ziff. 3 und 75 PolStGB., § 30 Abs. 4 VO. vom 29. 3. 1892, GVBl. S. 61.

**22.** Die Novelle v. J. 1913 sollte den Flaschenbierhandel reichsgesetzlich in der Weise regeln, daß die Befugnis zur Untersagung des Betriebes nach § 35 Abs. 4 GO. in eine gesetzliche Pflicht umgewandelt würde.

23. Bezüglich der Ausländer s. bei § 56 d GO. (Ziff. IV oben).

24. Wegen Einschaltung der Arbeitsämter s. Art. I § 8 WGewStG. Anm. 7.

## § 43 GO.

### Verkauf (Kolportage) von Druckschriften, sogenannter fliegender Buchhandel.

(1) Wer gewerbsmäßig[1] Druckschriften[2] oder andere Schriften oder Bildwerke[2] auf öffentlichen[14] Wegen, Straßen, Plätzen oder an anderen öffentlichen[14] Orten ausrufen, verkaufen, verteilen, anheften oder anschlagen will, bedarf dazu einer Erlaubnis der Ortspolizeibehörde und hat den über diese Erlaubnis auszustellenden, auf seinen Namen lautenden Legitimationsschein bei sich zu führen.[3 4 5 6 7]

(2) Auf die Erteilung und Versagung der Erlaubnis finden die Vorschriften des § 57 Abs. 1 Ziffer 1 bis 4, Absätze 2, 3, 4, der §§ 57 a, 57 b Ziffer 1—3 und des § 63 Abs. 1 entsprechende Anwendung. Auf das bloße Anheften und Anschlagen findet der Versagungsgrund der abschreckenden Entstellung keine Anwendung.[8]

(3) Zur Verteilung von Stimmzetteln und Druckschriften zu Wahlzwecken bei der Wahl zu gesetzgebenden Körperschaften ist eine polizeiliche Erlaubnis in der Zeit von der amtlichen Bekanntmachung des Wahltags bis zur Beendigung des Wahlakts nicht erforderlich.

(4) Dasselbe gilt auch bezüglich[9] der nichtgewerbsmäßigen Verteilung von Stimmzetteln und Druckschriften zu Wahlzwecken.[10]

(5) In geschlossenen Räumen[11] ist zur nichtgewerbsmäßigen Verteilung von Druckschriften oder anderen Schriften oder Bildwerken eine Erlaubnis nicht erforderlich.[15]

(6) An die Stelle des im § 5 Absatz 1 des Preßgesetzes vom 7. Mai 1874 angezogenen § 57 der Gewerbeordnung treten die Bestimmungen des § 57 Ziffer 1, 2, 4, der §§ 57 a, 57 b Ziffer 1 und 2 des gegenwärtigen Gesetzes.[10 12 13]

1. Vgl. Anm. 1 b zu § 55 GO. (Ziff. I oben). Das nicht gewerbsmäßige Verbreiten fällt nicht unter § 43 Abs. 1 (Verbot möglich nach § 5 PreßG.). § 43 ist sowohl auf stehende Gewerbebetriebe als auch auf Gill. anwendbar.

2. Vgl. Anm. 5 zu § 44 GO. (Ziff. VIII oben).

3. Siehe §§ 21 und 25 VO. vom 29. 3. 1892, GVBl. S. 61; Anw. § 29. Für Preußen s. ZustG. vom 1. 8. 1883, GS. S. 237, §§ 116, 118; Ausf.-Anw. vom 1. 5. 1904 Ziff. 8, 60.

**4.** a) Strafbestimmungen: §§ 148 Ziff. 5 bzw. 149 Ziff. 1 GO. mit § 5 PreßG.

b) Über Ausrufen (lärmender Straßenhandel) s. OLG. 13, 108, 237.

**5.** Wegen der preßpolizeilichen Erlaubnis s. § 30 Abs. 2 PreßG.; s. oben Anm. 1.

**6.** Für den Gewerbebetrieb nach § 43 ist das Druckschriftenverzeichnis nach § 56 Abs. 4 GO. erforderlich (s. Ziff. III), weiter der Legitimationsschein, endlich bei Hausierern noch der WGewSchein; OLG. 14, 74; Anw. § 29.

**7.** Über das Verbot an Sonn- und Festtagen s. § 55 a (oben Ziff. II), während der Ladenschlußzeit §§ 139 e Abs. 4, 139 f Abs. 4 bzw. nunmehr ArbeitszeitO. vom 26. 7. 1934, RGBl. I S. 803.

**8.** Siehe Ziff. V und VI oben.

**9.** Auch bei gewerbsmäßigem Vertrieb keine Erlaubnis erforderlich.

**10.** Vgl. §§ 5 und 30 PreßG., RGBl. 1874 S. 75; Art. 12 AGzStPO. vom 18. 8. 1879, GVBl. S. 781, wegen der Erlaubnis zum Anschlagen der Plakate.

**11.** Wirtschaften, Theater, Kinos, Gänge; Gegensatz: Straßen und Plätze; Landmann S. 586.

**12.** Zu § 43 bzw. § 139 e Abs. 4 GO. erlassene ortspolizeiliche Vorschriften: MBek. vom 30. 9. 1900, 19. 8. 1913, MABl. S. 689; Bek. des Stadtrats München vom 10. 10. 1913.

**13.** Seit 1912 ist bei der Staatsanwaltschaft des Landgerichts I Berlin eine deutsche Zentralpolizeistelle zur Bekämpfung unzüchtiger Bilder, Schriften usw. bestellt; JMErl. vom 26. 10. 1912; MBek. vom 20. 12. 1921; JMBl. 1922 S. 10; FMBl. 1921 S. 223; Schund- und Schmutzschriften dürfen i. U. nicht feilgeboten werden; Gesetz vom 18. 12. 1926, RGBl. I, 505; MBek. vom 9. 1. 1928, GVBl. S. 3.

**14.** Über den Begriff Öffentlichkeit s. Anm. zu § 60 a GO. (Ziff. VI oben).

**15.** S. auch Anm. 10 zu § 56 GO. (Ziff. III oben).

## X.

## Sonstige hausiersteuerfreie Gewerbebetriebe.

Eine Reihe weiterer Gewerbebetriebe fällt — abgesehen von den oben in Ziff. VII, VIII und in Anm. 1 zu § 59 GO. (Ziff. VI oben) genannten Ausnahmen — nicht unter das Wandergewerbe, obwohl diese regelmäßig außerhalb des Gemeindebezirks der gemeindlichen Niederlassung (§ 42 Vorbem. Ziff. IX) betrieben werden; diese sind als stehende Gewerbebetriebe zu erachten, sofern sie keinen GiU. nach § 55 GO. darstellen. Hierher sind zu rechnen:

**1.** Versicherungsagenten und sonstige Agenten, deren Gewerbe in der Vermittlung von Versicherungsverträgen zwischen den zu Versichernden und der Versicherungsunternehmung besteht; Landmann S. 118, 689; s. auch unten Ziff. XI;

**2.** Stellenvermittler, Makler, Gesindeverdinger, Theateragenten; Landmann S. 690; s. auch Ziff. XI unten;

**3.** Gewerbetreibende, denen polizeilich ein gewisser Bezirk für ihren Gewerbebetrieb zugewiesen ist, z. B. Kaminkehrer; Anw. § 2 Ziff. 4; Landmann S. 689, 692;

**4.** Freie Gewerbetreibende, die lediglich die Bedürfnisse ihrer ständigen Kundschaft auf dem Lande befriedigen und einer — wenn auch allgemeinen — Bestellung nachkommen; z. B. Metzger, Bäcker, Limonadenfabrikanten u. dgl.

**5.** Baugewerbetreibende; RGE. vom 18. 12. 1884, 11, 309;

**6.** diejenigen Gewerbetreibenden, auf deren Gewerbe gemäß § 6 GO. die Bestimmungen der GO. oder wenigstens die Bestimmungen des Titel III — der vom GiU. handelt — keine Anwendung finden, z. B. Fischer, Erzieher von Kindern, Veranstalter von wissenschaftlichen und religiösen Vorträgen u. dgl.; dagegen Abhalten von Nähkursen, von Tanzunterrichtskursen usw. Wandergewerbe; Anm. 15 zu § 55 GO. (Ziff. I oben);

**7.** die sog. Saisongeschäfte; hier handelt es sich um Gewerbetreibende, die im Inland ein in regelmäßiger Wiederkehr benütztes Geschäftslokal besitzen, das zu dauerndem Gebrauch eingerichtet ist; es liegt also ein GiU. dann nicht vor, wenn der Unternehmer in regelmäßigen Fristen wieder erscheint; die Wiederkehr muß zum mindesten alljährlich erfolgen; OLG. 5, 326; Reger 25, 396; die Wiederkehr darf keine bloß zufällige, gelegentliche, sein; OLG. 1, 77, 166. Hierher gehören die sog. Saisongeschäfte in Kur-, Badeorten u. dgl.; StenB. 1879, III, 312 f., Breunig II, 238; Instr. § 23 Abs. 4; Bek. 1885 Ziff. 13; Anw. § 1; OVK. 2, 93; OLG. vom 24. 3. 1905; MABl. 1905 S. 234; Reger 25, 396; Landmann S. 559, 678;

**8.** Taglöhnerarbeiten;

**9.** der Gewerbebetrieb der Eisenbahnunternehmungen; Landmann S. 120 ff.;

**10.** Luftfahrtveranstaltungen; Landmann S. 440, 690.

**11.** Auch die Versteigerung von Warenbeständen aus einer Konkursmasse durch den Konkursverwalter ist nicht als GiU. zu erachten; denn der Konkursverwalter handelt in Ausübung eines öffentlichen Amtes und nicht in Ausübung eines Erwerbsgeschäftes; s. §§ 6, 117 und 127 KO.

Erfolgt dagegen der Verkauf der aus einer Konkursmasse erworbenen Gegenstände durch einen Dritten, dann kann darin ein GiU. erblickt werden, besonders dann, wenn von auswärts beigeschaffte Waren mitverkauft werden. — Kein GiU., wenn eine wirtschaftliche Einheit, z. B. eine Fabrikeinrichtung oder das in einer Verlassenschaft enthaltene Mobiliar, von einem auswärtigen Unternehmer weiterveräußert wird; OLG. 11, 134.

# XI.

# Weitere gewerbepolizeiliche und arbeitsrechtliche Gesetze und Verordnungen.

## A.

**1.** Bezüglich der im Hausiergewerbe als Begleiter, Gepäck- und Warenträger, Gesellschaftsmitglieder (§ 62 GO.), Zettelträger, unter Umständen auch als selbständige Hausierer bzw. als Beauftragte (Art. I § 4 WGew.-StG.) beschäftigten jugendlichen Personen ist einschlägig zunächst das RG. vom 30. 3. 1903, RGBl. S. 113, sog. Kinderschutzgesetz.

Da dieses Gesetz bei jeder tatsächlichen Verwendung von Kindern zu gewerblichen Zwecken i. S. der GO. Anwendung findet, kommt es auch für das Wandergewerbe, das einen Unterabschnitt der GO. (Tit. III) darstellt, in Betracht; einschlägig sind im Zusammenhalt mit dem KSchG. insbes. die §§ 44, 60 b, 62, 64—71, 135, 139 a GO. (Ziff. VI, VII, VIII und XII oben, letztere wegen der strafrechtlichen Vorschriften); s. auch Anm. 15 zu § 43 GO.

Aus diesem Gesetz wird hierher lediglich folgendes hervorgehoben:

1. Als Kinder gelten Knaben und Mädchen unter 13 Jahren, sowie Knaben und Mädchen über 13 Jahren, welche zum Besuche der Volksschule noch verpflichtet sind; § 2.
2. Das Gesetz unterscheidet zwischen eigenen (d. s. verwandte, adoptierte und zur Fürsorgeerziehung überwiesene Kinder) und fremden Kindern; § 3.
3. Während der Unterrichts- und Nachtzeit, an Sonn- und Festtagen darf keine Beschäftigung stattfinden; §§ 5 und 13; VO. vom 22. 12. 1913 und 28. 3. 1919; GVBl. 1913 S. 957; RGBl. 1919 S. 354. Für Preußen s. Anm. 1 k zu § 62 GO. (Ziff. VII oben).
4. Bei öffentlichen theatralischen Vorstellungen und Schaustellungen ohne höheres Kunstinteresse dürfen Kinder nicht beschäftigt werden; § 6; Anm. 16 f. zu § 55 GO.
5. Arbeitskarte nach vorgängiger Anzeige der Beschäftigung bei der Ortspolizeibehörde erforderlich; §§ 10 f. VollzBek. vom 20. 12. 1903, GVBl. S. 681.
6. Strafbestimmungen: §§ 23 ff.

**2.** Durch das Gesetz vom 11. 3. 1921 Art. I Ziff. 8, RGBl. S. 229, ist § 23 KSchG. geändert worden; Abs. 3 ist nämlich weggefallen.

**3.** Das Gesetz ist weiter geändert a) durch Gesetz vom 31. 7. 1925, RGBl. I S. 162, welches die §§ 6 a und 15 a neu angefügt hat; durch

b) das Heimarbeitsgesetz vom 23. 3. 1934, RGBl. I S. 214, 300, mit DVO. vom 23. 3. 1934, 20. 2. 1935, 18. 12. 1935, RGBl. I 1934 S. 225, 1935 S. 261, 1522;

c) das Arbeitsgerichtsgesetz vom 10. 4. 1934, 20. 3. 1935, 28. 6. 1935, RGBl. I 1934 S. 319, 1935 S. 386, 844.

d) Nach einer Pressenotiz wird zur Zeit im Reichsarbeitsministerium ein besonderes Jugendschutzgesetz vorbereitet[1]).

**4.** Im übrigen kommt dem KSchG. für den GiU. deshalb eine besondere Bedeutung nicht zu, weil nach § 62 Abs. 3 GO. das Mitführen von Kindern zu gewerblichen Zwecken ohnedies verboten ist; weiterhin kann nach Abs. 4 und 5 a. a. O. die Erlaubnis zum Mitführen von schulpflichtigen Kindern und von Kindern unter 14 Jahren versagt werden. Außerdem ist durch §§ 60 b mit 59 GO. gegen die Ausbeutung von Kindern im Hausiergewerbe bereits genügend Vorsorge getroffen; vgl. auch § 42 b GO. (Ziff. VI und IX oben).

**5.** Weibliche Personen sind außerdem noch geschützt durch das Gesetz über die Beschäftigung vor und nach der Niederkunft vom 29. 10. 1927, RGBl. I S. 325.

**6.** Die ArbeitszeitO. i. d. F. vom 26. 7. 1934, RGBl. I S. 803, gilt für alle Arbeiter, die in gewerblichen Betrieben beschäftigt werden, also

[1]) Während der Drucklegung ist nunmehr das Jugendschutzgesetz vom 30. 4. 1938, RGBl. I S. 347, erschienen.

auch für die im Wandergewerbe Beschäftigten; für Kinder, Jugendliche und Frauen ist im übrigen ein erhöhter Schutz geschaffen.

**7.** In diesem Zusammenhange seien auch erwähnt

a) das Gesetz zur Ordnung der nat. Arbeit vom 20. 1. 1934, 29. 3. 1935, RGBl. I S. 45 bzw. 461;

b) wegen Einführung des Arbeitsbuches das Gesetz vom 26. 2. 1935, RGBl. I S. 311, und die VO. vom 17. 1. 1936, 9. 6. 1936, 7. 8. 1936, RGBl. I S. 24, 485, 632.

B.

**1.** Die gewerbsmäßige Arbeitsvermittlung ist bis auf weiteres zugelassen

a) für die Vermittlung von Personen zu Konzerten, zu Gesängen und anderen Vorträgen, bei denen ein höheres Interesse der Kunst oder Wissenschaft obwaltet (Konzertagentur);

b) für die Vermittlung von Personen zu artistischen Leistungen in Zirkussen, Tanzstätten usw. einschließlich der Musikkapellen innerhalb eines artistischen Programms (Artistenvermittlung); vgl. Gesetz über Arbeitsvermittlung, Berufsberatung und Stellenvermittlung vom 5. 11. 1935, DVO. vom 26. 11. 1935, RGBl. I S. 1281, 1361 (das Stellvermittlungsgesetz vom 2. 6. 1910 und die allgemeinen Bestimmungen über die gewerbsmäßigen Stellenvermittler vom 28. 4. 1923 sind aufgehoben). Die private Stellenvermittlung ist nunmehr grundsätzlich verboten.

**2.** Die Ausübung der Reisevermittlung kann wegen Unzuverlässigkeit in bezug auf diesen Gewerbebetrieb untersagt werden; Gesetz vom 26. 1. 1937, RGBl. I S. 31; DVO. vom 22. 2. 1937, RGBl. I S. 336.

**3.** Verboten sind i. U. die Betriebe der Auswanderungsagenten; Gesetz vom 9. 6. 1897, RGBl. S. 463, über das Auswanderungswesen § 17; Landmann S. 690 und 715.

**4.** Die Vermittlung von Darlehen i. U. ist verboten (Wucherbekämpfung!) über Immobiliar- und Darlehensvermittlung s. OLG. 14, 271; 28, 90; OLG. München 4, 512; ferner § 56 a Ziff. 2 und § 35 GO.

C.

Für das Versteigerungsgewerbe ist nunmehr maßgebend das Gesetz vom 16. 10. 1934, 27. 2. 1935, 31. 5. 1935, 4. 10. 1937, 5. 2. 1938, RGBl. I 1934 S. 974, 1111, 1935 S. 289, 723, 1937 S. 1054, 1938 S. 115, 202, die DVO. (Versteigerervorschriften) vom 30. 10. 1934, 4. 2. 1936, RGBl. I 1934 S. 1091, 1111, 1936 S. 59. Durch dieses Gesetz sind die §§ 35 Abs. 3, 36 Abs. 1 und 38 Abs. 1 GO. geändert worden; sog. Auktionatoren gibt es nun nicht mehr; vgl. auch oben über Wanderauktionen unter Ziff. III bei § 56 c GO. Ein Versteigerer darf nur dann neben diesem Gewerbe noch ein anderes, z. B. ein Wandergewerbe, betreiben, wenn er schon früher ein sonstiges dergleichen Gewerbe betrieben hat; ferner, wenn zu einem solchen Betrieb die wirtschaftliche Notwendigkeit besteht und wenn dadurch seine Stellung als unparteiischer und lauterer Mittler nicht gefährdet wird; § 33 DVO. Kunstversteigerungen sind der Reichskammer der bildenden Künste anzuzeigen; im übrigen dürfen Versteigerungen nur nach Genehmigung der Aufsichtsbehörde vorgenommen werden; §§ 43, 75 f. Siehe dazu auch die Bayer. VollzVO. vom 27. 2. 1935, 7. 1. 1938, GVBl. S. 103 bzw. 1.

D.

Sonstige gewerberechtliche Bestimmungen, die auch für die Hausierer in Betracht kommen können, sind folgende:

**1.** Wegen des Handels mit Hieb- und Stoßwaffen,

**2.** mit Schußwaffen und Munition vgl. Anm. 11 bei § 56 GO., Ziff. III oben.

**3.** Das gewerbsmäßige Aufstellen von mechanisch betriebenen Spielen und von Spieleinrichtungen mit Gewinnmöglichkeit auf öffentlichen Straßen, Plätzen und ähnlichen Orten bedarf der Genehmigung der OrtspolBeh.; DVO. vom 22. 5. 1935, RGBl. I S. 683, und § 33 d GO.

**4.** Nach § 15 des Gesetzes vom 23. 7. 1926, RGBl. I S. 415, kann der GiU. mit unedlen Metallen unter Umständen untersagt werden; s. auch VollzBek. und MBek. vom 18. 10. 1926, StA. Nr. 245, und Anm. 6 zu § 56 GO. (Ziff. III oben).

E.

Die Preisgestaltung betreffen folgende Gesetze und Verordnungen:

1. die VO. gegen Preissteigerung vom 16. 5. 1934 i. d. F. der VO. vom 9. 7. 1934, 7. 8. 1934, RGBl. I S. 389, 607, 771; an die Vorschriften dieser VO. sind auch die Hausierer gebunden;
2. die VO. des Reichskommissars für Preisüberwachung vom 15. 11. 1934, RGBl. I S. 1186;
3. die VO. über Preisbindungen vom 11. 12. 1934, RGBl. I S. 1248;
4. das Gesetz zur Durchführung des Vierjahresplans — Bestellung eines Reichskommissars für die Preisbildung — vom 29. 10. 1936, RGBl. I S. 927;
5. das Gesetz gegen den unlauteren Wettbewerb vom 7. 6. 1909, RGBl. S. 499, i. d. F. der NotVO. vom 9. 3. 1932, RGBl. I S. 121, Teil 2 bzw. des Gesetzes vom 26. 2. 1935, RGBl. I S. 311; hiernach sind verboten die marktschreierische Reklame, unrichtige Angaben über Beschaffenheit, Preisbemessung usw. von Waren und gewerblichen Leistungen;
6. die NotVO. bzw. das Gesetz über das Zugabewesen vom 9. 3. 1932, 12. 5. 1933, RGBl. I S. 121 bzw. 264;
7. das Rabattgesetz vom 25. 11. 1933, RGBl. I S. 1011, mit den DVO. vom 21. 2. 1934, 19. 2. 1935, RGBl. I S. 120 bzw. 208;
8. das Spinnstoffgesetz vom 6. 12. 1935, RGBl. I S. 1411, mit den DVO. vom 6. 1. 1936, 14. 7. 1936, 29. 9. 1936, RGBl. I S. 4, 553, 852; hiernach ist der Handel mit Spinnstoffen und Schafwolle an die Preisvorschriften dieses Gesetzes und seiner DVO. gebunden; s. auch VO. über die Erfassung und den Absatz inländischer Wolle vom 30. 1. 1934 mit ÄndVO. vom 8. 9. 1937, RGBl. I, 78 bzw. 970; RNährstVBl. 1937, 535; 1938, 18;
9. das Gesetz zum Schutze des Einzelhandels vom 12. 5. 1933, RGBl. I S. 262, geändert durch die Gesetze vom 15. 7. 1933, 27. 6. 1934, 13. 12. 1934, 9. 5. 1935, RGBl. I 1933 S. 493, 1934 S. 523 und 1241, 1935 S. 589; die §§ 2—4 des Gesetzes finden auf das Feilhalten von Waren auf öffentlichen Wegen, Straßen oder Plätzen, auf das Feilhalten von Waren im gewerblichen Betriebe i. U., im

Marktverkehr und auf Ausstellungen keine Anwendung; § 3 a. a. O.; die §§ 2—4 verbieten im übrigen die Errichtung und Erweiterung von Verkaufs- oder Verteilungsstellen.

F.

Den Handel mit Lebensmitteln, Gegenständen des täglichen Bedarfs usw. betreffen folgende Gesetze bzw. VO.:

**1.** das Lebensmittelgesetz vom 17. 1. 1936, RGBl. I S. 17, und

**2.** die VO. über Handelsbeschränkungen vom 13. 7. 1923, RGBl. I S. 706, i. d. F. der VO. vom 26. 6. 1924, RGBl. I S. 661, des Gesetzes vom 19. 7. 1926, RGBl. I S. 413, des Lebensmittel-Gesetzes vom 5. 7. 1927, RGBl. I S. 134, des Gesetzes vom 23. 3. 1934, RGBl. I S. 213, des Gesetzes vom 19. 12. 1935, RGBl. I S. 1516; hiernach kann der Handel mit Gegenständen des täglichen Bedarfs von der zuständigen Behörde untersagt werden; die Untersagung hat nach § 21 den Verlust der Erlaubnis sowie des WGewScheines und der Legitimationskarte ohne weiteres zur Folge; auch das Gericht kann ein derartiges Verbot erlassen; § 25; Einziehung und Beschlagnahme der Waren und Beförderungsmittel sind zulässig; § 29; im übrigen darf nach dem Lebensmittelgesetz die Herstellung, Aufbewahrung, Beförderung aller Lebensmittel einschließlich Rauch- und Schnupftabak sowie der Bedarfsgegenstände nur in einer Weise erfolgen, daß die menschliche Gesundheit nicht geschädigt wird; dies gilt auch vom Feilbieten oder sonstwie in den Verkehr bringen; Verfälschungen sind verboten, desgleichen das Feilbieten von verfälschten, verdorbenen, nachgemachten Lebensmitteln ohne ausreichende Kenntlichmachung, endlich auch das Inverkehrbringen unter irreführenden Bezeichnungen; siehe dazu auch die VO. vom 8. 5. 1935, RGBl. I S. 590, i. d. F. der VO. vom 16. 4. 1937, RGBl. I S. 456, über die äußere Kennzeichnung von Lebensmitteln;

**3.** die VO. vom 22. 1. 1938, RGBl. I S. 45; hiernach dürfen Mineralöle und mineralölhaltige Stoffe bei der Herstellung von Lebensmitteln nicht verwendet werden; solche Lebensmittel dürfen auch nicht feilgehalten oder sonstwie in den Verkehr gebracht werden;

**4.** der Ankauf und das Feilbieten i. U. von Gemüse- und Blumensamen kann durch den Reichsminister für Ernährung und Landwirtschaft ausnahmsweise gestattet werden; er kann diese Befugnis auch übertragen; vgl. VO. vom 22. 10. 1934, RGBl. I S. 1065, welche zu § 56 b Abs. 1 Satz 1 GO. — siehe Ziff. III oben — ergangen ist;

**5.** das Brotgesetz vom 9. 6. 1931, RGBl. I S. 335, geändert durch die NotVO. vom 30. 9. 1932, RGBl. I S. 491, durch das Gesetz vom 3. 5. 1935, RGBl. I S. 566, durch die VO. vom 15. 1. 1936, 27. 2. 1937, 26. 6. 1937, RGBl. I 1936 S. 13, 1937 S. 265, 701, 732; hiernach darf Brot nur in bestimmten Gewichten hergestellt und verkauft werden; Roggenbrot darf erst an dem auf die Herstellung folgenden Tage in den Verkehr gebracht werden; dies gilt nicht hinsichtlich des Absatzes an Wiederverkäufer, z. B. an Hausierer; zur Viehfütterung bestimmter und als solcher gekennzeichneter Roggen und Weizen darf nicht für andere Zwecke verwendet oder in den Verkehr gebracht werden;

**6.** das Milchgesetz vom 31. 7. 1930, RGBl. I S. 421, geändert durch die NotVO. vom 23. 3. 1933 und das Gesetz vom 20. 7. 1933, RGBl. I S. 143, 527; Kuhmilch und aus derselben gewonnene Erzeugnisse müssen von gesunden Kühen herrühren; außerdem dürfen sie nicht in den Verkehr gebracht werden; mit Typhus, Ruhr, Tuberkulose, Geschwüren oder Ausschlägen behaftete Personen dürfen solche Erzeugnisse weder gewinnen noch in den Verkehr bringen; an öffentlichen Orten (Märkten, Plätzen, Straßen) darf Milch nur abgegeben werden, wenn sie vor Staub, Schmutz und gegen Witterungseinflüsse entsprechend geschützt ist; verboten ist es, Milch und Milcherzeugnisse nachzumachen und in den Verkehr zu bringen; dieses Verbot bezieht sich auf die Herstellung von Margarine nicht.

G.

Das Gesetz zur Verhütung von Mißbräuchen auf dem Gebiete der Rechtsberatung vom 13. 12. 1935, RGBl. I S. 1478, hat in Art. 3 den § 35 GO. geändert. Hiernach unterliegen auswärtige Sprechtage einer besonderen Erlaubnis; § 1 AVO. vom 13. 12. 1935, RGBl. I S. 1481. Unzulässig ist die Mitwirkung in Angelegenheiten, bei denen erkennbar unerlaubte und unlautere Zwecke verfolgt werden, ferner die Betreuung des Gegners. Verboten ist auch das Anbieten von Diensten an Dritte durch Ankündigung (Werbeverbot); 2. und 3. AVO. vom 3. 4. 1936, 25. 6. 1936, RGBl. I S. 359, 514. Wenn die gewerbsmäßige Besorgung fremder Rechtsangelegenheiten i. U. ausgeübt wird, ist WGewSchein erforderlich; KG. vom 31. 5. 1918, GewArch. 19, 59.

H.

Die gewerbsmäßige Beförderung von Personen im Überlandverkehr und der Gelegenheitsverkehr nach dem Gesetz vom 4. 12. 1934, RGBl. I S. 1217, ist kein GiU.; s. DVO. vom 26. 3. 1935, RGBl. I S. 473. Das gleiche gilt für die Beförderung von Gütern mit Kraftwägen im Fernverkehr nach dem Gesetz vom 26. 6. 1935, RGBl. I S. 788, mit DVO. vom 27. 3. 1936, RGBl. I S. 320. Der Werkfernverkehr (§ 4 DVO. mit § 27 Vorl. BefStDVO. vom 2. 7. 1936, RGBl. I S. 738) kann dann zum Wandergewerbe werden, wenn ein Unternehmer sich nicht an die „Bedingungen" dieser Vorschrift hält, insbes. dann, wenn er außerhalb des Standortes seines Kraftwagens nicht für eigene Zwecke, sondern für dritte Personen gewerbsmäßig Güter befördert. Der Standort des Kraftfahrzeugs ist regelmäßig der Sitz des Unternehmens. Eine derartige Betätigung außerhalb des Standortes ist allerdings nach den gesetzlichen Bestimmungen über den Güterverkehr verboten.

## XII.

## Strafrechtliche Vorschriften der AO. und der GO.

### A.

### Allgemeines.

**1.** a) Der Rechtsprechung des bayer. OLG. lag ursprünglich die Anschauung zugrunde, daß die Verfehlungen gegen das Hausiersteuergesetz Formaldelikte seien, bei denen es auf die Absicht (dolus) oder auf Fahrlässigkeit (culpa) nicht ankomme; die Strafe wurde an die Tatsache des unversteuerten bzw. unzureichend besteuerten Gewerbebetriebs geknüpft; es genügte zur Annahme der Strafbarkeit die bloße Verwirklichung des objektiven Tatbestands. Darauf, ob bzw. in welchem Ausmaß den Steuerpflichtigen ein Verschulden traf, kam es dabei nicht an; OLG. 1, 333; 3, 226,

320; 4, 123; 5, 126, 344; 6, 309; s. auch StenB. 1897, IX, 541. Diesen Standpunkt hat das OLG. seit seinem Urteil vom 17. 1. 1911, 11, 23 endgültig aufgegeben; es unterscheidet nunmehr zwischen Vorsatz und Fahrlässigkeit. Es nimmt eine Zuwiderhandlung gegen das WGewStG. dann nicht an, wenn der Steuerpflichtige es an der Achtsamkeit, die billigerweise verlangt werden könne, nicht fehlen ließ und nur infolge eines entschuldbaren tatsächlichen Irrtums oder eines Zufalles den objektiven Tatbestand einer Zuwiderhandlung erfüllt hat. — Es war also immer zu prüfen, ob ein Verschulden des Angeklagten als vorliegend angenommen werden kann. Der festgestellte tatsächliche Irrtum schließt ein Verschulden und damit auch die Strafbarkeit aus; OLG. 10, 147, 157; ferner 27, 136.

b) War der Pflichtige ernstlich bestrebt, der steuerlichen Vorschrift zu genügen (durch Anmeldung, Übersendung des Betrages, den er nach seinen Erfahrungen für genügend erachten konnte), bewirkten jedoch gewisse nicht verschuldete Umstände schließlich, daß die Vorschrift, rein äußerlich betrachtet, nicht befolgt wurde, Straffälligkeit nicht gegeben; OLG. 10, 147; vom 11. 6. 1910, 10, 157; BlfFinW. 18, 313. Strafbarkeit auch dann ausgeschlossen, wenn jemand beim FA. um Steuerausweis förmlich nachgesucht hat, aber mit dem Bedeuten abgewiesen wurde, daß eine Besteuerung nicht Platz zu greifen habe; ObTrib. vom 6. 5. 1879, Oppenhoff 20, 248.

c) Nunmehr können die Finanzämter nach § 477 Abs. 2 AO. von der Einleitung oder Durchführung einer Untersuchung absehen, wenn sie bei pflichtgemäßer Prüfung der Anzeigen über Verfehlungen gegen das WGew.-StG. der Überzeugung sind, daß Fahrlässigkeit und geringes Verschulden des Täters vorliegt. In diesem Falle ist die beschuldigte Person von dem Inhalt der Anzeige und der Einstellung des Verfahrens gegen Nachweis zu verständigen; gleichzeitig ist ihr bekanntzugeben, daß sie bei wiederholter Verfehlung bestraft wird. Personen, die schon mit Hausiersteuer veranlagt waren oder wegen Verfehlung gegen das WGewStG. bestraft wurden, scheiden im Regelfall für das Verfahren nach § 477 Abs. 2 AO. aus. Vgl. auch bei D 1 unten.

Die Hausiersteuer ist in jedem Falle geschuldet und nachzuholen, ihre Festsetzung darf auch bei Einstellung des Strafverfahrens nicht unterbleiben. Dies war auch seither der Standpunkt der drei bayer. LFA., nun OFP.

d) Straffrei bleibt auch, wer in unverschuldetem Irrtum über das Bestehen oder die Anwendbarkeit steuerrechtlicher Vorschriften die Tat für erlaubt gehalten hat; § 395 Abs. 1 AO.

Wer aber aus Mangel an der erforderlichen Sorgfalt die Tat für erlaubt gehalten hat, wird wegen Fahrlässigkeit bestraft; § 395 Abs. 2 AO. Wer sich um die Steuergesetze, hier das WGewStG., überhaupt nicht kümmert, kann nicht einen unverschuldeten Irrtum über die Steuergesetze vorschützen; RGSt. vom 4. 9. 1936 — 4 D 425/36; Recht des Reichsnährst. 1937 S. 251.

Der Irrtum, der den Inhalt z. B. des WGewStG. betrifft, ist nur dann nach § 59 Abs. 2 StGB. straffrei, wenn er nicht durch Fahrlässigkeit verschuldet war; eine solche Fahrlässigkeit ist allerdings auch darin zu erblicken, daß die Pflichtigen es an der gehörigen Erkundigung über die Gemeindegrenzen, innerhalb deren sie ihr Gewerbe betreiben durften, haben fehlen lassen; KG. vom 2. 11. 1931 — 3 S. 431/31; Sammlg. arbeitsrechtl. Entsch. 1932 S. 71 ff.; s. auch Anm. 3 zu § 55 GO.; OLG. 19, 172 und 176; 26, 181 und 184; vom 12. 1. 1928 II 519/27.

Auch im Steuerstrafrecht gilt Grundsatz: Unkenntnis der Gesetze schützt nicht vor Strafe. Irrtum über die Hausiersteuerpflicht bildet also einen regelmäßig unbeachtlichen Strafrechtsirrtum.

Unkenntnis hinsichtlich der einschlägigen gesetzlichen Bestimmungen deshalb belanglos, weil es sich hier um einen Irrtum über die Tragweite des Strafgesetzes handelt; ein derartiger Irrtum beseitigt, selbst wenn er von der zuständigen Behörde hervorgerufen worden wäre, nicht die strafrechtliche Verantwortlichkeit; OLG. 1, 331; vom 30. 10. 1909 Rev.-Reg. Nr. 451/1909; OLG. 27, 136 und 141 ff.; OLG. München vom 28. 1. 1892, 7, 18; BlfFinW. 1, 181; Urt. des RG. vom 18. 11. 1895, 27, 427; BlfFinW. 4, 109; § 59 StGB. Wer ein Gewerbe i. U. betreibt oder betreiben läßt, handelt fahrlässig, wenn er den Nachweis über die Festsetzung und Entrichtung der Hausiersteuer nicht beschafft hat, weil er sich mit der Steuergesetzgebung nicht vertraut gemacht hat; OLG. 10, 344. Ein Auktionator (§ 56c GO. oben Ziff. III) dann strafbar, wenn er sich in Unkenntnis darüber befindet, daß das von ihm feilgebotene oder versteigerte Warenlager ein Wanderlager sei; StGB. § 59; OLG. München vom 28. 1. 1892, 7, 18; BlfFinW. 1, 180. Auch Irrtum eines Begleiters über den Umfang seiner Befugnisse schließt seine Bestrafung nicht aus; Preuß. KG. vom 7. 1. 1892, BlfFinW. 1, 265. Berufung auf einen Irrtum über den Inhalt und die Tragweite eines Strafgesetzes (also auch des WGewStG.) unstatthaft; OLG. vom 20. 2. 1900, 1, 24. — Irrtumsverordnung vom 18. 1. 1917, RGBl. S. 58, wäre nur dann anwendbar, wenn ein Handeln in unverschuldetem Irrtum über das Bestehen oder die Anwendbarkeit der übertretenen Vorschrift gegeben. — Das bayer. OLG. verneint überhaupt die Anwendbarkeit des IrrtumsVO. hinsichtlich der WGewSt.; OLG. 27, 136, 143; vom 10. 4. 1930 II 150/1930.

e) Im übrigen muß ein jeder, der sich gegen die Volksgemeinschaft durch Verkürzung der von ihm gesetzlich geschuldeten Steuern vergeht, entsprechend zur Rechenschaft gezogen werden. Diese Forderung ergibt sich auch aus dem von Staatssekretär Reinhardt wiederholt betonten Grundsatz der steuerlichen Gerechtigkeit, da der ehrliche Steuerzahler sonst benachteiligt würde. Die Wirkung einer angemessenen Handhabung des Steuerstrafverfahrens besteht nicht nur in der Sühne der einzelnen Tat, sondern darüber hinaus in einer Abschreckung vor ähnlichen Vergehen und damit in die Erziehung der Masse der Steuerpflichtigen zur Steuerehrlichkeit, da sich Bestrafungen erfahrungsgemäß bald herumsprechen. Daraus ergibt sich für ein jedes FA. die Pflicht, dem Steuerstrafverfahren erhöhte Aufmerksamkeit zuzuwenden.

Die Strafbarkeit ist begründet mit der tatsächlichen Eröffnung eines nachweislich unversteuerten oder ungenügend versteuerten Gewerbebetriebs; Bestrafung hat selbst dann einzutreten, wenn es zu einer Veräußerung der Waren nicht gekommen ist; s. auch OLG. 16, 61.

f) Wie im übrigen Strafrecht gilt auch hier das Verbot: „ne bis in idem"; nach einer in einer Sache ergangenen rechtskräftig gewordenen richterlichen Entscheidung (auch der Verwaltungsbehörde) darf der Gegenstand der zur Aburteilung gelangten Tat wider dieselbe Person nicht von neuem verfolgt werden; E. d. RGSt. 8, 135; 21, 79 usw.; Löwe, StPO. 11. Aufl. S. 455 ff.

Der Grundsatz „ne bis in idem" findet auf alle Handlungen Anwendung, die zur Begründung der Gewerbsmäßigkeit herangezogen werden;

OLG. 20, 38. Entscheidend ist der Zeitpunkt der Aburteilung, nicht der Rechtskraft, für die verbrauchende Wirkung des Richterspruchs; OLG. 20, 194, 204. Einwand der rechtskräftig entschiedenen Sache auch begründet gegenüber dem Einstellungsbeschluß eines sachlich unzuständigen Gerichts; RG., 1. Straff., vom 5. 1. 1922; RStBl. 1922 S. 289. Der Verbrauch der Strafklage tritt dann nicht ein, wenn das FA. zur Entscheidung überhaupt sachlich unzuständig ist; wenn beispielsweise eine Hausiersteuerhinterziehung in Idealkonkurrenz mit einem Betrug sich befindet; in diesem Falle würde der rechtskräftige Strafbescheid der gerichtlichen Aburteilung des Betrugs nicht im Wege stehen; RGSt. 20, 316; 22, 232; 54, 296; OLGSt. 16/61; Urt. vom 21. 1. 1932 Rev.-Reg. II 834/31); OLG. 2. Straff. vom 16. 5. 1933 Rev.-Reg. II 97/33; BayZ. f. Rechtspfl. 1933 S. 274 ff.

g) Die WGewSt. ist eine Jahressteuer und in jedem Falle für das ganze Kalenderjahr zu entrichten. Zuwiderhandlungen, die in verschiedenen Jahren begangen wurden, können daher nicht als eine fortgesetzte strafbare Handlung betrachtet werden; es liegen so viele Straffälle vor, als Kalenderjahre in Betracht kommen; § 264 StPO.; preuß. ObTrib. vom 8. 1. 1864 und vom 17. 6. 1869; Oppenhoff 4, 278; 10, 428; OLG. 16, 61.

Mehrere im nämlichen Jahre (auch in verschiedenen Bezirken) begangene Zuwiderhandlungen sind als eine fortgesetzte strafbare Handlung anzusehen, d. h. als eine Einheit aufzufassen; abermalige Strafverfolgung wegen Straftaten, welche vor der Bestrafung begangen, jedoch erst später entdeckt wurden, selbst dann unstatthaft, wenn das Strafverfahren ausdrücklich auf die Verfehlung während eines bestimmten Zeitraumes oder an einem bestimmten Tage sich bezogen hatte; § 67 Abs. III StGB.; § 2 EGzStGB.; Art. 5 AGzStPO. vom 18. 8. 1879, GVBl. S. 781; RG. vom 25. Mai 1886, 19, 145; Löwe, StPO., Anm. 4 zu § 259 (alt); OLG. vom 30. 3. 1905, 5, 338. Die Frage, ob eine fortgesetzte strafbare Handlung vorliegt, ist Sache der tatsächlichen Feststellung. Es ist zu prüfen, ob die vom Hausierer bei Ausübung seines Gewerbes (d. h. seiner fortgesetzten auf Erwerb gerichteten Tätigkeit) begangenen strafbaren Handlungen auf einen nicht von vorneherein einheitlichen, sondern auf einen bei jedem Einzelfall selbständig gefaßten Vorsatz zurückzuführen sind; OLG. vom 16. 12. 1915 Rev.-Reg. Nr. 329/1915.

Nach ständiger Rechtsprechung des Reichsgerichts ergreift ein Urteil sämtliche in den Fortsetzungszusammenhang fallenden Einzelhandlungen, die vor Erlaß des Urteils begangen worden sind und so den Gegenstand der Entscheidung bilden konnten; die Rechtskraft des Urteils bewirkt den Verbrauch der Strafklage für alle dieser Einzelhandlungen, sogar für die dem Strafrichter unbekannt gebliebenen. Es ist von Amts wegen zu prüfen, ob das Verfahrenshindernis des Verbrauchs der Strafklage gegeben ist. Die Unterwerfung nach § 445 Satz 3 AO. steht nach Satz 2 a. a. O. einer rechtskräftigen Verurteilung gleich; RGSt. 51, 254.

h) Mehrere Straftaten können nur dann im Fortsetzungszusammenhang stehen, wenn sie sämtlich gegen dasselbe Rechtsgut sich richten. Hiernach ist Fortsetzungszusammenhang z. B. zwischen Umsatz-, Einkommen- und Wandergewerbesteuerhinterziehung grundsätzlich nicht gegeben. Bei solchen Steuerhinterziehungen ist als verletztes Rechtsgut nicht die Steuerhoheit des Reichs im allgemeinen anzusehen, sondern jeweilig nur dessen Anspruch auf das Vollerträgnis der einzelnen Steuer. Verschiedene Steuern können zwar so nahe miteinander verwandt sein, daß durch ihre Hinterziehung dasselbe Rechtsgut als verletzt erscheint; eine solche Verwandtschaft liegt aber nicht vor bei Steuern, deren Wesensart so stark voneinander abweicht, wie dies z. B. bei der Umsatz-, Einkommen- und Wandergewerbesteuer der Fall ist; RGSt. 59, 262; vom 8. 4. 1935 — 3 D 39/35; vom 15. 1. 1936 — 6 D 555/35; RStBl. 1936, 114. — Es sind sonach so viele Einzelstrafen zu verhängen, als Steuergesetze verletzt wurden. — Bei Benutzung eines gemeinsamen Vordrucks kann Tateinheit zwischen Umsatz- und Einkommensteuerhinterziehung vorliegen. — Einzelhandlungen, die nur einen Hinterziehungsversuch bilden, gehen in der vollendeten Hinterziehung auf. — Mildernde Umstände können auch unter Hinweis auf das Verhalten nach der Tat zugebilligt werden. — Vgl. JW. 1936 Bd. II S. 1678.

i) Verjährung der Strafverfolgung verschieden, je nachdem Übertretung oder Vergehen in Frage steht. Bei der Übertretung beträgt die Verjährungsfrist 3 Monate, beim Vergehen 3 bzw. 5 Jahre; § 67 StGB.

Für die Frage, ob eine Zuwiderhandlung sich als Vergehen oder als Übertretung darstellt, ist das Maximum der für die betreffende Zuwiderhandlung zulässigen Strafe maßgebend; auf alle Fälle ist diese Frage nach den Bestimmungen des allgemeinen Teiles des StGB. zu beurteilen; OLG. 1, 98; 5, 338; vom 18. 1. 1908 Rev.-Reg. Nr. 600/07; vom 22. 6. 1909 Rev.-Reg. Nr. 250/1909; RGSt. 3, 52; 14, 247; Rechtspr. des RG. 2, 547; § 21 MBek. vom 17. 9. 1879, FMBl. 276.

Der Strafrahmen bewegt sich bei Übertretungen zwischen 1—150 *RM*, bei Vergehen zwischen 3—10000 *RM*; maßgebend ist hierfür § 1 Abs. 2, 3 mit § 27 StGB. i. d. F. der VO. vom 6. 2. 1924, 12. 12. 1924, RGBl. I S. 44, 775. Hiernach kommen als Übertretungen in Frage die Verfehlungen gegen §§ 148, 149, 150, 150 a GO., als Vergehen jene nach §§ 145 a, 146, 146 a, 147 GO.

Die Verjährung beginnt mit dem Tage, an welchem die strafbare Handlung begangen wurde bzw. an welchem der (unversteuerte oder infolge unrichtiger oder unvollständiger Angaben des Pflichtigen unzureichend besteuerte) unbefugte Gewerbebetrieb aufgegeben wurde bzw. mit dem Zeitpunkt der Erholung des Besteuerungsnachweises; sie beginnt, sobald die strafbare Handlung in ihren konkreten Voraussetzungen vorliegt; RGSt. 5, 283; 21, 228; § 67 Abs. 2, 3 und 4 StGB.; § 2 EGzStGB.; § 21 MBek. vom 17. 9. 1879, FMBl. 276; OLG. 5, 338; 15, 157; vom 5. 10. 1916 Rev.-Reg. Nr. 287/1916. Der Tag der Begehung wird mitgerechnet. Bei sog. Dauerdelikten, welche die Hausiersteuerübertretungen oft darstellen, beginnt die Verjährung mit dem Aufhören des rechtswidrigen Zustandes; RGSt. 3, 382; 3, 45 und 117; 22, 161.

Wegen Unterbrechung der Verjährung durch den Strafbescheid s. bei §§ 441 und 447 AO. bei B unten!

Die Verjährung wird selbstredend auch durch jede richterliche Handlung unterbrochen (Vernehmung, Terminsanberaumung, -absetzung usw.). Die wegen Verfehlung gegen das WGewStG. vorgenommenen richterlichen Handlungen hemmen auch die Verjährung der etwa gegebenen Übertretungen nach § 367 Nr. 3 StGB. oder § 148 Ziff. 5 GO.; ohne Bedeutung für die Verjährungsfrage, wenn für die im konkreten Falle in Frage kommenden strafbaren Handlungen eine Tateinheit (§ 73 StGB.) ausgeschlossen ist; OLG. 15, 157; vom 5. 10. 1916 Rev.-Reg. Nr. 287/1916.

Die Verjährung der Strafverfolgung ruht gemäß § 69 Abs. 1 Satz 2 StGB. solange, als das Steuerfestsetzungsverfahren noch nicht rechtskräftig erledigt ist; OLG. 1, 123; 7, 39; 7, 276; 9, 430; 10, 344; vom 22. 2. 1913 Rev.-Reg. Nr. 8/1913. Siehe auch unten bei § 468 AO. bei C unten.

k) Die Verjährung der Strafvollstreckung bemißt sich nach § 70 StGB. Jede auf Vollstreckung gerichtete Handlung der Behörde, welcher die Vollstreckung obliegt, einschließlich Festnahme, unterbricht die Verjährung; nach Unterbrechung der Vollstreckung beginnt neue Verjährung; § 72 a. a. O.; § 22 Bek. vom 17. 9. 1879, FMBl. 277.

l) Bei der Strafausmessung kommen in Betracht: Umfang des Geschäftsbetriebs; Wert der feilgebotenen Waren; Zeitraum, auf welchen sich die Hinterziehung erstreckt hat; geistige Veranlagung; Geständnis; Unkenntnis des Gesetzes (Anm. d oben); Wiederholung der Zuwiderhandlung u. dgl.

Bei der Festsetzung der Geldstrafe sind insbesondere auch die wirtschaftlichen Verhältnisse des Täters zu berücksichtigen. Als solche kommen in Betracht: Familien-, Berufs-, Vermögens-, Einkommensverhältnisse, Beschränkung in der Erwerbsfähigkeit.

m) Da in der jüngsten Zeit wieder zahlreiche Klagen über Auswüchse beim Wandergewerbe vorgebracht worden sind, hat das Handelsmin. am 25. 10. 1920, StA. Nr. 253, die Bezirks- und Ortspolizeibehörden angewiesen, daß sie Personen, die Hausierhandel treiben, streng beaufsichtigen und von ihnen stets Ausweis über die Berechtigung zur Ausübung des Wandergewerbes zu verlangen haben. Besonderes Augenmerk ist hierbei auf die mitgeführten Begleiter, namentlich Kinder zu richten. Der ehrliche Wandergewerbetreibende wird nach der Versicherung des Reichsverbandes reisender Gewerbetreibender und Händler Deutschlands eine solche Beaufsichtigung, wenn sie ordnungsgemäß vorgenommen wird, als einen Schutz seines Berufes ansehen. S. auch Anm. 18 zu § 55 GO. (Anh. III Ziff. I).

Zur Bekämpfung des sog. wilden Handels haben sich auch die dem Landesverband bayer. Viehhändler angehörigen Unterverbände bereiterklärt; s. „Der Bayer. Viehhändler" Nr. 51, 52/1930; Nr. 1/1931. Der Landesverband hat sich deshalb auch an die drei bayer. LFA. (OFP.) mit Schreiben vom 17. 12. 1930 gewendet (Kontrolle der Buchführung, Ausstellung des Umsatzsteuerheftes, Vorauszahlungen, Veranlagung am Schlusse des Jahres, Kontrolle der bei den Verwaltungsbehörden geführten Verzeichnisse über WGewScheine und Legitimationskarten); s. hierzu auch LFA. Nürnberg vom 30. 4. 1931 I Nr. 48908 S 4223; s. auch Anm. 19—21 zu § 55 GO. oben Ziff. I.

**2.** a) Das StGB. gilt, soweit die Steuergesetze nichts Abweichendes vorschreiben; § 391 AO.; s. auch unter B 1 unten! Materiellrechtlich sind also die Vorschriften des allgemeinen Strafrechts maßgebend, soweit nicht die AO. und das WGewStG. etwas anderes bestimmen; z. B. hinsichtlich der Umwandlung von Geldstrafen nach §§ 470, 417 Abs. 2 AO.

b) Steuerzuwiderhandlungen i. S. der AO. sind u. a. alle strafbare Verletzungen von Pflichten, die das WGewStG. und die AA. im Interesse der Besteuerung auferlegen; § 392 AO.

c) In der AO. muß es nunmehr statt „Landesfinanzamt" (LFA.) heißen „Der Oberfinanzpräsident" (OFP.). Durch Erlaß des Führers und Reichskanzlers vom 16. 3. 1937, RGBl. I, 311, RStBl. 433, trat vom 1. 4. 1937 ab an Stelle der Behördenbezeichnung „Landesfinanzamt" und der „Präsident des Landesfinanzamts" die Amtsbezeichnung „Der Oberfinanzpräsident"; s. auch AV. vom 30. 3. 1937, RStBl. 458.

**3.** a) Wer vorsätzlich Steuereinnahmen verkürzt, ist wegen Steuerhinterziehung strafbar. Der Höchstbetrag der Geldstrafe ist unbeschränkt; neben Geldstrafe kann auf Gefängnis bis zu 2 Jahren erkannt werden; § 396 AO.

b) Auch der Versuch einer Steuerhinterziehung steht der Bestrafung nicht im Wege; dieser Grundsatz ist in § 397 AO. ausdrücklich ausgesprochen. Es steht sonach auch nichts im Wege, die Grundsätze, welche die Rechtsprechung hinsichtlich der Strafbarkeit des Versuchs mit untauglichen Mitteln und am untauglichen Objekt ausgebildet hat, bei versuchter Hausiersteuerhinterziehung zur Anwendung zu bringen; RGSt. 47, 191 ff.; OLG. 14, 231; 17, 117; Urt. vom 2. 1. 1922 Rev.-Reg. II Nr. 407/1921.

Im übrigen gilt die für die vollendete Tat angedrohte Strafe auch für die versuchte Hausiersteuerhinterziehung; § 397 AO. Abs. 2.

c) Wird wegen Steuerhinterziehung auf eine Geldstrafe von mehr als 500 *RM* oder neben Geldstrafe auf Gefängnis erkannt, kann im Straferkenntnis die öffentliche Bekanntmachung der Bestrafung angeordnet werden; § 399 AO. Aberkennung der bürgerlichen Ehrenrechte möglich bei einer Gefängnisstrafe von mindestens 3 Monaten.

d) Bei Verurteilung wegen Steuerhinterziehung sind die steuerpflichtigen Waren usw., außerdem die Beförderungsmittel einzuziehen; § 401 AO. Einziehung auch bei Versuch zulässig; § 397 Abs. 2 AO. Der dementsprechende Art. 23 bayer. HStG. bestimmte hinsichtlich der Beschlagnahme mitgeführter Gegenstände, daß die zum GiU. mitgeführten Gegenstände, soweit es zur Sicherstellung der Abgaben, Strafen und Kosten oder zum Beweise der strafbaren Handlung erforderlich ist, in Beschlag genommen werden „können". Außerdem war vorgesehen, daß, soferne die Beschlagnahme ohne richterliche Anordnung erfolgte, das FA. binnen drei Tagen die richterliche Bestätigung nachsuchen soll, wenn bei der Beschlagnahme weder der Betroffene noch ein erwachsener Angehöriger anwesend war, oder Widerspruch erhoben ist; § 98 Abs. 2 StPO. § 401 AO. schreibt eine derartige Mitteilung nicht mehr vor.

Dem Gericht ist Kenntnis zu geben, wenn Hausiersteuerhinterziehung mit einer anderen strafbaren Handlung zusammentrifft; OLG. 6, 308.

Der Einziehung wird in der Regel die Beschlagnahme vorausgehen; §§ 430 ff. AO.; s. hierwegen unten unter 12.

Wirksamkeit der Beschlagnahme hängt nicht von einer besonderen Förmlichkeit ab; es genügt jede Handlung, aus welcher hervorgeht, daß der Gegenstand der freien Verfügung entzogen und unter amtliche Gewalt gebracht ist; RG. vom 22. 12. 1888, 3, 288. Empfehlenswert, sie durch Anbringung von amtlichen Siegeln ersichtlich zu machen und die beschlagnahmten Gegenstände in ein Verzeichnis aufzunehmen; s. § 109 StPO.; §§ 136 und 137 StGB. Durch die Einziehung erwirbt das Reich nach § 415 AO. Eigentum; unterliegen die Gegenstände nicht der Einziehung, so kommt dieses staatliche Eigentumsrecht wieder in Fortfall; RG. vom 4. 5. 1886, 14, 112. —

Der Einziehung unterliegen alle „mitgeführten Gegenstände", also alle Sachen, welche der Beschlagnahme unterliegen können; auch diejenigen Gegenstände, welche der Hausierer im Gasthause zurückgelassen hat, während er mit einem Teile derselben von Haus zu Haus zog; wenn ein Begleiter den Hausierhandel unerlaubt betreibt, die im Gewahrsam des haftbaren Inhabers des WGewScheines befindlichen Gegenstände; ObTrib. vom 31. 3. 1862; vom 9. 10. 1867; Opp. 2, 439; 8, 572.

Das für den Verkauf von Waren bar erlöste Geld zählt, weil nicht zum Zwecke des Gewerbebetriebs mitgeführt, nicht zu den der Beschlagnahme unterworfenen Gegenständen, wohl aber die Transportmittel, die Instrumente; Preuß. MAnw. vom 31. 8. 1876 Nr. 11 Abs. 1. Dagegen unterliegt Bargeld der Zwangsvollstreckung.

Die Einziehung ist zulässig ohne Rücksicht darauf, wem die Gegenstände gehören; § 414 AO.; § 40 StGB.; § 391 AO; RGSt. 62, 49. Der Eigentümer der Sache ist Nebenbeteiligter nach § 421 Abs. 3 AO. Diesem steht die Widerspruchsklage nach § 328 AO. zu. — Nur die Beförderungsmittel, die der Täter zur Begehung der Tat benützt hat, sind einzuziehen; § 401 AO.; s. auch § 435 AO. Die dem allgemeinen Verkehr dienenden Beförderungsmittel sind von der Einziehung ausgeschlossen. — Wegen der Einziehung von Schriften, Abbildungen u. dgl. s. oben § 43 GO., Ziff. IX.

Die Einziehung wird dadurch vollstreckt, daß das FA. die Sachen dem Besitzer wegnehmen läßt. Wenn die Sachen nicht vom FA. in Verwahrung genommen sind und vom Verurteilten nicht binnen angemessener Frist abgeliefert werden, kann das FA. die Einziehung vollstrecken; § 459 Abs. 3 und 4 AO. Das FA. kann über Gegenstände, deren Einziehung in seinem Strafbescheid rechtskräftig ausgesprochen wurde, nach Maßgabe der bestehenden Vorschriften verfügen. Vgl. auch unten bei B Ziff. 11 und 12. Die Einziehung selbst ist als Nebenstrafe im Straferkenntnis (Strafbescheid, Urteil, Niederschrift über die Unterwerfungsverhandlung) auszusprechen. — In § 9 Ziff. 6a VollzBek. war für das Land Bayern angeordnet, daß die beschlagnahmten Gegenstände beim Gemeindevorstand verwahrt werden können, wenn die Verbringung dieser Gegenstände an das FA. mit besonderen Schwierigkeiten verknüpft ist. — Wenn die Einziehung der Erzeugnisse oder Waren nicht vollzogen werden kann, so ist im Straferkenntnis auf Erlegung ihres Werts, und wenn dieser nicht ermittelt werden kann, auf Zahlung einer Geldsumme bis zu 100000 *RM* zu erkennen; § 401 Abs. 2 AO. — S. auch unten Ziff. 12b.

e) Die Strafverfolgung verjährt in 5 Jahren; § 419 AO. — Hinterzogene Steuerbeträge verjähren in 10 Jahren, sonstige Steuernachforderungen in 5 Jahren; §§ 143—149 AO.

**4.** Wer fahrlässig Hausiersteuern verkürzt, wird wegen Steuergefährdung nach § 402 AO. mit Geldstrafe bis zu 100000 *RM* bestraft; eine Steuergefährdung liegt nur dann vor, wenn der Täter vorsätzlich oder fahrlässig Pflichten verletzt, die ihm im Interesse der Ermittlung der Steuerpflicht obliegen; Abs. 2 a. a. O. — Wegen Verjährung der Strafverfolgung s. oben Ziff. 4e.

**5.** Im Rückfall ist bei Steuerhinterziehung Gefängnis bis zu fünf Jahren in § 404 AO. vorgesehen, daneben Geldstrafe; bei mildernden Umständen kann nur auf Geldstrafe erkannt werden.

**6.** Nach § 410 AO. bleibt straffrei, wer seine früheren unrichtigen Angaben berichtigt oder ergänzt, bevor er angezeigt oder Untersuchung gegen ihn eingeleitet ist.

**7.** Wer der AA. zum WGewStG. zuwiderhandelt, wird mit Ordnungsstrafe bis zu 10000 RM bestraft; § 413 AO. Wenn Strafausschließungsgründe, z. B. Irrtum (s. oben!) vorliegen oder wenn die Zuwiderhandlung auf einem unabwendbaren Zufall beruht, wird die Ordnungsstrafe nicht verhängt. Die Strafverfolgung bei Zuwiderhandlungen, die mit Ordnungsstrafen bedroht sind, verjährt in einem Jahr; § 419 AO.

**8.** a) § 416 AO. sieht die Haftung des Geschäftsherrn oder des Haushaltsvorstandes für Geldstrafe und Kosten vor, wenn in deren Interesse Angestellte oder Familienangehörige Steuerzuwiderhandlungen begehen. Die Haftung tritt jedoch nicht ein, wenn die Zuwiderhandlung ohne Wissen des Geschäftsherrn (Haushaltsvorstands) oder dessen Vertreters begangen wurde und wenn diese bei der Auswahl oder Beaufsichtigung es nicht an der erforderlichen Sorgfalt fehlen ließen.

Die Haftung entfällt im Todesfalle; das Straferkenntnis darf jedoch noch nicht rechtskräftig sein; Abs. 2 a. a. O. Der nach Vorstehendem Haftende kann in Anspruch genommen werden, wenn die Geldstrafe einschließlich Kosten aus dem beweglichen Vermögen des Schuldigen nicht beigetrieben werden kann; das FA. kann aber auch die Ersatzfreiheitsstrafe ganz oder teilweise bei dem Schuldigen vollstrecken lassen, ohne den Haftenden in Anspruch zu nehmen; § 417 AO.

b) Die Subsiarhaftung des Vertretenen wird nicht durch eigene Bestrafung wegen der gleichen Steuerzuwiderhandlung ausgeschlossen (Anstiftung, andere Teilnahme, z. B. beim Schwarzhausieren!; RGSt. 3, 105; 25, 296). — In der Regel ist die Haftung in dem Strafverfahren gegen den Schuldigen geltend zu machen. Ist dies unterblieben, dann muß der Haftungsanspruch in einem besonderen Verfahren verfolgt werden; hierbei sind die Voraussetzungen für den Ausspruch der Haftung selbständig zu würdigen; RGSt. vom 2. 2. 1932 — 1 D 306/32; Jahn, AO. S. 302 ff.; s. auch RGSt. 63, 294. Vgl. auch unten bei B Ziff. 11 und 12. — Wegen der Kosten vgl. § 455 AO. unten.

c) Den §§ 416 und 417 AO. entsprach bis zum 31. 12. 1937 der Art. 20 des bayer. HStG. Dieser bestimmte, daß dann, wenn die in Art. 16, 17 und 19 Abs. II erwähnten strafbaren Handlungen im Auftrage einer andern Person ausgeübt worden sind, gegen den Auftraggeber auf die gleiche Strafe, wie gegen den Beauftragten zu erkennen ist und daß beide gesamtverbindlich für die Strafbeträge, die Kosten und die vorenthaltene Steuer haften.

Unter der Geltungsdauer dieses Gesetzes sind folgende Entscheidungen, die heute noch von Bedeutung sind, ergangen:

Nicht erforderlich ist, daß der Auftrag ausdrücklich erteilt worden ist; es braucht auch nicht ein ausdrücklicher Nachweis vorzuliegen, daß infolge des Auftrags das Gewerbe betrieben worden ist; ebensowenig der Beweis der wissentlichen Anstiftung. Ein Auftrag kann schon in der mit Sicherheit erkennbaren Billigung des Gewerbebetriebs durch den Auftraggeber gefunden werden; OLG. vom 14. 3. 1908; ferner 4, 192; 5, 123; 6, 198, 308; 8, 234; 10, 344; 12, 163 (168).

Gleichgültig ist auch, ob zwischen dem Auftraggeber und dem Beauftragten ein Dienstverhältnis besteht, ob er Provisionsreisender, Agent oder Handlungsgehilfe ist, ob der Auftraggeber an der Ausführung des Auftrags ein eigenes Vermögensinteresse hatte oder nicht, ob die strafbare Handlung, zu welcher der Auftrag erteilt wurde, für Rechnung des Auftraggebers geschah oder nicht, ob er den Auftrag in eigenem oder fremdem Namen erteilt hatte, ob er Anstifter i. S. des StGB. ist oder nicht; OLG. 6, 217; 6, 308; 8, 121; OLG. München 10, 306; OLG. vom 23. 12. 1911 Rev.-Reg. Nr. 651/1911.

Der Auftraggeber braucht keine Kenntnis davon zu haben, daß der Beauftragte ohne Besteuerungsnachweis den Gewerbebetrieb ausübt; OLG. 6, 308; BlfFinW. 16, 119; s. auch OLG. 9, 298; 10, 385; 22, 194; BlfFinW. 16, 123 und 125.

Das Wort „Auftrag" ist hier auch nicht im engen Sinne des bürgerlichen Rechts zu verstehen. Das Gesetz will zu dem Zwecke, um die Erhebung der Steuer zu sichern und das Vorschieben mittelloser Personen zu verhindern, jede, auch die loseste Verbindung zwischen dem Hausierer und der hinter ihr stehenden, ihn zu seiner Tätigkeit veranlassenden Person treffen. Der Auftrag ist daher jede Kundgebung des Willens an einen anderen, daß dieser eine unter dem Rahmen des HStG. fallende Tätigkeit ausübt. Daß durch diese Willensäußerung ein Rechtsverhältnis mit Rechten und Pflichten für beide Teile begründet werde, ist nicht erforderlich; OLG. vom 8. 6. 1916 Nr. 170/1916; 16, 69.

Beauftragt der Beauftragte seinerseits eine dritte Person, für den Vollmachtgeber ein Wandergewerbe auszuüben, so liegt zwischen dem Beauftragten und dem Dritten ein Auftragsverhältnis vor; OLG. 11, 391.

Werden zwei Personen beauftragt, so fallen dem Auftraggeber zwei sachlich zusammentreffende Handlungen zur Last; OLG. vom 23. 12. 1911, Rev.-Reg. Nr. 651/1911.

In den Fällen des Art. 20 bayer. HStG. handelt es sich nicht um eine Anstiftung i. S. des § 48 StGB. Während durch die Anstiftung der Wille des Täters in eine bestimmte Richtung gelenkt wird, kann zur Anwendung des Art. 20 genügen, daß der Auftraggeber die Dienste einer Person, die sich zu einer gewissen Tätigkeit erbietet, ausdrücklich oder stillschweigend annimmt. Der Beweis der Auftragserteilung wird also leichter zu führen sein als der der Anstiftung; OLG. 6, 308 f.; 8, 121, 234; 12, 163 (168); vom 3. 5. 1913 Rev.-Reg. Nr. 183/1913; OLG. München 10, 306. Von einem Auftrag kann aber immerhin nur dann die Rede sein, wenn der Auftraggeber weiß, was der Beauftragte sicher oder wahrscheinlich tun wird und wenn er mit dieser Tätigkeit einverstanden ist. Ein Auftrag kann aber nur wissentlich erteilt werden.

Der Auftraggeber hat nicht nur Vorsatz und Fahrlässigkeit, sondern auch jede Nachlässigkeit und jedes sonstige vermeidliche Versehen zu vertreten. Der Auftraggeber muß alle ihm zu Gebote stehenden geeigneten Mittel anwenden, um ein strafbares Tun des Beauftragten hintanzuhalten. Er darf z. B. den Gewerbebetrieb nicht eher beginnen lassen, als bis er sich von der Beschaffung der nötigen Ausweise Gewißheit verschafft hat; zum mindesten muß er sich von dem Beauftragten die von diesem zu beschaffenden Ausweise vor Beginn des Geschäftsbetriebs vorlegen lassen und auf ihre Richtigkeit prüfen; OLG. 11, 23 (46 f.); vom 27. 6. 1914, Rev.-Reg. Nr. 362/1914; 14, 292.

Der Grundsatz, daß, soweit nichts anderes bestimmt ist, die Gesamtschuldner im Verhältnis zueinander zu gleichen Anteilen verpflichtet sind, gilt auch für die gesamtschuldnerische Haftung aus steuerrechtlichen Verhältnissen; BGB. § 426; RFH. Bd. 6 S. 171 ff.; s. jedoch auch oben unter b.

Hat der Beauftragte etwas getan, was der Auftraggeber nicht gewußt und gewollt hat, hat er also den Auftrag eigenmächtig überschritten und sich erst durch die Überschreitung auf das Gebiet einer strafbaren Zuwiderhandlung gegen das HStG. begeben, so entfällt die Haftung des Auftraggebers; OLG. 6, 308; 8, 234; 10, 385; vom 11. 3. 1911 Rev.-Reg. Nr. 634/1910; 12, 163.

Im gerichtlichen Strafverfahren kann Art. 20 gegenüber dem Auftraggeber nur Anwendung finden, wenn das Gericht auf Grund eigener Würdigung eine Verfehlung des Beauftragten gegen Art. 16 rechtlich festgestellt hat. Die rechtskräftige Verurteilung des Beauftragten durch das FA. kann sonach nicht eine genügende Grundlage für die Verurteilung des Auftraggebers bilden; OLG. 7, 244; 9, 288.

Im Strafbescheid ist das Gesamtschuldverhältnis ausdrücklich auszusprechen und anzugeben, was an Strafe und Kosten auf jeden Gesamtschuldner trifft.

Die Bestimmung des Art. 20 bezüglich der Kosten gilt für die Rechtsmittelinstanz nicht, da jeder Angeklagte unabhängig von den anderen ein Rechtsmittel einlegen kann und daher der Grund für eine Solidarhaftung wegfällt; OLG. vom 15. 6. 1900, 1, 98.

Die Verpflichtung des Täters (Beauftragten) und des Auftraggebers, die Kosten des Verfahrens als Gesamtschuldner zu tragen, ist eine gesetzliche Folge der Verurteilung zur Strafe. Auf die Kosten der Strafvollstreckung erstreckt sich diese Haftung nicht; OGL. 6, 217; OLG. München 1, 98, 104, 119, 124; 4, 192, 195; 5, 123, 127.

Die Bestimmung des Art. 20 über die Gesamthaftung ist als materielles Recht von der StPO. nicht berührt; OLG. 13, 254.

**9.** a) Die sog. Ideal- und Realkonkurrenz behandelt § 418 AO.; Abs. 1 und 2 betrifft die Idealkonkurrenz, Abs. 3 die Realkonkurrenz.

Man spricht von Idealkonkurrenz — Tateinheit, rechtlichem Zusammenfluß —, wenn durch eine und dieselbe strafbare Handlung mehrere Strafgesetze verletzt worden sind; wenn z. B. ein Hausierer einen nachweislich unversteuerten Viehhandel betreibt und sich gleichzeitig einer Zuwiderhandlung gegen das Viehseuchengesetz schuldig macht; Strafbemessung hat nach dem schwersten Gesetz zu erfolgen; § 73 StGB.; s. auch oben unter Ziff. III bei § 56 b GO. Im Falle der Idealkonkurrenz eines Gewerbepolizeivergehens mit einem Steuervergehen greifen im übrigen die allgemeinen Vorschriften über die Idealkonkurrenz, also § 73 StG., Platz. — Liegt Idealkonkurrenz eines Gewerbepolizeivergehens mit einem Steuervergehen vor und ist ersteres Delikt bereits verjährt, so ist die für das Steuerdelikt bestimmte Strafe anzuwenden; RG. vom 30. 10. 1895, 27, 403; BlFinW. 4, 112; s. auch Anm. 4 zu § 148 GO. — C unten!

Unter Realkonkurrenz versteht man ein Zusammentreffen mehrerer selbständiger strafbarer Handlungen, durch die mehrere Strafgesetze verletzt werden. Es bietet z. B. ein Hausierer ohne WGewSchein und Besteuerungsnachweis bei A. Schnittwaren, dann bei B. gebrauchte Kleider an; letztere Gewerbsart verboten nach § 56 GO.; s. oben Ziff. III. Strafbemessung hat nach §§ 74—79 StGB. zu erfolgen; auf eine Gesamtstrafe ist zu erkennen; in derartigen Fällen sind ausschließlich die Gerichte zuständig, also bei jedem Handel mit Gegenständen, die vom Hausierbetrieb ausgeschlossen sind, ferner bei Ausübung von verbotenen Gewerbsarten; s. hierzu oben unter Ziff. III bei §§ 56 ff. Über die Steuerpflicht der Defraudanten vgl. oben bei Art. I § 2 WGewStG. Anm. 2.

b) § 418 AO. bestimmt folgendes:

„(I) Ist ein und dieselbe Handlung zugleich als Steuerzuwiderhandlung und nach einem anderen Gesetze (z. B. nach der GO.) strafbar, so ist die Strafe aus dem Steuergesetze zu entnehmen, es sei denn, daß das andere Gesetz (z. B. die GO.) eine schwerere Strafe oder bei ungleichen Strafarten eine schwerere Strafart androht (§ 73 StGB.). Ist die Strafe aus dem anderen Gesetze (z. B. aus der GO.) zu entnehmen, so ist eine nach dem Steuergesetze verwirkte Geldstrafe besonders zu verhängen. Auch muß auf Haftbarkeit dritter Personen oder auf Einziehung erkannt werden, wenn dies das Steuergesetz vorschreibt, und es kann hierauf sowie auf sonstige Nebenstrafen erkannt werden, wenn dies das Steuergesetz zuläßt.

(II) Wenn ein und dieselbe Handlung mehrere Strafvorschriften der Steuergesetze über Zuwiderhandlungen verletzt, so ist die Strafe nach § 73 StGB. zu bestimmen; jedoch muß auf Haftbarkeit dritter Personen oder auf Einziehung erkannt werden, wenn dies eine der verletzten Vorschriften vorschreibt, und es kann hierauf sowie auf sonstige Nebenstrafen erkannt werden, wenn dies eine der anwendbaren Vorschriften zuläßt.

(III) Hat jemand mehrere selbständige Steuerzuwiderhandlungen begangen, so darf eine nach § 74 StGB. zu erkennende Gesamtfreiheitsstrafe fünf Jahre nicht überschreiten. Auf Haftbarkeit dritter Personen, Einziehung und sonstige Nebenstrafen muß oder kann erkannt werden, wenn dies neben einer der verwirkten Einzelstrafen geboten oder zulässig ist.“

c) § 418 AO. hält in gleicher Weise wie § 73 StGB. daran fest, daß das strengste Gesetz anzuwenden ist. Das strengere Gesetz findet in der schwereren Strafe und bei ungleichen Strafarten in der schwereren Strafart seinen Ausdruck. Hierwegen ist insbesondere beim Vorhandensein von nach oben und unten begrenzten Haupt-, Ersatz- und Nebenstrafen die Entscheidung oft schwierig. In solchen Fällen kommt es in erster Linie auf die H a u p t strafe in ihrer h ö c h s t e n Höhe an; RGSt. 8, 84; 51, 327; 59, 98. Führt die Vergleichung der Hauptstrafen zu keinem Ergebnis, dann sind die Nebenstrafen in Betracht zu ziehen; RGSt. 46, 268. Die Strafandrohung des § 396 AO. (Geldstrafe mit Gefängnisstrafe bis zu 2 Jahren) geht beispielsweise der Strafandrohung eines anderen Gesetzes (z. B. des Viehseuchengesetzes), die etwa auf Gefängnis bis zu 1 Jahr lautet, vor. Auch bei Anwendung eines anderen Gesetzes als des Steuergesetzes ist nach § 418 Abs. 1 Satz 2 und 3 auf die Geld- und Nebenstrafen des Steuergesetzes (Einziehung, Haftbarkeit) besonders zu erkennen. Hierdurch wird verhindert, daß eine im Steuergesetz vorgesehene hohe Geldstrafe durch eine geringe Freiheitsstrafe des StGB. absorbiert wird; Jahn, AO., Anm. 2 zu § 418 AO. — Das KG. hat in seinem Urt. vom 2. 11. 1931, AZ. 3 S. 434/31, Slg. arbeitsrechtl. Entsch. 1932 S. 71, folgendes ausgeführt:

Bei der Ermittlung des mildesten Gesetzes sind nur die Haupt- und Nebenstrafen zu berücksichtigen, nicht dagegen andere an die Bestrafung geknüpfte Nachteile, insbes. nicht vorgeschriebene polizeiliche Maßnahmen (vgl. Leipz. Komm. Anm. 21 zu § 2 StGB.). Da das (preuß.) HStG. in der alten wie in der neuen Fassung die gleiche Strafart androht, nämlich Geldstrafen und für den Fall der Uneinbringlichkeit Haft (§ 29 Abs. 1 Satz 2 StGB.), so ist das mildeste Gesetz dasjenige, das die geringste Geldstrafe zuläßt. Dabei ist zu ermitteln, nach welchem Gesetz der tatsächlich der Aburteilung unterliegende Fall die mildere Bestrafung erfährt.

d) Wenn jemand durch mehrere selbständige Handlungen (Realkonkurrenz) eine Steuerzuwiderhandlung und eine andere strafbare Handlung begangen hat, kann die Staatsanwaltschaft die Strafverfolgung auch wegen der Steuerzuwiderhandlung übernehmen; § 426 Abs. 2 AO. Das gleiche ist der Fall, bei Idealkonkurrenz, wenn also die Strafe nicht dem Steuergesetz, sondern dem anderen Gesetze, z. B. der GO., zu entnehmen ist; § 418 AO. Im übrigen hat wegen der „anderen" strafbaren Handlungen die Staatsanwaltschaft von Amts wegen tätig zu werden. Sie, außerdem das Gericht haben auch einzugreifen, wenn der Beschuldigte wegen der Steuerzuwiderhandlung vorläufig festgenommen und dem Richter vorgeführt wird; § 426 Abs. 1 AO.; § 421 Abs. 1 Satz 2 AO.

e) Das FA. kann sich jederzeit der weiteren Untersuchung und Entscheidung enthalten und die Sache an die zuständige Staatsanwaltschaft abgeben; § 425 AO. Das FA. kann aber wegen der Steuerzuwiderhandlung auch die Untersuchung selbst durchführen und Entscheidung treffen, jedoch nur innerhalb der Grenzen des § 421 AO.; vgl. § 422 AO. Nach § 421 Abs. 2 und 3 steht die Entscheidung dem FA. dann zu,

I. wenn die Steuerzuwiderhandlung nur mit Geldstrafe und Einziehung oder einer dieser Strafen bedroht ist oder das FA. auf keine andere als auf diese Strafen oder darauf erkennen will, daß die Verurteilung auf Kosten des Verurteilten bekanntzumachen sei. —

II. Die Finanzämter können auch gegen Nebenbeteiligte entscheiden. Nebenbeteiligter ist,
   1. wem ein Recht an Gegenständen zusteht, die der Einziehung unterliegen, oder wem ein Anspruch auf solche Gegenstände zusteht,
   2. wer für die Geldstrafe und die Kosten haftet, die dem Täter oder einem Teilnehmer auferlegt werden.

Vgl. hierher über Einziehung usw. unter Ziff. 8, über Haftung Ziff. 3d oben.

f) Auf alle Fälle hat das FA. vor der Entscheidung den Sachverhalt zu erforschen und zwar unverzüglich; schon mit Rücksicht auf die Verjährung; § 421 und §§ 440 f. AO. Das FA. kann aber auch jederzeit sich der weiteren Untersuchung und Entscheidung enthalten und die Sache an die Staatsanwaltschaft abgeben; § 425 AO. Von der Befugnis des § 425 ist insbes. dann Gebrauch zu machen, wenn wegen widersprechender Aussage der Beteiligten keine Möglichkeit besteht, den Tatbestand im Verwaltungsstrafverfahren einwandfrei festzustellen. Nach der Rechtsprechung der Gerichte ist der Strafrichter an die Steuerfestsetzung des FA. nicht gebunden; er ist verpflichtet, zur Bemessung der Strafe die Steuerpflicht als solche selbst zu püfen und festzustellen; OLG. 29, 130; 30, 75; RGSt. 69, 200; Entsch. vom 3. 11. 1936, JW. 1937 S. 403. Daraus ergibt sich, daß bei Abgabe der Akten an die Staatsanwaltschaft eine rechtskräftige Steuerfestsetzung nicht vorliegen muß; es genügt vielmehr die Beinahme einer Aufstellung, die ersehen läßt, wie sich bei der Aktenlage die WGewSt. beiläufig berechnen würde. Die Steuer selbst ist erst nach Abschluß des gerichtlichen Verfahrens festzusetzen und nachzuholen; siehe auch bei Art. I § 2 WGewStG. Anm. 2 oben.

**10.** a) Sachlich zuständig zur Untersuchung und Entscheidung ist das FA., dem die Verwaltung der WGewSt. übertragen ist. Im Ermittlungsverfahren kann sich das FA. der Hilfe der Ortspolizeibehörde sowie der Behörden und Beamten des Polizei- und Sicherheitsdienstes bedienen; zu dieser Hilfeleistung sind die genannten Stellen verpflichtet; § 424 AO.

b) Die vorgenannten Stellen haben aber auch selbständig Steuerzuwiderhandlungen zu erforschen und die erforderlichen Anordnungen zu treffen, um die Verdunklung der Sache zu verhüten; sie haben die Steuerzuwiderhandlung dem FA. ohne Verzug anzuzeigen und dabei ihre Verhandlungen beizufügen, es sei denn, daß der Beschuldigte festgenommen und dem Richter vorgeführt wird; § 427 AO.

c) Das FA. kann auch von der Staatsanwaltschaft ersucht werden, den Sachverhalt bezüglich der Steuerzuwiderhandlungen selbst zu erforschen. Entspricht das FA. diesem Antrag, dann ist es im Rahmen der §§ 421 und 422 AO. — s. oben unter d! — zur Entscheidung zuständig; es kann aber auch jederzeit sich der weiteren Verfolgung und Entscheidung enthalten; § 426 Abs. 3 AO.

**11.** Örtlich zuständig ist jenes FA., in dessen Bezirk die Steuerzuwiderhandlung begangen oder entdeckt ist, bei Steuerhinterziehungen (§§ 396 ff.) oder Steuergefährdungen (§ 402) auch das FA., das zur Festsetzung und Einziehung der Steuer zuständig ist. Sind mehrere FÄ. zuständig, so hat das FA., das die Untersuchung zuerst geführt hat, den Vorzug. Auf Ersuchen kann von einem anderen örtlich zuständigen FA. die Untersuchung und Entscheidung übernommen oder ihm von der vorgesetzten Stelle (OFP., RFM.) übertragen werden. Die Untersuchung und Entscheidung kann auf alle Steuerzuwiderhandlungen eines Beschuldigten ausgedehnt oder bei Beteiligung mehrerer Personen bei einem sachlich zuständigem FA. zusammengefaßt werden. Sind mehrere FÄ. sachlich zuständig, kann die vorgesetzte Stelle die Untersuchung und Entscheidung einem bestimmten FA. übertragen; § 428 AO.

**12.** a) Der Einziehung nach §§ 401, 414 AO. — s. oben unter 3 d — wird in der Regel die Beschlagnahme der Waren und Beförderungsmittel (Kraftwagen, Wagen, Handkarren, Tragkörbe) des Hausierers nach §§ 430 ff. durch das FA., durch dessen Beamte oder durch Beamte des Polizei- und Sicherheitsdienstes vorausgehen. Die Beschlagnahme bleibt solange wirksam, bis die Steuerzuwiderhandlung vollständig erledigt ist oder das FA. die Beschlagnahme aufhebt. Wenn die Aufbewahrung und Erhaltung der beschlagnahmten Gegenstände unverhältnismäßig viel kostet oder wenn deren Verderben droht, kann das FA. nach 3 Tagen, bei Gefahr im Verzug schon vorher im Zwangsverfahren sie veräußern lassen. In diesem Falle tritt der Erlös an die Stelle der Sachen. Ort und Zeit der Veräußerung sind dem Beschuldigten und Eigentümer möglichst vorher mitzuteilen; § 433 Abs. 2 AO.; vgl. auch bei B Ziff. 11 und 12 unten.

b) Das OLG. Stuttgart hat die Hausiererware für unpfändbar erklärt nach § 811 Ziff. 5 ZPO. mit der Begründung, daß dem Hausierer die mitgeführten Waren unentbehrlich sind. — Der Hausierer verkaufte i. U. Musikinstrumente. Solche wurden bei ihm gepfändet. Das LG. bestätigte die Pfändung, weil die persönliche Leistung des Schuldners nur im Aufsuchen von Kunden bestehe. Das OLG. hob sie auf: die persönliche Leistung bestehe vor allem in der Bearbeitung der Kunden und dazu gehöre das Vorzeigen und Vorspielen der Instrumente; diese seien daher sämtlich zur Fortsetzung der Erwerbstätigkeit unentbehrlich; OLG. Stuttgart, 2. ZS., Beschl. vom 2. 6. 1932, W 437/32; JW. vom 3. 9. 1932, Heft 36, 61. Jahrg., Nr. 10 S. 2637. Den Standpunkt des OLG. halte ich für bedenklich; er öffnet den Schwarzhausierern Tür und Tor.

c) Der Zweck der Beschlagnahme ist — von den Fällen der Beweissicherung abgesehen —, den Eingang der hinterzogenen Steuer, der Strafe und der Kosten sicherzustellen. Aus diesem Zweck der Beschlagnahme folgt, daß sie insoweit wieder aufzuheben ist, als im Beitreibungsverfahren ein Dritter ein die Veräußerung hinderndes Recht (§ 328 AO.) oder ein Recht auf vorzugsweise Befriedigung aus dem Versteigerungserlös (§ 346 AO.) geltend machen kann und diese Rechte schon bei der Beschlagnahme behauptet und nachweist. Welche Rechte die Veräußerung hindern, bestimmt sich nach § 328 (1) Satz 3 AO. nicht nach Steuerrecht, sondern nach bürgerlichem Recht. Der „Auftraggeber" kann sich auf § 328 oder § 346 AO. nicht berufen, wenn er nach §§ 416 f. AO. neben dem Hausierer für die hinterzogene Steuer, die Strafe und die Kosten haftet. Die §§ 325 ff. AO. gelten nach § 3 (mit § 1 Abs. 2) AO. für die Beitreibung der hinterzogenen Hausiersteuer und nach § 459 AO. für die Beitreibung der Strafe. S. auch oben Ziff. 8.

**13.** Die FA. können auch im Rahmen der §§ 436 und 437 AO. im Strafverfahren Durchsuchungen vornehmen lassen oder durch eigene Beamte vornehmen. Die weitergehenden Rechte im „Besteuerungsverfahren" bleiben unberührt; § 438 AO.

**14.** Auch zur vorläufigen Festnahme sind die FA. befugt, wenn die Voraussetzungen eines Haftbefehls vorliegen und Gefahr im Verzug besteht; § 439 AO.; §§ 128 und 129 StGO. sind zu beachten (Sofortige Vorführung!). Gegen Sicherheitsleistungen ist der Beschuldigte in Freiheit zu setzen, wenn er nämlich sowohl für Steuer als auch für die Strafe und Kosten entsprechende Sicherheit leistet; § 439 Abs. 2 AO.

**15.** a) Für Zustellungen gelten die §§ 88—90. Bei Straf- oder Beschwerdebescheiden ist eine Ausfertigung, sonst eine einfache Abschrift zu übergeben. Wird nach § 90 zugestellt, so sind statt der Straf- oder Beschwerdebescheide Benachrichtigungen nach § 90 Satz 3 anzuheften. Fristen sind nach § 82 zu berechnen; § 429 AO.

b) Für Zustellungen gelten die Vorschriften der ZPO. über Zustellungen von Amts wegen. Zustellen können auch Beamte der Steuer-, Polizei- oder Gemeindeverwaltung. Die Behörde kann durch eingeschriebenen Brief zustellen. Zustellung mit dem dritten Tage nach Aufgabe zur Post bewirkt, wenn nicht Zustellungsempfänger nachweist, daß das Schriftstück nicht innerhalb dieser Zeit zugegangen ist. Als Zustellung an eine Behörde genügt die Vorlegung der Urschrift. Ausländische Steuerpflichtige, die im Inland Vermögen haben oder steuer- und sicherheitspflichtig sind, haben auf Verlangen einen Zustellungsbevollmächtigten im Inland zu bestellen. Unterlassen sie dies, so gilt ein Schriftstück mit der Aufgabe zur Post als zugestellt, selbst wenn es als unbestellbar zurückkommt. Bei unbekanntem Aufenthalt kann die Zustellung dadurch bewirkt werden, daß das Schriftstück an der zum Aushängen der Behörde bestimmten Stelle angeheftet wird. Die Zustellung gilt als bewirkt, wenn seit der Anheftung zwei Wochen verstrichen sind. Öffentliche Zustellung zulässig; §§ 21, 45 Bek. vom 8. 4. 1911, JMBl. 1911 S. 13; Beschl. des OLG. München vom 12. 6. 1918 Beschw.-Reg. Nr. 158; BlfFinW. 1919 S. 139. — Vgl. auch § 449 AO. Die VO. vom 11. 12. 1932, RGBl. I, 544, über Vereinfachungen bei der Zustellung gilt nur für die Zustellung von Bescheiden im Besteuerungsverfahren.

c) Für die Berechnung einer Frist gelten die Vorschriften des Bürgerlichen Gesetzbuches. Vgl. §§ 186 ff. BGB.

## B.

## Verwaltungsstrafverfahren.

**1.** Nachgetragen wird hierher, daß die StPO. gilt, soweit die Steuergesetze nichts Abweichendes vorschreiben; § 420 AO.

**2.** Wie schon oben unter A Ziff. 9 ausgeführt, hat das FA. den Sachverhalt alsbald zu erforschen; das gleiche gilt von seinen Hilfsstellen und seinen Beamten. Über den Tatbestand ist eine Niederschrift oder schriftliche Anzeige beim FA. einzureichen; §§ 440, 441 AO.

**3.** a) Sobald das FA. von der Sache auf Grund der Anzeige oder sonstwie Kenntnis erhalten hat, hat es die Anzeige sorgfältig zu prüfen; die Einleitung der Untersuchung ist aktenkundig zu machen; hierdurch wird die Verjährung unterbrochen; zur Unterbrechung der Verjährung ist also keine Tätigkeit des Richters erforderlich; § 441 Abs. 2 a. a. O. mit § 419 Abs. 2.

b) Die schriftliche Anzeige muß selbstredend den Tatbestand und die Beweismittel erschöpfend wiedergeben; anderenfalls muß das FA. von Amts wegen die erforderlichen Erhebungen pflegen.

c) Das FA. kann in gleicher Weise wie im Steuerermittlungsverfahren von dritten Personen im Rahmen der §§ 175 ff. AO. Auskunft verlangen; diese hat sich über alle Tatsachen, die für das Strafverfahren von Bedeutung sind, zu erstrecken; § 441 Abs. 3.

**4.** Ein Strafbescheid über eine Geldstrafe von mehr als 5 *RM* soll gegen einen Beschuldigten nur dann erlassen werden, wenn ihm vorher Gelegenheit zur Äußerung gegeben worden ist. Erscheint der Beschuldigte auf Vorladung hin, so ist ihm der Sachverhalt zu eröffnen und ihm Gelegenheit zur Gegenäußerung zu geben. Erscheint er auf die Ladung hin nicht, dann ist er auf Antrag des FA. durch das zuständige Amtsgericht zu vernehmen. Gegen einen flüchtigen Angeschuldigten kann ohne seine Anhörung verfahren werden; § 442 AO.

**5.** a) Wer neben dem Beschuldigten für Geldstrafen und Kosten nach §§ 416, 417 AO. haftet, muß zum Verfahren als Nebenbeteiligter beigezogen werden; § 443 Abs. 1 AO.; s. auch oben unter A 8 b und c; ferner unter 9 e.

b) Der bei einer Einziehung Beteiligte ist dann hinzuzuziehen, wenn er sich meldet oder wenn anzunehmen ist, daß es einer Vollstreckungshandlung gegen ihn bedarf; § 443 Abs. 2; s. auch oben unter A 3 d; ferner unter 9 e.

c) Gibt der Nebenbeteiligte trotz Aufforderung keine Erklärung zur Sache ab, ist das Verfahren gleichwohl gegen ihn fortzusetzen; § 443 Abs. 1 und 2 AO.

**6.** Der Beschuldigte und die Nebenbeteiligten (s. oben Ziff. 5) können sich durch einen mit schriftlicher Vollmacht versehenen Beauftragten vertreten lassen. Bei den in § 107 Abs. 3 AO. genannten Personen (Rechtsanwälte, zugelassene Steuerberater) ist eine schriftliche Vollmacht nicht erforderlich; § 444 AO.

**7.** a) Wenn der Beschuldigte die Zuwiderhandlung vorbehaltslos einräumt, wenn also hinsichtlich der Schuld- und Straffrage zwischen ihm und dem örtlich sowie sachlich zuständigen FA. — s. hierwegen oben unter A 10 und 11 — Übereinstimmueng besteht, kann er sich unter Verzicht auf Erlaß eines Strafbescheids der in einer Niederschrift festzusetzenden Strafe sofort unterwerfen. Die Unterwerfung steht einer rechtskräftigen Verurteilung gleich; das Verfahren regelt der RFM.; § 445 AO.

b) Diese Verfahrensregelung erfolgte durch die VO. vom 1. 11. 1921, RGBl. S. 1328; RStBl. Nr. 25/1921. Über die Unterwerfungsverhandlung ist unter Zuziehung eines Schriftführers eine Niederschrift aufzunehmen; diese hat zu enthalten den Tag der Verhandlung, die Personalien des Beschuldigten, die ihm zur Last gelegte Tat, sein Geständnis, die Festsetzung der Strafe nebst Kosten (§§ 454, 455 AO.), allenfalls auch den Ausspruch der Gesamthaftung nach §§ 416 f., ferner die Unterwerfung unter die Strafe unter ausdrücklichem Verzicht auf den Erlaß eines Strafbescheids, endlich die Eröffnung, daß die Unterwerfung im Falle der Genehmigung durch den Vorsteher bzw. seinen Vertreter der rechtskräftigen Verurteilung gleichsteht. Zweckmäßig werden auch die geschuldeten Steuern gleichzeitig festgesetzt (s. bei Art. I § 2 WGewStG.). Der Genehmigung durch den OFP. bedarf die Unterwerfungsverhandlung jetzt nur noch bei Strafen von mehr als 10000 *RM* (§ 2 VO. vom 1. 11. 1921; RdErlRFM. vom 4. 5. 1932 O 2000 — 35 III; Verf. des LFA. (OFP.) Nbg. vom 13. 6. 1932 I 17120/S 1260). Die Genehmigung durch den Vorsteher hat nach § 2 der VO. binnen 3 Monaten zu erfolgen; nach Ablauf der 3 Monate ist sie nur noch dann wirksam, wenn der Beschuldigte an der ursprünglichen Unterwerfung festhält.

Die Unterwerfungsniederschrift ist von dem Beschuldigten, dem aufnehmenden Beamten und dem Schriftführer zu unterzeichnen.

c) Bei Beschuldigten unter 18 Jahren ist die Zustimmung des gesetzlichen Vertreters erforderlich; s. auch JugendgerG. vom 16. 2. 1923, RGBl. S. 135, 252; wegen späterer Änderungen s. RGBl. 1926 I S. 529, 1932 S. 285, 287; 1933 S. 1000; s. auch oben bei Ziff. XI A und § 449 Abs. 2 AO. unten Ziff. 9 k.

d) Gebühren kommen im Unterwerfungsverfahren nicht zur Erhebung, dagegen aber Auslagen; § 454 AO. — § 470 AO. (Strafumwandlung bei Uneinbringlichkeit der Geldstrafe und des Werterſatzes) findet Anwendung. Eingezogene Gegenstände können gegen Ersatz des Wertes dem Beschuldigten wieder zurückgegeben werden.

**8.** a) Ergibt die Untersuchung, daß der Verdacht nicht begründet war, so stellt das FA. das Verfahren ein und teilt dies dem Beschuldigten mit, wenn er als solcher vernommen worden ist.

b) Erscheint der Verdacht begründet, so gibt das Finanzamt, wenn es nicht selber erkennen kann oder will, die Verhandlungen an die Staatsanwaltschaft ab. Es kann beantragen, daß die öffentliche Klage gegen den Beschuldigten und die Nebenbeteiligten erhoben werde; geeignetenfalls ist ein bestimmter Antrag zu stellen und zu begründen. Örtlich zuständig ist auch die Staatsanwaltschaft des Bezirks, in dem das Finanzamt seinen Sitz hat. Die Zuständigkeit erstreckt sich auf die der Gerichte. Die Vorschriften der Strafprozeßordnung über die örtliche Zuständigkeit bleiben im übrigen unberührt.

c) Hat das Finanzamt die Sache abgegeben, weil es nicht zur Entscheidung zuständig sei, hält die Staatsanwaltschaft dagegen diese Auffassung nicht für zutreffend, so kann sie die Sache zur weiteren Erledigung im Verwaltungsstrafverfahren an das Finanzamt zurückgeben; § 425 bleibt unberührt; § 446 AO.; s. oben Ziff. 9e.

d) Der Staatsanwalt kann aber jederzeit die Verfolgung selbst wieder übernehmen, tritt also in seine eigentliche Stellung wieder ein; das FA. ist alsdann Nebenkläger. Im Falle der Erhebung der öffentlichen Klage hat das FA. stets die Stellung des Nebenklägers; § 472 und § 467 AO.; §§ 397, 400 f. StPO.

e) Im Falle der Ablehnung der Strafverfolgung durch den Staatsanwalt kann das FA. selbst öffentliche Klage erheben; § 472 Abs. 2 AO.

f) Einstellung nicht gleichbedeutend mit Freisprechung; eine „Freisprechung" gibt es im Verwaltungsstrafverfahren nicht.

**9.** a) I. Will das Finanzamt selbst erkennen, so erläßt es einen Strafbescheid.

II. Im Strafbescheide sind außer der Strafe die strafbare Handlung, das Strafgesetz und die Beweismittel anzugeben. Er soll ferner die Entscheidungsgründe und die Belehrung enthalten, daß der Beschuldigte, wenn er nicht nach § 451 Beschwerde an das LFA. (OFP.) einlege, gegen den Strafbescheid binnen einer Woche nach der Bekanntmachung bei dem FA., das den Bescheid erlassen habe, auf gerichtliche Entscheidung antragen könne.

III. Ist auf Einziehung zu erkennen und steht nicht fest, ob die Einziehung vollzogen werden kann, so ist für den Fall, daß die Einziehung nicht ausgeführt werden kann, die Ersatzstrafe nach § 401 Abs. 2 festzusetzen; § 447 AO.

b) Von Abs. II ist Satz 1: Mußvorschrift, Satz 2: Sollvorschrift.

Den Erfordernissen nach Abs. II Satz 1 muß der Strafbescheid inhaltlich genügen. Auf alle Fälle muß in demselben angegeben sein, daß der Beschuldigte sich gegen eine bestimmte Vorschrift des WGewStG. vergangen hat; z. B. daß er ohne mit dem Nachweis über die Festsetzung und Entrichtung der Steuer versehen zu sein, ein bestimmtes der Hausiersteuer unterworfenes Gewerbe betrieben hat. Es müssen also die Tatsachen bezeichnet sein, in denen die gesetzlichen Merkmale einer Zuwiderhandlung gegen das WGewStG. zu finden sind; OLG. vom 21. 5. 1902, 2, 372. Ist beispielsweise in dem Strafbescheid ausgesprochen, daß dieser deshalb erlassen wurde, weil der Hausierer „nicht im Besitze eines WGew.-Scheins" war, so ist der Strafbescheid ungültig; denn die Strafgewalt der FinanzVerwBeh. erstreckt sich nicht auf derartige strafbare Handlungen; § 419 Abs. 1 StPO. Der Strafbescheid darf selbstverständlich als Täter nicht eine Personenmehrheit (Firma, juristische Person) bezeichnen, sondern nur eine Einzelperson bzw. die bei der strafbaren Handlung beteiligten Einzelpersonen; z. B. der Inhaber der Firma X N. N. oder die Inhaber der offenen Handelsgesellschaft Y N. N. und N. N.

c) Der ordnungsgemäß ergangene (§ 419 Abs. 2 StPO.) Strafbescheid ist in gleicher Weise wie der gerichtliche Strafbefehl als eine die Verjährung unterbrechende richterliche Handlung zu erachten; Abs. 3 a. a. O.; Motive zu § 381 Abs. 4 des Entw. einer StPO.; Hahn, Materialien, Bd. III Abt. 1 S. 49, 288; E. des RG. 17, 249; Holzendorff, Handbuch des deutschen Strafprozesses, 2, 427 Anm. 1; OLG. vom 26. 3. 1907, 7, 276 ff.; BlfRA. 72, 526, 527; OLG. vom 21. 5. 1902, 2, 372.

d) Nach Erlaß des RFM. vom 25. 8. 1921, RStBl S. 328, dürfen Straf- und Steuerbescheide nicht in einem Bescheide zusammengefaßt werden. Dieser durch Urt. des RFH. vom 13. 7. 1921, RStBl. S. 327, veranlaßte Erlaß gilt auch für die Hausiersteuer. Der Strafbescheid darf nicht die Aufforderung zur Zahlung der hinterzogenen Steuer enthalten; s. auch bei Ziff. 10 e, t und y.

e) Bei Formmängeln kann auf eingelegte Beschwerde hin der Strafbescheid aufgehoben werden; § 452 AO. Das Fehlen eines der Erfordernisse des § 447 AO. hat aber nicht die Bedeutung, daß der Strafbescheid nicht vollstreckbar wäre; RGSt. 17, 249.

f) Über Einziehung und deren Nichtvollziehung s. oben unter A Ziff. 3 d; s. auch unten bei § 459 AO.

g) Wegen Ersatzfreiheitsstrafe s. bei § 470 AO.

h) Früher konnte nach § 412 AO. (alt) Abs. 3 — nun § 447 (neu) — auf Verweis bei Jugendlichen unter 18 Jahren erkannt werden, wenn der Täter die erforderliche Einsicht zwar besessen hat, die Tat Vergehen oder Übertretung war und es sich um einen leichten Fall handelte (§ 57 StGB.). Beide Vorschriften sind aber am 1. 7. 1923 außer Kraft getreten; JugendgerG. vom 16. 2. 1923, RGBl. S. 135 (252), mit den oben unter 7 c bezeichneten Änderungen, §§ 47 und 50.

Nunmehr gelten für Jugendliche die Vorschriften in §§ 1 ff. JugendgerG. In besonders leichten Fällen kann von der Strafe abgesehen werden. In einem Strafbefehl darf gegen Jugendliche nur Geldstrafe, die an ihre Stelle tretende Freiheitsstrafe sowie Einziehung ausgesprochen werden. In einer Strafverfügung darf nur Geldstrafe und Einziehung festgesetzt werden; §§ 6, 9, 39, 40 a. a. O.

i) Sind Nebenbeteiligte in der Untersuchung zugezogen, so ist im Strafbescheide darüber zu erkennen, ob sie die Einziehung gegen sich gelten zu lassen oder für die Geldstrafe und die Kosten des Strafverfahrens und der Strafvollstreckung zu haften haben. Ist ihre Zuziehung im Verwaltungsstrafverfahren oder im gerichtlichen Verfahren unterblieben, so kann gegen sie durch besonderen Strafbescheid entschieden werden; § 448 AO. Vgl. auch oben Ziff. 5. Im Strafbescheid gegen die Haupttäter soll regelmäßig über die Nebenbeteiligten mitentschieden werden; außerdem besonderer Strafbescheid zulässig; alsdann läuft Rechtsmittelfrist selbständig; s. hierwegen unter Ziff. 10 unten! Die Nebenbeteiligten haben keine Kosten zu tragen; § 455 Abs. 2 AO.

k) Der Strafbescheid ist den Beteiligten zuzustellen oder zu verkünden. Ist der Beschuldigte noch nicht 18 Jahre alt, so ist der Strafbescheid auch dem gesetzlichen Vertreter zuzustellen oder zu verkünden. Sind mehrere gesetzliche Vertreter oder bei juristischen Personen, Personenvereinigungen, Zweckvermögen und ähnlichen Gebilden mehrere Vertreter, Vorsteher oder Verwalter vorhanden, so genügt die Zustellung oder Verkündung an einen von ihnen. Nach der Zustellung kann der Strafbescheid nur in den Fällen der §§ 461 und 464 zurückgenommen werden; § 449 AO. — Siehe über Zustellung oben unter A Ziff. 15. — Verkündung = Eröffnung bei Amt in Gegenwart des Hausierers. — Über Jugendliche s. auch oben unter Ziff. 9 h.

Die nachträgliche Abänderung eines bekanntgegebenen Strafbescheids ist unzulässig; dies ist grundsätzlich auch der Fall bezüglich der Zurücknahme, es müßte denn sein, daß §§ 461 oder 464 zutreffen; in diesen Fällen kann das FA. den ursprünglichen Strafbescheid durch einen neuen Bescheid vor bzw. nach der Übersendung der Strafakten an den Staatsanwalt ersetzen. — Rechtsmittel: §§ 450 ff. — Wegen der Fristberechnung ist der Tag der Zustellung unzweideutig aktenkundig zu machen. — Wird bei Eröffnung des Strafbescheids seitens des Beschuldigten der Verzicht auf jedes Rechtsmittel erklärt, so kann er nicht mehr nachträglich Antrag auf rechtliches Gehör stellen; RG. vom 11. 6. 1880, Slg. II, 78.

**10.** a) Die Beschwerde gegen Strafbescheide regeln die §§ 450—452 AO. § 450 AO. lautet:

„(1) Der Beschuldigte und die Nebenbeteiligten können gegen den Strafbescheid Beschwerde einlegen, wenn sie nicht auf gerichtliche Entscheidung antragen. Der Antrag auf gerichtliche Entscheidung ist bei dem FA., das den Strafbescheid erlassen hat, binnen einer Woche nach der Bekanntgabe schriftlich oder mündlich zu stellen.

(2) Der Antrag auf gerichtliche Entscheidung schließt für den Beteiligten die Beschwerde, die Einlegung der Beschwerde den Antrag auf gerichtliche Entscheidung aus. Hat der gesetzliche Vertreter oder der Ehemann einer beschuldigten Frau Beschwerde eingelegt und der Vertreter oder die beschuldigte Frau gerichtliche Entscheidung beantragt oder umgekehrt, so ist die Beschwerde wirkungslos, wenn nicht der Antrag auf gerichtliche Entscheidung zurückgenommen wird.

(3) Hat von mehreren Beteiligten ein Teil auf gerichtliche Entscheidung angetragen, während der andere Beschwerde eingelegt hat, so ist über die Beschwerde in der Regel erst nach rechtskräftiger Erledigung des gerichtlichen Verfahrens zu befinden."

§ 451 AO. lautet:

„Die Beschwerde ist bei dem FA., das den Strafbescheid erlassen hat, schriftlich oder mündlich einzulegen. Die Frist für die Einlegung beträgt eine Woche; sie ist eine Ausschlußfrist und läuft von der Bekanntmachung an. Die Einlegung bei der Beschwerdebehörde genügt zur Wahrung der Frist. Bei Versäumung der Frist kann nach den §§ 86 und 87 Nachsicht gewährt werden."

§ 452 lautet:

„Über die Beschwerde entscheidet das Landesfinanzamt. Es kann nach § 441 Ermittlungen anstellen. Der Beschwerdebescheid ist zu begründen und zuzustellen oder zu verkünden."

b) Hinsichtlich des Strafbescheids steht dem Beschuldigten das Wahlrecht zu, entweder die Beschwerde an den OFP. (früher LFA.) einzulegen oder den Rechtsweg mittels Antrags auf gerichtliche Entscheidung zu beschreiten. Die Ergreifung des einen Rechtsmittels hat den Ausschluß des anderen zur Folge. Die Beschwerde sonach unzulässig, wenn gerichtliche Entscheidung beantragt ist; Protokoll zur StPO. § 394 a S. 700.

Die einmal getroffene Wahl kann nicht mehr nachträglich geändert werden; RGSt. 54, 54.

Die Beschwerde kann erst dann eingelegt werden, wenn der Strafbescheid erlassen ist.

c) Wegen Fristenberechnung vgl. bei § 429 AO. (oben A 15) und § 451. Die einwöchige Beschwerdefrist ist auch gewahrt, wenn die Beschwerde nicht beim FA., sondern bei der Beschwerdestelle eingelegt wird; § 451 AO.

Im allgemeinen aber ist die Beschwerde bei dem FA., welches die Steueranlage vorgenommen bzw. die betreffenden Beschlüsse oder Bescheide erlassen hat, schriftlich einzureichen oder zu Protokoll zu geben. Die schriftliche Einlegung der Beschwerde kann auch durch ein Telegramm erfolgen; OVG. 18, 32; 21, 16 f.; §§ 312 ff., 297 StPO.; Löwe § 138 n. 11 a; RGSt. 9, 38; 24, 283. Dagegen Beschwerdeeinlegung durch

Telephon nicht rechtsgültig; OVK. 21, 92. Ist die Beschwerde nicht auf bestimmte Beschwerdepunkte beschränkt, so gilt der ganze Inhalt des Strafbescheids als angefochten; § 318 StPO.

Auf der Beschwerdeschrift ist bei deren Eingang zum Zwecke der Feststellung der Beschwerdefrist der Tag des Eingangs vorzumerken.

d) Die Beschwerdevorstellung des Pflichtigen muß nicht ausdrücklich als Beschwerde bezeichnet sein; jede Erklärung, daß er sich bei dem Bescheid nicht beruhigt, ist als Einlegung einer solchen zu erachten; § 300 StPO.; Löwe, § 342 (alt) Anm. 2.

e) Ist wegen der Steuerfestsetzung Beschwerde eingelegt, ruht, solange diese noch nicht rechtskräftig erledigt ist, die Verjährung der Strafverfolgung wegen Hausiersteuerhinterziehung; OLG. 1, 119; 6, 217; 7, 39; 10, 171; 10, 344; vom 14. 7. 1908 Rev.-Reg. Nr. 300/1908; 14, 257; 16, 113; 16, 135. — Vgl. auch § 468 Abs. 2 AO.; s. unter t und y unten.

f) Hat der Beschuldigte gegen den Strafbescheid auf gerichtliche Entscheidung Antrag gestellt, so hat er wegen der Steuerfestsetzung nicht sein Beschwerderecht verwirkt. Der Lauf der Frist für diese Beschwerde hindert die Fortsetzung des Strafverfahrens nicht und läßt die Verjährung der Strafverfolgung nicht ruhen; OLG. 14, 257.

g) Hat von mehreren Beschuldigten der eine Beschwerde eingelegt, der andere dagegen gerichtliche Entscheidung beantragt, so sind die Akten in der Regel an die Beschwerdeinstanz erst nach der gerichtlichen Entscheidung einzusenden; § 450 Abs. 3 AO.

h) Ist in Beschwerdeschrift nicht angegeben, ob die Entscheidung des LFA. (OFP.) oder des Gerichts beabsichtigt ist, ist Beschwerdeführer zur Erklärungsabgabe binnen angemessener Frist aufzufordern (nach fruchtlosem Ablauf Hinübergabe der Akten an LFA. [OFP.] möglich — wenigstens nach früherer Praxis); Beschwerdefrist ist in diesem Falle gewahrt; § 300 StPO. Das RG. betrachtet in einem solchen Falle die Beschwerde als Antrag auf gerichtliche Entscheidung; im Zweifel hat nämlich der mit größeren Rechtsgarantien versehene Rechtsbehelf als eingelegt zu gelten, d. i. der Antrag auf gerichtliche Bescheidung; RGSt. 65, 368, 371; StArch. 1932 S. 79.

i) Die Erklärung eines durch Strafbescheid Verurteilten, daß er zunächst die Beschwerde an die höhere Verwaltungsbehörde, dann aber, wenn diese zu seinen Ungunsten entschieden habe, auf gerichtliche Entscheidung antragen wolle, ist als Beschwerde an das LFA. (OFP.) wegen der Anlage der Steuer und als Antrag auf gerichtliche Entscheidung wegen der verhängten Strafe auszulegen; OLG. 10, 171.

k) Zuständig jenes LFA. (OFP.), welches dem erkennenden FA. vorgesetzt ist; letzteres muß, soweit noch erforderlich, die nötigen Erhebungen pflegen und dann die bezüglichen Aktenprodukte (Anzeige, Beschwerde, evtl. Steuerlistenauszug) ungesäumt vorlegen.

l) Ergibt sich bei Prüfung der Beschwerde die sachliche Unzuständigkeit des FA., so hat das LFA. den Strafbescheid aufzuheben und die Sache entweder an das zuständige FA. oder an die zuständige Staatsanwaltschaft abzugeben.

m) Die Beschwerde zum LFA. (OFP.) übt ebensowenig wie der Antrag auf gerichtliche Entscheidung einen Einfluß auf die Einziehung der Steuer aus. Das Rechtsmittel wurde deshalb mit keiner aufschiebenden Wirkung versehen, weil die Behörden gegen mißbräuchliche Inanspruchnahme desselben geschützt und verspätete Steuerentrichtungen hintangehalten werden sollten; s. auch § 251 AO. Auf jeden Fall wird durch die Einlegung des Rechtsmittels die Erhebung der Steuer nicht aufgehalten.

n) Das LFA. (OFP.) hat, soweit veranlaßt, weitere Ermittlungen anzustellen; § 452 mit 441 AO.; oben B 2 und 3. Oft werden auch eidliche Vernehmungen von Zeugen erforderlich sein: §§ 182, 186, 209 AO.; Jahn, AO., S. 302, 45. Alsdann werden die Beschwerden von dem LFA. (OFP.) im Bürowege verbeschieden.

Erweist sich die Beschwerde als begründet, so ist ihr stattzugeben und gleichzeitig die finanzamtliche Verfügung außer Wirksamkeit zu setzen; Gebühren usw. bleiben außer Ansatz; etwa erwachsene Kosten fallen dem Reich zur Last. Kosten, die auf die Ausführung und Begründung des Rechtsmittels entstanden sind, hat Beschwerdeführer zu tragen, weil die Beschwerde jederzeit kostenlos bei dem FA. zu Protokoll erklärt werden kann und etwa veranlaßte Erhebungen von Amts wegen gepflogen werden müssen.

Ist die Beschwerde verspätet eingelegt, also die einwöchige Beschwerdefrist versäumt worden, ist sie als unzulässig zu verwerfen.

Ist sie aber nicht begründet, so ist sie kostenfällig als unbegründet zurückzuweisen; auch teilweise Stattgabe möglich.

Wird der Beschwerde bloß teilweise stattgegeben, so können dem Beschwerdeführer die Kosten insoweit überbürdet werden, als sie auf den unbegründeten Teil der Beschwerde entfallen. Vgl. auch § 331 StPO. i. d. F. vom 28. 6. 1935, RGBl. I, 844.

Ist die finanzamtliche Steuerberechnung und die Festsetzung der Strafe mit dem Gesetz nicht in Einklang stehend, so kann die Beschwerdestelle (in gleicher Weise wie das FA. selbst in 1. Instanz) die Steuerfestsetzung auch zum Nachteile des Pflichtigen abändern; ein Verbot der reformatio in peius in sinngemäßer Anwendung des § 331 StPO. enthält weder die AO. noch das WGewStG. Dagegen ist in der AO. ausdrücklich die Verböserung vorgesehen; § 469 bzw. 243 AO.; s. auch bei B 11 u oben, ferner bei §§ 452 und 461 AO. — Wegen der Kosten usw. s. §§ 454 ff. AO.

o) Der Beschwerdebescheid ist dem Beschwerdeführer durch das FA. bekanntzugeben. Besondere Formen für die Bekanntgabe wie z. B. beim Strafbescheid (s. oben unter 9 k) sind nicht vorgeschrieben.

p) Würde ein LFA. seine Zuständigkeit zur Entscheidung wegen der verhängten Strafe ablehnen, weil keine Beschwerde vorliegt, so ist die Beschwerde an den RFM. gegeben; § 453 AO.; OLG. 10, 177.

Im übrigen steht gegen den Beschwerdebescheid des LFA. (OFP.) eine Beschwerde oder ein weiteres Rechtsmittel nicht zu; der Bescheid ist also endgültig.

q) Entspricht der finanzamtliche Strafbescheid inhaltlich nicht den Erfordernissen des § 419 Abs. 2 StPO. (leidet er an einem formellen Mangel), so ist dies für das Verfahren und die Entscheidung des Gerichts bedeutungslos; insbes. ist letzteres nicht berechtigt, auf Einstellung zu erkennen; RG. III, 2. 7. 1885, Rspr. 7, 462; RG. III, 23. 2. 1888, Entsch. 17, 249; Rspr. 10, 181; Löwe, 11. Aufl., Anm. 6 zu § 462, jetzt § 422 StPO.; s. auch § 477 AO. wegen Niederschlagung der Verw.-Strafverfahrens.

r) Ist von einer Verwaltungsbehörde ein Strafbescheid nach § 419 StPO. ergangen und gegen ihn auf gerichtliche Entscheidung angetragen, so ist für die Voruntersuchung i. S. der §§ 178 ff. StPO. kein Raum mehr.

Doch kann das Gericht zur besseren Klärung vor der Verhandlung Ermittelungen anstellen lassen. Die Strafbescheide der Verwaltungsbehörden sind Entscheidungen in der Sache selbst; sie treten an die Stelle des Eröffnungsbeschlusses; OLG. 15, 125; s. auch § 462 AO.

s) Ein Rechtsmittel kann nicht in der Weise beschränkt werden, daß das Gericht gehindert wäre, zu prüfen, ob die Tat nicht nach einem anderen als nach dem WGewStG., dessen Verletzung behauptet ist, zu bestrafen ist; OLG. 15, 118.

t) Das gegen einen Strafbescheid eingelegte Rechtsmittel, das auch einen Angriff gegen die in dem Strafbescheide enthaltene Steuerberechnung enthält, ist im Zweifelsfalle zugleich als Einspruch gegen den Steuerbescheid anzusehen; AO. §§ 228, 249; RStBl. 1921 S. 327 f.; 1922 S. 67/70; s. auch oben unter e.

u) Über Wiedereinsetzung in den vorigen Stand und Nachsicht, die einander entsprechen, s. §§ 451 und 463 AO. bzw. § 415 StPO. — Die Frist beträgt bei ersterer 1 Woche, bei letzterer 2 Wochen; s. auch § 87 AO., § 45 StPO. Jedes bei der Versäumung der Notfrist mitwirkende Verschulden der Partei schließt eine Wiedereinsetzung aus; RG. (4. Senat), Urteil vom 16. 5. 1918; Seufferts Archiv f. Entsch. 1918 S. 306; BlfFinW. 1920 S. 39; § 463 AO.

v) Wegen der Zurücknahme des Antrags auf gerichtliche Entscheidung s. § 465 AO.

w) Über Gnadengesuche s. § 477 AO.

x) In Hausiersteuersachen sind zur Einlegung von Rechtsmitteln gegen strafgerichtliche Entscheidungen neben den Finanzämtern auch die LFA. (OFP.) zuständig; OLG. 5, 10; 9, 238.

y) Die Nachholung der vorenthaltenen Steuer ist ausschließlich Sache der Finanzbehörde; die Verpflichtung zur Entrichtung dieser Steuer ist daher im Urteil nicht auszusprechen; OLG. 10, 60; s. auch bei Art. I § 1 und § 2 WGewStG. Anm. 2.

z) Vgl. ferner die Ausführungen bei § 468 AO. über die Frage, inwieweit die Entscheidungen der Finanzbehörden, insbes. des RFH., die Gerichte binden, unten bei D 9.

**11.** a) Wie oben unter 10 p ausgeführt, ist gegen den Beschwerdebescheid ein weiteres Rechtsmittel nicht gegeben. Gegen andere Verfügungen des LFA. (OFP.) und des FA. gibt es aber ein Beschwerderecht, welches § 453 AO. regelt; er lautet:

(1) Gegen andere Verfügungen der Finanzämter und Landesfinanzämter als Straf- und Beschwerdebescheide kann der Betroffene Beschwerde an die nächstobere Behörde einlegen. Die Frist zur Einlegung der Beschwerde beträgt eine Woche; sie beginnt mit der Zustellung oder Bekanntmachung der Verfügung. Die Beschwerde ist bei der Behörde einzulegen, deren Verfügung angefochten wird; die Einlegung bei der Beschwerdebehörde genügt. Die Beschwerdebehörde entscheidet endgültig.

(2) Verfügungen, die dem Straf- oder Beschwerdebescheide vorausgehen und ihn vorbereiten sollen, unterliegen der Beschwerde nur, wenn sie eine Beschlagnahme anordnen oder andere Personen betreffen als den Beschuldigten oder die Nebenbeteiligten.

b) Beschwerde analog jener nach §§ 304 ff. StPO.

c) Im vorbereitenden Verfahren sind Beschwerden nur insoweit zulässig, als es sich um Beschlagnahmen und um Nichtbeteiligte handelt: über Nebenbeteiligte s. § 421 AO.; oben A 3 d und 8 a—c; ferner A 12.

**12.** a) Hinsichtlich der Kosten des Verwaltungsstrafverfahrens ist in §§ 454—457 AO. Bestimmung getroffen.

„§ 454. Im Verwaltungsstrafverfahren werden an Kosten erhoben:

1. für Strafbescheide und für Beschwerdebescheide (§ 452) eine Gebühr in der Höhe der Gebühr des Gerichtskostengesetzes für Urteile in Strafsachen des ersten Rechtszugs; die §§ 51 und 75 Abs. 2, 79 und 80 des Gerichtskostengesetzes sind anzuwenden;
2. an Auslagen:
   a) Schreibgebühren für Ausfertigungen und Abschriften nach dem Gerichtskostengesetze,
   b) Telegraphengebühren und im Fernverkehre zu entrichtende Fernsprechgebühren,
   c) Kosten von Zustellungen und öffentlichen Bekanntmachungen,
   d) Entschädigungen, die an Auskunftspersonen und Sachverständige gezahlt sind,
   e) Reisekosten der Beamten bei Geschäften außerhalb des Dienstsitzes,
   f) Auslagen anderer Behörden,
   g) Kosten der Erhaltung beschlagnahmter Sachen und der Beförderung von Personen oder Sachen,
   h) Haftkosten."

„§ 455. (1) Die Kostenvorschriften der Strafprozeßordnung gelten sinngemäß auch für das Verwaltungsstrafverfahren. Über Höhe und Notwendigkeit von Auslagen entscheidet das Finanzamt endgültig.

(2) Wer nur bei der Einziehung beteiligt ist, hat außer bei Zurückweisung unbegründeter Beschwerden keine Kosten zu tragen.

(3) Sind durch das Verfahren gegen den, der für Geldstrafe und Kosten haftet, besondere Kosten entstanden, so sind ihm diese Kosten bei Festsetzung seiner Haftpflicht aufzuerlegen.

§ 456. Zur Sicherung der Staatskasse wegen der Kosten, die den Beschuldigten voraussichtlich treffen werden, kann das Finanzamt nach § 378 einen Arrest anordnen und vollziehen.

§ 457. Wenn das Gericht gegen den Beschuldigten eine Strafe oder gegen den, der für Geldstrafe und Kosten haftet, die Haftpflicht rechtskräftig festgesetzt hat, so haben die Personen auch die Kosten des Verwaltungsstrafverfahrens zu tragen."

b) Als Kosten kommen in Frage Gebühren und Auslagen. Für die Gebührenberechnung ist maßgebend das Gerichtskostengesetz i. d. F. der Bek. vom 5. 7. 1927, RGBl. I, 152, geändert durch die VO. vom 30. 11. 1927, 1. 12. 1930 und 27. 3. 1936, RGBl. I 1927, 334; 1930, 517; 1936, 319, für die Auslagen § 454 Ziff. 2 AO. — Das Gerichtskostengesetz bestimmt in § 52 Abs. 2, daß bei Geldstrafen 10 v. H. der Strafe, mindestens 5 *RM* erhoben werden; die Gebühr darf jedoch 10000 *RM* und den Betrag der Strafe nicht übersteigen. Wenn ein zur Kostentragung Verurteilter für straffrei erklärt ist, beträgt die Gebühr 5 *RM*; § 52 Abs. 3. Wenn mehrere Beschuldigte in Frage kommen, ist die Gebühr von jedem Verurteilten nach Maßgabe der gegen ihn erkannten Strafe besonders zu erheben; § 51. Die Gebühren und Auslagen werden erst nach Rechtskraft fällig, einerlei, ob das FA. oder das Gericht die Strafe ausgesprochen hat; § 75 Abs. 2 (wegen Rechtskraft s. auch §§ 450 f., 465 AO.). Kostenschuldner sind nach

§ 79 GKG. weiterhin 1. derjenige, dem durch gerichtliche Entscheidung die Kosten des Verfahrens auferlegt sind; 2. derjenige, der auf Grund seiner Erklärung die Kosten übernommen hat; 3. derjenige, der nach den Vorschriften des bürgerlichen Rechts für die Kosten eines anderen rechtskräftig haftet; 4. der Vollstreckungsschuldner für die Kosten der Zwangsvollstreckung. — Schuldner der Schreib- und Postgebühren ist der Antragsteller bzw. die Partei, die nicht die erforderliche Anzahl von Abschriften der von Amts wegen zuzustellenden Schriftstücke beigefügt hat; die Mindestgebühr beträgt 1 *RM*; Pfennigbeträge werden auf volle 10 *Rpf* abgerundet; § 7. Im übrigen beträgt die Schreibgebühr für die Seite, die 28 Zeilen von durchschnittlich 15 Silben enthält, 25 *Rpf*, auch wenn die Herstellung auf mechanischem Wege stattgefunden hat. Für Schriftstücke in tabellarischer Form, für Verzeichnisse, Listen, Zeichnungen usw. kann die Schreibgebühr im Verwaltungswege anders bestimmt werden; § 80 und 71 Abs. 4 GKG. — Zu den Kosten nach § 454 Ziff. 2 AO. gehören auch die den Steuerfahndungsbeamten erwachsenen Auslagen.

c) Es kommen folgende Kostenvorschriften der StPO. in Frage:

§ 464 StPO.: Der Strafbescheid muß darüber bestimmen, wer die Kosten zu tragen hat.

§ 465 StPO.: Der bestrafte Beschuldigte hat die Kosten der Voruntersuchung (Ermittelung), des Verfahrens selbst und der Strafvollstreckung zu tragen; stirbt er vor Eintritt der Rechtskraft, dann haftet der Nachlaß nicht.

§ 466 StPO.: a) Umfaßt die Untersuchung mehrere strafbare Handlungen, wird der Beschuldigte aber nur hinsichtlich eines Teiles derselben verurteilt, so haftet er nur für den hierdurch erwachsenen Kostenanteil; von der Kostentragung für die straffrei gebliebenen Fälle (Auslagen) ist er zu entbinden.

b) Mehrere verurteilte Beschuldigte haften für die Kosten (Auslagen) als Gesamtschuldner; jedoch nicht für die Kosten der Strafvollstreckung.

§ 467 StPO.: a) Einem nicht bestraften Beschuldigten sind die Kosten einer schuldbaren Versäumnis aufzuerlegen.

b) Die diesem erwachsenen notwendigen Auslagen können der Staatskasse auferlegt werden; von dieser Ermächtigung wird im Verwaltungsstrafverfahren wohl in der Regel kein Gebrauch gemacht werden.

§ 469 StPO.: Einem Anzeigenden, der wider besseres Wissen oder leichtfertig eine Anzeige veranlaßt hat, können die der Staatskasse und dem Beschuldigten erwachsenen Kosten auferlegt werden.

§ 473 StPO.: Die Kosten (einschließlich der Auslagen) einer zurückgenommenen oder erfolglos eingelegten Beschwerde hat der Beschwerdeführer zu tragen; bei teilweisem Erfolge der Beschwerde sind die Kosten angemessen zu verteilen.

d) Über Höhe und Notwendigkeit von Auslagen entscheidet endgültig das FA.; Satz 2 von Abs. 1 § 455 AO.; s. auch § 475 AO.; die Auslagen des FA. sind dem Gericht mitzuteilen.

e) Der in § 456 AO. genannte § 378 AO. bestimmt folgendes:

Das Finanzamt kann den Arrest in das bewegliche oder unbewegliche Vermögen anordnen, wenn die Erzwingung der Leistung vereitelt oder wesentlich erschwert werden könnte; auch dann, wenn der Anspruch noch nicht zahlenmäßig feststeht. Bei der Anordnung hat es einen Geldbetrag zu bestimmen, durch dessen Hinterlegung der Pflichtige die Beseitigung und Aufhebung des Arrests erreichen kann. Gegen die Anordnung des Finanzamts Beschwerde an Finanzgericht und gegen dessen Entscheidung Rechtsbeschwerde an Reichsfinanzhof gegeben.

Die Vollstreckungsbehörde vollzieht den Arrest nach den §§ 930 ff. ZPO. unter entsprechender Anwendung der Vorschriften dieses Abschnitts.

Persönlicher Arrest ist also ausgeschlossen. Der Arrest kann auch nur zur Sicherung der Kosten angeordnet werden, nicht wegen der Geldstrafe; RStBl. 1937, 755.

f) Über Nebenbeteiligte — Einziehung und Haftung — s. oben bei A 3 d, 8 a—c und 12.

g) Während der § 464 StPO. lediglich die formelle Behandlung der Kostentragung betrifft, bilden die §§ 465 ff. die materiell-rechtliche Grundlage hiefür; OLG. 13, 254.

h) Als Rechtsmittel gegen Kostenfestsetzungen kommt die Beschwerde nach § 453 in Frage.

i) Wenn dem gerichtlichen Verfahren ein Verwaltungsstrafverfahren vorausgegangen ist, so ist eine besondere Gebühr hierfür nicht zu erheben; RFH. 18, 320.

k) Die im Verwaltungsstrafverfahren angefallenen Kosten sind vom FA. (LFA.) festzusetzen und einzuziehen; § 457 AO.; RFH. 22, 159. — Die Kosten, die dem FA. als Nebenkläger nach § 475 AO. erwachsen, sind Gerichtskosten; ErlRFM. vom 18. 6. 1937, RStBl. S. 733.

l) Die §§ 116—118 StBO. i. d. F. vom 21. 3. 1935, RStBl. S. 565 f., treffen nähere Bestimmungen über die Buchführung bei Strafen wegen Steuerzuwiderhandlungen, § 120 über die Kosten im Strafverfahren (Eintrag in Strafliste, Kostenfestsetzung, Sollstellung, Überwachung usw.). — Der RdErlRFM. vom 23. 7. 1935 H 2131 — 197 II, veröffentlicht im RZBl. S. 331, regelt die Fürsorge (Verwahrung, Pflege usw.) für die beschlagnahmten Gegenstände. Für eingeschmuggeltes Vieh haben die HZA. (ZA.) die Fürsorgekosten einschließlich der Kosten für veterinärpolizeiliche Untersuchung zu zahlen und buchmäßig zu behandeln. Die Verwertung der eingezogenen Gegenstände hat nach Erl. vom 21. 6. 1928, RFBl. S. 429 ff., zu erfolgen. — Die Buchführungsordnung für Strafen und Kosten für die HZA. und ZA. vom 20. 3. 1935, RFBl. S. 79, RZBl. S. 159, regelt im I. Teil 3. Abschnitt die Kostenfestsetzung und Verbuchung im Verwaltungsstrafverfahren.

m) Nach dem Tode des Bestraften unbeibringliche Geldstrafen sind in die Strafnebenliste einzutragen; vgl. Jancke-Haas, Erläuterungsbuch zur StBO. sowie Nachtrag, Bemerkungen zu § 125.

**13.** Strafvollstreckung. a) Die AO. bestimmt hierwegen folgendes:

„§ 458. Vollstreckbare Strafbescheide und die Beschwerdebescheide wirken wie ein rechtskräftiges Urteil.

§ 459. (1) Die Finanzämter haben die Straf- und Beschwerdebescheide sowie die Kostenentscheidungen nach den Vorschriften über das Zwangsverfahren zu vollstrecken.

(2) Für Zahlung einer Geldstrafe kann eine Frist oder Abtragung in Teilbeträgen bewilligt werden. Teilzahlungen sind zulässig und werden zunächst auf die Strafe angerechnet. Der Versuch, eine Geldstrafe beizutreiben, kann unterbleiben, wenn sicher vorauszusehen ist, daß er erfolglos sein würde.

(3) Die Einziehung wird dadurch vollstreckt, daß das Finanzamt die Sachen dem Besitzer wegnehmen läßt. § 328 gilt entsprechend; jedoch kann der Dritte nur geltend machen, daß die Sache nicht durch die Einziehung getroffen sei, oder daß er das Recht an ihr nach der Rechtskraft des Strafbescheids erworben habe.

Bei Einziehungen kann das Finanzamt die Ersatzstrafe (§ 401 Abs. 2 und § 447 Abs. 3) vollstrecken, wenn die Sachen nicht in Verwahrung genommen sind und vom Verurteilten nicht binnen angemessener Frist abgeliefert werden.

§ 460. Geldstrafen und Gegenstände, deren Einziehung ausgesprochen ist, fallen dem Reiche zu."

b) Vollstreckbare — rechtskräftige — Strafbescheide bewirken den Verbrauch der Strafklage; s. hierwegen oben bei A Ziff. 1 e. Ein Strafbescheid ist dann rechtskräftig, wenn die Rechtsmittelfrist versäumt ist, wenn das eingelegte Rechtsmittel (Beschwerde oder Antrag auf gerichtliche Entscheidung) wieder zurückgenommen wurde oder wenn von Anfang an auf Einlegung des Rechtsmittels verzichtet wurde. — Wenn mehrere Beschuldigte vorhanden sind, sind die Voraussetzungen für die Vollstreckbarkeit bei einem jeden einzelnen Beteiligten zu prüfen. Beschwerdebescheide sind sofort vollstreckbar, da sie nicht mehr angefochten werden können; s. oben Ziff. 10 p und 11 a.

c) Eine Zurücknahme eines rechtskräftigen Strafbescheids kann nicht in Frage kommen; allenfalls Niederschlagung oder Erlaß nach § 477 AO. möglich; vgl. unten bei D.

d) Kann eine Geldstrafe oder eine Ersatzstrafe nicht beigetrieben werden, so hat das FA. ihre Umwandlung in Freiheitsstrafe bei Gericht zu beantragen; § 470 AO.; die Umwandlung erfolgt nach den Vorschriften des § 29 StGB. Das Gericht kann auch anordnen, daß die Vollstreckung der Ersatzstrafen unterbleibt, wenn die Geldstrafe ohne Verschulden des Verurteilten nicht eingebracht werden kann. Diese Befugnis steht mangels einer anderweitigen Bestimmung nur den Gerichten, nicht den FA. zu, da allein den Justizbehörden die Vollstreckung der Ersatz- und Freiheitsstrafen obliegt; § 29 Abs. 6 StGB. Ist die Vollstreckung einer Freiheitsstrafe unmöglich, z. B. bei dauernder Abwesenheit des Beschuldigten, wird dem FA. auch eine beschränkte Niederschlagungsbefugnis zugestanden werden können; vgl. Liman-Reißer, Die Beitreibungsordnung, S. 72 f. Auch die Möglichkeit, die Strafe im Gnadenweg nach § 477 zu erlassen, ist, wie schon hervorgehoben, gegeben. Vgl. auch § 459 Abs. 2 Satz 2 AO., wonach die Beitreibung dann unterbleiben kann, wenn die Geldstrafe aus dem „beweglichen" Vermögen nicht beigetrieben werden kann.

e) Die Beitreibung selbst erfolgt nach Maßgabe der §§ 325 ff. AO., der BeitrO. vom 23. 6. 1923, RMBl. S. 595, mit Änderungen vom 5. 7. 1923, RMBl. S. 645, vom 21. 12. 1923, RGBl. I, 1238, und vom 19. 1. 1927, RMBl. S. 23, sowie der Geschäftsanweisung für die Vollziehungsbeamten der RFinVerw. vom 31. 10. 1932, RMBl. S. 696; vgl. hierzu auch die Deutsche Steuerzeitung 1936 vom 4. 4. 1936 und 2. 5. 1936; 1937 S. 366. — In § 6 BeitrO. sind unter den beitreibbaren Leistungen u. a. auch die Geldstrafen erwähnt. — § 12 Abs. 3 a. a. O. bestimmt, daß seit dem Eintritt der Rechtskraft des Strafbescheids und auch seit der Bekanntgabe des Leistungsgebots eine Woche verstrichen sein muß, bevor mit der Ausführung der Zwangsvollstreckung begonnen werden darf. Bei Teilzahlungen hat die An- und Verrechnung nach § 26 Abs. 3 der VollzA. zu erfolgen (zuerst Verrechnung auf Geldstrafe, dann auf Kosten). — Im Konkursverfahren können Geldstrafen nicht geltend gemacht werden; § 63 Nr. 3 KO.; eine Ausnahme hiervon besteht im Nachlaßkonkurse; § 226 Abs. 2 Nr. 2 KO.; vgl. auch § 45 Abs. 2 BeitrO.

f) Über die Kosten des Mahn- und Zwangsverfahrens nach der AO. trifft die VO. vom 21. 1. 1923, RGBl. I S. 259, mit Änderungen vom 19. 12. 1923, RGBl. I S. 1205, vom 22. 11. 1924 und 5. 11. 1925, RGBl. I S. 755 bzw. 387, nähere Bestimmungen.

g) Bei Zuwiderhandlungen gegen das WGewStG. kann auch eine bedingte Strafaussetzung (Bewährungsfrist) bewilligt werden; vgl. unten bei D.

h) Über die Verpflichtung der FÄ., Hausiersteuerhinterziehungen den Strafregisterbehörden mitzuteilen, vgl. StrafregisterVO. vom 8. 3. 1926, RGBl. I, 157, 254, i. d. F. vom 17. 2. 1934, RGBl. I, 140; ErlRFM. vom 22. 9. 1921, RFBl. S. 271. Die Mitteilungspflicht erstreckt sich auch auf die rechtskräftigen Straffestsetzungen im Unterwerfungsverfahren. —

i) Die Finanzbehörden können nach §§ 32 ff. StrafregVO. um Auskunft aus dem Strafregister ersuchen; auch können sie Suchvermerke im Strafregister hinterlegen; §§ 39 ff.; vgl. auch ReichsjustizMBek. vom 9. 9. 1921 B 3, Zentralbl. S. 813; RFBl. 1921 S. 274 Anm. — S. auch Gesetz über beschränkte Auskunft aus dem Strafregister und die Tilgung von Strafvermerken vom 9. 4. 1920, RGBl. S. 507.

**14.** Nach Vorstehendem können die FA. Zuwiderhandlungen gegen das WGewStG. jederzeit an die Staatsanwaltschaft abgeben, dürfen dabei aber nicht willkürlich verfahren; §§ 425, 446 AO.; Becker, AO., 5. Aufl. Anm. 5 zu § 386 — alt. Gemäß § 421 (386 alt) AO. steht die Erforschung des Sachverhalts und die Führung der Untersuchung grundsätzlich bei allen Steuerzuwiderhandlungen i. S. des § 392 AO. den FA. zu mit folgenden Ausnahmen:

I. wenn der Beschuldigte wegen Steuerhinterziehung festgenommen und dem Richter vorgeführt wird (§ 421 Abs. 1 Satz 2 und § 426 Abs. 1 AO.);

II. bei Idealkonkurrenz, wenn die Strafe nicht aus dem Steuergesetz, sondern aus einem anderen Strafgesetz zu entnehmen ist und letzteres die schwerere Strafart androht (§ 418 Abs. 1 Satz 2, § 422 AO.);

III. bei Realkonkurrenz, wenn eine Steuerzuwiderhandlung und eine andere strafbare Handlung vorliegt und die Staatsanwaltschaft die Strafverfolgung auch wegen der Steuerzuwiderhandlung übernimmt (§ 426 Abs. 2 AO.).

In diesen drei Ausnahmefällen ist die Zuständigkeit der Staatsanwaltschaft von allem Anfange an gegeben. Im übrigen ist das FA. zuständig. Eine Überweisung von Hausiersteuerstraffällen an die Staatsanwaltschaft zur Strafverfolgung ist nur dann zu betätigen, wenn eine solche nach der Höhe der zu erlassenden Strafe oder nach dem Verhalten des Beschuldigten (Renitenz, ungebührliches Benehmen) angezeigt erscheint.

## C.

## Gerichtliches Verfahren.

**1.** Auch hier gilt die StPO., soweit die nachfolgenden §§ 461 ff. AO. nichts Abweichendes vorschreiben; § 420 AO.

**2.** a) § 461: Hat der Beschuldigte oder ein Nebenbeteiligter auf gerichtliche Entscheidung angetragen, so kann das Finanzamt den Strafbescheid wegen des Antragstellers bis zur Übersendung der Verhandlungen an die Staatsanwaltschaft zurücknehmen. In diesem Falle kann es das Verfahren einstellen, nach weiteren Ermittlungen einen neuen Bescheid erlassen oder die Sache an die Staatsanwaltschaft zum gerichtlichen Verfahren abgeben. Der Antragsteller ist zu benachrichtigen.

b) Das Gericht hat nicht darüber zu befinden, ob die vom FA. im Strafbescheid getroffene Entscheidung richtig ist oder nicht; es wird mit der Sache im ersten Rechtszug befaßt; RGSt. vom 28. 1. 1929; Jahn, AO., Anm. 1 zu § 461.

c) Das FA. hat das Recht, den ersten Strafbescheid aufzuheben und durch einen neuen zu ersetzen; dieser neue Bescheid kann insbesondere verschärfte Strafen gegenüber dem ersten Bescheid aussprechen; vgl. auch § 449 Abs. 4 und § 464 AO.; oben bei A 1e.

Das FA. hat dieses Recht auch dann noch, wenn das Verfahren durch Gerichtsbeschluß eingestellt worden ist; RGSt. 61, 93; der neue Strafbescheid ist nur nach neuen Ermittlungen zulässig; Jahn, AO., Anm. 3 zu § 461.

**3.** a) § 462. (1) Wird der Strafbescheid nicht zurückgenommen, so übersendet das Finanzamt die Verhandlungen der Staatsanwaltschaft mit dem Antrag, die Entscheidung des Gerichts herbeizuführen. Die Staatsanwaltschaft legt sie dem Gerichte vor; eine Anklageschrift wird nicht eingereicht. Wegen der örtlichen Zuständigkeit der Staatsanwaltschaft und des Gerichts gilt § 446 Abs. 2.

(2) Zur Hauptverhandlung vor dem Schöffengericht ist ein zweiter Amtsrichter zuzuziehen, wenn das FA. es beantragt. Das FA. soll den Antrag nur stellen, wenn die Zuziehung eines zweiten Amtsrichters nach Umfang und Bedeutung der Sache notwendig erscheint. Der Antrag soll dem Schreiben, mit dem das FA. die Verhandlungen der Staatsanwaltschaft übersendet (Abs. 1 Satz 1), beigefügt werden; die Staatsanwaltschaft hat ihn zusammen mit den Verhandlungen (Abs. 2 Satz 2) an das Gericht weiterzuleiten.

b) An die Stelle des erweiterten Schöffengerichts ist nunmehr die Große Strafkammer getreten; NotVO. vom 14. 6. 1932, RGBl. I, 285.

c) Anklageschrift nicht mehr erforderlich, wenn Strafbescheid erlassen ist; ebensowenig Eröffnungsbeschluß; jedoch kann das Gericht zur Klärung des Sachverhalts Ermittelungen anstellen oder durch das FA. anstellen lassen; RGSt. 17, 249.

**4.** a) § 463. (1) Das Gericht hat den Antrag auf gerichtliche Entscheidung als unzulässig zu verwerfen, wenn er nicht rechtzeitig oder nicht in der vorgeschriebenen Form gestellt ist, oder wenn er nach § 450 wirkungslos ist, weil Beschwerde eingelegt ist. Bei Versäumung der Frist kann nach den Vorschriften der StPO. Wiedereinsetzung in den vorigen Stand erteilt werden.

(2) Verwirft das Gericht den Antrag nicht als unzulässig, so ist die Hauptverhandlung anzuberaumen.

(3) Ist der Angeklagte flüchtig (§ 276 StPO.), so findet § 473 Anwendung.

b) Im Verfahren gegen einen abwesenden Hausierer (§ 276 StPO.) ist dieser im Wege der öffentlichen Zustellung zum Hauptverhandlungstermin zu laden unter Hinweis auf die ihm zur Last gelegte strafbare Handlung (§ 477 AO.) und unter der Eröffnung, daß bei unentschuldigtem Ausbleiben zur Hauptverhandlung geschritten wird, daß jedoch in dieser ein Verteidiger oder Familienangehöriger als Vertreter auftreten kann. — Das Gericht kann auch das Verfahren durchführen, trotzdem neben der Geldstrafe auf Gefängnis erkannt werden kann: auch die an die Stelle der uneinbringlichen Geldstrafe tretende Freiheitsstrafe kann kein Hindernis dafür bilden, daß das gerichtliche Verfahren gegen den Abwesenden durchgeführt wird. —

c) Siehe auch oben unter B 10 n.

**5.** a) § 464. (1) Nach Übersendung der Verhandlungen an die Staatsanwaltschaft kann das Finanzamt den Strafbescheid nur mit deren Zustimmung zurücknehmen. Die Staatsanwaltschaft teilt die Zurücknahme dem Gerichte mit, wenn sie ihm die Verhandlungen schon vorgelegt hat. Das Gericht stellt das Verfahren ein.

(2) Nach Beginn der Hauptverhandlung kann das Finanzamt den Strafbescheid nur mit Zustimmung dessen, der auf gerichtliche Entscheidung angetragen hat, nach Verkündung des Urteils erster Instanz überhaupt nicht mehr zurücknehmen.

b) Vgl. § 449 Abs. 4. — Zurücknahme also auch noch n a c h der Übersendung der Akten an die Staatsanwaltschaft zulässig; der Zurücknahme steht der Erlaß eines neuen Bescheids nach § 461 AO. nicht entgegen; RGSt. 61, 98.

c) Vgl. über reformatio in peius oben bei B 10 n.

**6.** a) § 465. (1) Der Beschuldigte oder der Nebenbeteiligte kann den Antrag auf gerichtliche Entscheidung bis zur Verkündung des Urteils erster Instanz zurücknehmen, nach Beginn der Hauptverhandlung jedoch nur mit Zustimmung der Staatsanwaltschaft und, falls es als Nebenkläger vertreten ist, auch des Finanzamts.

(2) Der Antrag gilt als zurückgenommen, wenn der Beschuldigte oder der Nebenbeteiligte ohne genügenden Grund in der Hauptverhandlung ausbleibt und sich nicht durch einen Verteidiger vertreten läßt.

b) In beiden Fällen (Zurücknahme und Ausbleiben) wird der Strafbescheid rechtskräftig.

c) Über FA. als Nebenkläger s. §§ 467 und 472 Abs. 2 AO.

**7.** a) § 466. (1) Hat der gesetzliche Vertreter eines noch nicht achtzehn Jahre alten Beschuldigten die gerichtliche Entscheidung beantragt, so ist auch der Beschuldigte zu laden. Sein Erscheinen kann erzwungen werden. Der gesetzliche Vertreter kann sich durch einen Verteidiger vertreten lassen, der mit einer ausdrücklich darauf gerichteten schriftlichen Vollmacht versehen ist.

(2) Bleibt der gesetzliche Vertreter aus und läßt er sich nicht vertreten, so hat das Gericht gleichwohl zu verhandeln, wenn der Beschuldigte selbst erscheint. Bleibt auch dieser aus, so gilt § 465 Abs. 2.

b) S. § 449 Abs. 2 AO.

**8.** a) § 467. (1) Ist gerichtliche Entscheidung beantragt, so hat das Finanzamt für das weitere Verfahren die Rechte eines Nebenklägers.

(2) Das Urteil und andere Entscheidungen sind dem Finanzamt zuzustellen, auch wenn es bei der Verkündung vertreten gewesen ist. Die Fristen für die Einlegung von Rechtsmitteln beginnen für das Finanzamt erst mit der Zustellung. Für Revisionsanträge und für Erklärungen auf

solche hat es einen Monat Frist. Berufungsanträge, Revisionsanträge und Anträge auf Wiederaufnahme des Verfahrens kann es schriftlich selbst stellen.

b) Siehe über FA. als Nebenkläger §§ 465 und 472 Abs. 2 AO., §§ 395 ff. StPO. Als Nebenkläger muß das FA. zu allen Terminen geladen werden, kann bei allen Terminen anwesend sein, kann Zeugen und Sachverständige laden und hat Anspruch auf Anhörung in der Hauptverhandlung; es kann auch selbst Rechtsmittel einlegen; eine Anschlußerklärung ist nicht nötig. Dagegen besteht auch für das FA. in der Berufungsinstanz — Hauptverhandlung — Anwaltszwang; RGSt. 60, 283. Im übrigen besteht für das FA. kein Anwaltszwang; letzter Satz von Abs. 2 im Zusammenhalt mit § 390 Abs. 2 StPO. Früher mußten die Rentämter ihre Anschlußerklärung dem zuständigen Gericht gegenüber ausdrücklich erklären; MBek. vom 9. 5. 1882, JustMBl. S. 127, FMBl. S. 91. In der Praxis wurde indessen die Anschlußberechtigung des Rentamts regelmäßig dann stillschweigend anerkannt, wenn das Rentamt ohne diese Erklärung als Nebenkläger ohne Widerspruch des Angeklagten aufgetreten ist; RGSt. 5, 335; 16, 130; Stenglein, Note 2 zu § 436 (alt) StPO.; OLG. 10, 57; 14, 292. In der Einlegung der Revision wurde beispielsweise eine genügende Anschlußerklärung erblickt; § 395 Abs. 1 Satz 2 StPO.; RGSt. 5, 235; 6, 139; vgl. auch die vorgen. Entsch. des OLG. — In der Revisionsbegründung muß angegeben sein, inwieweit das Urteil der Strafkammer angefochten und seine Aufhebung beantragt wird; §§ 344 Abs. 1 und 427 StPO.; OLG. Beschluß vom 17. 10. 1910, Rev.-Reg. Nr. 600/1910; 10, 42.

c) Rechtsmittel des Nebenklägers: sofortige Beschwerde (§ 311 StPO.), Berufung (§ 312 a. a. O.), Revision (§ 333 a. a. O.); Frist zur Einlegung je 1 Woche; für Berufungsrechtfertigung und Revisionsantrag ist die Frist auf eine weitere Woche verlängert. Vgl. auch §§ 314, 317, 341, 344, 345, 347 StPO.

d) Das FA. ist nur dann Nebenkläger, wenn ein Strafbescheid erlassen und gerichtliche Entscheidung beantragt ist, oder wenn die Staatsanwaltschaft wegen Steuerzuwiderhandlung öffentliche Klage erhoben hat; es genügt nicht, wenn eine Verurteilung wegen Steuerzuwiderhandlung in Tateinheit mit einer anderen strafbaren Handlung erfolgt; RGSt. 60, 39.

e) Wenn das Urteil des Schöffengerichts entgegen §§ 467 Abs. 2, 472 Abs. 1 AO. dem FA. nicht zugestellt wurde, darf die Strafkammer über die Berufung des Angeklagten nicht verhandeln; RGSt. 67, 250; Jahn, AO., S. 302, 52.

**9.** a) § 468. (1) Hängt eine Verurteilung wegen Steuerhinterziehung oder Steuergefährdung davon ab, ob ein Steueranspruch besteht, oder ob und in welcher Höhe ein Steueranspruch verkürzt oder ein Steuervorteil zu Unrecht gewährt ist, und hat der Reichsfinanzhof über diese Fragen entschieden, so bindet dessen Entscheidung das Gericht. Liegt eine Entscheidung des Reichsfinanzhofs nicht vor, sind die Fragen jedoch von Finanzbehörden oder Finanzgerichten zu entscheiden, so hat das Gericht das Strafverfahren auszusetzen, bis über die Fragen rechtskräftig entschieden worden ist. Entscheidet der Reichsfinanzhof, so bindet dessen Entscheidung das Gericht. Ergeht keine Entscheidung des Reichsfinanzhofs, so hat das Gericht, wenn es von der rechtskräftigen Entscheidung des Finanzamts oder der Rechtsmittelbehörde abweichen will, die Entscheidung des Reichsfinanzhofs einzuholen. Es übersendet die Akten dem Reichsfinanzhof. Dieser entscheidet im Beschlußverfahren in der Besetzung von fünf Mitgliedern. Seine Entscheidung ist bindend.

(2) Während der Aussetzung des Verfahrens ruht die Verjährung.

(3) Weicht die Entscheidung des Reichsfinanzhofs von der rechtskräftigen Entscheidung des Finanzamts oder der Rechtsmittelbehörde ab, so ist diese zu berichtigen; § 222 Abs. 1, § 224 gelten entsprechend.

b) Über die Frage, wann § 468 anzuwenden ist und welche Bedeutung ihm für die Gerichte zukommt, gingen die Meinungen auseinander. Das bayer. OLG. hat in ständiger Rechtsprechung angenommen, daß die Gerichte in dem Verfahren wegen Zuwiderhandlungen gegen das HStG. der Strafbemessung die von der Finanzbehörde festgesetzte Steuer zugrunde zu legen haben; vgl. OLG. 11, 391; 14, 257 und die daselbst angeführten Entscheidungen; 16, 113; 16, 135; 22, 114.

Das Reichsgericht hat dagegen in seinem Urteil vom 12. 12. 1910 entschieden, daß das Gericht an die Anschauung der Steuerbehörde über die Abgabenpflicht (Steuerpflicht) nicht gebunden ist, vielmehr selbständig die Frage zu prüfen hat, ob die Voraussetzungen der Strafbarkeit auch hinsichtlich der für die Bemessung der Strafe maßgebenden Umstände gegeben sind und ob überhaupt eine den Gegenstand einer strafbaren Handlung bildende Verletzung der Steuerpflicht als begründet anzuerkennen ist; s. auch RG. vom 9. 11. 1882 und vom 4. 6. 1883, 7, 220; 8, 390; Löwe, Note 4 zu § 459 StPO. (alt) und Note 7 zu § 462; BayZ. 1911, 7, 101; BlfFinW. 19, 136; GoltdArch. Bd. 59 S. 115.

Über die Auslegung des § 468 s. auch OLG. vom 19. 6. 1922 Rev.-Reg. II 134/1922, StA. Nr. 203, mitget. mit JustMBek. vom 31. 8. 1922; s. auch RGSt. 56, 107; RStBl. 1922 S. 18; OLG. vom 17. 7. 1922 Rev.-Reg. Nr. II 192/1922.

Auf jeden Fall war schon auf Grund des Urt. des RG. vom 11. 12. 1910 die Rechtslage die, daß das Gericht an die rechtliche Beurteilung der Steuerbehörde nicht gebunden ist.

c) Neuerdings hat das Reichsgericht in seiner Entscheidung vom 3. 11. 1936, JW. 1937 S. 403, ausgesprochen, daß das Strafgericht hinsichtlich der Höhe der Steuerverkürzung auch dann nicht an die rechtskräftige Entscheidung der Finanzbehörde gebunden ist, wenn durch diese der Betrag der Steuerverkürzung rechnungsmäßig genau festgestellt ist. Eine Anrufung des RFH. kommt nur soweit in Betracht, als es sich um die Frage handelt, ob durch den Steuerpflichtigen ein Steueranspruch verkürzt worden ist. Sind diese Voraussetzungen nicht gegeben, kommt eine Anrufung des RFH. gemäß § 468 AO. nicht in Frage; RGSt. 69, 200. Liegt aber eine solche Entscheidung des RFH. vor, können Beweisanträge über den äußeren Bestand eines Steueranspruchs vom Gericht abgelehnt werden; Jahn, AO., S. 302, 54; RFH. 16, 329; 42, 325; s. auch GoltdArch. 59, 115. —

Eine Anrufung des RFH. durch ein Strafgericht ist nach § 468 AO. dann erforderlich, wenn die Verurteilung wegen Steuerhinterziehung oder -gefährdung davon abhängt, ob ein Steueranspruch besteht oder ob und in welcher Höhe ein Steueranspruch verkürzt oder ein Steuervorteil zu Unrecht gewährt ist. Die Anrufung hat auch dann zu erfolgen, wenn die Entscheidung der Steuerbehörden auf Schätzung beruht; RGSt. 58, 428; 59, 258, 260, 261; 63, 64; s. auch Bd. 56, 107, 109; 61, 115, 118; 64, 229 ff.

d) Grundsätzlich ist davon auszugehen, daß Besteuerung und Strafverfahren zwei voneinander unabhängige Verfahren sind; vgl. oben bei B 9 d, 10 e, t und y. — § 468 will verhüten, daß die über Steuerhinterziehungen oder Steuergefährdungen — nur diese beiden Hauptsteuerdelikte kommen in Frage — befindenden Gerichte das Bestehen eines Steueranspruchs abweichend von der Stellungnahme der Steuerbehörden verneinen oder bejahen; es werden also die Gerichte in gewissem Umfange an die Entscheidungen der Steuerbehörden gebunden; RFH. 7, 290; 10, 196, 280; RFH. vom 19. 2. 1931, RStBl. 1931 S. 173; RGSt. 62, 322, 325 ff.

e) Spätestens im Verhandlungstermin ist auf § 468 hinzuweisen (§§ 467, 472) und auszuführen, ob und in welcher — voraussichtlichen — Höhe eine Steuerverkürzung stattgefunden hat. Es handelt sich um folgende Fälle:

I. §§ 421, 425, 446 AO. (Abgabe der Untersuchung vor der Entscheidung durch das FA. an Staatsanwaltschaft);

II. §§ 422, 426 Abs. 1 (Zuständigkeit der Staatsanwaltschaft);

III. § 426 Abs. 2 (Übernahme der Strafverfolgung durch die Staatsanwaltschaft),

IV. §§ 450 Abs. 1, 446 (Antrag des Beschuldigten auf gerichtliche Entscheidung).

f) Eine Bindung des Strafrichters kommt dann nicht in Frage, wenn lediglich auf Freiheitsstrafe erkannt wird; RGSt. 66, 30. Das gleiche ist der Fall bei Vermutungstatbeständen; RGSt. 57, 213; 58, 383; 66, 298; a. M. RFH. 13, 63; Jahn, AO. S. 302, 55.

g) § 468 gilt nicht im Strafverfahren gegen Personen, die nicht steuerpflichtig sind, dagegen bei Vertretern gemäß § 416 AO.; RGSt. 57, 212; 216, 220; 58, 41. Wegen Anwendung des § 468 beim Versuch der Steuerhinterziehung s. RFH. 10, 196; RGSt. 64, 229; 65, 165; Jahn, AO., 302, 54.

h) Die Bindung des Gerichts erstreckt sich nur auf die Entscheidung, nicht dagegen auf die Einleitung und sonstige Durchführung des Verfahrens; keine Prozeßvoraussetzung, sondern nur eine Urteilsvoraussetzung; RGSt. 56, 109; 61, 115, 118, 119.

i) Der Strafrichter ist zur Anrufung des RFH. dann nicht genötigt und auch nicht befugt, wenn er ohne Rücksicht auf die steuerliche Vorfrage den ausschließlich seiner eigenen Beurteilung unterliegenden inneren Tatbestand nicht zu bejahen vermag und deshalb zur Freisprechung gelangen muß; RGSt. 62, 322; RFH. 12, 235.

k) Streitig ist die Frage, ob der Strafrichter bei Prüfung der subjektiven Tatbestandsmerkmale von einem anderen äußeren Tatbestand ausgehen darf als dem, auf welchem die rechtskräftige Steuerfestsetzung beruht; der RFH. verneint in Bd. 25, 88 diese Frage; das RG. bejaht sie; RGSt. 62, 322; Jahn, 302, 55.

l) Über die Haftung auf Grund der Steuerhinterziehung haben die Steuerbehörden zu entscheiden; RFH. 13, 65.

m) Wenn der RFH. eine Rechtsbeschwerde als unzulässig verworfen oder sonst als unbegründet zurückgewiesen hat, ohne auf die Sache selbst einzugehen, dann liegt eine bindende Entscheidung i. S. des § 468 nicht vor; in diesem Falle müssen die Gerichte, wenn sie von der Feststellung des äußeren Tatbestands, wie er von den Steuerbehörden getroffen ist, abweichen wollen, die sachliche Entscheidung des RFH. einholen; RGSt. 62, 322. — Eine Übereinstimmung der Finanzbehörden und des Strafgerichts auch in der Begründung ist nicht erforderlich; RGSt. 57, 2.

n) Die rechtskräftigen Entscheidungen der Finanzbehörden müssen im Besteuerungsverfahren ergehen; RFH. 16, 329. Der Strafbescheid eines FA. gehört nicht zu solchen Vorentscheidungen; RGSt. 56, 397. Die Vorentscheidung braucht indessen nicht in einem formellen Steuerbescheid zu bestehen; auch eine Willenskundgebung des FA. nach § 212 AO. ist eine gültige Vorentscheidung; Jahn, AO., 302, 56.

o) Keine Entscheidungen der Finanzbehörden nach § 468, die gegen den Gemeinschuldner persönlich ergangen sind, sind die Zustellung eines Steuerbescheids über vorkonkursliche Steuerschulden des Gemeinschuldners an den Konkursverwalter, die Anmeldung der Steuerforderung im Konkursverfahren, die Tabellenfestsetzung; RFH. 21, 9. Gegen den Gemeinschuldner persönlich kann jedoch das Verfahren mit der Wirkung einer Entscheidung aus § 468 fortgesetzt werden; RFH. 21, 9; Jahn 302, 56.

p) Die Vorentscheidung der Finanzbehörden muß rechtskräftig sein; RFH. 11, 134, 183. Eine Rechtskraft liegt dann noch nicht vor, wenn auf Grund neuer Tatsachen oder Beweismittel nach § 222 Abs. 1 AO. eine höhere Veranlagung zu erwarten steht; vgl. auch Anm. 5 bei Art. I § 2 WGewStG. und bei u unten. Die Mitteilung des FA., daß die Voraussetzungen für eine Neuveranlagung gegeben seien, nimmt dem alten Bescheid nicht seine Bedeutung; RGSt. 58, 131. Über die Bedeutung eines Rechtsmittelverzichts vor Festsetzung der Steuer s. RGSt. 64, 229. — Über Rechtskraft s. auch Anh. II bei AO.

q) Der Strafrichter hat darüber zu entscheiden, ob ein Steuerbescheid als Festsetzung i. S. des § 396 Abs. 3 AO. gelten kann; RGSt. 65, 71. Sollte ein FA. nicht bereit sein, die erforderliche Vorentscheidung zu treffen, so ist das Strafverfahren gleichwohl fortzusetzen und abzuschließen; RGSt. 58, 18; Jahn 302, 56.

r) Auch wenn der Strafrichter nicht zu einem abweichenden Ergebnis gegenüber dem rechtskräftigen Bescheid der Steuerbehörde kommt, muß er in der Begründung die Tatsachen angeben, die ihn zur Annahme des Bestehens und der Verkürzung des Steueranspruchs geführt haben; RGSt. 59, 260. Ist der Strafrichter zu einem abweichenden Ergebnis gelangt, dann ist der RFH. anzurufen; dabei ist ihm darzulegen, daß und warum von dem Bescheid der Steuerbehörde abgewichen werden will; RFH. 7, 290. Zu Entscheidungen, die lediglich für Zwecke der Strafrechtspflege Bedeutung haben können, sind die Steuerbehörden nicht berufen; RFH. 16, 329. — Auf jeden Fall ist für die Einholung einer Entscheidung des RFH. nur da Raum, wo dieser noch in der Lage ist, durch eine von dem rechtskräftigen Steuerbescheid abweichende Entscheidung eine Berichtigung der Steuerfestsetzung herbeizuführen, die zu steuerlichen Zwecken erfolgen soll; Jahn 302, 56 f. Die Entscheidung des RFH. hat nur den Zweck, das Strafgericht zu der ihm obliegenden Entscheidung im Strafverfahren instand zu setzen. Die Entscheidung des RFH. bezieht sich nur auf die Vorentscheidung über das Bestehen, Nichtbestehen oder Verkürzen eines Steueranspruchs, nicht dagegen auf sonstige Tatbestandsmerkmale der Steuerhinterziehung.

s) Wird trotz vorliegender Voraussetzungen des § 468 die Herbeiführung einer rechtskräftigen Vorentscheidung der Finanzbehörden, gegebenenfalls des RFH. versäumt, so liegt ein Verfahrensmangel vor, der auch noch in der Revisionsinstanz von Amts wegen zu berücksichtigen ist; RGSt. 56, 107. Der Mangel hat Aufhebung und Zurückweisung zur Folge.

t) Die dem Gericht nach § 468 zustehenden Befugnisse sind nicht auch der Staatsanwaltschaft gegeben; ihr Verhältnis zum FA. regelt ausschließlich § 472. Der RFH. kann aber von dem Gericht auch schon vor Eröffnung der Hauptverhandlung aus § 468 angerufen werden; RFH. 18, 111; Jahn 302, 57.

u) Der RFH. kann vor Ablauf der Verjährungsfrist die Entscheidung des FA. oder der Rechtsmittelbehörde berichtigen einmal auf Grund neuer Tatsachen und Beweismittel (§ 222 Abs. 1), sodann beim Aufdecken von Fehlern durch die Aufsichtsbehörde (§ 224), auch wenn die Entscheidung rechtskräftig ist; § 468 Abs. 3 AO. Über Rechtskraft s. auch Anh. II.

v) Läßt sich der Strafbescheid nicht aufrechterhalten, weil das FA. sachlich nicht zuständig ist, so kann das Gericht nach § 469 Abs. 2 den Strafbescheid aufheben und durch den Staatsanwalt neue Anklage erheben lassen. War die Zuständigkeit des FA. gegeben, so bietet sich im Falle unzutreffender Sachbehandlung im Strafmaß für das FA. die Möglichkeit, den Strafbescheid aufzuheben und durch einen neuen zu ersetzen; § 461 AO. Eine Aussetzung der Hauptverhandlung wird jedenfalls hierwegen nur in ganz seltenen Fällen veranlaßt sein.

**10.** a) § 469. (1) Das Gericht ist bei der Entscheidung an die im Strafbescheide festgesetzte Strafe nicht gebunden.

(2) Stellt sich heraus, daß die Tat der Strafbefugnis des Finanzamts entzogen war, so hat das Gericht, ohne in der Sache zu entscheiden, den Strafbescheid durch Beschluß aufzuheben und die Verhandlungen der Staatsanwaltschaft mitzuteilen; gegen den Beschluß ist sofortige Beschwerde zulässig.

b) Infolge des Antrags auf gerichtliche Entscheidung muß das Gericht selbst in der Sache entscheiden; es muß also entweder verurteilen oder freisprechen; RGSt. 57, 390.

c) Ein von einem unzuständigen FA. eingeleitetes Verfahren kann nicht die Wirkungen der Rechtshängigkeit äußern; RGSt. 61, 289; Jahn 302, 57.

d) Vgl. auch oben Ziff. 9 zu § 468.

e) Über sofortige Beschwerde s. § 311 StPO.; Notfrist: 1 Woche.

**11.** a) § 470. Kann eine durch Strafbescheid festgesetzte Geldstrafe oder die Strafe des Ersatzes des Wertes nicht einziehbarer Sachen nicht beigetrieben werden, so hat das Gericht auf Antrag des Finanzamts die Strafe in Freiheitsstrafe umzuwandeln. Das Finanzamt übersendet die Verhandlungen der Staatsanwaltschaft. Die Entscheidung steht dem Gerichte zu, das für die Eröffnung des Hauptverfahrens zuständig gewesen wäre. Vor der Entscheidung sind die Staatsanwaltschaft und der, gegen den die Strafe festgesetzt ist, sowie das Finanzamt zu hören. Gegen den Beschluß ist sofortige Beschwerde zulässig.

b) An Stelle der Geldstrafe und der Strafe des Wertersatzes tritt Freiheitsstrafe, wenn diese nicht beigetrieben werden kann; s. auch § 423 StPO. Die sofortige Beschwerde (§ 311 StPO.) steht nur dem Beschuldigten und der Staatsanwaltschaft, nicht aber dem FA. zu. Über Vollstreckung s. § 451 StPO. Wegen Teilzahlungen, Fristbewilligung usw. s. § 459 Abs. 2 AO.; vgl. auch wegen Haftbarkeit §§ 417 Abs. 2 und 418 AO.

c) Die Umwandlung ist nicht nur im Verwaltungsstrafverfahren, sondern auch im gerichtlichen Strafverfahren zulässig; RdErlRFM. vom 14. 11.

1921 III F 1853 — II z 5888. Der Antrag ist auch dann erforderlich, wenn auf die Werterſatzstrafe im gerichtlichen Verfahren erkannt ist, weil durch die Verhängung einer Ersatzfreiheitsstrafe auf einen geldlichen Anspruch des Reichs verzichtet wird. Bei vorliegendem Antrag ist das Gericht zur Umwandlung verpflichtet; es handelt sich nur um eine Hilfstätigkeit des Gerichts; RdErlRFM. vom 20. 8. 1920, RStBl. S. 517. — Das Gericht kann auch gestatten, daß die Geldstrafe in bestimmten Teilbeträgen entrichtet wird; § 28 StGB.; s. auch RStBl. 1925 S. 159 (Gutachten des RFH. vom 17. 7. 1925).

d) Dem Gericht obliegt die Nachprüfung, ob tatsächlich ein vollstreckbarer Strafbescheid vorliegt, sowie ob die Geldstrafe tatsächlich nicht beigetrieben werden kann. Letzteres ist bereits dann der Fall, wenn mit Sicherheit vorauszusehen ist, daß die Geldstrafe aus dem beweglichen Vermögen nicht beigetrieben werden kann; § 28 a Abs. 2 StGB. — Darüber hinaus hat das Gericht die Frage der Gesetzmäßigkeit des Strafbescheids nicht zu prüfen. Die Entscheidung darüber, ob es im Interesse des Reichs liegt, an dem Schuldigen die Ersatzfreiheitsstrafe zu vollziehen oder einen etwaigen Vertretungspflichtigen (§ 416 AO.) geldlich in Anspruch zu nehmen, steht ausschließlich dem FA. zu; Jahn 302, 58. — Über Gnadenerweise s. unter D bei § 477 AO.

**12.** a) § 471. Beamte der Finanzämter dürfen außerhalb des Deutschen Reichs wohnende Personen, von denen eine Geldstrafe nicht eingezogen werden kann, bei Antreffen im Inland festnehmen. Sie haben sie ohne Verzug der Strafvollstreckungsbehörde vorzuführen. Diese hat die Ersatzfreiheitsstrafe zu vollstrecken oder, wenn eine solche noch nicht festgesetzt ist, die Entscheidung über die Umwandlung sofort herbeizuführen und die festgenommenen Personen solange in Haft zu behalten; die Haft ist auf die Freiheitsstrafe unverkürzt anzurechnen.

b) Haft- oder Vorführungsbefehl oder Steckbrief nach § 457 StPO. hier nicht erforderlich.

c) Die Haft darf nicht länger dauern als die noch nicht festgestellte Freiheitsstrafe; Jahn 302, 59.

d) Die Beamten der FA. dürfen auch ohne Vorführungs- oder Haftbefehl der Staatsanwaltschaft alle außerhalb des Deutschen Reichs wohnenden Personen, auch Reichsdeutsche, festnehmen.

**13.** a) § 472. (1) Erhebt die Staatsanwaltschaft wegen einer Steuerzuwiderhandlung die öffentliche Klage, so hat das Finanzamt die Rechte eines Nebenklägers (§ 467).

(2) Lehnt die Staatsanwaltschaft einen Antrag auf Verfolgung einer Steuerzuwiderhandlung ab, so kann das Finanzamt die öffentliche Klage selbst erheben. Sein Vertreter hat im weiteren Verfahren dieselbe Stellung wie die Staatsanwaltschaft im Verfahren auf öffentliche Klage. Der § 467 Abs. 2 gilt entsprechend.

(3) Hat das Finanzamt die öffentliche Klage erhoben, so kann die Staatsanwaltschaft in jeder Lage des Verfahrens mitwirken. Sie bewirkt die Ladungen zur Hauptverhandlung und muß darin vertreten sein. Die Entscheidungen sind ihr bekanntzugeben. Bis zur Rechtskraft des Urteils kann sie die Verfolgung übernehmen; legt sie ein Rechtsmittel ein, so übernimmt sie die Verfolgung. Das Verfahren wird in der Lage fortgesetzt, in der es sich befindet. Das Finanzamt hat die Rechte eines Nebenklägers (§ 467).

(4) Die Vorschrift des § 468 gilt auch in den Fällen dieses Paragraphen.

b) Wegen der örtlichen und sachlichen Zuständigkeit vgl. oben bei §§ 446 und 424 AO.; §§ 420, 422 StPO.

c) Der Vertreter des FA. hat, soweit Abs. 3 nichts anderes bestimmt, die Stellung der Staatsanwaltschaft; § 472 Abs. 2. Das FA. hat auch die Möglichkeit, die Eröffnung des Hauptverfahrens vor der Großen Strafkammer zu beantragen; Art. I § 1 Abs. 2 VO. vom 14. 6. 1932, RGBl. I, 285; RGSt. 62, 265. Die Zuständigkeit zur Klageerhebung steht dem FA. auch zu, wenn es zum Erlaß eines Strafbescheids nicht zuständig war. Gegen die Entscheidung der Staatsanwaltschaft kann das FA. statt der Klageerhebung auch Beschwerde bei der Oberstaatsanwaltschaft einlegen.

d) Wenn nach § 472 Abs. 3 die Staatsanwaltschaft die Strafverfolgung wieder übernimmt, dann wird das FA. wieder Nebenkläger; vgl. §§ 465, 467 AO.; vgl. auch bei § 468 AO.

e) Die Befugnis des FA. zur Einlegung von Rechtsmitteln in seiner Eigenschaft als Nebenkläger hängt nicht von einer Beschwer ab; RGSt. 57, 255; 60, 189; Jahn 302, 59.

**14.** a) § 473. (1) Ist der Angeklagte in den Fällen des § 472 flüchtig (§ 276 Abs. 2 StPO.), so können gegen ihn die Hauptverhandlung durchgeführt, das Urteil vollstreckt und Beschlagnahmen (§§ 283 und 284 StPO.) angeordnet und vollzogen werden, auch wenn die Voraussetzungen des § 276 Abs. 1 und des § 277 Abs. 2 und 3 StPO. nicht gegeben sind.

(2) Von der Anwendung der Vorschriften des § 280 Abs. 1, 3 und 4, des § 281 und des § 282a Abs. 1 Satz 2 StPO. kann abgesehen werden.

(3) Die Hauptverhandlung gegen einen Flüchtigen findet nicht nur auf Antrag der Staatsanwaltschaft (§ 277 Abs. 1 StPO.), sondern auch auf Antrag des FA. statt.

(4) Zur öffentlichen Bekanntmachung des Urteils (§ 282a Abs. 2 Satz 2 StPO.) ist nicht nur die Staatsanwaltschaft, sondern auch das FA. berechtigt.

b) § 473 erhielt seine Fassung durch Gesetz vom 28. 6. 1935, RGBl. I, 844, 850. Hiernach kann gegen einen flüchtigen Beschuldigten die Hauptverhandlung durchgeführt werden, in dessen Abwesenheit jedoch nur auf Antrag der Staatsanwaltschaft. Die Ladung ist in mindestens zwei öffentlichen Blättern bekanntzumachen. Es ist dem Flüchtigen von Amts wegen ein Verteidiger zu bestellen. Soweit es möglich ist, ist das Urteil zu vollstrecken. Die Staatsanwaltschaft kann das Urteil öffentlich bekanntmachen. Beschlagnahme des Vermögens des Beschuldigten zur Deckung der Geldstrafe und Kosten zulässig; §§ 276—284 StPO.

**15.** a) § 474. (1) Wenn jemand als Nebenbeteiligter für die Geldstrafe haftet, ist eine Ersatzfreiheitsstrafe nur zu vollstrecken, nachdem das Finanzamt gehört worden ist und soweit es die Vollstreckung beantragt.

(2) Hat das Gericht anerkannt, daß die Verurteilung auf Kosten des Verurteilten bekanntzumachen sei, so bestimmt das Finanzamt die Art der Bekanntmachung.

b) An sich würde im gerichtlichen Verfahren die Wahlbefugnis aus § 417 AO. dem Gerichte zustehen; aus fiskalischen Gründen ist jedoch die Mitwirkung des FA. erforderlich; letztere ist dann nicht geboten, wenn das Gericht von sich aus bei den Nebenbeteiligten die Ersatzgeldstrafe vollstrecken will, da in diesem Falle das finanzielle Ergebnis für das Reich ohnedies günstiger ist; Jahn 302, 60 a, b.

c) Vgl. auch oben bei §§ 421, 430, 447, 448, 459, 460 AO.

**16.** a) § 475. Schließt das gerichtliche Verfahren mit einer Verurteilung, so gehören die notwendigen Auslagen des Finanzamts zu den Kosten des Verfahrens.

b) Der Verurteilte hat sonach die Kosten der Nebenklage auf alle Fälle zu tragen, nicht aber auch die Kosten des etwa vorausgegangenen Verwaltungsstrafverfahrens; vgl. hierzu § 457 AO. Die Festsetzung und Einziehung der Kosten des dem gerichtlichen Verfahren vorangegangenen Verwaltungsstrafverfahrens ist ausschließlich Sache der Finanzbehörden. Die nach § 475 AO. eingezogenen Kosten werden bei den Haushaltsmitteln des Reichsjustizhaushalts vereinnahmt; RJM. vom 25. 3. 1936, DJ. 502; RdErlRFM. vom 18. 6. 1937, RStBl. 733.

**17.** a) § 476. Das Landesfinanzamt kann die Befugnisse, die den Finanzämtern im gerichtlichen Verfahren zustehen, anderen Behörden oder bestimmten Beamten übertragen.

b) Vgl. oben § 428 AO.

## D.

## Niederschlagung.

**1.** Dem RFM. steht auf Grund des § 477 AO. das Recht zu,

a) aus Zweckmäßigkeitsgründen von der Verfolgung im Verwaltungsstrafverfahren überhaupt abzusehen (Niederschlagungsrecht) oder

b) die erkannte Strafe zu erlassen (Begnadigungsrecht); diese Befugnis kann auf untergeordnete Stellen übertragen werden; von dieser Befugnis hat der RFM. Gebrauch gemacht; s. unten bei 2 c.

c) Im Falle des § 477 Abs. 2 AO. — aber nur in diesem Falle — sind die Finanzämter befugt, von der Einleitung oder Durchführung des Strafverfahrens abzusehen; die betreffende Verfügung ist aber mit entsprechender schriftlicher Begründung zu versehen; s. auch oben bei A 1 c.

**2.** a) § 477 AO. lautet:

„(1) Der Reichsminister der Finanzen ist befugt, von der Einleitung oder Durchführung eines Verwaltungsstrafverfahrens abzusehen und im Verwaltungsstrafverfahren erkannte Strafen zu erlassen; im übrigen steht das Recht der Begnadigung den Regierungen der Länder zu. Der Reichsminister der Finanzen kann die ihm zustehenden Befugnisse auf die ihm unterstellten Finanzbehörden übertragen.

(2) Die Finanzämter sind befugt, von der Einleitung oder Durchführung einer Untersuchung abzusehen, wenn eine Hinterziehung nicht in Frage kommt und das Verschulden des Täters geringfügig ist."

b) Bei Zuwiderhandlungen gegen das bayer. HStG. sollten Begnadigungen nur dann gewährt werden, wenn Anhaltspunkte dafür vorhanden sind, daß der Steuersatz zu hoch war und daß dieser im Falle der Beschwerde hätte heruntergesetzt werden müssen; StenB. 1897, IX, 541.

c) Durch das Gesetz über den Neuaufbau des Reichs vom 30. 1. 1934, RGBl. I, 75, Art. 2 sind die früheren Hoheitsrechte der Länder und damit auch das Begnadigungsrecht auf das Reich übergegangen; s. dazu auch VO. vom 5. 5. 1934, RGBl. I, 373. Auf Grund des Reichsstatthaltergesetzes vom 30. 1. 1935, RGBl. I, 65, § 8 steht das Gnadenrecht dem Führer und Reichskanzler zu. Wegen der Ausübung des Gnadenrechts auf dem Gebiete des Strafrechts ist der Erlaß des Führers und Reichskanzlers vom 1. 2. 1935, RGBl. I, 74, maßgebend. Bezüglich der unter Ziff. I des Führererlasses bestimmten Strafen hat sich der Führer und Reichskanzler die Entschließung selbst vorbehalten; dazu gehört vor allem die Niederschlagung von Strafverfahren, die zur Zuständigkeit der Gerichte gehören. Im übrigen sind die Befugnisse zu Gnadenerweisen für die zur Zuständigkeit der Gerichte gehörigen Sachen dem RMdJust., für die Steuerzuwiderhandlungen dem RdF. übertragen. Das Verfahren in Gnadensachen ist näher geregelt durch VO. des RMdJust. vom 6. 2. 1935, DJ. S. 203, sog. Gnadenordnung. Weiter erging eine allgemeine Verfügung des RdF. und RJM. vom 26. 2. 1937, RStBl. S. 417, in der die Ausübung des Gnadenrechts bei Steuerzuwiderhandlungen insbesondere in Fällen der Tateinheit und der Tatmehrheit mit anderen Straftaten näher geregelt ist; in solchen Fällen entscheiden beide Minister gemeinsam. Für Steuerzuwiderhandlungen hat der RdF. mit Verf. vom 26. 2. 1937, RStBl. S. 419, über die Ausübung des Gnadenrechts und über das Verfahren in Gnadensachen nähere Anordnungen getroffen. Hiernach sind zur Ausübung des Begnadigungsrechts zuständig

I. die FA., wenn die Hauptgeldstrafe und der Wertbetrag der Einziehung je 1000 *RM* nicht übersteigt,

II. die OFP., wenn die Hauptgeldstrafe und der Wertbetrag der Einziehung je 1000 *RM*, aber nicht je 10000 *RM* übersteigt,

III. im übrigen der RdF.

Ist neben einer Geldstrafe auf eine weitere Geldstrafe an Stelle einer an sich verwirkten Freiheitsstrafe erkannt, so ist Hauptgeldstrafe die Summe der beiden Geldstrafen. Das Begnadigungsrecht umfaßt die Befugnis, rechtskräftig erkannte Geldstrafen, Ersatzfreiheitsstrafen, Einziehungsstrafen und sonstige Nebenstrafen oder Straffolgen (z. B. Werterssatzstrafen, Haftung dritter Personen) und die Kosten des Strafverfahrens zu erlassen oder zu ermäßigen, die Strafvollstreckung vorläufig einzustellen, Strafausstand oder bedingte Strafaussetzung — Bewährungsfrist — zu bewilligen. Die gnadenweise Freigabe eines eingezogenen Gegenstandes an den bisherigen Eigentümer ist nicht deshalb ausgeschlossen, weil seine Zuziehung im Strafverfahren unterblieben ist.

d) Die OFP. sind ermächtigt, die Strafvollstreckung bis zur Entscheidung über das Gnadengesuch vorläufig einzustellen, Strafausstand bis zu ½ Jahr zu bewilligen, bedingt ausgesetzte Strafen nach Ablauf der Bewährungsfrist und Erfüllung der Bedingungen zu erlassen, wiederholt gestellte Gnadengesuche abzulehnen, wenn keine neuen erheblichen Tatsachen vorgebracht werden und auch sonst kein Anlaß zu einer abweichenden Beurteilung vorliegt, der von der gerichtlichen Gnadenbehörde in einer von ihr bearbeiteten gemeinsamen Gnadensache (vorgen. Verf. vom 26. 2. 1937, RStBl. S. 417, A II und III) beabsichtigten Ablehnung, in den Fällen A III auch der beabsichtigten Bewilligung eines Gnadenerweises zuzustimmen. Für die Berichte in Gnadensachen ist ein besonderes Formblatt zu verwenden; vgl. RStBl. 1937 S. 420.

e) Für die Ersatzfreiheitsstrafen, welche die Gerichte auf Grund des § 470 AO. verhängen, steht das Begnadigungsrecht auch dem RdF. zu. Der Gnadenerweis kann sich auch ausschließlich auf die Ersatzfreiheitsstrafe beschränken, so daß die primär erkannte Geldstrafe unberührt bleibt; RFH., Gutachten vom 17. 7. 1925; Jahn, AO. S. 302, 58.

**3.** Gegen die Verf. der FA. und LFA. (OFP.), durch die ein Erlaßgesuch abgewiesen wird, ist die Beschwerde nach § 453 AO. gegeben.

**4.** a) Zur Niederschlagung eines Verwaltungsstrafverfahrens — § 477 Abs. 1 erster Halbsatz — ist nur zuständig der RdF. Denn er hat von seiner Ermächtigung, die Befugnis zur Niederschlagung zu übertragen, vorerst keinen Gebrauch gemacht.

b) Die Niederschlagung bringt den Strafanspruch des Reichs zum Erlöschen; RGSt. 52, 283; 53, 306 f.; 55, 231; 59, 54, 56. Bei der Niederschlagung handelt es sich um Verzicht auf den Strafanspruch des Staates und auf seine Geltendmachung; RGSt. 53, 65, 68.

c) Die Gnadenordnung sieht die Möglichkeit eines Widerrufs der Niederschlagung nicht vor, ebensowenig die beiden vorgenannten MinVerf. vom 26. 2. 1937.

d) Niederschlagung ist nicht gleich Einstellung des Verfahrens nach § 446 AO. Bei der Einstellung handelt es sich um die Erledigung des Strafverfahrens auf Grund der vom Gesetz geforderten Voraussetzungen, bei der Niederschlagung um einen Gnadenakt.

**5.** a) Auch die Begnadigung im engeren Sinne — Erlaß — ist ein Verzicht auf den Strafanspruch des Staates; RFH. 14, 169.

b) Die Begnadigung bewirkt den völligen oder teilweisen Wegfall der Strafe, nicht aber eine Ermäßigung der Gebühr; RdErlRFM. vom 25. 6. 1923, RStBl. S. 220.

c) Widerruf von Begnadigungen möglich, wenn die an sie geknüpften Bedingungen nichteingehalten werden; z. B. beim bedingten Straferlaß; obengen. Verf. vom 26. 2. 1937 unter I Nr. 1 Abs. 2 und Nr. 4 c.

d) Durch § 153 Abs. 2, 3 StPO. haben die Befugnisse der FA. auf Grund des § 477 Abs. 2 AO. keine Änderung erfahren; RFM. vom 25. 6. 1929 S 1192 — IV 1/5756.

**6.** a) In der Vergangenheit wurde wiederholt auch wegen Steuervergehen Amnestie gewährt, insbes. durch die Straffreiheitsgesetze vom 20. 12. 1932, RGBl. I, 559, und vom 7. 8. 1934, RGBl. I, 769, vom 23. 4. 1936, RGBl. I, 378, 384, 400, nebst DVO. vom 23. 4. 1936, RGBl. I, 384; s. auch Gesetz vom 1. 12. 1936, RGBl. I, 999; RdErl. RuPrMdJ. vom 5. 5. 1936, RMBliV. S. 635; Aufsatz von OLGRat Dr. Schäfer in „Deutsche Justiz" 1936 S. 672.

b) Zum Gesetz vom 20. 12. 1932 sind ergangen:

I. RdErlRFM. vom 4. 1. 1933 S 1278 — 129 II; hiernach wurde im Einvernehmen mit dem Reichsjustizmin. auf folgendes hingewiesen:

1. Das Gesetz findet auch auf die lediglich im Wege des Verwaltungsstrafverfahrens verfolgten Straftaten Anwendung.
2. Anhängige Verfahren werden von Amts wegen eingestellt (§ 7 des Gesetzes). Über die Einstellung entscheidet im Verwaltungsstrafverfahren das FA. (HZA.) oder LFA., bei dem das Verfahren anhängig ist. Den Beteiligten steht es jedoch frei, gemäß § 10 des Gesetzes über die Einstellung eine Entscheidung des Gerichts herbeizuführen.
3. Welche Straftaten als infolge wirtschaftlicher Not begangen anzusehen sind (§ 5), ist Tatfrage. Fälle des gewerbsmäßigen Schmuggels sind davon nicht ohne weiteres ausgenommen. Hinsichtlich der Auslegung des Begriffs der wirtschaftlichen Not; s. RGSt. 53, 243.
4. Die Einziehung bleibt nach § 6 mit § 3 Abs. 1 Satz 2 des AmnestieG. unberührt. Das gilt für die Fälle, in denen auf Einziehung unab-

hängig von der Strafverfolgung einer bestimmten Person erkannt werden kann, auch dann, wenn beim Inkrafttreten des Gesetzes noch nicht auf Einziehung erkannt war.

5. Unter wirtschaftspol. Kämpfen i. S. des § 1 sind Kämpfe um die deutsche Wirtschaftsordnung, namentlich Streike, nicht etwa der seit Juli 1925 bestehende Zollkrieg mit Polen zu verstehen.

II. RdErlRFM. vom 11. 4. 1933 S 1276 — 153 II; hiernach hatten die FA. (HZA.) die Staatsanwaltschaft zu ersuchen, wegen der Vorstrafen „unumschränkte" Auskunft zu erholen; das Gesetz vom 9. 4. 1920, RGBl. 507, sieht den FA. (HZA.) gegenüber nur „beschränkte" Auskunft vor. Auch hier lag das Einverständnis des RMdJust. vor.

III. Folgendes Urteil: Wird eine an sich unter das Straffreiheits.G. vom 20. 12. 1932 fallende Handlung nach dem Stichtag (1. 12. 1932) fortgesetzt, so bleiben auch die vorher liegenden Handlungen strafbar; OLG. vom 25. 4. 1933 Rev.-Reg. I/89/1933, BayZ. f. Rechtspfl. 1933 S. 274.

## E.

## Strafbestimmungen der GO. (§§ 143—153).

„Auszugsweise."

Einschlägig hier hauptsächlich wegen der „Entziehung" § 143 (vgl. unter III bei §§ 44 a, 58, 59 a, 60—63 GO.); wegen der „Beaufsichtigung" § 151 und die folgenden Paragraphen.

## § 146.

(1) Mit Geldstrafe bis zu zweitausend Reichsmark und im Unvermögensfalle mit Gefängnis bis zu sechs Monaten werden bestraft: usw.

4. Wer § 56 Ziff. 6 zuwiderhandelt.

(2) ........

(3) Die Geldstrafen fließen der im § 116 bezeichneten Kasse zu.

**1.** Über Umwandlung der Geld- in Freiheitsstrafe vgl. StGB. §§ 28, 29, 78.

**2.** Mindestmaß der Strafen, Verjährung usw. § 145 Abs. 1 GO.; hiernach sind die Bestimmungen des StGB. maßgebend.

**3.** Bezugsberechtigt: Hilfskasse des Arbeiters, allenfalls Ortsarmenkasse.

**4.** Siehe § 56 GO. oben Ziff. III.

## § 146 a.

(1) Mit Geldstrafe bis zu sechshundert Reichsmark, im Unvermögensfalle mit Haft wird bestraft, wer den §§ 105 b—105 g oder den auf Grund derselben erlassenen Anordnungen zuwider Arbeitern an Sonn- und Festtagen Beschäftigung gibt oder den §§ 41 a, 55 a oder den auf Grund des § 105 b Abs. 2 erlassenen statutarischen Bestimmungen oder den auf Grund des § 41 b getroffenen Anordnungen zuwiderhandelt.

(2) Wer den §§ 105 b—105 g oder den auf Grund dieser Vorschriften erlassenen Anordnungen zuwider Arbeitern an Sonn-

und Festtagen Beschäftigung gibt oder den auf Grund des § 105 b Abs. 2 erlassenen statutarischen Bestimmungen zuwiderhandelt, nachdem er bereits zweimal wegen einer Zuwiderhandlung gegen die bezeichneten Vorschriften rechtskräftig verurteilt worden ist, wird, falls die Straftat vorsätzlich begangen wurde, mit Geldstrafe von fünfzig bis eintausend Reichsmark oder mit Haft bestraft....

**1.** Vgl. § 55 a GO. oben Ziff. II.

**2.** Die hier bezeichneten strafbaren Handlungen sind Vergehen i. S. des StGB.

## § 147.

(1) ........

(2) Enthält die Handlung zugleich eine Zuwiderhandlung gegen die Steuergesetze, so soll nicht außerdem noch auf eine Steuerstrafe erkannt werden; es ist aber darauf bei der Zumessung der Strafe Rücksicht zu nehmen.

(3 4) ........

**1.** S. Vorbem. zu § 146 GO.

**2.** Über Zusammentreffen von Gewerbepolizeivergehen und Steuerdelikten s. auch Landmann S. 767 bzw. S. 347, ferner oben bei A Ziff. 9 (§ 418 AO.) und Anm. 4 zu § 148 GO.

## § 148.

(1) Mit Geldstrafe bis zu 150 Mark und im Unvermögensfalle mit Haft bis zu 4 Wochen wird bestraft:

5. wer dem § 33 b oder außer den im § 149 Ziff. 1 vorgesehenen Fällen den §§ 42 a bis 44 a zuwiderhandelt, oder seine Legitimationskarte (§ 44 a) oder seinen Wandergewerbeschein (§ 55) einem anderen zur Benutzung überläßt;
6. wer zum Zwecke der Erlangung einer Legitimationskarte, eines Wandergewerbescheins oder der im § 62 vorgesehenen Erlaubnis in bezug auf seine Person, oder die Personen, die er mit sich zu führen beabsichtigt, wissentlich unrichtige Angaben macht;
7. wer ein Gill. ohne den gesetzlich erforderlichen Wandergewerbeschein, imgleichen wer eines der im § 59 Ziff. 1 bis 3 bezeichneten Gewerbe der nach § 59 a ergangenen Untersagung zuwider betreibt;

7 a. wer dem § 56 Absatz 1, Absatz 2 Ziff. 1 bis 5, 7 bis 11, Absatz 3, den § 56 a oder § 56 b zuwiderhandelt;

7 b. wer den Vorschriften der §§ 56 c, 60 a, 60 b Abs. 2, 3 oder des § 60 c Abs. 2, 3 zuwiderhandelt;

7c. wer einer ihm in Gemäßheit des § 60 Absatz 1, § 60b Absatz 1 oder des § 60d Absatz 3 in dem Wandergewerbeschein auferlegten Beschränkung zuwiderhandelt;

7d. wer bei dem GiU. Kinder unter vierzehn Jahren zu gewerblichen Zwecken mit sich führt, oder zu dem nach § 42b Absatz 5 verbotenen Gewerbebetriebe Kinder unter vierzehn Jahren anleitet oder ausschickt;

7e. ein Ausländer, welcher bei dem GiU. den in Gemäßheit des § 56d vom Bundesrate getroffenen Bestimmungen zuwiderhandelt.

(2) Enthält in den Fällen des Absatz 1 die strafbare Handlung zugleich eine Zuwiderhandlung gegen ein Steuergesetz (§ 73 Strafgesetzbuch), so ist die nach Absatz 1 verwirkte Strafe neben der etwa verwirkten Steuerstrafe besonders zu verhängen; bei der Bemessung der Steuerstrafe ist jedoch die nach Abs. 1 verhängte Strafe zu berücksichtigen. Soweit die Vorschriften der Reichsabgabenordnung entgegenstehen, finden sie keine Anwendung.

**1.** Vgl. Ziff. I, III, IV, V, VI, VIII, IX oben!

Ziff. 7 betrifft den Hausierbetrieb o h n e gültigen WGewSchein und mit dem Schein eines Dritten; auch den selbständigen Hausierbetrieb des als „Begleiter" Eingetragenen.

Ziff. 7c hat als Voraussetzung den Besitz eines gültigen WGew.-Scheins.

Ziff. 6: strengere ideell konkurrierende Strafbestimmungen anwendbar.

**2.** Abs. II lautete früher:

In allen diesen Fällen bleibt die Strafe ausgeschlossen, wenn die strafbare Handlung zugleich eine Zuwiderhandlung gegen die Steuergesetze enthält; s. hierwegen unten Anm. 4.

**3.** Verjährung: 3 Monate vom Tage der Begehung an gerechnet; s. § 145 Abs. 2 GO.

**4.** Das vorm. OLG. München hat zu § 148 Abs. 2 und § 149 Abs. 2 GO. folgende Urteile von grundsätzlicher Bedeutung erlassen:

a) Urt. vom 17. 1. 1935 Rev.-Reg. II Nr. 153/1934:

Nach § 148 Abs. 2 i. d. F. des Gesetzes zum Schutze des Einzelhandels vom 12. 5. 1933, RGBl. I S. 262, ist abweichend von der bisherigen Regelung, wonach beim Zusammentreffen einer gewerbepolizeilichen Übertretung mit einer Steuerzuwiderhandlung eine Strafe für die polizeiliche Verfehlung neben der steuergesetzlichen Strafe entfiel, nunmehr bestimmt, daß in einem solchen Falle die für die Gewerbepolizeiübertretung verwirkte Strafe aus § 148 Abs. 1 n e b e n der etwa verwirkten Steuerstrafe b e s o n d e r s zu verhängen, jedoch bei der Bemessung der Steuerstrafe zu b e r ü c k s i c h t i g e n, also nicht etwa schlechthin anzurechnen ist. Es muß also der Gesamtbetrag der Steuerstrafe und der gewerbepolizeilichen Strafe stets höher sein als die steuerrechtliche Mindeststrafe, weil sonst der Zweck der Gesetzesänderung — nämlich schärfere Bestrafung von Zuwiderhandlungen dieser Art — nicht erreicht würde; Deutsche Justiz 1934 S. 861; s. auch oben Ziff. XI E 9.

b) Urt. vom 24. 1. 1935 Rev.-Reg. II Nr. 170/1934:

Der erkennende Senat ist im Anschluß an seine bisherige Rechtsprechung (Urt. vom 12. 10. 1933 Rev.-Reg. Nr. 196/1933, vom 5. 4. 1933 Rev.-Reg. Nr. 38/1934 und vom 19. 4. 1934 Rev.-Reg. Nr. 49/1934) und in Übereinstimmung mit der offenbar auf dem gleichen Standpunkte stehenden Bek. des Preuß. Justizministeriums vom 5. 7. 1934 (Deutsche Justiz 1934 S. 861) der Auffassung, daß zur Entscheidung über die gewerbepolizeiliche Übertretung das ordentliche Gericht und zur Entscheidung über die Steuerzuwiderhandlungen das FA. zuständig ist — unbeschadet der für Steuerzuwiderhandlungen in der AO. vorgesehenen besonderen Fälle der Zuständigkeit der Gerichte; vgl. §§ 421 Abs. 1 Satz 2, 425, 446, 461 AO. Diese Auslegung ergibt sich sowohl aus dem Wortlaut als auch aus dem Sinn und Zweck der neuen Bestimmungen im § 148 Abs. 2, 149 Abs. 2 GO., insbes. aus Halbsatz 2 des ersten Satzes und aus dem zweiten Satz.

Hiernach ist anzustreben, daß die Bestrafung wegen der Steuerzuwiderhandlung womöglich in allen Fällen vom Gericht übernommen wird, da sich dieses in erster Linie mit der Sache zu befassen hat und Zweckmäßigkeitsgründe für eine Vereinigung der Strafverfahren sprechen. Denn wenn das Gericht nur die gewerbepolizeiliche Bestrafung durchführt und wenn dann gegen einen späteren Strafbescheid des FA. wegen Vergehens gegen das Wandergewsteuergesetz gerichtliche Entscheidung angerufen wird, müßte das Gericht in der Sache neuerdings tätig werden. Hierauf wird zweckmäßig bei Stellung des Antrags auf Übernahme des Strafverfahrens hingewiesen; § 425 AO. Nach Erledigung des Strafverfahrens ist die WGewSt. festzusetzen. Wenn die Übernahme des Strafverfahrens wegen Verfehlung gegen das WGewStG. durch das Gericht abgelehnt wird, ist nach § 472 Abs. 2 AO. zu verfahren. Ist die Verfolgung wegen der gewerbepolizeilichen Übertretung bereits verjährt, so ist dies bei Bemessung der Steuerstrafe dadurch zu berücksichtigen, daß über die Mindeststrafe hinausgegangen wird; s. das Urteil oben unter a.

c) Auf jeden Fall muß die Summe der Steuerstrafe und der gewerbepolizeilichen Strafe stets höher sein als die steuerrechtliche Mindeststrafe, weil andernfalls der Zweck der Gesetzesänderung, eine schärfere Bestrafung von Zuwiderhandlungen der in Frage stehenden Art herbeizuführen, nicht erreicht würde; s. Urt. oben unter a.

d) Aus den Akten des FA. muß stets ersichtlich sein, ob und in welcher Höhe die Strafe wegen Übertretung festgesetzt wurde (wegen Rechtsmittelverfahren, wegen Straferlaßgesuchen usw.).

**5.** a) Wegen Idealkonkurrenz s. auch § 73 StGB. und die Ausführungen oben unter Ziff. XII A 9.

b) Sind, wie in den Fällen der §§ 148 Abs. 2, 149 Abs. 2 GO., die Steuerstrafe und die nach einem anderen Gesetz verwirkte Strafe nebeneinander zu verhängen, so greift der Grundsatz der Trennung der Zuständigkeit Platz. Es steht daher in Fällen der in Frage stehenden Art die Entscheidung über die Hausiersteuerstrafe im Rahmen des § 421 AO. dem FA., die Entscheidung über die gewerbepolizeiliche Strafe dem Gericht zu. Die FA. sind hiernach zur Verhängung der gewerbepolizeilichen Strafe nicht befugt.

## § 149.

(1) Mit Geldstrafe bis zu dreißig Reichsmark und im Unvermögensfalle mit Haft bis zu acht Tagen wird bestraft:

1. wer den im § 42b vorgesehenen Erlaubnisschein oder den im § 43 vorgesehenen Legitimationsschein während der Ausübung des Gewerbebetriebs nicht bei sich führt, oder den Bestimmungen des § 44a Absatz 2 zuwiderhandelt;
2. wer bei dem GiU. dem letzten Absatze des § 56 oder dem § 60c Absatz 1 zuwiderhandelt;
3. wer ein GiU., für welches ihm ein auf einen bestimmten Bezirk lautender Wandergewerbeschein erteilt ist, unbefugt in einem anderen Bezirke betreibt;
4. wer ein GiU. mit anderen Warengattungen oder unter Darbietung anderer Leistungen betreibt, als sein Wandergewerbeschein angibt;
5. wer bei dem GiU. unbefugt Personen mit sich führt, oder einen Gewerbetreibenden, zu welchem er nicht in dem Verhältnisse eines Ehegatten, Kindes oder Enkels steht, unbefugt begleitet;
6. wer den polizeilichen Anordnungen wegen des Marktverkehrs zuwiderhandelt; usw.

(2) Enthält in den Fällen des Absatz 1 die strafbare Handlung zugleich eine Zuwiderhandlung gegen ein Steuergesetz (§ 73 Strafgesetzbuch), so ist die nach Absatz 1 verwirkte Strafe neben der etwa verwirkten Steuerstrafe besonders zu verhängen; bei der Bemessung der Steuerstrafe ist jedoch die nach Abs. 1 verhängte Strafe zu berücksichtigen. Soweit die Vorschriften der Reichsabgabenordnung entgegenstehen, finden sie keine Anwendung.

**1.** Bezüglich des Abs. 2 gilt das oben in Anm. 2 und 4 zu § 148 GO. Gesagte.

**2.** Verjährung: § 145 Abs. 2 GO.; Anm. 3 zu § 148 GO.

Z. 1—4: Voraussetzung ist der Besitz eines noch gültigen WGewScheins bzw. des Legitimationsscheins; s. auch §§ 148 Ziff. 5, 7, 7a—c und e.

Z. 1: vgl. Ziff. VIII und IX oben.

Z. 2: vgl. Ziff. III und VI oben.

Z. 3 und 4: vgl. § 60 (Ziff. VI).

Z. 5: vgl. § 62 (Ziff. VII) und § 148 Ziff. 7d GO.

Z. 6: vgl. § 69 (Ziff. VII).

## § 151.

Handelt von der „Beaufsichtigung" und der Strafbarkeit des Gewerbetreibenden sowie seines Stellvertreters neben dem Angestellten aus Anlaß von Übertretungen des letzteren bei Ausübung eines Gewerbes; Landmann S. 783 ff.; s. auch oben Ziff. XI.

## § 155.

(1) Die auf Grund der GO. erlassenen Landesgesetze und Verordnungen sind bindende Rechtsnormen im Sinne der GO.

(2) Die Zentralbehörde des Landes bestimmt, was unter höherer Verwaltungsbehörde, unterer Verwaltungsbehörde, Gemeindebehörde usw. zu verstehen ist.

**1.** S. Landmann S. 827 ff.

**2.** Preußen: AusfAnw. zur GO. vom 1. 5. 1904, HMBl. Nr. 9 Beil., mit zahlreichen späteren Änderungen. — Vgl. auch Vorbem. zu § 55 GO. (Anh. III) Ziff. 3.

**3.** Bayern: VO. vom 29. 3. 1892, GVBl. S. 61; VO. vom 29. 10. 1897, GVBl. S. 355; VO. vom 29. 9. 1900, GVBl. S. 1157, und verschiedene MBek.; s. Landmann S. 830; s. auch die Anm. bei den einzelnen Paragraphen der GO.

# Alphabetisches Sachregister.

Die Zahlen bedeuten die Seiten.

www.fsc.org
MIX
Papier | Fördert gute Waldnutzung
FSC® C083411

Kolibri 360 GmbH
Ferdinand-Jühlke-Straße 7
99095 Erfurt, Deutschland
produktsicherheit@kolibri360.de